ミレニアム・チャレンジの修辞学
UN-MDGs-EU

大隈　宏

国際書院

The Evolution of the Rhetoric in UN-EU Collaboration on MDGs
by
Hiroshi Okuma

Copyright © 2017 by Hiroshi Okuma
ISBN978-4-87791-281-9 C3031 Printed in Japan

主要略語一覧表：

AU	African Union：アフリカ連合
BRICS	Brazil, Russia, India, China and South Africa
CSD	Commission on Sustainable Development：持続可能な開発委員会
DAC	Development Assistance Committee：開発援助委員会
DDA	Doha Development Agenda：ドーハ開発アジェンダ
DFID	Department for International Development, UK
EC	European Community：欧州共同体
ECOSOC	Economic and Social Council of the UN：国連経済社会理事会
EEC	European Economic Community：欧州経済共同体
EU	European Union：欧州連合
FfD	Finance for Development
IBRD	International Bank for Reconstruction and Development：国際復興開発銀行
IDGs	International Development Goals：国際開発目標
G7/8	Group of 7/8 leading industrial states
G77	Group of 77 developing countries and China：77カ国グループ＋中国
GATT	General Agreement on Tariffs and Trade：関税および貿易に関する一般協定
GDGs	Global Development Goals：グローバル開発目標
HDR	Human Development Report：人間開発報告書
HLPF	High-level Political Forum：ハイレベル政治フォーラム
IDA	International Development Association：国際開発協会
IMF	International Monetary Fund：国際通貨基金
MDGs	Millennium Development Goals：ミレニアム開発目標
NIEO	New International Economic Order：新国際経済秩序

ODA	Official Development Assistance：政府開発援助
OECD	Organization for Economic Cooperation and Development：経済協力開発機構
OEEC	Organization of European Economic Cooperation：欧州経済協力機構
OWG	Open Working Group：オープン・ワーキング・グループ
PRSPs	Poverty Reduction Strategy Papers：貧困削減戦略文書
SDGs	Sustainable Development Goals：持続可能な開発目標
UN	United Nations：国際連合（国連）
UNCTAD	United Nations Conference on Trade and Development：国連貿易開発会議
UNDP	United Nations Development Programme：国連開発計画
UNGA	United Nations General Assembly：国連総会
WSSD	World Summit for Social Development：社会開発世界サミット
WTO	World Trade Organization：世界貿易機関

まえがき

　2016年1月1日、国連広報センターは、「持続可能な開発目標、2016年1月1日に発効」と題するプレスリリースにおいて、次のように「持続可能な開発目標」の基本的特徴、歴史的経緯、今後の行程を概観した。——2016年1月1日、「持続可能な開発目標」（SDGs）が正式に発効します。SDGs は、世界のリーダーが2015年9月の歴史的な国連サミットで採択した持続可能な開発のための2030アジェンダに盛り込まれた17の目標です。すべての国々に普遍的に適用されるこれら新たな目標に基づき、各国は今後15年間、誰も置き去りにしないことを確保しながら、あらゆる形態の貧困に終止符を打ち、不平等と闘い、気候変動に対処するための取り組みを進めることになります。SDGs は、ミレニアム開発目標（MDGs）の成果を土台としながら、あらゆる形態の貧困に終止符を打つための取り組みを更に進めることをねらいとしています。SDGs の特徴として、貧しい国、豊かな国、中所得国を含むすべての国々に対し、豊かさを追求しながら、地球を守るための行動を求めているという点があげられます。貧困に終止符を打つためには、経済成長を推進する一方で、教育や健康、社会的保護、雇用機会といった幅広い社会的なニーズに取り組みつつ、気候変動対策や環境保護を図る戦略が必要だという認識があるからです。SDGs に法的拘束力はありませんが、各国政府は17の目標の達成に当事者意識を持って取り組むとともに、そのための国内的枠組を確立することが期待されています。SDGs の達成に向けた進捗状況のフォローアップと検証をおこなう主たる責任は各国にありますが、そのためには良質でアクセス可能、かつ適時のデータ収集が必要となります。国内レベルの分析に基づきおこなわれる地域的なフォローアップと検証は、グローバル・レベルでのフォローアップと検証に貢献します。グローバル・レベルでは、一連のグローバル指標を用いて17の SDGs と169のターゲットの監視をおこないますが、これら指標は現在、（国連）統計委員会が策定中であり、2016年3月の同委員会第47会期で合意

される予定です。2016年7月からは、経済社会理事会のもとで「持続可能な開発に関する国連ハイレベル政治フォーラム」が会合を開き、グローバル・レベルでのSDGs実施のフォローアップと検証を監督します。

　2016年4月16日、IMF／世界銀行合同開発委員会は、コミュニケを採択し、持続可能な開発目標の実現に向けた開発資金調達の重要性を次のように謳った。――2016年、われわれは、2030開発アジェンダでコミットした困難なプログラムを本格的に実施するという課題に取り組み始める。IMF、国際開発金融機関（MDBs）、国連およびWBGは連携して、それぞれの比較優位に基づき、成長が鈍化している環境や民間資金フローの減少に対応しつつ、持続可能な開発目標（SDGs）の達成に向けた途上国の取り組みを支援すべきである。われわれは、持続可能かつ成長志向のインフラ投資に向けた質の高い資金供与を進展させるためのMDBsの連携を支持する。WBGとIMFは開発資金に関するアジス・アベバ行動目標の実施に向けた取り組みを加速し、特に、不正な資金フローへの対処を含め、民間セクターの関与とともに、国内資金の動員を促進すべきである。

　2016年5月27日、G7伊勢志摩首脳宣言は、〈開発〉と題して、持続可能な開発のための2030アジェンダの歴史的意義を次のように謳った。――2015年は、2030アジェンダの歴史的な採択、パリ協定、アジス・アベバ行動目標とともに、すべての国における貧困削減および持続可能な開発へのわれわれのアプローチにおける新たな時代の幕開けとなった。このアジェンダは、持続可能な開発の、環境、社会および経済という3つの側面を均衡ある形で統合し、すべての国に普遍的に適用される。2030アジェンダは、2030年までに貧困を撲滅し、世界を持続可能なものに変革するという国際社会の揺るぎない決意を反映し、誰一人置き去りにせず、より平和で、安定した、包括的で、かつ、繁栄する国際社会のための基礎を築く。この目的のため、われわれは、平和と安全、開発および人権の尊重が相互に関連し合い、かつ、補強し合うものであることをよく認識しつつ、17のSDGsの、統合された不可分の性質を強調するとともに、2030アジェンダの実施を、人間中心の、かつ地球に配慮した形で、国内的および国際的に進めることにコミットする。われわれは、すべての国々

およびステークホルダーに対し、マルチステークホルダー・アプローチを確保するため、再活性化され、かつ、強化されたグローバル・パートナーシップのもとで、この共同の取り組みに携わることを強く求める。

2016年6月1日-2日、OECD閣僚理事会は、"Better Policies for 2030: An OECD Action Plan on the Sustainable Development Goals"と題するステートメントを採択し、〈序文〉において〈持続可能な開発のための2030アジェンダ〉に対するOECDの断固たる決意を次のように謳った。——（1）新しい世紀への移行以来、世界は人間開発の分野において大きく前進した。それはミレニアム開発目標（MDGs）の未曾有の動員力の賜物である。とはいえミレニアム開発目標のすべての課題が実現された訳ではなく、われわれは、人間の福祉、および持続可能な開発のあらゆる側面を視野に入れて引き続き努力しなければならない。（2）われわれに求められているのは、あらゆる国家、あらゆるステークホルダーを巻き込む、協力のためのパートナーシップの構築であり、〈持続可能な開発のための2030アジェンダ〉は、そのための効果的かつ普遍的な協力枠組みである。それは、アジス・アベバで開催された開発資金国際会議、およびパリで開催された気候変動に関するCOP21によりいっそう強固なものとなった。（3）持続可能な開発目標（SDGs）は、古色蒼然たる"North-South" lensから、発展段階の違いにかかわらずすべての国々に適用可能な枠組みへの移行を具現するものである。ただしそれが、開発途上国の特別なニーズに配慮するものであることはいうまでもない。（4）OECDは長年にわたり、人間開発および福祉、開発資金、環境の持続可能性、気候変動の諸分野において国連と緊密に協力してきた。OECDは、2030アジェンダの策定に貢献しており、その実現に向けて保持する能力と専門的知識を活用する決意である。

2016年7月19日、国連は *Sustainable Development Goals Report 2016* を公刊した。同報告書は、（1）2016年1月1日に公式にスタートした〈持続可能な開発のための2030アジェンダ〉の進捗状況を、（2）持続可能な開発目標のフォローアップおよびレビューのための〈global indicator framework〉として、2016年3月に国連統計委員会において合意されたスキームに基づいて概観するものであり、（3）15年間にわたり追求される持続可能な開発目標を達

成するためには、まず開始時点における正確な現状把握が不可欠であるとの基本認識に基づくものである。

　グローバル／準グローバル・レベルにおける、〈2015年〉の総括および〈2030年〉に向けた政策イニシアティブ——。それは、〈持続可能な開発のための2030アジェンダ〉、ひいてはその原型／基盤としての〈ミレニアム開発目標〉の歴史的意義を謳うものであった。ところで、それはまた、地域レベルにおける挑戦とシンクロナイズ／連動するものでもあった。すなわち、28カ国から構成される地域統合体としてのEUも、〈持続可能な開発のための2030アジェンダ〉、ひいては〈ミレニアム開発目標〉に対して、次のようにきわめて高い評価を付与したのである。

　2016年11月22日、欧州委員会は、"Next steps for a sustainable European future : European Action for sustainability" と題するコミュニケーションを発出して、次のように謳った〔COM（2016）739 final〕。——（1）2001年以降、EUは（独自に）持続可能な開発戦略（Sustainable Development Strategy）を追求してきた。(2) 2015年は、世界が持続可能な開発を明確に定義する年であった。すなわち、①9月25日、第70会期：国連総会は、持続可能な開発のための2030アジェンダを採択した。②12月には、気候変動に関するパリ協定が、また7月にはアジス・アベバ行動目標が採択された。③3月には、仙台防災枠組みが採択された。(3) EUは、グローバルな2030アジェンダの策定に貢献した。(4) EUは、補完性の原理に基づき、加盟国と協働し、率先して〈2030アジェンダ〉および持続可能な開発目標（SDGs）の実施に全力を尽くす覚悟である。

　併せて同日、欧州委員会は、"Proposal for a new European Consensus on Development : Our World, our Dignity, our Future" と題するコミュニケーションを発出して、次のように謳った〔COM（2016）740 final〕。——（1）2015年9月、国連総会により採択された〈持続可能な開発のための2030アジェンダ〉（2030アジェンダ）は、持続可能な開発と貧困の撲滅を達成しようとする新しい、そして野心的な枠組みである。(2) EUは、〈2030アジェンダ〉の策

定に向けた交渉に積極的に参加しており、当然、その実施に主導的な役割を担わなければならない。(3)〈2030アジェンダ〉は、EU開発協力政策に組み込まれなければならない。そのためには〈ミレニアム開発目標〉の達成を目的とする *The European Consensus on Development* を改訂して、新たな開発協力枠組みを策定することが必要である。

　いうまでもなく、国連、IMF／世界銀行（ブレトン・ウッズ機構）、G7サミット、OECD、そして欧州委員会は、〈Global Actor〉、ひいては〈Global "Donor"〉として、それぞれ独自の行動原理（マンデイト）に基づき、長年にわたり独自の行動軌跡を積み重ねてきた。それらは事実上、〈Global Donor Community〉そのものを具現する存在である。この〈Global Donor Community〉が、一丸となって、すなわち〈Global Alliance for Development〉を構築して、SDGs、ひいてはその原型となるMDGsの達成を〈Common Cause〉として追求する旨を高らかに宣言したのである。それは文字通り〈Global Consensus on Development〉の樹立宣言に他ならなかった。

　本書は、このような「歴史的」（エポックメーキング）な現象の継時的〈記述〉、ひいては〈説明〉を試みるものである。すなわち、国際政治学の視点から、幾層にも重なり合った〈Diplomatic Statement〉を「判じ物」（ある意味を文字・絵画の中に隠して考え当てさせるもの）を解く要領で〈de-code〉し、その再編成——点から線、さらには面への発展——を試みるものである。それはまた、〈glocalization〉という新たな切り口で、国連とEUの協働関係に分析の光を当てようとするものでもある。

目　次

ミレニアム・チャレンジの修辞学：
UN-MDGs-EU

目　次

まえがき……………………………………………………………… III

第Ⅰ部　序論：

第Ⅰ章　はじめに……………………………………………………13
　　第1節　リサーチ・デザイン：
　　　　　　コンストラクティヴィズム　17
　　第2節　グローカリゼーション：
　　　　　　〈UN-EU〉インターフェイス　21
第Ⅱ章　プロローグ：
　　　　〈ポスト2015開発アジェンダ〉に向けたフレーミング………25
　　第1節　グローバル・ムーブメント　28
　　第2節　〈Beyond-2015 agenda〉へのカウントダウン　34
　　第3節　2013年の軌跡　37

第Ⅱ部　新しいナラティブの誕生：
　　　　Global Alliance for Development の再構築

第Ⅲ章　Mega Promise へのプレリュード：
　　　　復権する Global Agora………………………………………53
　　第1節　グローカリゼーション（垂直的協力関係）の制度化　55
　　第2節　*A Better World for All*：
　　　　　　〈ワシントン・コンセンサス〉への訣別宣言　58
第Ⅳ章　「失われた10年」からの訣別：
　　　　新たな開発協力モデルの模索　63

第 1 節　ニューウェーブの胎動：
　　　　　　　OECD/DAC、そして国連総会　64
　　　第 2 節　Challenges and Opportunities　69
　　　第 3 節　危機管理の諸相：
　　　　　　　グローバル・ガバナンスの模索　76
　　　第 4 節　1995 年のランドマーク：
　　　　　　　コペンハーゲン社会サミット　95
　　　第 5 節　フォローアップ：
　　　　　　　貧困／社会開発パラダイムへの道程　101

第Ⅴ章　アナン・イニシアティブ：
　　　　新しいミレニアムへの挑戦……………………………………119
　　　第 1 節　アナン新体制の発足：
　　　　　　　1997 年 1 月　124
　　　第 2 節　ポジティブ・フィードバックの軌跡　127
　　　第 3 節　*We the Peoples*：
　　　　　　　2000 年／事務総長報告書　139

第Ⅵ章　国連〈ミレニアム宣言〉から〈ミレニアム開発目標〉へ……147
　　　第 1 節　国連ミレニアム・サミット　148
　　　第 2 節　国連ミレニアム宣言の基本構図　154
　　　第 3 節　ミレニアム開発目標への作業手順　157

第Ⅶ章　ミレニアム開発目標の全体像……………………………………163
　　　第 1 節　パリ vs. ニューヨーク：
　　　　　　　国連の戦略的後退　163
　　　第 2 節　〈ノン・ゼロ・サム〉解の模索：
　　　　　　　UN vs. OECD＠世界銀行　166
　　　第 3 節　ミレニアム開発目標の基本構図　176

第Ⅷ章　メガ・ナラティブへの軌跡：
　　　　ミレニアム・キャンペーン………………………………………181
　　　第 1 節　パリ・ブリュッセル・モンテレー・ヨハネスブルグ：

　　　　　点から線へ　184
　　第2節　*In larger freedom*：
　　　　　2005年／事務総長報告書　203
　　第3節　中間折り返し点：
　　　　　2008年　211
　　第4節　レビュー・サミット：
　　　　　2010年　215

第Ⅲ部　ニューヨーク（UN）からブリュッセル（EU）へ：
　　　　パラレル・チャレンジ

第Ⅸ章　EUとミレニアム開発目標：
　　　　リージョナリズムの挑戦……………………………………221
　　第1節　セルフ・イメージ vs. パブリック・イメージ　223
　　第2節　ミレニアム開発目標の「発見」　232
　　第3節　飛躍の2005年　246
　　第4節　2007年／リスボン条約：
　　　　　法的基盤の整備　253
　　第5節　中間折り返し点：
　　　　　2008年　255
　　第6節　レビュー・サミットに向けて：
　　　　　2010年　261

第Ⅹ章　〈ポスト2015年〉へのEUの挑戦：
　　　　グリーン・ペーパー・イニシアティブから「2015　ヨーロッパ
　　　　開発年」の制定へ……………………………………………265
　　第1節　基盤整備　267
　　第2節　開発協力に関するグリーン・ペーパー／2010年11月
　　　　　271
　　第3節　2012年／Public Consultation　282

第 4 節　"Towards a Post-2015 Development Framework" (Final Report)　288

第 5 節　〈Beyond MDGs〉の模索：
　　　　飛躍の 2013 年　292

第 6 節　「2015　ヨーロッパ開発年」の制定に向けて　300

第Ⅳ部　〈Beyond 2015〉：
UN-EU ポジティブ・フィードバックの収束点

第ⅩⅠ章　「リオ＋20」から *The Road to Dignity by 2030* へ：
交錯する MDGs と SDGs ………………………………… 307

第 1 節　ホーム・ストレッチ：
　　　　2014 年　314

第 2 節　*The Road to Dignity by 2030*　325

第ⅩⅡ章　「2015　ヨーロッパ開発年」に向けて：
疾走する Normative Power EU ……………………………… 329

第 1 節　「ヨーロッパ開発デー」からの発展　329

第 2 節　ユンカー委員会の挑戦　332

第ⅩⅢ章　OECD の挑戦：
2014 年 …………………………………………………………… 337

第Ⅴ部　新たなメガ・プロミスに向けて：
仙台、アジス・アベバ、ニューヨーク、そしてパリ

第ⅩⅣ章　〈ポスト 2015〉政治過程の最終段階 ……………………… 345

第 1 節　「ポスト 2015 政府間交渉」：
　　　　フェイズⅠ　347

第 2 節　第 3 回国連防災世界会議：
　　　　仙台イニシアティブ　362

第 3 節　「ポスト 2015 政府間交渉」：
　　　　　フェイズⅡ　365
第 4 節　*From Billions to Trillions*　367
第 5 節　「ポスト 2015 政府間交渉」：
　　　　　フェイズⅢ　369
第 6 節　事務総長報告書：
　　　　　"Managing the transition"　371
第 7 節　「ポスト 2015 政府間交渉」：
　　　　　フェイズⅣ　374
第 8 節　「ポスト 2015 政府間交渉」：
　　　　　フェイズⅤ　378
第 9 節　第 3 回「ハイレベル政治フォーラム」（HLPF）380
第 10 節　アジス・アベバ開発資金国際会議：
　　　　　2015 年 7 月　387
第 11 節　「ポスト 2015 政府間交渉」：
　　　　　フェイズⅥ　389
第 12 節　2015 年 9 月 1 日：
　　　　　国連総会　391

第ⅩⅤ章　持続可能な開発のための 2030 アジェンダ　403

第 1 節　世界サミット：
　　　　　2015 年 9 月 25 日 – 27 日　405
第 2 節　〈2030 アジェンダ〉　411
第 3 節　フォローアップ　419
第 4 節　COP21：
　　　　　パリ　425

第ⅩⅥ章　「2015 ヨーロッパ開発年」の軌跡：
　　　　　リガからルクセンブルクへ　427

第 1 節　リガ・イニシアティブ　428
第 2 節　"A New Global Partnership"　429

第3節　European Union @United Nations　434
　第4節　ルクセンブルク声明：
　　　　「2015　ヨーロッパ開発年」の遺産　435

あとがき……………………………………………………………439
注……………………………………………………………………441
附属資料……………………………………………………………447
索　引………………………………………………………………467
著者紹介……………………………………………………………473

第 I 部

序　論

われわれは事務総長に対して、ミレニアム開発目標の進捗状況を2015年まで毎年報告し、また必要に応じて2015年以後における国連開発アジェンダの推進に向けた更なる取り組みに関して、事務総長報告において提言するよう要請する。
(High-level Plenary Meeting of the General Assembly on the Millennium Development Goals, Outcome Document, "Keeping the promise : united to achieve the Millennium Development Goals", 〔A/RES/65/1〕, 19 October 2010, Paragraph 81)。

EUとグローバルな世界の開発：
よりいっそうの貢献を目指して
　開発をめぐる世界の様相は、この10年間で劇的に変化した。開発途上国の多様化が進み、新興国（emerging countries）の成長は、世界の成長にとって不可欠となった。いくつかの開発途上国は、独自の援助供与主体となり、グローバルな公共財（global public goods）を調達するうえで重要なパートナーとなった。さらに最貧開発途上国のなかには、近年高い成長率を達成した国もみうけられるが、それとは対照的に、よりいっそう脆弱な存在へと転落した国も存在する。2015年というミレニアム開発目標（MDGs）の達成年が間近に迫っているにもかかわらず、開発目標のいくつかは手つかずのままで何の進展もみせておらず、地域や国によっては深刻な貧困や飢餓が依然として残存している。こうした事態は、とりわけサブサハラ・アフリカや最貧開発途上国に顕著である。また開発途上国の多くは、依然として不測の事態や危機の出現に対してきわめて脆弱である。
(Council of the European Union, Council conclusions 'Increasing the Impact of EU Development Policy: an Agenda for Change", Paragraph 1, *Foreign Affairs Council meeting*, Brussels, 14 May 2012.)。

第Ⅰ章　はじめに

　新しいミレニアムへの移行からほどなくして、UNDP（国連開発計画）『人間開発報告書　2003』は、「ミレニアム開発目標（MDGs）の達成に向けて」というタイトルのもとに、「ミレニアム開発目標」（Millennium Development Goals）の歴史的意義を、人間開発というきわめて包括的な視点から、次のように総括した。

　……2000年の（ミレニアム）サミットで、国連総会は、国連事務総長に対して、ミレニアム宣言の公約を達成するためのロードマップ（行程表）の作成を要請し、その結果、8つの目標、18のターゲットと48の指標から構成されるミレニアム開発目標（MDGs）が取り纏められた。この目標（MDGs）は、野心的で具体的、かつ広範囲にまたがっているという点において他に類を見ないものである。さらに、開発の行動主体（アクター）間のより強力なパートナーシップ、また富裕国による貿易の拡大、債務救済、技術移転、援助供与といった行動が推進されなければ、貧困撲滅を目指すこの目標を達成することは不可能であると明確に認めている点でも他に類を見ない。……ミレニアム開発目標（MDGs）は、人間開発の最も根深い失敗の多くに取り組んでいる。おもに経済成長に焦点を当てた第1次、第2次、第3次の国連開発の10年（1960年代、1970年代、1980年代）の目的とは異なり、目標（MDGs）は人間の福祉（well-being）と貧困削減をグローバルな開発目的の中心に据えている。これは、人間開発報告書の創刊以来、提唱し続けられているアプローチである。……ミレニアム開発目標（MDGs）は、1990年代に開催されたさまざまな国連開発会議の主要目的を反映している。したがって、それらは何百万人もの人々を巻き込んだ国レベル、地域レベ

ル、国際レベルでの数多くの協議の産物であり、政府、市民社会組織、民間部門のアクター（行動主体）をはじめ、幅広い利益を代表するものである。これらの会議は、開発の多面的な性質を強調し、その最終目標として人間の福祉を据えていた。……（中略）……ミレニアム開発目標（MDGs）は国連が策定したものではあるが、それはすべての人々の目標であり、各国が主体的に取り組み、推進しない限り達成不可能である。　開発途上国は、何十年にもわたりミレニアム開発目標（MDGs）の根幹となる目標を追求してきた。しかし目標（MDGs）が意図するのは、すでに多くの国において進行中の、人間貧困を削減する取り組みの加速に向けて、新たな政治的モメンタムを付与することである。各国政府は、2015年までに目標（MDGs）が達成できるか、またいかにして達成するかの検討を始める一方で、政策の優先順位を決め国家戦略の立案をおこなっている。……ミレニアム開発目標（MDGs）は、開発のための真のパートナーシップ構築に向けた大きな一歩であり、パートナーシップとは何かを定義するにあたっても大きな一歩である[1]。

　それから7年後の2010年――。UNDP『人間開発報告書　2010』は、『人間開発報告書』の創刊20周年を記念して、「国家の真の豊かさ――人間開発への道筋」というタイトルのもとに〈人間開発の20年〉を総括した。そこでは、「20年後の今日、世界は当時から続く課題に加えて、新たな課題にも直面している。ミレニアム開発目標（MDGs）を達成することの重要性は、ますます高まっている」との基本認識に基づき、ミレニアム開発目標の意義――可能性と限界――が、改めて次のように確認された。

　　ミレニアム開発目標が理論面で注目されるのは、到達すべき最低限の水準を強調しつつ、人間開発のいくつかの主要な優先課題を明らかにし、それを数値で示したことである。ミレニアム開発目標には、当時の国際社会の合意に基づいた決定がもつ可能性だけでなく限界も反映されており、多くの重要なテーマ、とくに不平等および自由の問題はほぼ完全に

欠落している。それに対して人間開発は、ミレニアム開発目標よりも幅広い枠組みであり、変革を実現する道筋を形づくるための人権と民主主義と参加の原則全般の重要性を強調している。ともあれ、ミレニアム開発目標によって呼び起こされた幅広い支持により、議論が活性化されて、人間開発の主要な優先課題の前進が後押しされたことは事実である[2]。

いうまでもなく UNDP は、開発にかかわる国連システム（UNDG, United Nations Development Group）の中心的存在として、Global Alliance for Development の推進に主導的な役割を担ってきた[3]。また 1990 年に『人間開発報告書』（*Human Development Report*）を創刊して以来、UNDP は〈時代を先取りするかたちで〉（ahead of the curve）、一貫して既存のパラダイム——主流を構成する開発戦略／思想——に対して異を唱え続け、ついにはみずからが主流——パラダイム——の地位を獲得するまでに至っている。その意味では UNDP は、ミレニアム開発目標という〈メガ・プロミス〉の策定に中心的な役割をはたす構成作家であり、かつプロモーターでもある。したがって、UNDP によるミレニアム開発目標の評価に対しては、自画自賛的な自己評価として、一定の留保をすることが求められよう。とはいえ、上掲の記述からも窺われるように、ミレニアム開発目標が、(1) 短期間のうちに、開発における新しいパラダイムとしての地位を獲得し、(2)〈グローバルなコンセンサス〉に裏づけられる〈グローバルな国際規範〉としての「正当性」（legitimacy）を付与されていることは紛れもない事実である。とりわけ 2015 年という目標年（達成期限）の設定は、従来の〈国際的公約〉とは一線を画するものであり、一連の国連レビュー・サミット（2005 年および 2010 年）における再確認とも相俟って、〈ポスト 2015 開発アジェンダ〉（post-2015 development agenda）の模索を、ある種の強迫観念として国際社会にインストール——刷り込む——するものとなった。

ミレニアム開発目標に対する同様な評価は、参与観察者（Participating Observer）の立場から精力的にミレニアム開発目標の政治力学の分析を積み

重ねている Sakiko Fukuda-Parr and David Hulme にも共通している。すなわち、Sakiko Fukuda-Parr and David Hulme "International Norm Dynamics and the 'End of Poverty': Understanding the Millennium Development Goals", *Global Goverance* 17 (2011) では、ミレニアム開発目標の歴史的意義が次のように高く評価されている[4]。——(1) 国際協力を基礎とするグローバルな開発目標に関しては、これまでさまざまな角度からの定義（意味づけ）が試みられている。(2) それはつまるところ、①政治指導者が、あるべき世界像（*normative* golas of the world）をどのように規定するか？②経済学者、哲学者、政治学者が開発過程をどのように理論化／概念化するか？③主要なステークホルダーがそれらをどのように活用し、受容するかにかかっている。(3) このような開発の定義に関しては、近年大きな進展が見られる。すなわち、貧困に終止符を打つことこそが開発の究極の目標であるという点に関して広範な合意が形成されつつある。(4) この合意は、2000 年に採択された国連ミレニアム宣言において、ひいてはミレニアム開発目標（MDGs）として広く知られるグローバルな開発目標において定式化されている（institutionalized）。(5) そもそもこれまで国際開発目標は明確には定義されておらず、貧困や貧しい人々に焦点を当てることもなかった。(6) 1950 年代以降、開発問題が国際的アジェンダの地位を占めてきた背景として、貧困の世界的拡散に対する懸念が主たる動因として作用したことが指摘される。ただし開発戦略に関しては、インフラストラクチャー／人的資源／産業基盤の整備（1960 年代および 1970 年代）、経済の自由化（1980 年代および 1990 年代）、制度およびガバナンスの改革（1990 年代以降）ともっぱら経済的目的に限定されており、市民社会やアカデミック・サークルは、開発戦略が貧困の問題、ひいては開発の人間的次元を無視してきたことに対して一貫して批判してきた。(7) その意味では、貧困に焦点を当てる新しいコンセンサスの誕生は、開発をめぐる政治経済学のあり方に重要な意味を持つものである。(8) このような〈normative shift〉はどのようなプロセスを経て展開されたのであろうか？それは〈ethical consideration〉に促されたものであろうか？重要なステークホルダー（個人および組織）は、どのような役割をはたしたのであろうか？それはいかなる戦略的措置に裏づけられ

るものであろうか？

第 1 節　リサーチ・デザイン：
コンストラクティヴィズム

　本書は、このような UNDP『人間開発報告書』、および Sakiko Fukuda-Parr and David Hulme による中間的な総括／指摘を導きの糸（ルート・マップ）として、(1)〈Global Agora〉としての国連を構成する 3 つの位相——主権国家から構成される「第 1 の国連」／準自立的な事務局（官僚機構）から構成される「第 2 の国連」／NGO やコンサルタント等が準行動主体（圧力団体）として活動する場としての「第 3 の国連」——に着目して、(2) 新しいミレニアムへの移行の時期と相前後して繰り広げられた〈ミレニアム開発目標パラダイム〉(MDGs Paradigm) の構築／制度化／実施をめぐる政治過程、および (3) それとパラレルかつ微妙に交錯する形で模索された〈ポスト 2015 アジェンダ〉、すなわち〈ポスト MDGs 開発アジェンダ〉の策定をめぐる政治過程を、(4) 新たな国際規範（International Norm）の構築をめぐる〈Politics of Ideas〉という観点から、(5) さまざまな一次資料（決議、宣言、公的報告書、コミュニケーション……等）に依拠して実証的に跡付け、その再構成を試みるものである[5]。その基本的な視座は、(1) 国際関係における諸行動主体間の社会的相互作用を重視し、その過程で形成される「モノ」(*socially constructed character of international relations*) に着目する。——個々の行動主体は、国際社会で一般化している考え方や行動様式を知り、国際的に広く通用する振る舞いを身につけようとする。(2) 諸行動主体と国際構造との相互作用に着目する。——諸行動主体は、国際構造の作用を受けつつ、逆に国際構造に作用を及ぼす。すなわち諸行動主体は、国際構造の継続にとって適切だと期待される役割を遂行することにより国際構造を支える。(3) 国際構造の観念的要素、すなわちアイデア（理念／信条／アイデンティティ等）の次元を重視し、特定の行動主体の集合体において共有される適切な行動に関する共通の期待を国際規範と定義する。——国際規範は、社会的相互作用を通じて他の行動主体へと伝播

される[6]。

　周知のようにこのような分析視角は、コンストラクティヴィズム（constructivism）と総称される理論的な枠組みに共通する基本的な特徴であり、本書が実証的な分析を展開する過程で主たる引照枠組み（macrotheoretic guidance）として依拠するのは、その代表的な研究者とされる Martha Finnemore and Kathryn Sikkink が "International Norm Dynamics and Political Change", *International Organization,* 52, 4, (1998) において展開した、国際規範（International Norms）の生成／発展過程（Norm *"Life Cycle"*）に関する次のような〈3段階仮説〉である。

I　基本的問題意識：国際政治における〈social construction processes〉および〈norm〉の影響を分析するための理論的枠組みの提示およびその有効性／妥当性の検証。具体的には、次のような疑問に対する答えを探る。──われわれは、どのようにして〈norm〉を認識するのか？われわれは、どのようにして〈norm〉が政治に及ぼす影響を確認することができるのか？〈norm〉のルーツ（淵源）は何であるのか？〈norm〉の変化はどのようにして生起するのか？政治変動において〈norm〉はどのような役割をはたすのか？

II　基本的前提：〈norm〉は一定の *"life cycle"* に基づいて展開され、*"life cycle"* の各段階にはそれぞれ独自の行動原理が貫徹されていると仮定する。

III　概念規定：特定の行動主体の集合体（国際レベルおよび地域レベル）において、行動主体を「適切な」行動へと導く行動準則（standard of *appropriate* behavior for actors）を〈norm〉と定義する。

IV　Norm *"Life Cycle"*：〈norm〉の生成／発展過程は、次の3段階から構成される。

第1段階：Norm Emergence／新たな〈norm〉の出現
- 〈logic of appropreateness〉（適切性の論理）からの逸脱という形による、支配的な〈norm〉に対する異議申し立て／挑戦の顕在化。
- 〈共感（empathy）、博愛主義（altruism）、理念や信条（ideational comittment）〉に促され、"framing"〈言葉の操作による問題の発見および再

発見／再定義〉による同意の調達を志向する新しい行動主体——Norm Entrepreneurs——の登場。
- Norm Entrepreneurs による Organizational Platforms の定式化、およびそれを梃子とする説得工作の積み重ねによる同意の調達。
➢ Norm Entrepreneurs による説得工作が功を奏して世界の趨勢（critical mass）が新しい〈norm〉を受容するに至った場合、新しい〈norm〉が〈tipping point／閾値〉に到達したとみなす。

第2段階：Norm Cascade／新たな〈norm〉の世界的拡散
- 新しい〈norm〉が〈tipping point〉に到達した後は、多くの国家が先を争って新しい〈norm〉の受容へとシフトする（ただし現実には Emerging Norms の多くは〈tipping point〉まで到達しない）。
- 国家、Norm Entrepreneurs のネットワーク、および国際組織は、新しい〈norm〉の世界的拡散に中心的な役割をはたす。
- 新しい〈norm〉の世界的拡散に向けた原動力となるのは、国際的な法制化やデモンストレーション効果、とりわけ重要なのが国際的社会化（international socialization）のメカニズムである。すなわち、新しい〈norm〉の受容を求める同調圧力（conformity）は、国家にとって重要な価値を構成する正当性（legitimacy）、評価／名声（reputation）、威信（esteem）を脅かしかねない "peer pressure" として作用し、国家を新しい〈norm〉の受容へと誘導する。

第3段階：Internalization／新しい〈norm〉の内面化
- 新しい〈norm〉がごく当然のこととして広範に受け入れられることにより——"taken-for-granted quality" の獲得——、その是非が広範な政治的争点となることはない（同調圧力の支配）。
- 新しい〈norm〉の内面化に中心的な役割をはたすのは〈professions〉（専門家およびその集団）である。それは単に専門的／技術的な情報の提供にとどまらず、志向すべき諸価値、ひいては基本的な価値選好／価値の序列をも提示、受容させるものでもある。
- 国家の官僚機構や国際組織は、以前にもまして〈professions〉化を推し進

め、新しい〈norm〉の内面化を主導する。
　・反復的な行動の繰り返しや習慣（iterated behavior and habit）も新しい〈norm〉の内面化を促進する機能をはたす。

　ところで前述の Sakiko Fukuda-Parr and David Hulme の論考は、Martha Finnemore and Kathryn Sikkink が構築した "international norm dynamics" model を〈国連ミレニアム宣言およびミレニアム開発目標〉の "framing" および "implementation" 過程の分析に適用したものであるが、同ケース・スタディでは、より対象事象／実態に肉薄したアプローチの模索という問題意識から新たに2つの分析概念——サブ・コンセプト——が追加され、事例研究からのフィードバックを通じたモデルの精緻化ひいては妥当性／説明能力の向上が試みられている。それは、〈norm〉概念をメタ・レベルへと掘り下げた〈supernorm〉概念の創出、および〈Norm Entrepreneur〉概念を分析的に分化／独立させた〈Message Entrepreneur〉概念の創出である。

　前者は、相互に関連する一連の〈norm〉の集合体（cluster）を、より抽象度の高い、その意味ではより汎用性が高く、合意の形成が容易な概念——*super* norm ——へと収束／昇華／単純化させたものである。また後者は、〈norm〉の〈message〉機能、すなわちコミュニケーション・ツールとしての「外形的特質」（簡潔性／わかりやすさ／言葉のインパクト／キャッチ・フレーズ……等）重視の立場から、〈norm〉の表現／発現形態の精緻化に注力する行動主体を意味する。

　いうまでもなくこれら2つの分析概念は、新しい〈norm〉をめぐるダイナミックな "Life Cycle" といえども、必ずしも常に理想主義——理念——に貫かれるものではない。その実態は、むしろプラグマティズムに大きく支配されるものである。すなわち、(1) 依然として主権国家を第一義的な行動主体とする国際社会においては、動機の純粋さ——絶対的なファースト・ベスト主義——はむしろ無力であり、(2)〈Lesser Evil〉主義——可能な限り対立／対決を回避し、政治的妥協の積み重ねを通じてコンセンサスの構築を模索する現実主義——こそが有効である。(3) そのためには、入念な "framing" 作業等の洗練された "Arts of Diplomacy" が不可欠である——という基本的認識に立脚す

るものである。

　敢えて付言するならば、本書は、このようなリサーチ・デザイン——*"Life Cycle"* Model, Ver. 2——を手掛かりとして、(1)〈ミレニアム開発目標〉という新しい国際規範の生成・発展をめぐる政治過程を、(2)〈修辞学〉、すなわち「政治のコトバ」として駆使されるさまざまなレトリックの跡付／解明を通じて再編成しようとするものである。それは一次資料のテキスト・クリティークという作業に依拠するものである。

第 2 節　グローカリゼーション：
〈UN-EU〉インターフェイス

　ところで本書にはいまひとつ大きな目的がある。それは、(1) 地域統合体としての EU（European Union／欧州連合）に着目し、(2)「グローカリゼーション」(glocalization) という切り口から、(3)〈ミレニアム開発目標〉という新しい国際規範〈norm〉の実現に向けて、(4) EU と UN（国連）がパラレル／同時並行的に展開する活動を、(5) 異なるレベル間におけるインターフェイス（相互作用）という観点から、〈ひとつの総体として〉一体的に分析することである。

　周知のように EU——厳密には 1958 年に発足した EEC（Europena Economic Community／Common Market）——は独自の開発協力政策を展開してきた。それは、EU 加盟国の旧植民地国を対象とする「地域連合政策」(Regional Association Policy) として特徴づけられるものであり、その中核を構成するのが 1975 年 2 月、EU と ACP 諸国（African, Caribbean and Pacific countries）との間に調印された（第 1 次）ロメ協定である。同協定は、2000 年 6 月のコトヌ協定の調印まで「ロメ・レジーム」を支える中核として EU 開発協力政策を主導するものであった。EU は、Leading Donor として Global Donor Community を牽引するブレトン・ウッズ機構（IMF および世界銀行グループ）はもとより、国連（システム）からも意識的に距離を置いて独自路線を貫

いたのである。

　とはいえこのようなEUの"Splendid Isolation"路線は徐々に変容を余儀なくされていった。旧植民地国の「囲い込み」を主導原理とする「地域連合政策」は、所期の目的をはたすまでには至らず、ACP諸国の多くは依然として最貧開発途上国の地位に甘んじる結果となった。そもそも当初よりこのようなEU「地域連合政策」は、時代錯誤的な開発協力政策として国際社会から強く批判されていた。とりわけ東西冷戦構造が崩壊した1990年代初頭以降、EUに対してすべての開発途上国を対象とするグローバルな開発協力政策の展開を求める声は、無視しえない〈Peer Pressure〉となっていった。

　このようなEUにとって、1992年2月の欧州連合条約（Treaty on European Union、通称マーストリヒト条約）の調印（発効は1993年11月）は、EU開発協力政策のあり方に大転換をもたらすものとなった。すなわち〈EC（European Communities）からEUへ〉の発展／飛躍は、EUをもっぱら自己の経済的実利を志向する"Civilian Power"から、世界全体を俯瞰し、自由・民主主義・人権および基本的自由の尊重・法の支配……等、普遍的な諸価値の実現を志向する〈Emerging Global Power〉への道を切り開くものとなった。こうしてEUは、〈Normative Power Europe〉あるいは〈Ethical Power Europe〉という言葉で特徴づけられるような行動主体に向けた活動軌跡を描くこととなるのである[7]。

　新しいミレニアムへの移行の時期を契機として、EUのベクトルが国連（システム）のベクトルと邂逅／交差し、両ベクトルが合流／協働して相互補完的な関係を維持／展開するようになるのは、このような歴史的背景に促されるものであった。いうまでもなく〈Meeting Point〉は、国連（システム）の主導により構築される〈ミレニアム開発目標〉であった。こうしてEUは、〈ミレニアム開発目標〉の強力なサポーター、ひいては「育ての親」とも目されるようになるのである（ちなみにOECD/DACは〈ミレニアム開発目標〉の「生みの親」を自認している）。

　それでは、本書が独自の切り口と位置づける「グローカリゼーション」という視角はどのようなアプローチであろうか。端的にいえばそれは次のように特

徴づけることができよう。──（1）グローバリゼーションの進展により、グローバルな行動主体間の関係、ひいてはグローバル・ガバナンスの基本構図は流動化し、その再編成が求められていった。（2）グローバル・システムを構成するサブ・システムをローカル・システムと位置づける。それは、①複数の主権国家から構成される地域組織／地域統合体、②国家、③準国家、④地方コミュニティ……等から構成される多層構造となっている。（3）グローバル・システムとローカル・システムとの間には相互作用（インターフェイス）が常態化しており、それを〈ひとつの総体〉、すなわち「グローカル・システム」（Glocal System）として措定することができる。（4）「グローカル・システム」のダイナミズムを「グローカリゼーション」という視角から検討することは〈経験的〉のみならず〈規範的〉にも有意義である。

　本書は、国連（システム）研究およびEU研究の新たな地平を志向するものでもある。

第Ⅱ章　プロローグ：
〈ポスト 2015 開発アジェンダ〉に向けたフレーミング

　2011 年 4 月、OECD/DAC は *Welcoming New Partnerships in International Development Co-operation* と題する政策ステートメントを採択した。それは OECD 設立 50 周年記念事業の一環として策定されるものであり、いうまでもなくその目的は開発協力の分野における DAC（Development Assistance Committee／開発援助委員会）の半世紀におよぶ活動実績を再確認（誇示）することであった。

　それと同時に、このステートメントは新しいミレニアムへと移行して 10 年を経過──。OECD/DAC が、これまでの慣行に囚われることなく新たな開発協力戦略──パラダイム──を構築して、(1) 国際社会の新たな基本潮流を見据え、(2) 激変する現実に対して柔軟かつリアルタイムで対応しようという強い決意を「政治的マニフェスト」として明らかにするものでもあった。

　ステートメントは 9 つの基本原理から構成されており、その骨子は、以下に要約される通りである。

1　われわれ OECD/DAC メンバーは、ミレニアム開発目標の世界的進展に、DAC メンバー以外の主要国がきわめて重要な役割をはたしてきたことを確認する。それらの主要国は、自国民の多くを貧困から脱却させることに成功し、かつ開発途上国における共通の開発目標、経済成長、および貧困の削減に向けて、われわれと責任を共有してきた。
2　われわれは、開発協力に必要とされる資金／資源および専門的知識を提供する限りにおいて、どのような主体によるものであれ、その意義を評価する。われわれは、そのような新しいパートナーとの間に、いかなる前提条件を設けることもなく率直な対話をおこない、新たな関係を構築する用意

がある。ただしそのような対話を有意義なものとするためには、基本的な現実を踏まえたうえで、さまざまな開発協力主体の多様性を認めることが重要である。

3 われわれは、南－南協力に携わっている国々の多くが援助受け取り国であると同時に援助供与国でもあるという、二重の立場（dual status）を保持しているという現実を確認する。われわれは、そのような二面性は国際的な対話を有意義なものとし、包摂的かつ持続可能な経済成長（inclusive and sustainable economic growth）の実現を加速するものと確信している。

4 われわれは、相互に利益をもたらしうる活動の積み重ねを通じて、2国間あるいは3国間開発協力の意義を学習／体験することが重要であると確信する。それはとりわけ国家レベルにおいて、南の諸国か北の諸国かに関係なく、援助効果を向上させ、協力関係を推進するうえで重要な前提となる。このような活動を積み重ねることに成功すれば、被援助国に対してDACメンバーが設けた〈規範やルール〉（norms and rules）の受容を求めるまでもなく、開発協力の利益が貧困層へと裨益することが期待される。

5 われわれは、ODA（政府開発援助）を定義し、ODAに関する統計データの作成／収集に従事するものとして、(1) ODAの定義においては、北－南間の資金の流れそのものが重要なわけではない。(2) ODAの定義において重要な判断基準となるのは、目的（開発に対する貢献）、譲許性、資金の基本的属性（公的資金／民間資金）である旨を確認する。

6 われわれは、開発途上／援助供与国に対する譲許的資金の流れに関してデータの共有が可能となることを歓迎する。ただし、そのような資金の流れの実態を把握することと、当該国家の援助受け入れ国としての資格認定は無関係である。DACリストにODA受け入れ国として位置づけられることの可否は、国民1人当たりの年間所得を基礎として算定される、国の経済発展レベルのみを基準として決定される。

7 われわれは、開発協力——北によるものか／南によるものか、あるいは公

的資金か／民間資金かを問わず——は、その国が国際社会においてどのような経済的地位を占めているか、あるいはその国がどのような発展の道筋を辿ってきたかに関わりなく、すべての行動主体間の協力を通じて成果をあげることが可能になると確信する。
8　DAC は、国際開発協力に向けたグローバル・パートナーシップの推進を目指して、2011 年にグローバルな戦略強化を図る決意である。それは具体的には、よりいっそうの知見の共有、ひいては DAC 非加盟 OECD 諸国、その他の非 DAC 諸国（開発途上／援助供与国や支援国）、民間セクター／財団、市民社会との間の協力と対話を軸とするものである。
9　われわれにとって共通の課題は、ミレニアム開発目標である。われわれは、釜山（韓国）で開催される第 4 回ハイレベル・フォーラムにおいて、本政策ステートメントが再確認され、それを通じてグローバル・パートナーシップの強化が図られることを希望し、かつ期待する。開発協力に対するわれわれのアプローチは、多様なものであろう。とはいえ、世界から貧困を削減し、持続可能かつ包摂的な経済成長の実現を図るという点においては、われわれの関心は共通している。

　このように、〈バイラテラル・ドナー＋欧州委員会[8]〉から構成され、開発協力に関する独自の国際的フォーラム／準グローバル・フォーラムとして、半世紀にわたり Global Donor Community を構成してきた OECD/DAC——。開発協力の司令塔（戦略本部）として、バイラテラル・ドナーに対して志向すべき基本的方向性を指し示し、フィクサーとして Global Alliance for Development に隠然たる影響力を行使してきた OECD/DAC——。その政策ステートメント〈決意表明〉の主眼は、いうまでもなく G20 に象徴される新興国（Emerging Economies）を *New Emerging Donor* として DAC の枠組みに取り込み、DAC の行動規範を受容させることにあった。そしてそのための大義名分（正当化の論理／説得のためのレトリック）として DAC が強調したのが、〈ミレニアム開発目標〉という新たな〈国際規範〉の重要性であった。それは、同ステートメントが〈ミレニアム開発目標で始まり、ミレニアム開発目標で締

め括られている〉という事実に象徴的に示されている。

そこから窺われることは、新しいミレニアムへと移行して僅か10年という短期間のうちに、ミレニアム開発目標が一気に開発協力における新しい国際規範／パラダイムの地位に駆け上っていったという事実である。はたしてそれは、準グローバル・フォーラムとしてのOECD/DACに限定される特殊な現象なのであろうか。

周知のように、ミレニアム開発目標の具体的な内容は、OECD/DACが東西冷戦構造崩壊後の1990年代後半、矢継ぎ早に世界に向けて発信（アピール）した新しい開発戦略（政策イニシアティブ）と微妙に交錯／重複している。DACが折に触れてミレニアム開発目標の「生みの親」を自認するのは、そうした事実を反映している。その意味ではDACがミレニアム開発目標の意義／重要性をことさら強調したとしても、それはごく当然の（自画自賛的な）行為といえよう。

第1節　グローバル・ムーブメント

それでは、Global Donor CommunityにおいてOECD/DACに代表される〈バイラテラル・ドナー〉との間に微妙な緊張関係を展開してきた〈マルチラテラル・ドナー〉は、ミレニアム開発目標をどのように位置づけているのであろうか。

2013年10月、世界銀行グループは *World Bank Group Strategy* と題する新しい開発戦略文書を公表し、(1) 2030年までに、1日：1.25ドル以下で生活している絶対的貧困者の数を世界総人口の3パーセントにまで削減する。(2) すべての国を対象として、それぞれの国において最底辺の40パーセントを構成する人々の所得を増大させ、世界全体が豊かさを共有できるようにする――との戦略目標を掲げた。ついで同文書では、これら2つの基本目標を達成するために、(1) ローカル、地域、グローバルの各レベルにおいて、(2) 政府、国連システム、多国間組織（IMFや多国間開発銀行を含む）、2国間組織、新興援助供与国、民間セクター、市民社会等、あらゆるステークホルダー間に、(3)

パートナーシップに基づく共同行動を推進することの重要性を強調した。そのうえで世界銀行グループは、〈パートナーシップに基づく貧困の削減および豊かさの共有〉という基本戦略は、ミレニアム開発目標の達成、ひいては〈ambitious post-2015 agenda〉の策定に寄与するものとの確信を披瀝した。

世界銀行が〈グループ〉の総力を結集して追求しようとするこの新開発戦略は、2013年10月12日に開催された世界銀行・IMF合同開発委員会において、次のようにその意義が確認された。——過去20余年に亘る未曽有の進歩により、開発をめぐる状況は一変した。すなわち、貧困の削減と繁栄の共有を可能とする新たな機会が生み出された。しかしそれは同時に、持続的な進歩を阻害する新たなリスクをもたらすものでもあった。……世界銀行グループの2つの野心的な目標、すなわち2030年までに、環境的、社会的、経済的に持続可能な方法で極度の貧困を撲滅し、繁栄を共有できるようにすることは……ポスト2015アジェンダの構築に大きく貢献するものである。この目標の達成に向けてわれわれは、世界銀行グループの新戦略を強く支持する。

また193の主権国家から構成され、文字通り普遍的な国際組織としてグローバリズム／マルチラテラリズム（多国間主義）を具現する国連においては、ミレニアム開発目標はどのように位置づけられているのであろうか。いうまでもなくミレニアム開発目標は、2000年9月に開催された国連（総会）ミレニアム・サミットにおいて採択された国連ミレニアム宣言の〈申し子〉である。すなわち、21世紀の国際社会における諸課題——平和と安全、開発と貧困、環境、人権とグッド・ガバナンス、脆弱な人々の保護、アフリカの特別なニーズ、国連の強化——に対する包括的な挑戦を謳った国連ミレニアム宣言を母体として、そこから〈開発と貧困の撲滅〉に関わる部分のみを切り離し、独立した目標として再編成したもの——これがミレニアム開発目標である。しかもこのミレニアム開発目標は、1945年10月の発足以来、国連が折に触れて積み重ねてきたさまざまな政策イニシアティブのなかでも、最も成功したもののひとつと位置づけられるものである[9]。したがってOECD/DACと同様に、国連（総会）がミレニアム開発目標の歴史的意義を強調し、(1) 2015年という目標年（達成期限）に向けて、国際社会がよりいっそうの努力を傾注することを強

く求め、更には（2）2015年以後も、たんなる政治的慣性（惰性）に甘んじることなく、より高次の目標を設定して、いままで以上の政治的エネルギーを注入するようアピールするのはきわめて当然であった。それがいわゆる〈ポスト2015アジェンダ〉の模索である。国連総会は、（1）2015年9月に開幕する第70会期・国連総会に的を絞り、（2）2013年9月に開幕する第68会期・国連総会をそのための正念場と位置づけて、用意周到な準備作業を積み重ねていったのである。その軌跡は、以下に示される通りである。

2011年12月19日、国連総会は〈第68会期・国連総会における一般討論の開始に先駆けて、2013年9月23日（月曜日）に *The Way forward: a disability-inclusive development agenda towards 2015 and beyond* と題する包括的なテーマのもとに、国家元首／政府首脳から構成されるハイレベル会合を開催する〉旨を決議した〔A/RES/66/124〕。

2012年7月31日、Ban Ki-moon 国連事務総長は〈global post-2015 agenda〉の作成に向けて26名（＋Special Advisor of the Secretary-General on Post-2015 Development Planning）の有識者（Eminent Persons）から構成されるハイレベル・パネルの設置を明らかにした。それは、（1）2010年に開催されたMDGsサミットにおいて事務総長に付与されたマンデイトに基づき、〈post-2015 initiative〉の一環として設置されるものであり、（2）ミレニアム開発目標の達成に向けてこれまで積み重ねてきた経験／知見（成果および改善点）を踏まえて、新たな課題に挑戦しようとするものであった。

具体的には、以下の任務が同パネルに対する付託事項であった。──（1）国連事務総長に対して、大胆（骨太）かつ実現可能な政策提言をおこなう。（2）さまざまなレベルにおいて、ステークホルダー間で広範な協議をおこなう。（3）野心的かつ実現可能な〈Post-2015 development agenda〉に関して、いかにして広範な政治的コンセンサスを構築し、かつそれを持続させるか──パネルの報告書は、その具体的な方策を提示するものでなければならない。（4）〈Post-2015 development agenda〉は、〈経済成長・社会的平等・持続可能な環境〉という3つの次元を軸とするものでなければならない。それはまた

〈conflict and post-conflict situations〉という状況下に置かれている国々が直面している特別な困難に配慮するものでなければならない。(5) パネルの報告書は、2013年の第二／四半期に提出されるものとする。(6) パネルの報告書は2013年9月、第68会期・国連総会において総会議長により開催される〈Post-2015 Development Agendaに関する特別会合〉に向けて事務総長が提出する報告書の根幹をなすものとする。

　2012年12月21日、国連総会は〈第68会期・国連総会における一般討論終了後の10月3日-4日の両日、High-level Dialogue on International Migration and Developmentを開催する〉旨を決議した〔A/RES/67/219〕。そのうえで同決議は、ヴァチカンおよびパレスチナに対しては〈observer States〉という資格で、またEUに対しては〈observer〉という資格でハイレベル対話およびその準備作業に参加するよう要請した。さらに同決議は、国連システムを構成する当該諸組織、国際移住機関、および国連総会においてオブザーバー資格を有する当該諸国際組織……等の参加を求めた。

　2012年12月21日、国連総会は *Follow-up to the International Conference on Financing for Development* と題する決議を採択し〔A/RES/67/199〕、〈2013年後半にHigh-level Dialogue on Financing for Developmentを開催する〉旨を決定した。

　2013年4月8日、国連事務総長は *Coherence, coordination and cooperation in the context of financing for sustainable development and the post-2015 development agenda* と題する文書（Note）を公表した〔E/2013/52〕。それは、国連事務局が主要な国際組織（ステークホルダー）との協議を踏まえて作成したものであり、4月下旬に開催予定の国連経済社会理事会特別ハイレベル会合（Special high-level meeting of the Economic and Social Council with the Bretton Woods institutions, the World Trade Organization and the United Nations Conference on Trade and Development）に向けたブリーフィング（背景説明／基本情報の提供）および論点整理を目的とするものであった。とりわけ同文書において注目されるのが〈Global partnership for development in the context of the post-2015 development agenda〉と題する、次のような問題

提起であった。──（1）現行の〈global partnership for development〉を再編成（renewal）するうえで留意すべき最も喫緊かつ新たな課題は何か？それらはいかにしてミレニアム開発目標の〈post-Goal 8〉の枠組みに組み込まれるべきか？（2）そもそも〈global partnership for development〉の再編成は、現行の枠組みを基礎としておこなわれるべきであろうか？それともより抜本的な再構成（a more fundamental rethink）を志向すべきであろうか？（3）国家レベル／地域レベル／国際レベルにおいて、持続可能かつ包摂的な成長と発展（sustainable and inclusive growth and development）の促進を目的として現行の〈global partnership for development〉の刷新、あるいは強化を図るとしても、その前提となるべき基本原理とはどのようなものであろうか？そもそもどのようにすれば〈global partnership for development〉を〈post-2015 development agenda〉へと組み込み／収束させることが可能であろうか？（4）どのような〈global economic governance〉を構築すれば、より実効的な〈renewed global partnership for development〉の構築が可能となるのであろうか？

　2013 年 4 月 22 日、国連経済社会理事会はブレトン・ウッズ機構、WTO、UNCTAD との間に特別ハイレベル会合を開催した。同会合は、（1）世界経済情勢全般を討議するハイレベル・パネルに加えて、（2）2012 年 6 月にリオ・デ・ジャネイロで開催された〈持続可能な開発に関する国連会議〉のフォローアップ会合、および（3）テーマを〈Global partnership for development in the context of the post-2015 development agenda〉に絞り込んだ会合とから構成されたが、とりわけ第 3 テーマ、すなわち〈post-2015 development agenda〉に関しては、以下のような共通認識が確認された〔A/68/78-E/2013/66〕。──（1）すべての〈開発アジェンダ〉の中核を構成するのは成長（growth）である。ただしそれは〈inclusive and sustainable〉でなければならない。（2）〈post-2015 development agenda〉は "business as usual" policies から訣別し、新たな挑戦を視野に入れる枠組みに基づいて策定されなければならない。（3）〈post-2015 development agenda〉の策定に際しては、開発途上国と先進工業国の双方に利益をもたらすような〈global new deal〉が必要である。（4）いま

まで以上に衡平な国際的枠組みの構築に向けて、地域協力をよりいっそう活用することが必要である。(5)〈global partnership for development〉を構築するためには、市民社会や民間セクター等、あらゆるステークホルダーの積極的な参加を確保することが重要である。(6) 多国間協力の枠組みおよび規範の形成に際しては、開発途上国の主張を取り入れ、その参加の拡大・強化を図ることが重要である。この点は、とりわけブレトン・ウッズ機構におけるアフリカ諸国の位置づけとの関連で重要である。(7) 南－南協力および南－北協力の推進が重要である。ただし南－南協力の推進により、南－北協力が阻害されてはならない。(8) グローバル開発目標の第8目標は、経済成長およびグローバル・ガバナンスという重要な課題を欠落させている。(9)〈post-2015 development agenda〉の枠組みに、説明責任およびモニタリング機能を担うメカニズムを組み込むことが重要である。いうまでもなくそれらは信頼のおけるものでなければならない。

　2013年7月9日、国連総会は〈第69会期・国連総会の会期中に、2015年に国連総会のもとで《post-2015 development agenda》の開始に向けた会合を開催することの是非を検討する会合を開催する〉旨を決定した〔A/RES/67/290〕。

　2013年7月26日、国連事務総長は *A Life of dignity for all: accelerating progress towards the Millennium Development Goals and advancing the United Nations development agenda beyond 2015* と題する報告書（Report）を公表した〔A/68/202〕. それは、(1) 2015年以後の時代は、新しいビジョン、およびそれに対応する新しい枠組みを必要としている。(2) それらは〈経済成長・社会正義・環境保全〉を一体化することにより達成可能となる持続可能な開発を主導原理、ひいては具体的な行動原理と位置づけるものでなければならない——との基本認識に基づき、次のように謳うものであった。——(1) 2013年9月25日、総会議長により召集される特別会合は、〈post-2015 development agenda〉の基本的輪郭の構築に寄与するものとなろう。(2) 同特別会合により、国連加盟国は新しい開発アジェンダの採択に向けて2015年に国連サミットを開催する旨を決議する運びとなろう。(3) 第69会期・国連総会は、

〈post-2015 development agenda〉の構築に向けて開催される政府間協議の最終段階と位置づけられよう。

　2013年9月3日、国連事務局は第68会期・国連総会におけるハイレベル会合および一般討論のスケジュールを国連加盟国代表団に通知した〔A/INF/68/4/Rev.1〕。その骨子は、以下の通りである。──（1）一般討論は9月24日（火曜日）-10月2日（水曜日）におこなわれる。（2）9月23日（月曜日）、国連総会は〈persons with disabilities〉をテーマとするハイレベル会合を開催する。それはミレニアム開発目標およびその他の国際開発目標という全体的な文脈において、障がいを抱えた人々の発展に向けた道筋を探るものである。（3）9月23日（月曜日）、事務総長は"Millennium Development Goal success: accelerating action and partnering for impact"と題する行事を開催する。（4）9月24日（火曜日）、国連総会は第68会期における〈持続可能な開発〉に関するハイレベル政治対話の第1回会合を開催する。（5）9月25日（水曜日）、国連総会議長はミレニアム開発目標のフォローアップに向けた特別行事を開催する。（6）10月3日（木曜日）-4日（金曜日）の2日間、国連総会は〈国際移民と開発〉（international migration and development）をテーマとするハイレベル対話を開催する。

第2節　〈Beyond-2015 agenda〉へのカウントダウン

　このように2011年末以降、国連総会は第68会期・国連総会を〈post-2015 agenda〉の構築に向けた重要な橋頭堡と位置づけ、そのための環境／基盤整備を精力的に推進していった。いうまでもなくそれは、「われわれは、本成果文書の実施に関わるものを含め、引き続きミレニアム開発目標の達成に向けた進展を年間ベースで見直すことを総会に要請する。われわれは、第68会期・国連総会議長に対して、ミレニアム開発目標の達成に向けた努力をフォローアップするための特別な行事（イベント）を2013年に開催するよう要請する」と謳った『国連首脳会合　成果文書　2010年9月20-22日』に基づくものであった（"Keeping the promise", Paragraph 79）〔A/RES/65/1〕。すなわちそ

れは、(1) 第 68 会期・国連総会において、ミレニアム開発目標の更なる飛躍に向けて、新たな開発目標の基本的な輪郭／方向性を策定し、(2) 時間的余裕を十分に確保したうえで、万全の態勢で「本番」——第 70 会期・国連総会 (2015 年 9 月開催予定)——に臨むことを企図するものであった。

　こうしてまず 2013 年 5 月、*A New Global Partnership* と題する『ハイレベル・パネル報告書』が Ban Ki-moon 国連事務総長に提出された。それは、本格的な議論に向けた環境／基盤整備を主たる目的とするものであった。ついで 2013 年 9 月-10 月、同報告書を基礎（frame）として、国連総会は〈post-2015 agenda〉の基本的な枠組みづくりに向けた会議を矢継ぎ早に開催していった。その軌跡は、以下の通りである。

　『2013 年／ハイレベル・パネル報告書』——正式名称は *A New Global Partnership: Eradicate Poverty and Transform Economies through Sustainable Development,* The Report of the High-Level Panel of Eminent Persons on the Post-2015 Development Agenda（30 May 2013）——は、次のような基本認識に促されるものであった。——(1) これまでの 13 年間、ミレニアム開発目標は著しい成果をあげてきた。したがって、その意義を否定することは誤りである。(2) われわれは、2030 年までに地球上から絶対的貧困を根絶する（eradicate extreme poverty）ことを新たな目標とすべきである。それは、持続可能な開発（sustainable development）の推進という全体的な文脈において追求されなければならない。(3)〈絶対的貧困の根絶と持続可能な開発〉を同時に実現するためには、ミレニアム開発目標の単なる更新／延長ではなく、それを超える新たな開発アジェンダの構築が不可欠である（we must go beyond the MDGs）。(4) ミレニアム開発目標は、最貧困層や社会から排除された人々に対して十分な配慮をおこなってこなかった。またそれは、紛争や暴力が開発に及ぼす壊滅的な影響に関しても沈黙を守ってきた。グッド・ガバナンスや制度——それらは法の支配、言論／表現の自由、開放的で説明責任をはたしうる政府を確立するうえで不可欠なものである——が開発に及ぼす影響に関しても、ミレニアム開発目標は対象外としてきた。そもそも雇用機会を創出するうえで

重要な包摂的成長（inclusive growth）の必要性に関しても、ミレニアム開発目標は無視してきた。(5) ミレニアム開発目標の最大の問題は、国連ミレニアム宣言において謳われた持続可能な開発の経済的・社会的・環境的次元をひとつの総体として包括的に取りあげなかった点である。同様に持続可能な消費／生産パターンの推進を問題としなかったこともミレニアム開発目標の重大な欠点である。(6) 本報告書が提起する問題はきわめて明快である。すなわち、現行のミレニアム開発目標を出発点（前提）として、①引き続き維持すべきポイント、②修正すべきポイント、③新たに付け加えるべきポイントを明らかにし、それらを提示すること——これが本報告書の課題である。

このような問題意識に促されて、『ハイレベル・パネル報告書』は〈business-as-usual〉アプローチから訣別して〈new paradigm〉の構築を目指すことを訴えた。それは、〈universal agenda〉としての〈post-2015 agenda〉の構築を強く求めるものであり、具体的には〈野心的（bold）、しかし実践的（practical）〉な提案として、〈from vision to action〉というキャッチ・フレーズのもとに、次の5項目にわたる〈transformative shifts〉の実現を謳うものであった。——(1) Leave no one behind：2015年以後の開発アジェンダは、絶対的貧困の「削減」ではなく、その「根絶」を目的とすべきである。それは、これまで排除され、開発の恩恵を受けてこなかった人々に焦点を当てるものでなければならない。(2) Put sustainable development at the core：2015年以後の開発アジェンダは、より広範な社会的包摂（social inclusion）を実現するものでなければならない。すなわち、開発の社会的・経済的・環境的次元を一体化することにより、持続可能な開発を可能とするものでなければならない。(3) Transform economies for jobs and inclusive growth：2015年以後の開発アジェンダは、持続可能な雇用機会の創出および包摂的な成長に向けて、経済を根本的に変革するものでなければならない。(4) Build peace and effective, open and accountable institutions for all：2015年以後の開発アジェンダは、平和とグッド・ガバナンスを中核として人々に安寧を保証するものでなければならない。というのも、恐怖、紛争、そして暴力からの自由こそが、人権の基礎を構成し、平和で豊かな社会を構築するうえで最も重要な基盤となるからで

ある。(5) Forge a new global partnership：2015年以後の開発アジェンダにおいて最も重要な課題は、〈連帯・協力・相互説明責任〉という新たな精神を基礎とするパートナーシップの構築である。それは政府のみならず、貧困層、障がい者、女性、市民社会、先住民および地域社会、伝統的に周縁化（疎外）されてきた人々、多国間組織、地方政府、経済界、学界、慈善団体……等を包み込む／巻き込むものである。

　このようなハイレベル・パネルによる〈Bold and Practical〉な政策提言——それを政治的プラットフォーム（引照枠組み／たたき台）として2013年9月、国連総会は〈Post-2015 Development Agenda〉の基本的なデザインづくりに向けて、一連のキャンペーンを次のように集中的に展開していったのである。

第3節　2013年の軌跡

　2013年9月23日（月曜日）、すなわち一般討論演説開始の前日、国連総会は〈High-level Meeting on the Realization of the Millennium Development Goals and Other Internationally Agreed Development Goals for Persons with Disabilities〉を開催した。それは *The way forward: a disability-inclusive development agenda towards 2015 and beyond* という統一テーマのもとに開かれるものであり、オープニング・ステートメントにおいてJohn W. Ashe総会議長は、次のように会議開催の意義を強調した〔GA/11420〕。——(1) 本会議開催の目的は、障がいをもつ人々の権利確保を2015年以後の開発アジェンダの中心課題のひとつへと発展させることである。(2) 障がいをもつ人々を"differently abled"と表現する人もいるが、いずれにしてもその数は10億人以上にのぼっており、障がいをもつ人々が世界最大のマイノリティー集団を形成していることは厳然たる事実である。(3) 障がい者の大多数は開発途上国に居住しており、その多くは極度の困窮状態に置かれている。(4) ミレニアム開発目標を構成する8つの目標は、障がい者に関しては一切言及していない。(5) 社会および開発のあらゆる側面に、障がい者の権利保護という視点を導入

すべきである。(6) 経済・社会・政治活動から障がい者を排除するような開発シナリオは、いかなる意味においても包摂的（inclusive）ではなく、かつ持続可能（sustainable）なものでもない。(7) 本会議に上程されている〈outcome document〉は、〈ポスト2015開発アジェンダ〉において障がい者に対して正当な配慮をおこない、本当の意味での包摂的な社会（inclusive society）の構築を目指すものである。

　このような総会議長のステートメントを受けて、Ban Ki-moon 国連事務総長も、次のように会議の歴史的意義を強調した〔GA/11420〕。——(1) われわれはいままさに2015年に向けて、さらには2015年以後に向けて、〈disability-inclusive development agenda〉の構築をおこなおうとしている。(2) 世界総人口の約15パーセント、すなわち10億人以上の人々が何らかの形で障がいを抱えている。そのうちの80パーセントの人々は、就業人口に属しており、さらにその80パーセントは、開発途上国に居住している。(3) 障がい者の多くは貧困に苛まれ、社会から排除されている。きわめて多くの障がい者が、教育、雇用、保健、必要な社会的・法的支援システムに対するアクセスを拒絶されている。(4) "disability is not inability" ——ミレニアム開発目標の達成に向けて、そしてまた〈post-2015 agenda〉の構築に向けてわれわれが前進するうえで、障がい者の権利保護は死活的な重要性をもっている。

　会議の開始からほぼ1時間を経過——。さらにいくつかの通過儀礼（スピーチ）を滞りなく進行させて、会議は予定通り *Outcome document of the high-level meeting of the General Assembly on the realization of the Millennium Development Goals and other internationally agreed development goals for persons with disabilities: the way forward, a disability-inclusive development agenda towards 2015 and beyond* を投票に付すことなくコンセンサスで採択した〔A/68/L.1〕。その骨子は、以下の通りである。——(1) われわれ国連加盟国は、障がい者の社会的貢献——社会の全体的福祉／社会の進歩／社会の多様化に対する貢献——に鑑み、障がい者こそが開発の担い手（agents）であり、かつ受益者（beneficiaries）である旨を確認する。(2) 開発のあらゆる側面において障がい者の権利保護が図られるべきであり、目下策定中の〈ポスト

2015 国連開発アジェンダ〉（emerging post-2015 United Nations development agenda）においては、障がい者問題に対して正当な配慮が払われなければならない。（3）われわれ国連加盟国は、総会議長に対して 2015 年 9 月から開催される第 70 会期・国連総会において、新たな開発目標において障がい者の権利保護の問題がどの程度盛り込まれるか——その進捗状況を報告するよう求める。

　9 月 25 日、John W. Ashe 総会議長の「主催」により、ミレニアム開発目標の達成に向けた特別行事（Special Event towards achieving the Millennium Development Goals）が開催された。会議は、国連加盟国首脳が一堂に会する形でおこなわれ、まず主催者として John W. Ashe 総会議長が、次のように演説した。——（1）ミレニアム開発目標の達成期限まで 850 日を切っており、われわれは可及的速やかに目標達成に向けた努力を加速／推進しなければならない。（2）〈Global Partnership for Development〉の推進は、われわれにとって道義的な責務であるのみならず、次の段階への移行——〈post-2015 development agenda〉の策定——に向けた重要な出発点でもある。（3）新しい開発アジェンダの策定／"framework" の構築は、これまでとは根本的に異なるアプローチを志向するものでなければならない。（4）本日われわれは、18 カ月後の 2015 年に〈post-2015 development agenda〉の採択に向けた国連サミットを開催する旨に合意の運びである。（5）〈post-2015 development agenda〉の策定作業は、〈open and inclusive〉におこなわれなければならない。（6）われわれが、健全なエコ・システムに支えられ、貧困から自由な（貧困を撲滅した）世界の実現に向けて、新たな、そして普遍的な開発アジェンダの構築を模索するに際して、その成否の鍵を握るのは国連加盟国に他ならない。

　つづいて Ban Ki-moon 国連事務総長が、次のような演説をおこなった。——（1）〈post-2015 development agenda〉の策定に際しては、新たな時代状況に対応した新たなビジョン、そしてまたその実現を可能とする〈実効性のある枠組み〉（responsible framework）の構築が不可欠である。（2）〈post-2015 development agenda〉は、持続可能な開発（Sustainable Development）を〈主導原理かつ行動原理〉とするものでなければならない。それは〈経済成

長・社会正義・環境保全〉をひとつの総体として一体化するものである。(3) 現在模索されている新しい開発アジェンダは、〈bold in ambition yet simple in design〉でなければならない。それは〈new partnership for development〉に裏づけられるものでなければならない。またそれは〈universal in nature yet responsive to the complexities, needs and capacities of individual countries〉でなければならない。さらにそれは〈rights-based, with particular emphasis on women, young people and marginalized groups〉でなければならない。(4) ミレニアム開発目標と同様に〈post-2015 development agenda〉も、想像力を喚起すると同時に現実的でもある、簡潔な目標から構成されるものでなければならない。

　以上の基調演説を受けて、一連の通過儀礼（スピーチ）がおこなわれ、そのうえで *Special Event 25 September: Outcome Document* が採択された。その骨子は、以下の通りである。――(1) ミレニアム開発目標は、開発問題に対する共通のビジョンを指し示すものであり、開発問題の進展に大きく貢献した。(2) われわれにとって喫緊の課題は、①ミレニアム開発目標の達成から取り残されてきた開発途上国、および②開発途上国の〈内部〉においてミレニアム開発目標の達成から取り残されてきた人々を支援することである。(3) われわれは〈inclusivity and accessibility for all〉を重視し、そのような立場からとりわけ〈most vulnerable and disadvantaged〉な人々に対する支援を重点的におこなう。(4) われわれは、〈Global Partnership for Development〉強化の重要性を強く認識している。そこで重要なのは、ミレニアム開発目標の達成に向けた国家の主体性（national ownership）である。(5) われわれは、あらゆるレベルにおいて〈人権／グッド・ガバナンス／法の支配／透明性と説明責任の確保〉が重要である旨を確認する。(6) われわれは、ミレニアム開発目標の達成に向けた努力の強化／加速化と並行して、〈strong post-2015 development agenda〉の策定（craft）をおこなう決意である。それは、ミレニアム開発目標を基礎として、それが積み残した課題を成就させ、かつ新たな挑戦に対処しようとするものである。(7) 〈post-2015 development agenda〉は、貧困の根絶および持続可能な開発に対する国際社会のコミットメントを強化するもので

なければならない。(8)〈post-2015 development agenda〉は、〈universal in nature and applicable to all countries〉を特徴とする〈single framework and set of Goals〉でなければならない。(9)〈post-2015 development agenda〉は、個々の国家の特殊性に配慮し、それぞれの国家が独自に追求する政策や優先順位を尊重するものでなければならない。(10)われわれは、第69会期・国連総会の開始に合わせて〈post-2015 development agenda〉の採択に向けた政府間交渉を開始することに合意した。(11)本日の会合に向けて国連事務総長が事前に作成・提出した報告書(『ハイレベル・パネル報告書』……等)は、われわれが〈post-2015 development agenda〉の策定作業をおこなううえで有益である。(12)今後〈post-2015 development agenda〉の策定作業をおこなうに際して、本会期において"The Post-2015 Development Agenda – Setting the Stage"という共通テーマのもとに国連総会議長が開催するさまざまな行事は有意義なものとなろう。(13)〈inclusive and people-centred post-2015 development agenda〉の構築に向けて、われわれは透明性を確保しながら政府間協議を推し進めるつもりである。すなわちその過程は、市民社会、科学者・専門家集団、議会、地方議会、民間セクター等、あらゆるステークホルダーから寄せられる声(主張)に耳を傾けるものである。(14)われわれは国連事務総長に対して、2014年末までに〈post-2015 development agenda〉に関して寄せられたさまざまな意見を集約する包括的な報告書を提出するよう要請する。(15)国連総会は、2015年9月に国家元首／政府首脳が参加するサミットを開催し、〈post-2015 development agenda〉の採択をおこなう。

10月3日-4日、国連総会はHigh-level Dialogue on International Migration and Developmentを開催した。それは具体的には"identifying concrete measures to strengthen coherence and cooperation at all levels, with a view to enhancing the benefits of international migration for migrants and countries alike and its important links to development, while reducing its negative implications"という統一テーマのもとに2日間にわたり開かれるものであった。まず冒頭のオープニング・ステートメントにおいてJohn W. Ashe総会議長が、以下の諸点を強調した。——(1)本会議(ハイレベル対話)は、新た

なグローバル開発目標——ポスト・ミレニアム開発目標——の策定という、きわめて壮大な挑戦を国連が試みようとしている——まさにその重大な時期に開催されるものである。(2) 適切な管理がおこなわれれば、移民を貧困の削減、人的資源の強化、ひいてはグローバルな開発に貢献させることも可能となる。(3) 2012年、ODAは1,260億ドル（実績ベース）を記録した。他方、移民による海外からの送金は4,000億ドルに達した。(4) 移民は、知識・技術・技能の移転に貢献している。(5) 移民問題は、〈post-2015 development agenda〉において正当に位置づけられるべきである。(6) 変革は容易ではない。それを実現するためには、忍耐、不屈の精神力、確固たる信念が不可欠である。

　ついでBan Ki-moon国連事務総長も、会議の歴史的意義を次のように強調した〔SG/SM/15367, GA/11435, DEV/3046〕。——(1) 移民問題は、もはや国家主権の聖域にとどまるものではない。それは国際社会全体が取り組むべき課題である。(2) 移民がすべてのステークホルダーに利益をもたらすようにするうえで重要なのは、以下の8原則である。——①すべての移民の人権が保護されなければならない。②移民に関わるさまざまなコスト（海外送金手数料……等）は軽減されなければならない。③人身売買等、移民に対する収奪に終止符を打たなければならない。④紛争や自然災害等、移民を苦境に陥れる制約条件を克服しなければならない。⑤移民に対する人々の認識を改善することが必要である。⑥移民問題を開発アジェンダに組み込むことが必要である。⑦客観的な事実に基づく、移民に関するデータ・ベースの構築が必要である。⑧移民とのパートナーシップおよび協力関係の強化が必要である。(3) そもそも人間は、尊厳、安全、そしてより良い未来を志向する存在である。その意味では、移民は人間の基本的願望の発露に他ならない。(4) 社会のグローバル化が進展するに伴い、移民はごく一般的かつ自然な現象となっている。(5) 移民がすべてのステークホルダーに利益をもたらすようにすることは、われわれ国際社会全体の共同責任である。

　以上の基調演説を踏まえて、国連総会は *Declaration of the High-level Dialogue on International Migration and Development* を投票に付すことなくコンセンサスで採択した〔A/68/L.5〕。それは開発、とりわけ〈post-2015 development agenda〉という全体的な文脈において（国際）移民のあるべき姿——基本理念——を全34パラグラフにわたり謳うものであった。その骨子は、以下の通りである。——（1）移民の問題は、移民の〈送出国・経由国・受け入れ国（origin, transit and destination countries）〉のすべてに関わる多元的な現象である。したがって移民問題は、移民の社会的・経済的・環境的次元および人権の尊重に対して正当な配慮をおこない、それらをひとつの総体として開発問題と一体化する形で、〈coherent, comprehensive and balanced manner〉での解決が図られなければならない。（2）移民は、移民の〈送出国・経由国・受け入れ国〉の発展に重要な貢献をなしうる。（3）移民は、ミレニアム開発目標の実現に多大の貢献をなしうる。そもそも人間の移動（human mobility）は、持続可能な開発——それは〈post-2015 development agenda〉の策定において適切に考慮されるべき課題である——の重要な構成要素である。（4）法的にどのように位置づけられようとも、すべての移民の人権および基本的自由は保護されなければならない。（5）高度の技能を保持する移民（とりわけ保健衛生・社会福祉・エンジニアリングの分野における）の流出が、開発途上国の発展に及ぼす影響に配慮して、〈circular migration〉（開発途上国から先進工業国に流出した移民の本国への自発的な帰還）の促進を考慮することも必要である。（6）移民の本国への送金の重要性に鑑み、移民送出国と移民受け入れ国の双方において、より安価・迅速・安全な送金システムの構築を図ることが必要である。（7）〈post-2015 development agenda〉の策定に向けた準備作業を視野に入れて、国連諸組織……等、さまざまなステークホルダー間の連携・協力関係を強化することが必要である。（8）国連事務総長に対して、引き続き〈移民と開発〉の分野における進捗状況の評価作業を継続し、本ハイレベル対話の成果・検討を踏まえたうえで、第69会期・国連総会に評価報告書を提出するよう要請する。

　10月9日、国連総会はFollow-up to the outcome of the Millennium Summitの一環として"Outcome document of the special event to follow up efforts made towards achieving the Millennium Development Goals"と題する決議案の審議をおこなった。まずJohn W. Ashe総会議長が、次のような趣旨説明を

おこなった。――（1）本決議案は、1週間前（9月25日）に開催された「ミレニアム開発目標の達成に向けた特別行事」において各国首脳等からすでに承認されている（*Special Event 25 September: Outcome Document* の採択）。（2）本決議案の第一義的な目的は、ミレニアム開発目標の達成に向けて、各国に対して更なる努力の加速化を訴えることにある。それは具体的には、達成状況の不均衡（gaps and unevenness）の解消を求めるものである。（3）2015年の達成期限までに残された時間は825日余に過ぎない。われわれは全力でミレニアム開発目標の実現に向けた共同行動を強化すべきである。（4）本決議案は、〈ambitious and inclusive post-2015 development agenda〉の策定に向けて当面志向すべき基本的な方向性（initial signposts）の大枠を指し示すものである。（5）本決議案の作成にあたり尽力したアイルランドと南アフリカの多大な貢献に対して謝意を表したい。同様に、国連事務総長以下の事務局チームの努力に対しても敬意を表したい。（6）本決議案を過大評価してはならない。それはあくまでも、①2015年までにミレニアム開発目標を達成し、併せて②2015年以後の開発目標を策定するという、2つの目標の実現に向けた一連のプロセスの第一歩に過ぎない。それを達成するためには、あらゆるステークホルダーによる、これまでとは比較にならないほど強力な支援、連携、パートナーシップが不可欠である。（7）目下開催中の第68会期・国連総会においては、ミレニアム開発目標に関連するさまざまな協議がおこなわれているが、それらは第69会期・国連総会における〈post-2015 development agenda〉交渉の開始を念頭に置くものである。（8）本会期の後半にも、さまざまなハイレベル行事やテーマ別協議の開催が予定されているが、それらはいずれも第69会期・国連総会における〈post-2015 development agenda〉交渉を視野に入れるものである。

　総会議長による、以上の趣旨説明を踏まえて国連総会は"Outcome document of the special event to follow up efforts made towards achieving the Millennium Development Goals"を投票に付すことなくコンセンサスで採択した〔A/68/L.4〕。それは全26パラグラフにわたり、〈post-2015 development agenda〉の策定に向けた行程を、より具体的に確認するものであった。その骨子は、以下の通りである。――（1）ミレニアム開発目標は、われわれにとって

共通のビジョン（common vision）であり、それは輝かしい成果を収めてきた。(2) われわれは、最貧開発途上国が深刻な事態に直面しているという現実を十分に認識している。とりわけほとんどのアフリカ諸国は、ミレニアム開発目標の達成からはほど遠い状況に取り残されている。また紛争に苛まれている諸国、および紛争後の国家再建をめざす諸国にとって、2015 年までに開発目標を達成することは至難の業である。(3) われわれは、小島嶼国や内陸国、および外国の占領下に置かれている人々、人道上深刻かつ緊急を要する事態に直面している人々、テロリズムの脅威にさらされている人々が直面している困難を認識している。またわれわれは、中所得国の多くが遭遇している困難も認識している。(4) われわれは〈inclusivity and accessibility for all〉の確保がきわめて重要な課題であることを認識している。とりわけわれわれは〈most vulnerable and disadvantaged〉な人々（最貧困層・女性・子供等）に対する支援を重点的におこなう決意である。(5) われわれは〈global partnership for development〉強化の重要性を強く認識している。(6) 2015 年までにミレニアム開発目標を達成するためには〈national ownership〉が不可欠であり、そのためには国際的な支援、およびそれを可能とする国際環境の整備が必要である。(7) われわれは、あらゆるレベルにおいて人権、グッド・ガバナンス、法の支配、透明性および説明責任の確保を図ることが重要であると認識している。(8) われわれは〈strong post-2015 development agenda〉を策定する決意である。それはミレニアム開発目標が積み残した未解決の問題に決着をつけ、新たな挑戦に立ち向かおうとするものである。(9) われわれは「環境と開発に関するリオ宣言」、とりわけその第 7 原則「共通だが差異のある責任」（common but differentiated responsibilities）の重要性を再確認する。(10) われわれは〈post-2015 development agenda〉は貧困の根絶および持続可能な開発に対する国際社会のコミットメントをよりいっそう強化するものでなければならないと確信する。とりわけ、人々を貧困および飢餓から解放することこそ喫緊の最優先課題である。(11) われわれは〈single framework and set of goals, universal in nature and applicable to all countries〉の構築を追求する。それは、さまざまな国家の置かれている状況の特殊性に配慮し、個々の国家の政策や優先順

位を尊重するものでなければならない。またそれは、平和と安全、民主的なガバナンス、法の支配、ジェンダーの平等、すべての人々の人権を促進するものでなければならない。(12) われわれは、第69会期・国連総会の開催に合わせて〈post-2015 development agenda〉の採択に向けた政府間交渉を開始することを決定する。(13) 国連事務総長が事前に提出した報告書は有益であった。(14) "The post-2015 development agenda: setting the stage" というテーマのもとに、これから国連総会議長により開催されるさまざまな行事は、〈post-2015 development agenda〉の策定に向けた準備作業として有意義なものとなろう。(15)〈inclusive and people-centred post-2015 development agenda〉の策定は、政府間交渉としておこなわれるべきものであるが、それはさまざまなステークホルダーのコミットメントを通じて、より透明性を担保するものでなければならない。(16) われわれは、〈post-2015 development agenda〉の策定作業は、国連システムによる強力な支援に支えられるものと期待している。(17) われわれは事務総長に対して、2014年末までに〈post-2015 development agenda〉の策定に向けた包括的な報告書を提出するよう要請する。(18) 2015年9月に、政府首脳レベルで〈post-2015 development agenda〉の策定に向けた最終的な政府間協議をおこなう。

　こうした予定調和シナリオに基づく政治ドラマは粛々と進行し、やがて国連総会はセレモニーの最終段階へと移行した。それはコンセンサス(全会一致)で採択された決議案に対する各国代表による補足説明(留保)であった[10]。まず先陣を切ったのがフィジーであった。それは〈77カ国グループおよび中国〉、すなわち開発途上国の総意を代弁するものであった。ついで登壇したのが南アフリカとともに〈facilitator〉として決議案の作成・採択に奔走したアイルランド(同国は2013年前半〈1月‐6月〉にEU議長国を務めた)であった。以下、アメリカ、日本、エジプトがフォローアップの意見表明をおこなったが、それらはいずれもおおむね型通りの外交的辞令に彩られるものであり、"Outcome document"の歴史的意義を強調し、〈facilitator〉を務めたアイルランドと南アフリカ、そしていうまでもなくJohn W. Ashe総会議長の合意形成に向けた外交努力に対して最大級の賛辞を贈るものであった。

とはいえそうした予定調和シナリオに基づく淡々とした政治ドラマにおいても、それなりのハプニングも発生した。その第1は、〈77カ国グループおよび中国〉、それにエジプトが〈post-2015 development agenda〉の策定においては、「共通だが差異のある責任」原則を重視すべき旨を改めて強調した点である。第2は、アイルランドによる意見表明に続いてEUに発言の機会が与えられた点である。2011年5月、国連総会において〈enhanced observer status〉を認められたEUは、アメリカ、日本、エジプトという国連総会の正式メンバーである主権国家に先んじる形で意見を表明する機会を与えられたのである[11]。

そもそも9月25日におこなわれたJohn W. Ashe総会議長主催による「ミレニアム開発目標の達成に向けた特別行事」において、すでにJosé Manuel Barroso欧州委員会委員長は、各国首脳および国際組織の首脳に伍してオープニング・リマークスを開陳する機会（栄誉？）を与えられている。その意味では"Outcome document"採択の直後にオブザーバーとはいえEUに発言の機会が与えられたこと自体、必ずしも予定調和を乱すものではなかった。とはいえなぜEUに対してのみ、このような「特別扱い」（特権）が認められたのであろうか？それに対してEUはどのように応えたのであろうか？

9月25日の演説においてJosé Manuel Barroso欧州委員会委員長は、次のようにミレニアム開発目標、ひいては〈post-2015 development agenda〉に対するEUの断固たる支持を強調した。——（1）ミレニアム開発目標は、貧困に対する挑戦を〈real, tangible and collective action〉へと導く強力なインセンティブとなるものであり、現実にそれは多くの成果を生み出している（The MDGs pay off）。（2）私はEUのミレニアム目標に対する貢献を誇りに思う。（3）とはいえこれまでの成果に満足してはならない。更になすべき課題が多く残っている。（4）私は、〈global community〉は次の2つの課題の解決に向けてともに手を携えて協力すべきだと確信している。第1の課題は、達成期限の遵守、すなわち2015年までのミレニアム開発目標の実現である。第2の課題は〈post-2015 development agenda〉の策定である。（5）今後一世代のうちに絶対的貧困を根絶することは可能である。ただしそのためには〈post-2015 development agenda〉は、次の5段階を着実に積み重ねていくものでなければならない。——第1段階：Empowerment／2030年までにすべての人々に"basic toolbox of decency"を習得させる。第2段階：Inclusive and Sustainable Growth／持続可能な経済成長は、貧困削減に不可欠である。人々は世界経済において公正な関与を認められなければならない。第3段階：Environmental Sustainability／〈decent life〉の存立基盤および経済構造を脅かす資源の非持続的な利用に終止符を打たなければならない。第4段階：Equity and Good Governance／真の意味での人間開発を達成するためには、人権、グッド・ガバナンス、法の支配が不可欠である。第5段階：Peace and Stability／貧困および非持続的な開発の根本原因（root causes）に対処することが必要である。(6)〈Global Sustainability〉と〈Poverty Eradication〉は、コインの裏表の関係にあり、経済・社会・環境の諸次元を相互に補強させる〈Integrated Approach〉が必要である。(7) すべての国家の政府、国際組織、市民社会、民間セクター間に、真の意味でのパートナーシップを構築することが必要である。(8) 国際的パートナーシップを導く主導原理として〈single, integrated, universal post-2015 framework〉を構築することが必要である。(9) 21世紀初頭の今日、貧困を宿命的なものとみなすことは恥ずべき行為である。われわれは"A person is only a person through another person"というアフリカの格言を想起すべきである。(10) 貧困を根絶した世界を構築することは可能である。それを実現することは倫理的な至上命題のみならず、〈right and smart thing〉でもある。そもそも何百万もの人々が排除されたままで今日のグローバル化された世界がうまく機能するはずはない。(11) EUはパートナーと手を携え、〈ambitious and comprehensive post-2015 framework〉を梃子として、貧困を根絶した世界の実現を目指す決意である。ただしそのためには強力なリーダーシップが不可欠である。

2013年10月9日、"Outcome document"の採択直後に、国連総会の〈full participant〉ではないEUに発言の機会が与えられたのは、このようなJosé Manuel Barroso欧州委員会委員長のミレニアム開発目標、ひいては〈post-2015 development agenda〉に対する強力な支持表明（9月25日演説）を反映

するものであった。このような経緯を踏まえて、EU／国連代表部大使は、EUおよびEU加盟国を代表して次のように述べたのである。――（1）John W. Ashe総会議長に対して、「ミレニアム開発目標の達成に向けた特別行事」を主催し、〈post-2015 issue〉を本会期における中心議題としたことに敬意を表する。（2）南アフリカおよびアイルランドの尽力に謝意を表する。（3）"Outcome document"の採択は、2015年を達成期限とするミレニアム開発目標の実現に向けた最終的な詰めの作業と位置づけられるものであり、かつ〈post-2015〉への道――more sustainable, equitable and prosperous world for all, a world free from poverty――を切り開くものである。（4）新しい開発協力の枠組みを実行するうえで重要なのは〈National Ownership〉である。（5）「共通だが差異のある責任」というリオ宣言の第7原則は、あくまでも環境問題のみに限定されるべきであり、〈post-2015 development agenda〉全般に適用される一般原則と理解されるべきではない。（6）EUおよびEU加盟国は、2015年9月に予定されているサミットに向けた準備作業に建設的にコミットする決意である。

第 II 部

新しいナラティブの誕生：
Global Alliance for Development の再構築

第Ⅲ章　Mega Promise へのプレリュード：
復権する Global Agora

　2000年6月26日―7月1日、ジュネーブで第24回国連総会・特別総会（"World Summit for Social Development and Beyond : Achieving Social Development for All in a Globalizing World"）が開催された。一般に "Social Summit＋5" と呼ばれるこの特別総会は、1995年3月にコペンハーゲンで開催された World Summit for Social Development の第一次レビュー、すなわち5年間の成果を検証し、新たな政策イニシアティブの策定を図るものであった。

　ところでこのサミットの開幕に合わせて6月26日、ニューヨークの国連本部、およびパリの OECD 本部で、"Poverty can be significantly decreased by 2015 Report Four Major International Organizations" と題するプレスリリースが、〈国連・世界銀行・IMF・OECD〉の連名で発出された〔UN Press Release PI/1261, SOC/4549〕。それは *A Better World for All--Progress towards the international development goals* と題する報告書が、これら4大国際組織による共同研究の成果として公刊されたことを、次のようにアピールするものであった[1]。――（1）〈もし開発途上国と先進工業国が、貧困の根本原因に対する挑戦という1995年のコミットメントを誠実に履行すれば、2015年までに世界から貧困を大幅に解消することが可能となろう〉というのが、本日公刊された報告書の主要メッセージである。(2) 本報告書は、開発途上国と先進工業国の双方に対して、①貧困層に裨益する持続可能な成長の推進、および②より多くの資源を、保健衛生、教育、ジェンダーの平等、（環境面における）持続可能な開発の促進に振り向けることを促すものである。(3) 本報告書は、〈国連・世界銀行・IMF・OECD〉という4つの国際組織が、歴史上初めて、①貧困の削減という目標に向けて、その進捗状況を共同で評価し、②今後進むべき方向性について共通のビジョンを策定しようとするものである。(4) 本報告書

は、1990年代に設定された、相互に関連する7つの目標に焦点を当てている。これらの諸目標が、今後15年以内に達成されれば、多くの人々の生活は劇的に改善されることとなろう。(5) 1990年代、国連はさまざまな会議を主催し、経済的・社会的発展に関して重要な目標を設定した。それらは、先進工業国と開発途上国の双方による合意によって策定されるものであり、最高度の政治レベル／政府首脳レベルでのコミットメントに裏づけられることも少なくなかった。それを可能としたのは、4大国際組織間の画期的な協力であった。(6) 経済成長は、貧困の削減という目標に向けた解決策のひとつである。とはいえ経済成長は、貧困削減の十分条件とはいえない。(7) 本報告書は、7月22日に開催されるG8沖縄サミットに対する4大国際組織からの政策提言である。いうまでもなく本報告書は、"Social Summit＋5"に参加する190余の国連加盟国政府に対するアピールであり、また国際世論に訴えるものでもある。

ちなみにKofi Annan国連事務総長も、6月26日、サミットの冒頭で次のような基調演説をおこなった〔UN Press Release SG/SM/7464〕。―― (1) 1995年の「世界社会開発サミット」は、時代を先取りするきわめて先進的な試みであった。(2) 〈社会的福祉と経済的福祉〉は表裏一体の関係にあり、切り離して考えることはできない。そもそもこのような考え方は、すでに国連の場においては、長年にわたり議論されてきているが、今日では国連以外の多国間組織においても広く受け入れられるまでに至っている。(3) 本年9月には、ニューヨークの国連本部においてミレニアム・サミットが開催の運びであるが、コペンハーゲンで合意された精神は、ここジュネーブにおいて再確認され、更にニューヨークにおいてよりいっそう強化されるものと期待している。(4) 社会的目的は、貧困に対する闘いにおける副次的な課題ではない。それは中核的な課題である。(5) 貧困に対する闘いにおいて先進工業国は、①よりいっそうの市場開放、②手厚く、かつ迅速な債務救済支援、③より多くの、しかし焦点を絞り込んだ開発援助――というきわめて重要な役割をはたさなければならない。(6) 開発途上国自身――指導者および一般国民――が、みずから直面する社会問題に対して真剣に取り組まない限り、貧困に対する闘いが成果をあげることは不可能である。

第1節　グローカリゼーション（垂直的協力関係）の制度化

　2000年6月26日、ニューヨーク・パリ・ジュネーブという世界3大都市を舞台として、同時並行的に繰り広げられた政治的パフォーマンス——。それはいうまでもなくビッグ・サプライズとして国際社会の注目を集めようとするものであった。すなわちそれは4大国際組織が世界に対して、(1) Global Agoraとしての国連の存在意義を再認識させ、(2) 国連主導のもとでのGlobal Alliance for Developmentの再編成、より具体的には(3)〈開発の究極の目標は貧困の撲滅である〉という新たな国際的コンセンサスのもとに、貧困に対する包括的かつ全面的な挑戦に着手することを宣言するものであった。

　そもそも国連とブレトン・ウッズ機構（IMF／世界銀行）との関係は、成立に至る歴史的経緯を反映して、本来的に微妙な緊張関係を孕むものであった。それは逆説的ながら、両者が折に触れて再三にわたり、ことさら緊密な協力関係推進の重要性を謳ってきたことに象徴的に示されている。国連とブレトン・ウッズ機構との協力関係は、理念（タテマエ）と現実（ホンネ）とのギャップを容易に埋めることができないまま推移していったのである。加えて両者間の協力関係を推進するうえで、無視しえない阻害要因として立ちはだかったのが、ブレトン・ウッズ機構相互間の微妙な「分業関係」であった。IMFと世界銀行は、1944年7月のブレトン・ウッズ会議で誕生した"Twin Sisters"であり、お互いに有機的な役割分担をおこなうものとされてきた。しかしその実態は、常に微妙な緊張関係を孕むものであった。それは、〈IMFの世界銀行化〉〈世界銀行のIMF化〉が進行した1980年代以降においても、解消されることはなかった。IMFと世界銀行は、国連との関係において、お互いに相手の行動を牽制し合い、結果的に「適度な距離」（Arms Length）を維持することが、ブレトン・ウッズ機構と国連との関係の基本的な行動原理として定着していったのである。

　このような歴史的背景のもとでの *A Better World for All* の公刊は、〈国連・

世界銀行・IMF〉というマルチラテラリズム／グローバリズムを代表する普遍的な国際組織が、従来の行き掛かり（しがらみ）を捨てて、長年の懸案であった「水平的協力関係」の実体化に向けて歩み始めようという決意を劇的にアピールするものとなった。それは、国連（実質的には「第2の国連」）の断固たる決意を反映するものであった。国連事務局は、グローバリズムの拡大・深化、ひいてはそれを主導するブレトン・ウッズ機構に対して懐疑的／批判的な立場をとる政治勢力から背信行為という批判を浴びせられることを覚悟のうえで、敢えて現実的な選択（決断）を下したのである[2]。

ところで A Better World for All の公刊には、いまひとつ重要な政治的メッセージが込められていた。それはマルチラテラリズム／グローバリズムとバイラテラリズム／ローカリズムの戦略レベル——政策決定に関わる〈川上〉レベル——における協力関係の制度化である。すなわち A Better World for All には、〈国連・世界銀行・IMF〉と並び、行動主体としては異質な OECD（実質的には OECD/DAC）が当事者として名を連ねており、それは従来の OECD/DAC の行動軌跡からは大きく乖離するものであった。というのも OECD/DAC は、23 の「バイラテラル・ドナー」（主権国家 22 カ国＋欧州委員会）から構成されており、その行動原理は、国家主権の行使および国家利益の追求を前提とするバイラテラリズムに貫徹されるものであったからである。もちろん 1960 年代初頭の発足以来、OECD/DAC は開発途上国を「現場」とするオペレーショナル・レベル——〈川下〉レベル——においては、国連システム、世界銀行グループ、ひいては IMF との間に連携関係を積み重ねてきた。しかしながら、開発協力の原理／原則に関わる戦略レベル——〈川上〉レベル——における協力関係の構築に関しては、OECD/DAC はバイラテラリズムの立場を堅持し、マルチラテラリズムからは意識的に距離を置いてきた。OECD/DAC は Global Donor Community において、敢えて "Splendid Isolation" を堅持してきたのである。

このような歴史的経緯にも関わらず 2000 年 6 月、OECD/DAC は A Better World for All の作成に積極的にコミットし、〈国連・世界銀行・IMF〉と同等の立場から共同責任者として名を連ねることにより、マルチラテラリズムとの

間に「垂直的協力」を積極的に推進する決意を内外に誇示したのである（いわゆる「グローカリゼーション」とも呼びうる新しい現象）。

　この点に関して OECD/DAC, *Development Co-operation, 2000 Report*（*The DAC Journal 2001*, Vol. 2, No. 1）は、"From Vision to Achievement" と題する議長報告の冒頭において、〈国連・世界銀行・IMF〉と共同で *A Better World for All* を公刊したことの意義を次のように強調している。——（1）グローバリゼーションの深化、さらには多様化の進展という大状況のもとで、昨年（2000 年）われわれは、理念と行動の両面において、断固たる意志に基づき、貧困の削減を開発協力の中心課題とすることを決意した。（2）排除（exclusion）等、グローバリゼーションの負の社会的側面を軽減／除去するうえで、グローバリゼーションの恩恵から取り残された人々の声に耳を傾けることが、ますます重要な課題となっている。（3）国連・世界銀行・IMF、および OECD による初めての共同報告書である *A Better World for All* は、貧困という国際社会が直面する重大な課題に注意を喚起するものである。（4）〈国連・世界銀行・IMF・OECD〉は、① 1990 年代に国連による一連の会議やサミットにおいて策定され、② 1996 年 DAC 報告（*Shaping the 21st Century: The Role of development co-operation*）において整理統合（体系化）された国際開発目標に対するコミットメントを再確認した。それは、貧困の基本的次元（根本原因）に対して挑戦するものである。（5）〈統合、それとも排除？〉〈協力の強化、それとも対立の激化？〉——その前途は、ダイナミックなグローバリゼーションの管理・運営に向けて、われわれがどれだけ足並みを揃えて首尾一貫した整合的なアプローチを実現できるかにかかっている。（6）〈IMF・世界銀行・国連〉が、多くの開発途上国との間に推し進めている〈Global Strategic Framework〉への移行／発展は、グローバルな視点から、より広範かつ首尾一貫した貧困削減戦略を遂行するうえで、多大の貢献をなしうるものである。

第2節 *A Better World for All*：
〈ワシントン・コンセンサス〉への訣別宣言

　このように、2つの位相においてマルチラテラリズム／グローバリズムとバイラテラリズム／ローカリズムの〈実効的〉(effective) な協力関係の制度化を世界にアピールした *A Better World for All* の劇的な公刊――。そしてまた、それにパフォーマンスの場（檜舞台）を提供した"Social Summit＋5"――。そこには、次のような特徴が指摘される。

　まず *A Better World for All: Progress towards the international development goals* に関しては、とりわけ次の事実が〈外形的〉な特徴として指摘される。すなわち、同報告書の公刊主体に関しては、〈International Monetary Fund, Organisation for Economic Co-operation and Development, United Nations, World Bank Group〉という形で、4つの国際組織の正式名称がアルファベット順に記載されている。他方、報告書の序文では、4つの国際組織の最高責任者の名前が〈Kofi A. Annan (Secretary-General of the United Nations), Donald J. Johnson (Secretary-General of the Organisation for Economic Co-operation and Development), Horst Köhler (Managing Director of the International Monetary Fund), James D. Wolfensohn (President of the World Bank Group)〉という形で、ファミリーネームのアルファベット順に記載されている。このような細心の配慮／工夫は、4つの国際組織が対等な立場で共同報告書の作成に携わった旨を意識的にアピールするものである。ちなみに報告書のクレジット欄には、「本報告書は、4組織のスタッフが作成したものであり、必ずしも各組織に加盟している国家の見解を代弁するものではありません」という但し書きが添えられている。いうまでもなくこのような文言（留保）の存在自体は決して目新しいものではない。とはいえ、そこには過敏なまでの政治的配慮が窺われる。それは同報告書の作成が、ある特定の Lead Agency により促されるものではなく、文字通り〈Global Alliance for Development〉の産物である旨を強調するものであった。

また〈実体的〉な特徴としては、「誰もが幸せに暮らせる世界をめざして」、すなわち「貧困のない世界……貧困がもたらす不幸のない世界」の実現に向けて、以下の7つの目標が、相互に補完的な関係にある課題として設定されていることが注目される。──〈経済の繁栄〉(1) 極度な貧困の削減：2015年までに、極度な貧困状態にある人口を1990年の水準の半数までに減少させる。〈社会開発〉(2) 初等教育の普遍化：2015年までに、すべての国において初等教育を普及させる。(3) 男女平等：2005年までに、初等・中等教育における男女格差を解消し、男女平等と女性の地位の強化（empowerment）に向けて大きく前進する。(4) 乳幼児死亡率の削減：2015年までに、乳児と5歳未満の幼児の死亡率を1990年の水準の3分の1に削減する。(5) 妊産婦死亡率の削減：2015年までに、妊産婦死亡率を1990年の水準の4分の1に削減する。(6) 性と生殖に関する医療保健：2015年までに、基礎的健康医療制度を通じて、対象年齢にあるすべての人々が性と生殖に関する医療保健サービスを受けられる体制を整える。〈環境の持続可能性と再生〉(7) 環境：各国は、① 2005年までに、持続的な開発に向けた戦略を実施段階へと移行させ、② 2015年までに、環境破壊に向かっている現在の傾向を、世界レベルおよび各国レベルにおいて逆転させる。

　いうまでもなくこれら7つの貧困削減目標は、〈序文〉において披瀝された、次のような問題意識に基礎づけられるものである。──"貧困"それはどのような形であれ、国際社会が抱える最大の課題に他なりません。……この報告書に取り上げられている開発目標は、1990年代に国連が中心になって開催した世界的な会議やサミットで策定されたもので、いずれも世界全体を対象として多岐にわたる目標が盛り込まれています。……国際社会は、こうした目標に取り組むことにより、世界でも特に貧しい人々や弱い立場にある人々に貢献するとともに、国際社会そのものにも貢献しているのです。……目標は押しつけるものではありません。受け入れてもらうことが大前提となります。各国がそれぞれの目標や開発の進め方を明らかにしたうえで、国民との話し合いを重ねながら、それぞれに合った方法で取り組まなければなりません。その際、国際社会による支援が欠かせません。……いま、私たちの前には、貧弱なガバナン

ス、不適切な政策、人権侵害、紛争、自然災害等の外的危機、HIV/AIDS の蔓延、所得・教育・医療アクセスへの不公正、男女間の不平等など、さまざまな課題が待ち受けています。それだけではありません。開発途上国は、世界市場を利用する機会に恵まれていないことに加えて、債務負担、開発援助の減少、時として一貫性に欠ける援助国側の政策といった問題も進展を遅らせる原因となっています。このような障害を克服するうえで、何が求められているのでしょうか。それは、真のパートナーシップであり、さまざまな角度から貧困解消をめざす継続的な取り組みに他なりません。私たちは、政策・プログラムの指針づくり、有効性の評価尺度に、この開発目標を4組織共通の枠組みとして積極的に活用しています。

ところで *A Better World for All* に軒先を貸した "Social Summit＋5"――。それは結果的に、肝心の母屋をもハイジャックされる形となり、必ずしも国際的に強い関心を集めるまでには至らなかった。とはいえ、特別総会の最終日(7月1日)に採択された *Further initiatives for social development* と題する決議〔A/RES/S-24/2〕では、1995年3月にコペンハーゲンにおいて各国首脳が誓約した10のコミットメントの更なる強化・推進に向けて、新たな政策イニシアティブを策定する旨が謳われた。とりわけ注目されるのが、コミットメント8(構造調整プログラム)、およびコミットメント10(国連およびその他の国際組織を通じたパートナーシップ)に関する、以下のような決意表明である。――〈コミットメント8〉(構造調整プログラム)：(1) 構造調整プログラム／改革プログラムの策定に関して、国際金融機関および各国政府は、経済的のみならず、社会的統合という原理の導入に努める。(2) 構造調整プログラムの策定を通じて経済的危機を克服しようとする場合、当該国政府と IMF は、それによって経済活動が著しく阻害されたり、社会関連予算の大幅な削減が生じたりすることのないように努める。(3) 当該国政府と国際金融機関の双方は、構造調整プログラムを効果的なものとし、社会開発目標の達成に向けて、透明性と説明責任の確保に努める。(4) 国連経済社会理事会と当該国連システム(ブレトン・ウッズ機構を含む)との情報の共有および連携・調整を改善し、構造調整のマイナス効果の軽減、およびプラス効果の強化を図る。〈コ

ミットメント 10〉（国連およびその他の国際組織を通じたパートナーシップ）：(1) 国連経済社会理事会を中心として、国連の会議やサミットにおいて合意された諸成果のフォローアップに努める。(2) 国連経済社会理事会を強化して、国連の基金・プログラムおよび専門組織との緊密な連携を図る。また国連経済社会理事会とブレトン・ウッズ機構（世界銀行／IMF 合同委員会）との協力関係を推進する。(3) 南－南協力を推進し、北の先進工業国を巻き込んだ「三角協力関係」を促進する。(4) より強固かつ安定した国際金融システムの構築に向けて改革努力を継続する。(5) 国連経済社会理事会に対して、貧困の根絶に向けてグローバル・キャンペーン（Global Campaign to Eradicate Poverty）を展開するよう要請する。

 2000 年 6 月、ジュネーブで繰り広げられた一連の出来事は、グローバル・レベルでの開発協力の分野における国連の〈失地回復宣言〉であり、構造調整戦略──「ワシントン・コンセンサス」──に対する事実上の訣別宣言に他ならなかった。それは、2000 年 9 月──国連ミレニアム・サミット──に向けた、高度に政治的なプレリュードであった。

第Ⅳ章 「失われた10年」からの訣別：
新たな開発協力モデルの模索

　新しいミレニアムへの移行前夜の1990年代――。それは、国際社会が未曽有の地殻変動を経験した時代であった。
　1989年11月：ベルリンの壁の崩壊、1990年10月：東西両ドイツの統一、1991年12月：ソ連邦の崩壊――。これら一連の出来事に象徴される東西冷戦構造の突然の崩壊は、グローバルな国際政治秩序を、主導原理が不透明かつ不安定な〈ポスト冷戦時代〉、さらにはポスト〈ポスト冷戦時代〉へと導いた。すなわち、地域紛争やエスニック紛争の頻発に示されるように、冷戦という「瓶の蓋」が突然消滅することにより、これまでカプセルの中に閉じ込められていた諸矛盾が一挙に噴出し、「平和の配当」(Peace Dividend) はおろか、冷戦時代に制度化された「長い平和」(Long Peace) も霧散していったのである。こうして1990年代後半以降、グローバリゼーションという言葉が、〈冷戦〉に対応する包括的な〈Umbrella Concept／メタ言語〉として定着し、さらにその対概念として、グローバリゼーションの〈光と影〉の管理を意味する〈グローバル・ガバナンス〉という言葉が流通していった。
　事態は、グローバルな国際経済秩序においても同様であった。ソビエト・ブロックの解体、およびそれに伴う「移行経済諸国」(Transition Economies)――中央統制経済／社会主義・共産主義から、市場経済／資本主義・自由主義への「移行」を模索する国々――の誕生は、ブレトン・ウッズ体制を文字通りグローバルな「協力」の枠組みへと拡大／発展させた。歴史的に、ブレトン・ウッズ体制を西側資本主義諸国の走狗と位置づけ、それに背を向けてきた旧東側諸国は雪崩を打ってIMF、ひいては世界銀行への加盟を申請した。それに対して、アメリカの一極支配という今まで経験したことのない特異な状況下に置かれた資本主義諸国は、高度に政治的／戦略的な判断に基づき、これら諸国の加盟をほぼ無条件で一括承認した。こうして、政治の分野のみならず、経済

64　第Ⅱ部　新しいナラティブの誕生

の分野においてもグローバリゼーションが一挙に加速されていったのである。とはいえそれは、政治の場合と同様に、〈グローバル・ガバナンス〉の確保という新たな課題を突きつけるものとなった。それは、南北開発協力の基本的な方向性に関しても例外とはしなかった。経済の分野におけるグローバリゼーションの進展は、開発協力における新たな〈グローバル・ガバナンス・アーキテクチャー〉の構築という、高度に戦略的な対応を国際社会に迫ったのである。いうまでもなくそれは、政治の分野におけるグローバリゼーションの進展と密接に連動するものであった。

第1節　ニューウェーブの胎動：
　　　　OECD/DAC、そして国連総会

　1990年代の国際社会が遭遇したこのような〈構造的危機〉——。そこにはどのような課題が待ち構えていたのであろうか。ベルリンの壁崩壊直後の1989年12月、OECD/DAC——より正確には、DAC援助閣僚及び援助機関首脳——は「1990年代の開発協力」（"Development Co-Operation in the 1990s: Policy Statement by DAC Aid Ministers and Heads of Aid Agencies"）と題する政策ステートメント（全32パラグラフ）を採択し、国際政治経済秩序の地殻変動に対するDACの基本的な問題意識を明らかにした。その骨子は、以下の通りである。

➢ 開発援助委員会（DAC）加盟諸国は、世界銀行、IMFおよびUNDPの参加を得て、1989年12月4日-5日、開発協力閣僚及び援助機関首脳のレベルで会合し、1990年代における開発協力の方向づけに関して、以下の政策ステートメントに合意した（パラグラフ1）。

➢ 1990年代の開発協力に関するDACの最も重要な結論は、高い人口増加率、貧困、栄養不良、文盲および環境劣化が結びついた低開発の悪循環（vicious circle of underdevelopment）を断ち切るためには、以下の目的と要件を統合（一体化）した経済および開発に関する戦略と政策が不可欠ということである。——(1) 持続的な経済成長の促進。(2) すべての人々

がより広範な形で生産過程に参加し、より衡平な形で利益を享受できるようにする。(3) 環境面での持続可能性を確保し、持続的な開発に対する阻害要因となっている人口増加率を減速する（パラグラフ 2）。

➢ 開発に最終的な責任を負うのは開発途上国自身に他ならない。外部からの支援はあくまでも開発途上国自身による開発努力を補完するものでしかない。とはいえ、個々の開発途上国を取り巻く状況が、以前にもまして多様化するなかで、貿易・投資・資本の流れを拡大させる国際的政策を推進し、併せて適切な援助（adequate aid）をおこなうことが重要である（パラグラフ 3）。

➢ 開発協力の今後の方向性は、先進工業国と開発途上国との間の建設的な対話を通じて策定されなければならない。本政策ステートメントは、そうした対話の基礎となるものである（パラグラフ 4）。

➢ 先進工業国／その他の経済的に発展した国々は、他の諸国が貧困の増大に苛まれ、経済的／金融的不安定、さらには環境劣化という諸困難に直面している状況下にあって、それを無視して自国のみが孤立した繁栄の飛び地（isolated enclaves of prosperity）として生きることはできない。それは、人道的見地から認められないだけではない。先進国の将来の繁栄は、開発途上世界における経済的進歩、環境保護および平和と安定に結びついているからである（パラグラフ 5）。

➢ きたるべき 10 年間およびそれ以後の時代において、開発途上国は未曾有の人口および環境圧力に直面するであろう。1990 年代、第三世界の人口は約 8 億 5,000 万人も増加することになろう。ほとんどすべての開発途上国において、貧困が支配的な現実として存在し、約 10 億人が貧困に喘いでいることであろう。また世界のエコ・システムも危機に瀕していることであろう（パラグラフ 6）。

➢ 先進工業国と開発途上国の双方にとって、開発協力の問題が、1990 年代における中心的な政治課題と位置づけられなければならない（パラグラフ 7）。

➢ 世界経済状況の改善、東西政治環境の好転、地域紛争解決の兆し、開発途

上国への開放的で民主的な社会の拡散、効果的な政策展開——これら新たな状況の出現により、1990年代における開発協力の前途には多くの進展が期待されよう（パラグラフ8）。

➢ 加盟国政府は、中部および東部ヨーロッパにおけるドラスティックな政治変動の重要性を認識し、これら諸国における経済改革（economic reform）に向けた動きを支援するものである。ただしこの支援は、第三世界に対する開発協力に高い優先度を与えるとの加盟国政府の決意を減ずるものではない（パラグラフ9）。

➢ 1980年代の10年間、経済の自由化という新しい潮流（new climate of economic liberalization）が世界を席巻した。資源を効果的に活用し、成長および雇用を確保するためには、(1) 適切に機能する市場および適切な価格とインセンティブ、(2) 健全な財政および金融政策（sound fiscal and monetary policies）、(3) 確固たる基盤に支えられる構造調整（structural adjustment）が不可欠であるという認識が多くの国々により共有されている。1980年代を凌駕する、よりいっそうの進展を1990年代に実現するためには、これら諸政策のより実効的な推進に向けた変化が重要である（パラグラフ12）。

➢ 政策改革計画（policy reform programmes）の策定および実施にあたっては、根の深い構造的問題（deep-seated structural problems）や開発途上国の社会的、人口統計的および政治的環境が十分に考慮されなければならない。設定される時間的枠組みは、現実的であり、かつ最も脆弱な集団に対する悪影響を緩和する方策を組み込むものでなければならない（パラグラフ13）。

➢ 開発戦略および開発協力においては、人々が保持する（潜在的）生産能力の積極的な活用、生産過程に対するすべての人々のより広範な参加の推進、さらにはより衡平な便益の共有を図ることが肝要である（パラグラフ15）。

➢ 経済成長を達成し、より衡平な社会を実現するためには人々に対する投資（investing in people）が不可欠である（パラグラフ16）。

> 開放的、民主的で責任ある政治システム／個人の権利／経済システムの効果的で衡平な運営——これらが相互に密接な関係にあるということは、今日では広く認識されている。参加型の開発とは、よりいっそうの民主制、地方組織および自治のより大きな役割、効果的で利用可能な法制度を含む人権の尊重、競争的市場およびダイナミックな民間企業を意味する。より開放的で競争的な制度は、資源の効果的な活用や成長および雇用の改善をもたらし、より衡平な所得分配のための基盤となる（パラグラフ17）。
> OECD 諸国は、みずからの国際的責任に基づき、効果的な国内的・対外的調整（domestic and external adjustment）を実行し、国際経済協力に対して断固たる政治的コミットメントをおこなうことが求められている旨を確認する（パラグラフ23）。
> われわれは、開発途上国に対する影響に配慮して、経済面での、そしていままで以上に環境面での政策の一貫性／整合性の確保を図る（パラグラフ24）。
> われわれは、開発途上国、当該国際組織および他のドナーとの間に、援助調整の改善に向けて努力する決意を再確認する（パラグラフ28）。

　それから1年後の1990年12月21日、国連総会は「第四次国連開発の10年」（*International Development Strategy for the Fourth United Nations Development Decade*、UNDD 4）決議を採択し、1991年1月1日から2000年12月31日までの10年間における開発協力の課題——グローバル・アジェンダ——を明らかにした（全112パラグラフ）〔A/RES/45/199〕。それは、次のように、国際社会の構造変動は、開発協力の行方に新たな（潜在的）可能性をもたらす「創造的危機」であるとの基本認識を披瀝するものであった。
（1）1980年代、豊かな国と貧しい国との格差は拡大した。また政治的緊張が高まり、紛争が頻発した。
（2）1990年代を開発の10年とするためには、1980年代とは根本的に異なる、政策の大転換が必要である。
（3）国際緊張の緩和は、軍事費を削減し、大量の資源を貧困に対する闘いへ

と振り向けるための絶好の機会となる。イデオロギー的対立の緩和は、あらゆるレベルにおいて協力関係の改善をもたらしている。

（４）環境問題に対する危機意識、および環境問題と開発問題の相互関連性に対する認識の高まり、更にまた開発途上国の混乱や緊張が世界の安全保障に及ぼす脅威認識の高まりは、グローバル・レベルにおける協力関係に対する強力な推進要因となっている。

（５）東欧における経済の改革と再編成、およびその世界経済への統合は、世界貿易の強化と活性化に貢献しうる。

（６）1990年代の国際社会に台頭する新たな動き／変化に対して、国際社会は積極的に対応しなければならない。もしそれを怠れば、開発途上国の多くが世界経済において周縁化し（marginalization）、国際経済協力における開発目標の希薄化を招くこととなろう。

（７）本開発戦略の目的は、開発途上国の人々の置かれている状況を大幅に改善し、豊かな国と貧しい国との格差を削減することにある。また本開発戦略は、社会的および政治的な目的を追求するものでもある。

（８）本開発戦略は、次の６つの目標を追求する。──①開発途上国における経済成長の推進。②社会的ニーズの充足、極端な貧困の大幅削減、人的資源および技能の開発と活用、環境に優しい持続可能な開発。③通貨・金融・貿易に関する国際システムの改善と開発への貢献。④強固で安定した世界経済システムの構築、および国家レベル／国際レベルにおける健全なマクロ経済の運営。⑤国際開発協力の大幅な強化。⑥最貧開発途上国に対する特別措置。

（９）本開発戦略は、とりわけ以下の諸領域を優先課題と位置づける。──貧困および飢餓の削減、人的資源および制度の開発、人口、環境、食糧および農業。

（10）開発途上国自身による開発努力は、国際環境からの外的刺激の変化に対してきわめて脆弱である。したがって先進工業国は、開発に向けた国際協力のパートナーとして、開発を支援する国際経済環境の構築と国際経済の運営に大きな責任を負う。同様に、国際組織も開発の促進に向けて

重要な役割をはたす責任を有している。
(11) 開発途上国は、安定的で発展的な世界経済のもとでのみ繁栄を謳歌することができる。他方、世界は開発途上国の経済的、社会的、政治的発展が確保されて初めて、安全かつ豊かな未来を享受することが可能となる。
(12) 貧困の削減こそが、本開発戦略における最優先課題に他ならない。
(13) 国連システムは、開発の分野における思想・政策・行動においてきわめて重要な貢献を積み重ねてきている。それは1990年代においても、加盟国の支援のもとにいっそう強化されなければならない。
(14) 通貨・金融、貿易、開発……等、世界経済の諸イシュー間の相互依存はますます高まっており、以前にもまして国際レベルにおけるマクロ経済政策およびマネジメント(管理)の調整が強く求められている。

第2節　Challenges and Opportunities

　国際社会の大転換を窺わせる予兆の噴出――。それに呼応する形で相次いで採択された2つの政治的ドキュメント――。両者に共通しているのは、(1) 新たな国際環境の出現は、開発協力に対して〈Challenges and Opportunities〉を投げかけるものである。(2) 国際政治構造の地殻変動は、国際経済協力／開発協力の基本的な枠組みに対しても大きな影響を及ぼす。(3) 1990年代における開発協力の最優先目標は、1980年代、すなわち「失われた10年」(The Lost Decade) の再現を阻止することにある。(4) 〈The Lost Decade Ⅱ〉の出現を阻止するためには、1980年代に支配的であった行動原理からの訣別、新たな行動原理の模索／構築が不可欠である。(5) 開発協力のための新たな行動原理を実体化／定着させるためには、新たなGlobal Alliance for Developmentの構築が重要である。(6) 国際社会は重大な岐路に直面しており、今後の方向性は国際社会自身による主体的な決断／選択にかかっている――という基本認識であった。
　「第四次国連開発の10年」(UNDD 4) 決議が、"These goals and objec-

tives pose a big challenge" という文言で始まる第 15 パラグラフにおいて、目標達成に向けて、すべての国々が真摯かつ誠実にコミットすることを訴え、併せてそのための環境基盤として、敢えて「政治的自由、人権の尊重、正義と衡平」の重要性を強調したのは、先行き不透明な 1990 年代の国際社会に向けて、断固たる決意で海図なき航海に挑むことを各国に強く促すものであった。

それでは新しいミレニアムへの移行前夜の 1990 年代、開発協力はどのような〈Challenges and Opportunities〉——それは国際社会全体の〈意思と能力〉を問うものであった——に直面したのであろうか。

第 1 に大状況として指摘されるのは、東西冷戦構造の崩壊というグローバル・レベルにおける国際政治秩序の地殻変動のもたらす影響である。開発協力の原点とも目される第二次世界大戦直後のマーシャル・プラン（欧州復興計画）に象徴されるように、そもそも開発協力の目的は、決して一元的ではなかった。それはドナー（援助供与主体）により、またドナーとレシピアント（被援助国）との関係の基本的性格／属性により、さらには時代背景により、多彩かつ複雑な現象形態を示してきた。とはいえ開発協力政策は、基本的には経済的、社会的、人道的（倫理的）、そしていうまでもなく政治的・戦略的な目的（動機／動因）に基づき、それら諸目的間の微妙なバランス（少なくとも当事者にとってはベスト・ミックス）のもとに展開されるものであった。また開発協力の太宗を占めるバイラテラル・レベルでの援助——主権国家による 2 国間援助——、とりわけ Global Donor/Leading Donor として Global Donor Community を主導してきたアメリカの開発協力政策が、対ソ冷戦政策／対共産圏政策というグランド・ストラテジーの一環として、すなわち政治的／戦略的／地政学的な文脈において展開されてきたことは周知の事実である。アメリカ、および西側同盟諸国は、程度の差こそあれ、援助を梃子（有力な外交政策手段）として、ソ連の東欧諸国に対する影響力の強化、ひいてはソ連／東欧諸国の開発途上国／第三世界に対する勢力拡張（平和攻勢）に対抗したのである。いうまでもなくそれは、ソ連／東欧諸国の反発（さらなる対抗措置へのエスカレーション）を招くものであった。その結果は、第三世界を舞台とする東西援助競争であった。

第Ⅳ章　「失われた10年」からの訣別　71

　こうした事態は、「東西問題」(イデオロギー問題) に加えて、「南北問題」(経済的格差の問題) が、国際社会における重要な争点として「発見」された1960年代初頭以降も、その基本構図に大きな変化はなかった。「南北問題」は、あくまでも「東西問題」に従属する副次的なプロブレマティーク (問題群) にとどまったのである。それは1970年代以降に顕在化した、南の開発途上国 (とりわけブラック・アフリカ諸国) を舞台とする米ソ代理戦争の頻発に示される通りである。開発協力政策は、東西冷戦という全体的な文脈 (政治的フレーム) のもとで解釈され、展開されていったのである。それはおのずと開発協力政策の「政治化」をもたらすものであった。

　このような歴史的背景のもとでの東西冷戦構造の突然の崩壊——。それは開発協力政策を根底から支える主導原理のひとつが消滅したことを意味した。開発協力政策はカタストロフィー的に、前触れもなく重要な正当化事由 (rationale) を喪失したのである。もっともそれによって、開発協力が直ちに終焉を迎えることはなかった。というのも、開発協力政策には長年にわたり政治的「慣性」が蓄積されてきたからである。そもそも開発協力政策の原動力は多元的であり、東西冷戦構造の崩壊はあくまでも重要な原動力のひとつの消滅にとどまったからである。

　周知のように東西冷戦のロジックは開発協力政策の根幹を構成しており、その結果、開発協力政策は国家の安全保障や威信に関わる「ハイ・ポリティカル・イシュー」(高次元の政治課題) として展開されてきた。その意味では、東西冷戦構造の崩壊は、開発協力政策の存立基盤を根底から激しく揺れ動かし、開発協力政策を「ハイ・ポリティカル・イシュー」から「ロウ・ポリティカル・イシュー」(低次元の政治課題)、すなわち国家にとって二次的／副次的な重要性しか持ち得ない政策アジェンダへと転落させかねないものであった。

　それでは東西冷戦構造の突然の崩壊というパルス的な攪乱要因の発生は、構造的な制約条件として開発協力政策の行方をどのように左右することとなったのであろうか。そこには概ね以下のようなシナリオが想定された。

　第1のシナリオは、既述のように、政治的・戦略的〈rationale〉の消滅により、国家にとって開発協力政策の占める絶対的重要性が低下し、開発協力が

衰退／後退するというものである（「ロウ・ポリティカル・イシュー」への転落）。

　第2のシナリオは、政治的・戦略的な〈rationale〉の消滅により生じた空白が、経済的、社会的、人道的……〈rationale〉により補填／補強され、結果的に開発協力政策の絶対的重要性がこれまで通り維持されるとするものである（「ハイ・ポリティカル・イシュー」としての重要性の堅持）。いわゆる「平和の配当」というバラ色のシナリオ（東西冷戦の崩壊→軍事費の削減→資源の開発協力への移転→開発協力の強化）は、このような仮説に基づいている。

　第3のシナリオは、第2のシナリオの変形バージョンである。すなわち、中・東欧諸国が政治的・戦略的にきわめて重要な〈Emerging Recipient〉として浮上し、これら「移行経済諸国」に対する「移行支援」という〈rationale〉が、東西冷戦の消滅により生み出された空白地帯を埋めるとするものである。このシナリオには、さらに次の3つのサブ・シナリオが想定された。——(1) OECD/DAC を中心とする Global Donor Community が開発協力の現状維持を選択する場合：伝統的な開発途上国（旧「南」）と中・東欧諸国（新「南」）に対して開発協力が並行しておこなわれ、援助の配分をめぐる緊張関係は発生しない。(2) OECD/DAC を中心とする Global Donor Community が開発協力を削減する場合：新「南」に対する開発協力が強化され、〈旧「南」vs. 新「南」〉という既得権をめぐるトレード・オフ（緊張）関係が顕在化する。(3) OECD/DAC を補完する〈Emerging Donor〉が出現し、Global Donor Community の開発協力が現状維持もしくは強化される場合：旧「南」と新「南」との間に配分をめぐる緊張関係は発生しない。

　1990年代における開発協力がどのような軌跡を描くか——。ともあれ東西冷戦構造の崩壊は〈post-Cold War syndrome〉として、開発協力政策の基本的方向性に大きな波紋を投げかけるものとなったのである。

　第2に中状況として指摘されるのは、グローバリゼーションの拡大・深化というグローバル・レベルにおける新たな国際経済秩序の出現である。周知のように、東西冷戦のほぼ半世紀、国際社会はイデオロギー的／政治的に対立する2つのブロック（国家集団）に分断され、〈経済の論理〉は〈政治の論理〉に

従属させられていた。すなわち経済的合理性は、冷戦のロジックにより抑え込まれ（封じ込められ）、東西ブロック間の経済的交流は厳しく制限された。それは逆説的ながら、冷戦の高まりと軌を一にする形で繰り返し「東西交流」促進の重要性が強調されてきたという事実に象徴されている。ただしそのような「東西交流」促進の主張自体、あくまでも国際緊張の緩和という全体的な文脈において手段価値を付与されるものにとどまった。

　このような歴史的背景のもとでの東西冷戦構造の突然の崩壊——。それは、グローバリゼーションの発現を抑制してきた構造的制約条件の消滅、ひいてはグローバリゼーションの全面的な開花に向けた十分条件の充足を意味するものであった。この点に関して内田孟男は、次のように指摘している。

　　……現在進行形のグローバリゼーションは冷戦終結以後の1990年代に入ってから真に地球規模のプロセスとなり、20世紀初頭の経済のグローバリゼーションとは質的にも異なっている新しい現象である……。イデオロギーの対立に象徴される冷戦とは対照的に、政治的にかつてなかった程に世界が一体化したことが通底にある。政治的対立の後退によって世界経済の一体化は政治のそれを上回る勢いで席捲している。科学技術の進歩、特に情報・コミュニケーション技術の発展と普及はグローバル化を加速させてきた。グローバリゼーションの影響は政治と経済の分野を超えて、社会・文化的側面においても顕著であり、その功罪が論じられている[3]。

　この内田孟男の指摘は、2010年になされたものであり、ハインドサイトとの謗りから必ずしも免れうるものではない。しかしながら、東西冷戦構造の崩壊がグローバル・レベルにおける国際秩序、より直接的にはグローバル・レベルにおける国際経済秩序の基本的なあり方に及ぼす影響を事後的とはいえ的確に表現したものである。

　ついで内田孟男は、グローバリゼーションの歴史的意義を、次のように論じている。

> グローバリゼーションに伴って地球的規模の諸問題にも人々の意識が高まり、その解決策として「地球公共財」の供給と発展についても次第に合意が形成されつつあるといえる。……グローバリゼーションの恩恵とコストが不均等に配分されていること、その解決には「世界レベルでの政策や手段」を取る必要を政府間レベル（2000年9月／国連ミレニアム・サミット宣言）で確認していることの意義は大きい[4]。

　この指摘は、グローバリゼーションには〈光と影〉の両側面が存在しており、その「管理」、すなわち〈グローバル・ガバナンス〉を通じて、負の側面の緩和／解消、および正の側面の強化／促進を図ることが不可欠であるとの認識を示すものである。
　それでは〈グローバル・ガバナンス〉の主体となりうるのはどのような存在であろうか。これについても内田孟男は、次のように新しい秩序の胎動を活写している。

> グローバリゼーションは国家の役割をも変化させている。グローバル・イッシューと呼ばれる、紛争・安全保障、貧困・開発、地球環境、人権は国家の枠を超えた枠組みでのみ解決可能であり、国際・地域機構、市民社会や民間セクターの参加がますます重要となってきている。冷戦の終結によって、公共空間は拡大し、そこには多様な非国家アクターが活動の場を見出している[5]。

　ともあれ東西冷戦構造の崩壊を一大転機として1990年代、国家主権の固い殻／高い障壁が急速に脆弱化し、国境を越えた〈ヒト・モノ・サービス・資本・情報……等〉の移動が、量的にも質的にも、飛躍的かつ加速度的に増大・活性化するという未曾有のグローバリゼーションの時代へと国際社会は移行していったのである。それは、国際社会全体を巨大な交流――相互依存――の場へと転化させるものであり、北の先進工業国といえども、そうしたメガ・トレ

ンドからみずからを隔離することは不可能であった。いわんや南の開発途上国や中・東欧諸国にとって、そのような自己隔離という選択肢はおよそ非現実的であった。このような状況に直面して1990年代の開発協力政策は、(1) 開発途上国の国際経済秩序への統合を推進すると同時に、(2) その周縁化を阻止するという、いわばトレード・オフ関係の克服という困難な課題を突きつけられたのである。

　第3に小状況として指摘されるのは、1980年代における開発協力の総括〈総合的な評価〉という問題である。一般に「失われた10年」という言葉で特徴づけられる1980年代は、累積債務危機、およびそれに対する対応策（処方箋）としての構造調整政策（SALs, Structural Adjustment Lendings Policy）に彩られた時代であった。そしてまた、そのようなメガ・トレンドに対するアンチ・テーゼ（異議申し立て）としての「人間の顔をした調整政策」（Adjustment with a Human Face）、あるいは"Social Safety Nets Approach"という言葉に象徴される時代でもあった。

　第二次世界大戦後の国際経済秩序（ブレトン・ウッズ体制）そのものの存在意義が鋭く問われた屈辱的な1970年代を経験したGlobal Donor Communityは、ラテンアメリカ諸国、ブラック・アフリカ諸国、そして「鉄のカーテン」の彼岸の東欧諸国に相次いで噴出した累積債務危機に対して、IMFおよび世界銀行（ブレトン・ウッズ機構）を先頭として反転攻勢に転じた。それがNIEO（New International Economic Order／新国際経済秩序）路線に対する逆襲としての構造調整路線——「ワシントン・コンセンサス」——であった。1980年代、Global Donor Communityは「ワシントン・コンセンサス」——マクロ経済政策の修正を主眼とする経済的コンディショナリティ——を主導原理として開発協力政策を推進していった。それは具体的には、緊縮財政、公共支出の大幅削減、税制改革、金融自由化、為替レート変更、貿易自由化、投資自由化、民営化、規制緩和……等を軸として、累積債務に苛まれている旧「南」および新「南」諸国の経済安定化を図るものであった。そしてOECD/DACを構成するバイラテラル・ドナーも、こうしたIMFとの構造調整プログラムの合意を累積債務国に対する援助供与の前提条件（必要条件）としたのであ

る。

　とはいえこうした構造調整路線は、必ずしも有効な処方箋として機能しなかった。むしろそれは社会的諸矛盾の顕在化（緊縮政策による社会的弱者の切り捨て、貧困スパイラルの常態化……等）をもたらすものであった。こうしていみじくも第二次世界大戦前夜を彷彿させるかたちで〈Never Again !〉〈No More SALs !〉の大合唱が、開発 NGO はもとより、とりわけ国連諸組織において、さらには IMF の「盟友」として共同歩調を取ってきた世界銀行においても高まっていったのである。しかもそうした IMF 主導による構造調整路線に対する根本的な疑念は、バイラテラル・ドナーをも批判の対象とするものであった。こうして「失われた10年」というトラウマは、1980年代に支配的であった開発協力政策／パラダイムそのものの有効性に対する不信感を拡散・定着させ、新たな開発協力モデルの構築が世界的風潮として強く求められていったのである[6]。

第3節　危機管理の諸相：
　　　　　グローバル・ガバナンスの模索

　"Post-Cold War syndrome"、グローバリゼーション、そして「失われた10年」というトラウマ——。このようなトリレンマ（トリプル・チャレンジ）に直面した1990年代の開発協力政策。このような深刻な事態に直面した国際社会は、どのような構想力を発揮して、またどのような〈意思と能力〉を駆使して「危機管理」に取り組んでいったのであろうか。その軌跡は、以下に概観される通りである。

　1990年、世界銀行『世界開発報告　1990』（*World Development Report 1990*）は、1978年の創刊以来、回を重ねること13号にして初めて「貧困」（Poverty）を主要テーマに設定し、次のように真正面からその原理的検討を試みた。

本報告書は、世界から貧困を削減するという、経済発展における最も根本的な課題を取り上げるものである。……1990年代に貧困を完全に根絶する（*eliminating* poverty altogether）という目標を掲げたとしても、それは現実的ではない。とはいえ、貧困を大幅に削減する（*reducing* it greatly）ことは十分に達成可能である。今後、グローバルな経済環境が好転し、諸政策の改善がみられれば、2000年までに貧困人口を3分の1減らすことも可能となろうというのが、本報告書の結論である。

このメッセージからも明らかなように、『世界開発報告　1990』は、従来の開発協力の主流（基本戦略／パラダイム）、すなわち〈経済成長は、自動的に貧困を解消する。したがって、貧困解消そのものを開発協力の目標とする必要はない〉という楽観的な「トリクル・ダウン」仮説に対して根本的な異議申し立てをおこない、現実主義の立場から、貧困そのものをターゲット（直接的な課題）として、その削減を図るよう戦略転換を促すものであった。その骨子（主要メッセージ）は、以下の通りである。

（1）過去30年間にわたり、開発途上国は著しい経済発展を遂げてきた。それにもかかわらず、開発途上国に生活する10億以上の人々が貧困（年間所得370ドル未満）に喘いでいるという事実は、驚くべきことであり、恥ずべきことである（all the more shameful）。

（2）本報告書は、開発途上国における貧困、すなわち世界の貧困層の中でもさらに最底辺に位置づけられる人々をテーマとするものである。

（3）1950年代および1960年代においては、多くの人々が、貧困を減少させ、生活の質を向上させるための最も重要な手段は、経済成長であると考えていた。1970年代においては、手段価値と目的価値の両面から、保健、栄養、教育の諸サービスを貧困層に直接提供することが重要だと考えられるようになった。1980年代には、多くの開発途上国、とりわけラテンアメリカ諸国およびサハラ以南アフリカ諸国において、世界的な景気後退後の「調整」（adjustment）政策が重視され、公共支出に対する制約が一段と厳しくなった。

（4）「調整」政策への転換という1980年代の新たな状況のもとで、多くの人々が、公共政策、とりわけ貧困層に対する政策の有効性に対して疑問を抱き始めた。本報告書は、このような背景のもとで、貧困削減に対する「調整」政策の有効性を再検討し、1990年代における貧困問題の行方を探ろうとするものである。

（5）迅速かつ政治的に持続可能な貧困克服対策は、基本的には相互に補強し合う2つの要素から構成される。それらは、①貧困層が最も潤沢に保持している労働力という資産の生産的活用の推進、および②貧困層に対して基礎的な社会サービスを提供することである。

（6）貧困克服に向けた基本戦略の遂行は、その過程でさまざまな副作用（矛盾）を引き起こすことが予想される。したがって基本戦略は、対象を絞り込んだ移転支出、およびセーフティーネット・アプローチにより補完される包括的なものでなければならない。

（7）1980年代に多くの開発途上国は、マクロ経済危機に対処したが、その経験から〈貧困層のニーズに適切な配慮をおこなった調整政策〉を策定する必要性が新たな課題として確認された。

（8）世界は転換点に立っている。第二次世界大戦の終結以降続いてきた地政学的緊張は急速に緩和されている。その結果、軍事支出を削減し、国際援助を増加させる絶好の機会がもたらされた。NATO諸国が軍事支出を僅か10パーセント削減するだけで、国際援助の総額は2倍に増えることとなる。

（9）政策決定者にとって、世界の貧困を削減することこそ、最優先の課題に他ならない。20世紀の最後の10年間において、この問題は依然として深刻な課題である。開発途上国が貧困の削減に取り組むとすれば、それに対して先進工業国は援助の増大で応えるべきである。

この世界銀行『世界開発報告 1990』の公刊と相前後して、UNDPも同じく1990年に画期的な報告書を創刊した。それが『人間開発報告書 1990』（*Human Development Report 1990*）である。同報告書は"Concept and Measurement of Human Development" というサブ・タイトルに示されるように、「人間開発」（Human Development）という新しい概念を提起し、かつその測定（操作化を通じた定量的把握）を試みるものであった。その基本的な目的は、次に謳われる通りである。

> 本報告書は、人々に関して、そしてまた開発によって人々の選択の幅がどのように拡大されるかに関して検討するものである。それは、単にGNPの成長、所得や富、財の生産、資本の蓄積を対象とするものではない。……人間開発は、人々の選択の幅を拡大する過程である。とりわけ重要なのは、長寿で健康的な生活を送ること、教育を受け、人間らしい生活を送るために必要な資源にアクセスすることである。さらに、人間開発にとっては、政治的自由、人権の保障、自尊心の確保も重要である。

このUNDP自身による要約からも窺われるように、『人間開発報告書1990』は「ワシントン・コンセンサス」の後塵を拝して、Global Donor Communityにおける存在感（影響力）を低下させてきた国連システム、とりわけそのなかでもいわば周縁部に位置づけられてきたUNDPが、開発の社会的次元を重視する〈Social Camp〉を代表して、主流を構成する〈Economic Camp〉（ブレトン・ウッズ機構）に果敢な挑戦を試みるものであった[7]。

〈ワシントン vs. ニューヨーク〉——周知のようにブレトン・ウッズ機構は、人的資源においても資金面においても圧倒的な優位に立っており、勝敗の帰趨は明らかとみられた。ところが意外にもUNDPは善戦し、『人間開発報告書 1990』は国際社会の強い関心を集めることに成功したのである。それは、以下の3つの理由による。——（1）構造調整パラダイムに対する失望から、国際社会は、それに代わるべき新しい開発パラダイムの誕生を熱望していた。（2）UNDPは、〈1人当たりGNP〉という伝統的な経済指標に対置させて、福祉（well-being）という観点からの社会的指標として"Human Development Index"を提示し、それに基づく国別ランキングを作成した。それは、従来の

国別ランキングとは異質なものであり、国際社会に新鮮な驚きをもたらした。
(3)『人間開発報告書』は、意識的に平易な文章で作成され、その公表にあたってUNDPは〈embargo date〉の設定やメディア向け資料（press kits）の作成等、国連史上初めてとも評価される、きわめて周到なメディア戦略を展開した。

　このように、〈国際社会の強い関心を集め、新たな開発パラダイムの誕生として高く評価された『人間開発報告書　1990』〉〈国連システムのGlobal Donor Communityへの復帰に向けたきっかけとなった『人間開発報告書　1990』〉〈UNDPの代名詞となった『人間開発報告書　1990』〉――その主要メッセージは、以下の通りである。

（1）People are the real wealth of a nation.
（2）経済成長と人間開発の関係は自動的ではない。経済成長が平等な所得分配を伴う場合には、持続的な人間開発が可能となる。
（3）開発途上国においては、経済成長の成果が貧しい人々に均霑することはきわめて稀である。したがって、配分における正義（distributive justice）を確保するためには、社会的支援（social subsidies）が不可欠である。
（4）「調整」（adjustment）に伴う人的コストは、多分に「調整」の方法に左右されがちであり、工夫次第では、それを回避／軽減することも可能である。
（5）1990年代の国際環境は、必ずしも人間開発の実現を推し進めるものではない。先進工業国は、貧しい国に対して再度資金援助をおこなうべきである。それが実現されれば、現行のIMF／世界銀行体制のもとで、債務問題の解決を図ることも可能である。
（6）人間開発戦略を成功させるためには、NGO等を巻き込んだ参加型の開発アプローチが不可欠である。
（7）持続可能な開発戦略は、将来の世代が必要とするニーズの充足能力を損なうことなく、現在の世代のニーズを満たすことである。保護されるべきは、森林ではなく、人々の将来の選択である。

（8） 1990年代の開発協力は、人間開発戦略を志向するものでなければならない。すなわち、経済成長の加速化、絶対的貧困の削減、自然環境破壊の防止という諸目的を一体として追求するものでなければならない。それは、これまでの開発戦略から訣別して、〈人間の選択の幅の拡大〉という人間開発の実現を図るものである。

（9） 2000年を達成年とする人間開発のグローバルな目標値は、以下の通りである。──①すべての子供に予防接種を受けさせる。②5歳未満での幼児の死亡率の半減、または出生者1,000人当たりの死亡者数を70人以下とする。③深刻な栄養不足の解消と、中程度の栄養不良の半減。④初等教育への完全就学。⑤成人非識字率を1990年の2分の1以下にし、女性の非識字率を男性並みに引き下げる。⑥誰もが安全な水を飲めるようにする。

（10） 自由こそが、人間開発戦略の最も重要な構成要素である。人々は、政治経済活動に積極的に参加し、開発における優先目標の策定、政策の形成、プロジェクトの実施、政治形態の選択などにおいて自由でなければならない。

（11） If human development is the outer shell, freedom is its priceless pearl.

　1990年9月27日、IMF／世界銀行合同開発委員会はプレスコミュニケにおいて、〈委員会は、開発途上国の貧困削減こそが、開発協力における最優先課題である旨を再確認した〉旨を強調した。同プレスコミュニケでは、併せて〈委員会は『世界開発報告　1990』において提起された貧困削減戦略を支持する。委員会は、すべての国においてグッド・ガバナンスを実現することによって貧困削減が実現される旨を確認した。ただしそれは、主権尊重を前提とするものである〉旨が謳われた。

　1991年10月14日、IMF／世界銀行合同開発委員会はプレスコミュニケにおいて、〈委員会は、(1) 1990年代における開発の優先課題は、貧困の削減および持続可能な成長の達成である。(2) それは環境保護を重要な構成要素とするものである──との2点において合意した〉旨を強調した。同プレスコミュ

ニケでは，併せて〈この点は、すでに『世界開発報告　1990』において明らかにされている通りである。委員会は、1990年代における主要課題は貧困削減の実現であると確信している〉旨が確認された。

　1992年6月、Boutros Boutros-Ghali 国連事務総長は *An Agenda for Peace*（『平和への課題』）と題する報告書（全86パラグラフ）を公表した〔A/47/277-S/24111〕。それは、次のような国連安全保障理事会首脳会議声明（1990年1月31日）の基本認識に促されるものであった〔S/23500〕。──（安全保障）理事会のメンバーは、世界は今、国連の創設以来初めて、国際の平和と安全を達成するうえで絶好の機会に遭遇しているという点において認識を共有している。……われわれは、平和と繁栄が不可分であり、永続的な平和と安定は、貧困の撲滅、およびより広い自由のもとでのすべての人々のより良い生活の促進のための有効な国際協力を必要とすることを確認する[8]。

　周知のように、"Preventive diplomacy, peacemaking and peace-keeping" というサブ・タイトルが如実に示しているように、同報告書は、東西冷戦構造崩壊後の新たな国際社会において、より能動的／積極的な平和戦略の策定・実施を訴えるきわめて野心的（挑発的？）なものであった。とはいえそれは、南北問題の重要性を軽視するものではなかった。むしろ報告書は、以下のように、〈平和の問題〉と〈開発の問題〉を表裏一体の関係にあるものと位置づけ、平和をめぐる新たな問題状況のもとにあっても、南北問題／開発問題の重要性はいささかも低下していないとの基本認識を再確認するものであった。

　まず報告書・本文の冒頭（第8パラグラフ）においては、1990年代における新たな状況（The changing context）が、次のように規定された。──これまで数十年間にわたり不信感と敵意をもたらしてきた巨大なイデオロギーの障壁は、その不可分の伴侶であった恐るべき破壊手段とともに、過去数年間の間に崩れ落ちていった。南北間の問題は深刻さを増し、最高度の政府レベルでの対応が望まれているが、東西間の関係改善は、共通の安全保障（common security）に対する脅威にうまく対処する可能性をもたらし、そのいくつかはすでに達成されている。

　ついで報告書は、次のように南北問題の悪化に強い警鐘を鳴らした（第13

パラグラフ)。──(生態系の破壊、家族や社会生活の分裂、個人の生活や権利に対する侵害の増大……等の)不安材料の増大が、依然として存在する人口の無制限の増加や重い債務負担、貿易障壁、麻薬、豊かな国と貧しい国との貧富の格差増大などの重大問題を覆い隠すようなことがあってはならない。貧困や疾病、飢饉、抑圧、絶望などの問題は依然として存在しており、それらが複合して、1,700万人の難民や2,000万人の国内避難民、ひいては国境の内外 (within and beyond national borders) への大量の人口移動などを生み出している。……それは紛争の原因となり、結果ともなっている。……新たな機会が到来したこの段階における国連の平和と安定、安全の構築に向けた努力は、これまでの時代を象徴した争いと戦争の足枷を断ち切るため、軍事的な脅威を超える諸問題を包含するものでなければならない。とはいえ武力紛争は、……人類に不安と恐怖をもたらし続けており、それを防止し、封じ込め、終息させるためには、これにただちに対処することが必要である。

　そのうえで報告書は、冷戦の終結に伴う米ソ拒否権行使合戦の終息により、安全保障の分野──紛争の防止と解決、平和の維持──において再び国連が中心的な役割を担うようになったことを確認し、国連が追求すべき具体的な課題として、(1) 紛争の早期確認、および外交手段による紛争原因の除去、(2) 平和創造 (peacemaking)、(3) 平和維持 (peace-keeping)、(4) 平和建設 (peace-building) 支援に加えて、(5) 経済的な絶望 (economic despair)、社会的不正 (social injustice)、政治的抑圧 (political oppression) などの紛争の根本原因 (deepest causes of conflict) の除去に取り組むことを訴えたのである。

　1992年12月22日、国連総会は"An agenda for development"と題する決議を採択し、次のように開発問題に対して国連が今まで以上に積極的に取り組むよう促した〔A/RES/47/181〕。──(1) 国連憲章の前文においては、〈すべての人民の経済的及び社会的発達を促進するために国際機構を用いる〉ことが、国連の目的として規定されている。(2) 国連は、開発のための国際協力の推進に向けたフォーラムとして独自の立場を確立している。(3) 開発問題、とりわけ開発途上国問題に効果的に取り組むためには、国際協力および国際経済関係に関わる広範な諸課題に対して適切に配慮することが必要である。(4) 開

発問題、とりわけ開発途上国の開発問題を取り巻く広範な諸課題に対処するためには、引き続き国際協力の推進における国連の役割を強化することが重要である。(5) 国連総会は、国連事務総長に対して、第 48 会期・国連総会（1993 年 9 月–1994 年 9 月）において、国連加盟国と協議のうえで、〈an agenda for development〉に関する報告書を提出するよう要請する。(6) なおこの報告書は、開発のための国際協力の推進に向けて、国連のはたす役割の強化、および国連とブレトン・ウッズ機構との関係のあり方に関する勧告を含むものとする。

1994 年、UNDP は『人間開発報告書 1994』(*Human Development Report 1994*) を公刊した。それは 1990 年の創刊以来、5 冊目の年次報告書であり、1995 年 3 月に国連発足 50 周年を記念してコペンハーゲンで開催される「社会サミット」(Social Summit) を念頭に置いて、新しい開発パラダイム構築の一環として「人間の安全保障」(Human Security) という新たな概念を提示するものであった。それはまた 1993 年 7 月、UNDP 総裁 (Administrator) に就任した James Gustave Speth——彼はワシントン DC に World Resources Institute を創設し、同研究所を環境問題に特化した世界的な NGO へと発展させた——の最初の「所信表明演説」でもあった。

『人間開発報告書 1994』の〈はじめに〉において披瀝された彼の基本的な問題意識は、次の通りである。

> 世界各地で……危機的な状況がひそかに進行しています。こうした危機 (silent crisis) とは、低開発問題、地球規模の貧困、とどまるところを知らない人口圧力、思慮を欠いた環境破壊などを意味します。……（危機に対処するためには）長期にわたる「持続可能な人間開発」を地道におこなっていくことが必要です。「持続可能な人間開発」とは、経済成長を促すだけではなく、経済成長の利益を公平に配分するための開発です。……貧しい人々を優先的に考慮し、彼らの選択権やチャンスを拡大して、彼らの生活に影響を及ぼす政策決定に参加できるようにする開発です。これは、〈人間、自然、雇用機会、女性を重視する開発 (pro-

people, pro-nature, pro-jobs, and pro-women development)〉でもあります。このような開発モデルに関する国際的な論議を高めるうえで、『人間開発報告書』は多大の貢献をしてきました。1994年版『人間開発報告書』はこの伝統を踏襲し、さらに一歩踏み込みました。つまり、人々の日常生活における「人間の安全保障」という新たな領域を切り開いたのです。この報告書では、警戒の必要な兆候を早期発見することを試みており、これによって「予防外交」(preventive diplomacy)や「予防開発」(preventive development)が促進され、その結果、社会が危機的な状況に陥るのを防ぐことができると考えます。……きたるべき「社会サミット」は、人類の開発に向けた課題を定義し直す絶好の機会になると期待されています。このサミットを契機に、新たに「人間の安全保障」を推進することになると思われます。また、人間を中心に据えた開発（people-centred development）を促進しなければ、平和、人権、環境保護、人口増加の抑制、社会的な統合などの重要な目標を達成することはできないことを改めて明言する時でもあります。……開発分野における国連の役割は大幅に強化される必要があります。最終的には、平和の課題（peace agenda）と開発の課題（development agenda）は統合されなければなりません。〈平和なしには、開発はありえません。開発がなければ、平和が脅かされます〉（Without peace, there may be no development. But without development, peace is threatened）。

　『人間開発報告書　1994』の骨子は、この新総裁の決意表明（メッセージ）に示される通りであるが、それらを改めて敷衍すれば、以下の諸点が、重要なポイントとして指摘されよう。
（１）今後頻発が予想される紛争形態は、伝統的な〈国家間〉（between nations）紛争ではなく、〈国家内部における〉（within nations）紛争であろう。
（２）国家内部で発生する紛争は、社会経済的な〈収奪や格差〉（deprivation and disparities）の増大に深く根ざしている。したがって、このような

状況のもとでの安全の確保（安全保障）に必要とされるのは、〈軍備〉（arms）ではなく、〈開発〉（development）である。

（３）長い間、安全保障は国境に対する脅威と同一視され、国家は安全を確保するために軍備を増強してきた。しかし今日では「人間の安全保障」、すなわち〈雇用の確保〉（job security）、〈所得の確保〉（income security）、〈健康の維持〉（health security）、〈豊かで安全な環境の保全〉（environmental security）、〈犯罪のない社会の構築〉（security from crime）……等、人々の日常生活や人間としての尊厳に関わる諸課題が安全保障上の喫緊の課題となっている。

（４）「人間の安全保障」を確保するためには、「持続可能な人間開発」（Sustainable Human Development）が不可欠である。それは〈pro-people, pro-jobs, pro-nature〉を柱とするものである。またそれは、貧困の削減、生産性の高い雇用の創出、社会統合、環境の再生を最優先課題とするものである。

（５）「人間開発」と「人間の安全保障」は混同されてはならない。前者は、人々の選択の幅を拡大させる過程である。後者は、そうした選択権を妨害されずに自由に行使でき、しかも今現在保持する選択の機会を、将来も喪失する恐れはないという自信（安心感）を人々に共有させることである。

（６）冷戦の終結により「平和の配当」——世界は自動的に軍縮に向かって歩み始め、軍事支出が平和的目的へとシフトされるとするシナリオ——の実現に対する期待が高まったが、現実は期待通りには推移しなかった。国際情勢は劇的な変化を遂げたが、先進工業国においては、それに見合うだけの大幅な軍事支出の削減はおこなわれなかった。また第三世界（開発途上国）においては、冷戦はいまだ終結しておらず、軍縮の推進が緊急課題となっている。

（７）「社会サミット」に向けた現実的な課題として、以下の６項目を提案する。——①新たな世界社会憲章の制定。②〈20：20〉人間開発協定の締結。③「平和の配当」の有効活用。④「人間の安全保障」に関する国際

基金の設置。⑤「人間開発」のための国連開発システムの強化。⑥国連経済安全保障理事会の開催。

1994 年 5 月、Boutros Boutros-Ghali 国連事務総長は *An Agenda for Development*（『開発への課題』）と題する報告書（全 245 パラグラフ）を国連総会に提出した〔A/48/935〕。それは 1992 年 12 月の国連総会決議に基づくものであり、まず冒頭で "Why an Agenda for Development?" と題して報告書の基本的問題意識が、次のように披瀝された[9]。

（1）開発は基本的人権のひとつである。開発は、平和を支える基盤として最も重要である（Development is a fundamental human right. Development is the most secure basis for peace）。

（2）共通の大義と位置づけられてきた開発は、今日国際社会における中心的課題の座から滑り落ちかねない危機的状況に陥っている。

（3）冷戦の時代、東西両陣営は開発途上国に対する影響力の強化を競い合い、結果的に開発への関心が高まった。しかし今日では、最貧国に開発をもたらした競争は幕を閉じた。多くのドナーは、開発に倦み疲れ果てており、開発は危機に瀕している（Development is in crisis）。

（4）最貧国は、世界から取り残されている。また中央統制経済から開放経済への移行を模索する諸国も深刻な困難に直面している。

（5）国連が、開発問題よりも平和維持の問題を重視しているとの懸念が抱かれている。また平和維持に対する財源の要請が増大するにつれて、加盟国の中には、国連の開発活動に対する拠出額を増やすことに難色を示す国も現れた。しかしながら、開発なくしては、永続的な平和という展望もありえない（Without development, however, there is no prospect for lasting peace）。

（6）開発に関して新たなビジョンが誕生しつつある。とはいえ、国連にとって代わるものなど到底存在しえない。

（7）欠乏が存在する限り、人々は永続的な開発を達成することはできない（While there is want, no people can achieve lasting development）。

ついで報告書では "The Dimensions of Development" と題して、目標関数

としての「開発」の諸側面が、以下のように俎上に載せられた。

（１）開発に対する伝統的なアプローチは、開発が平和のもとで推進されることを想定しているが、現実にはそのようなケースはきわめて稀である。

（２）開発の欠如は、国際緊張を高め、国家（政府）に軍事力の必要性を痛感させる。その結果、国際緊張は更にエスカレートしていく。社会がこのような悪循環に陥った場合、対立や紛争、あるいは全面的な戦争を回避することは困難である。

（３）平和や人間の安全保障をより確実にするためには、国家予算を直接開発に振り向ける方が効果的である。

（４）軍事支出の削減は、開発と平和を結びつける重要な環（媒介変数）である。1987 年から 1992 年にかけての時期に世界全体では、累計 5,000 億ドルの「平和の配当」が実現された。そのうち 4,250 億ドルが、先進工業国および移行経済諸国で、また 750 億ドルが開発途上国で達成された。ただしこうした「平和の配当」は、ほとんど開発に振り向けられてはいないようである。

（５）経済成長は、開発全体を牽引する機関車である。また平和、環境、社会、民主主義……等、開発の諸側面における進展は、開発の原動力である経済成長を促進するものとなる。

（６）経済成長それ自体に目的価値を付与してはならない。そもそも、①経済成長は、持続的ないしは持続可能でなければならない。②経済成長は、完全雇用や貧困削減をもたらすものでなければならない。③経済成長は、より均等な機会を人々に提供することにより、所得配分のパターンを改善するものでなければならない。

（７）もはや政府を究極の経済主体（paramount economic agents）とみなすことはできない。

（８）国家にとって、人間こそが最も重要な資産である（People are country's principal asset）。

（９）構造調整政策は、依然として深刻な経済的不均衡を是正するために必要な処方箋である。ただし、①構造調整において、人間のニーズや優先課

題が無視されてはならない。②調整や移行（改革）は、人間に焦点を当てるものでなければならない。③構造調整は、それが社会に及ぼす副作用の緩和を心掛けて、柔軟におこなわれなければならない。

そのうえで報告書は"The United Nations in Development"と題して、開発に向けたGlobal Partnership構築の必要性を、次のように強調した。

（1）国家はもはや開発における唯一の行動主体ではない。とはいえ国家は自国の開発に第一義的な責任を負っている。

（2）開発を実現するためには国際協力が必要であり、さまざまな行動主体による、国家に対する支援が必要である。

（3）開発は、文字通り全世界的な挑戦（global endeavour）へと発展しており、さまざまな行動主体がその実現にコミットしている。したがって、今まで以上に諸行動主体間の政策調整／整合性の確保が求められている。

（4）国連専門組織は、それぞれ独自の規程、財源、執行機関を保持している。なお①専門組織の活動経費の約40パーセントは、国連の開発プログラムや基金により賄われている。②国連加盟国も、個々の開発プロジェクトに対して資金供与をおこなっている。

（5）これまでブレトン・ウッズ機構（世界銀行とIMF）は、開発の長期的／社会的側面に対する挑戦は国連システムに委ね、みずからは専らマクロ経済の安定化と経済成長という短期的な課題に重点的に取り組んできた。しかしこのような二分法（分業）を再検討する気運が高まり、その結果、次のような変化がもたらされている。——①"hard" issuesと"soft" issuesとの境界が曖昧となり、今日ではブレトン・ウッズ機構も社会開発にコミットし、構造調整政策においても〈social safety nets〉を組み入れた制度設計をおこなっている。IMFは、従来の短期的な視点によるアプローチから脱却し、中期的な視点から高度な成長を目指して政策助言や資金援助をおこなっている。世界銀行は、貸し付けにおいて環境問題に配慮し、構造調整の社会的側面を対象とする特別基金を設けている。②国際的貸し付けや投資の著しい増大により、世界銀行の貸し付けが開発に対して与える直接的なインパクトは低下しつつある。そ

の結果、民間資本市場に対して開発途上国の信用度を示す〈お墨付き〉としての役割が、世銀貸付の重要な機能となっている。③コンディショナリティは、開発途上国政府の政策選択の幅を狭め、国内的不安定をもたらすリスク要因を増大させた。——このような新たな動きの進展により、ブレトン・ウッズ機構とその他の行動主体との間に、相互調整の強化が強く求められている。

(6) 地域的取り決めと地域組織は活性化／増大しており、毎年55億ドル相当の開発援助をおこなうまでに至っている。なお①地域主義は、国連に具現される国際主義（internationalism）と対立するものでも、それにとって代わるものでもない。②地域協力は、世界の至るところで必要とされている。③地域的支援（地域レベルにおける支援）は、政治的な境界を越えた開発ニーズに応えるものである。④地域化は、保護主義や非効率的な官僚主義という隘路に陥る危険性もあり、細心の注意での管理運営が求められる。

(7) 1995年に開催予定の「社会開発世界サミット」は、社会開発アジェンダを経済成長と同レベルの課題へと発展させるうえでまたとない機会となる。

　最後に"The Promise of Development"と題して、以下の諸点が、報告書の〈結び〉とされた。

(1) 開発の諸側面を、人々の生活全般に当てはめて再構成しようとする"A culture of development"が誕生しつつある。

(2) ここ数年の間に、①平和、自由、正義という目標を、これまでとは異なる新しい視点から再編成し、②劇的に変化した国際環境のもとで、その実現に向けた具体的な道筋を策定しようとする動きが、ほぼ普遍的な現象として定着しつつある。③"A culture of development"は、こうした諸課題を単一かつ包括的なビジョンおよび行動準則へと収束させるものである。

(3) 国連は、合理的な期待の範囲内で、世界の諸問題を現実的に解決しうる潜在的可能性を保持している。ただし、①現実には〈マルチラテラリズ

ム〉に対する抵抗（主権喪失に対する強い懸念）……等により、国連の活動は〈confining cycle〉に囚われ、必ずしも効率的に機能していない。②本報告書は、〈再活性化された開発ビジョン〉（revitalized vision of development）を提示することにより、そうした悪循環の連鎖を断ち切ろうとするものである。

1994年11月、Boutros Boutros-Ghali国連事務総長は *An agenda for development: recommendations* と題する報告書を国連総会に提出した〔A/49/665〕。それは1993年12月に採択された国連総会決議〔A/RES/48/166〕に基づき、事務総長が1994年5月に提出した報告書 *An Agenda for Development* を補完する政策提言として位置づけられるものであった。すなわち1993年12月に採択された国連総会決議では、(1) 開発の分野における国際的コンセンサス促進に向けた枠組みを慎重に作成する。(2) 経済的・社会的開発のための国際協力の助長／促進に向けて国連を再活性化する。(3)〈開発への課題〉に対する加盟国の見解に留意するという観点から、国連事務総長に対して、やがて提出の運びとなる報告書（*An Agenda for Development*）に対する加盟国の反応を踏まえたうえで、追加的な政策提言を取り纏め、改めて国連総会にフィードバックするよう求めたのである。こうして、いわば *An Agenda for Development* の姉妹編として作成された "recommendations" ──。それは全92パラグラフから構成されており、その骨子は、次の通りである。

（1）Economic development is not an option; it is an imperative. It is a means to an end.
（2）以前にも増して、開発のための国際協力の推進が求められている。それは、過去の冷戦時代のしがらみから完全に訣別するものでなければならない。
（3）国連は、政策の形成および実施の両面において、開発のための国際協力の推進に向けて重要な役割を担うべきである。
（4）国連は、もし開発の原動力となることができなければ、平和の原動力となることもできない。

（5）国際開発協力の再活性化に際しては、以下の諸点が重要である。――①国家は、自国の開発に対して第一義的な責任を有する。②政府と市民社会との関係の強化が重要である。③政府は、貧しい人々や社会から疎外された人々（marginalized people）を保護する責任を有している。④非政府行動主体（草の根市民団体やNGO……等）は、強化され、支援されなければならない。⑤民間企業の重要性を過小評価してはならない。⑥最貧開発途上国の周縁化は、逆転されなければならない。そうした国々を、対等な形で世界経済へと統合することが不可欠である。⑦開発途上国は、貿易、テクノロジー、投資、情報の世界的拡大に対して、先進工業国と同等な立場からのアクセスを保証されなければならない。またその成果を、先進工業国と対等な立場から享受できなければならない。⑧国際社会は、移行経済諸国に対して新たな追加的支援をおこなうべきである。⑨多くの国々の開発戦略にとって、地域経済協力が重要な意味を有しているという事実――それは正当に評価／認識されなければならない。新たな政策イニシアティブを策定するうえで、地域統合の豊かな経験は有意義である。⑩国連の会議やサミットは、新たな開発アジェンダの形成に多大の貢献をしている。国連の会議は、ブレトン・ウッズ機構、地域開発銀行、OECD/DACとの緊密な協議のもとに開催されるべきである。

（6）実効的かつ多角的な開発システムの構築に際しては、以下の諸点が重要である。――①すべてのステークホルダーの責任のもとに、開発協力のための新しい枠組みが構築されるべきである。②国連のはたす役割は、ユニーク（独特）かつなにものにも代えがたいものである。すなわち国連は、(a) 開発という大義のもとに、(b) 世界全体を対象（舞台）として開発に対する関心を呼び起こし、(c) 国際的な合意を形成し、(d) 世界全体に情報を流通させ、(e) ひいては公的および私的な営みの合理化および整合性確保に重要な役割をはたすことができる。③国連総会は、国際社会の関心を開発協力のための新しい枠組みに向けさせるうえで重要な役割をはたすべきである。④国連経済社会理事会を再活性化し

て、国連憲章の本来の規定に則り、重要な役割を担わせるべきである。⑤国連とブレトン・ウッズ機構との協力関係は強化されるべきである。とりわけ国連のさまざまなプログラムおよび専門組織と世界銀行との協働関係の強化は、潜在的に大きな可能性を秘めている。⑥世界銀行とIMFが推進してきた構造調整政策において、「調整」および「経済改革」を融資（貸付）の条件とすること自体についてはすでに合意が成立している。とはいえコンディショナリティの内容に関しては、さまざまな議論が展開されていることもまた事実である。

（7）開発分野における国連の活動をより効率的・効果的なものとするうえで、国連の中立性はきわめて貴重な資産となっている。また〈Preventive development〉は〈Preventive diplomacy〉を補完する重要な活動領域である。

（8）国連憲章の冒頭が"We, the Peoples …"という格調高い文言で飾られている事実に象徴されるように、新しい開発協力の枠組みを構築し、国連システムの再活性化を図るうえで、"Peoples"が受益主体として位置づけられるべきである。

OECD/DAC, *Development Co-operation 1994* において、新たに議長に就任したばかりのJames H. Michel/DAC議長は、1994年のDAC活動実績を次のように要約した。——（1）1994年は、持続可能な開発モデルの構築に向けた移行の時期であり、一定の進展と同時に停滞もみられた。（2）1994年、メキシコとUNDPが新たにオブザーバーとして参加することにより、DACの能力は強化された。（3）10億を超える人々が絶対的貧困に喘いでいるという状況のもとにおいて、人々の福祉の改善に関心を向けることは道義的責務（moral imperative）である。（4）「人間の安全保障」（human security）という目標は、持続可能な開発を追求するうえでの主導原理となる。

ついで本文冒頭（第1部）の議長総括においては"Sustainable Development for Human Security"というタイトルのもとに、〈開発途

上国における人間の安全保障の強化は、とりもなおさず先進工業国における人間の安全保障のよりいっそうの強化をもたらす〉という基本認識が次のように披瀝された。——(1)「人間の安全保障」という考え方は、UNDP『人間開発報告書 1994』においても提起されたものであり、その妥当性・重要性に疑問の余地はない。ただしその意味内容は必ずしも明確ではなく、更に掘り下げた検討が必要である。(2) 1994年、開発協力の分野においては「効果的な援助」の実現が重要な課題として浮上した。この課題は、1994年10月のIMF／世界銀行合同開発委員会のテーマでもあった。(3) 冷戦の終焉は、軍事から開発協力への資金の移転（「平和の配当」）をもたらすものではなかった。しかし冷戦構造の崩壊により、開発に関するわれわれの考え方は、イデオロギーや世界観の対立という呪縛から解放された。(4) 持続可能な開発という新しいパラダイムが形成されつつある。それは、政治的／経済的安定、グッド・ガバナンス、人々の参加、人間に対する投資、市場諸力に対する信頼、環境保全、民間セクター重視……等をひとつの総体として一体化（統合）する過程を意味する。(5)〈東対西〉、〈北対南〉、〈ドナー対レシピアント〉という区分はもはや時代遅れとなり、持続可能な開発という目的を共有する主体（party）間の自由な協力関係が支配的になっている。(6) DACは、長期間にわたりアドホック・ベースで協力関係を培ってきたUNDP——それは、援助に関して豊かな経験を保持しており、また援助の現場においては国連システムを代表してドナー間のコーディネーターとしての役割を担ってきているが——を世界銀行、IMFとならぶ正式なオブザーバー（regular observer）として迎え入れた（ちなみに1994年6月、パリでDAC／UNDP／世界銀行によるTripartite High Level Seminar on *Improving the Effectiveness of Technical Assistance* が初めて開催された）。(7) 持続可能な開発は、「人間の安全保障」に基礎づけられるものである。「人間の安全保障」は、人間に焦点を当てる（people-centered）ものである。人間に焦点を当てるアプローチは、多くの人々の共感を得て持続・定着している。その意味で、

人間中心の開発こそ最も効果的なものといえよう。

第4節　1995年のランドマーク：
コペンハーゲン社会開発サミット

1995年3月6日-12日、コペンハーゲンで世界社会開発サミット（World Summit for Social Development）が開催された〔A/CONF. 166/9〕。会議に参加したのは186カ国（ヴァチカンを含む。117カ国からは国家元首／政府首脳が参加した）にのぼり、EC は経済統合体（economic integration organization）として、主権国家と同等な立場での会議への参加を認められた（EU は Ethiopia と Fiji に挟まれる形で European Community という表記のもとに "Attendance"〈会議参加リスト〉に記載された。なお EU 閣僚理事会議長国フランスが EU を代表して演説をおこない、さらに European Commission（欧州委員会）代表も演説をおこなった。ちなみにパレスチナはオブザーバーとしての参加を認められた）。またそれ以外にも、マカオやオランダ領アンティル、地域委員会（アフリカ経済委員会……等）、国連の諸組織や諸プログラム（UNICEF、UNDP、UNCTAD……等）、専門組織（ILO、世界銀行、IMF……等）、政府間機構（ACP 諸国グループ、アフリカ開発銀行、アジア開発銀行……等）、さらには 811 の NGO 代表（2,000 人余）が、さまざまな形で会議にコミットした。

会議は1週間に及び、延べ14回の全体会合を開催して閉幕したが、その概要は、以下の通りである。

まず Boutros Boutros-Ghali 国連事務総長がオープニング・スピーチをおこなった。それは、国連発足50周年という大きな節目の年に世界社会開発サミットを開催することの歴史的意義を、〈世界に蔓延する社会的不正義（social injustice）、排除（exclusion）、貧困（poverty）に対する闘い〉と位置づけ、以下の諸点を強調するものであった。

（1）今日世界経済は、すべての人々に影響を及ぼしているが、それらは必ずしもすべてがポジティブ（プラスに作用している）とはいえない。すな

わち、①個々の人々を結びつける伝統的な絆／連帯感が失われつつある。②国あるいは地域全体の周縁化が進行している。③貧富の格差が増大している。

（２）本サミットは、以下の問いかけに対する答えを探ろうとするものである。——①いかにして貧困に対する闘いを貫徹するか？②いかにして社会的排除および分裂に立ち向かうか？③いかにして社会的責任という新たな意識を国際社会に覚醒させるか？

（３）社会開発という考え方は、〈正義に基礎づけられる社会秩序のもとでのみ、個々の人間の保持する潜在的な能力を開花させることが可能となる〉という基本認識に基づいている。それはまた、①本当の意味での経済的進歩は、社会的進歩なしには不可能であるという認識に基づいており、②社会開発は、今日の世界に対する国際社会の政治的対応でもある。

（４）本会議は一連の息の長いプロセスの一環としておこなわれるものであり、もとよりあらかじめ設定されたモデル／答えは存在しない。とはいえ、①人々の社会的保護。②社会統合の支援。③社会的平和（social peace）の維持が最優先目標である。

（５）社会開発を実現するうえで、ブレトン・ウッズ機構がきわめて重要な役割をはたすものと確信する。

（６）社会問題は、世界全体の普遍的な最優先課題であり、次のような行動原理が求められている。Say : No to the inevitability of crisis！; No to the persistence of inequalities！; No to the division of the world！

　この国連事務総長による基調演説を皮切りとして、史上最大規模の国連会議が幕を切って落とされた。会議は１万4,000人余の参加のもとに、全体会合を軸として、さまざまな会合、ラウンド・テーブル、ワークショップ、シンポジウム、パネルディスカッション……等が開催された。また「政府間会議」と並行して、連日大規模な「NGOフォーラム」が開催され、それは会議の基本的方向性をも左右する重要な環境要因となった（参加者は１万2,000人余）。

　やがて３月12日——。会議最終日に開かれた第14回全体会合は

Copenhagen Declaration on Social Development and Programme of Action of the World Summit for Social Development の採択に向けた最終作業に着手した。まず型通りの「通過儀礼」として、複数の国から「留保」（reservation）が表明された。カトリック教徒の多い国からは、「性と生殖に関する健康」（reproductive health）、妊娠中絶、家族計画等に関して、宗教的な立場からの留保がおこなわれた。またイスラム諸国からは、イスラム法（Sharia）との整合性の確認が謳われた。とはいえ最も多く留保をおこなったのはアメリカであった[10]。アメリカは、環境問題、ODA の国際目標、"resources" の定義、労働条件、政府の責任……等、さまざまなレベルの問題に対して多種多様な留保をおこなった。それは「宣言」（Declaration）および「行動計画」（Programme of Action）の政治的／道義的強制力（拘束力）を弱体化させ、アメリカの政策選択の幅（フリーハンド）を可能な限り大きく確保しようという狙いをもつものであった。

ともあれこうして *Copenhagen Declaration on Social Development and Programme of Action of the World Summit for Social Development* が、世界社会開発サミットの「成果文書」として、改めて投票に付すこともなくコンセンサスで採択された。その概要は、以下の通りである。

「成果文書」の第1部を構成する「社会開発に関するコペンハーゲン宣言」（*Copenhagen Declaration on Social Development*）は、全29パラグラフ、4つのパートから構成されており、各パートの骨子は、以下の通りである。

まず冒頭の〈前文〉において、社会開発に関する基本認識が、次のように披瀝された。

（1）人々の生活から不確実性（uncertainty）や不安定性（insecurity）を排除すべく、深刻な社会問題（貧困、失業、社会的排除……等）に対処し、その構造的かつ根本的な原因に立ち向かうことがわれわれの責務である。
（2）〈国家内部〉および〈国家間〉において、平和と安全を実現し、かつそれを維持するためには、社会開発と社会正義の実現が不可欠である。
（3）〈経済発展・社会開発・環境保護〉は、相互補完的な関係を維持しつつ、

持続可能な開発の存立基盤を構成している。
（4）われわれは国連創設50周年を目前に控え、冷戦の終結によりもたらされた社会開発と社会正義を推進するための絶好の機会を取り逃すことなく活用する決意である。なおその断固たる意志の証として、われわれは本宣言の誠実な実行を「厳粛に誓約」（solemn commitment）する。

ついで〈現下の社会情勢およびサミット開催の理由〉と題するパートにおいては、以下のような状況認識が示された。
（1）グローバリゼーションの進展という急激な変化、およびその対応策としての調整政策は、貧困、失業、社会的分裂の深刻化という副作用を生み出している。したがって、プラス効果の増進／マイナス効果の軽減という観点から、グローバリゼーションの管理（management）を図ることが現下の重要な課題である。
（2）先進工業国か開発途上国かを問わず、多くの社会において貧富の格差が増大している。また移行経済諸国や政治的・経済的・社会的に大きな変革を経験しつつある諸国においても、発現形態は微妙に異なるものの、深刻な社会問題が存在している。
（3）社会において少なくとも10人に1人は障がい者であり、障がい者は世界最大のマイノリティー・グループのひとつを構成している。
（4）われわれに課せられた使命は、〈社会開発のための人間中心の枠組み〉（people-centred framework for social development）を構築し、協力とパートナーシップを基調とする文化を定着させて、深刻な困難に直面している人々の喫緊のニーズに応えることである。

そのうえで〈原則および目標〉と題して、以下の諸点が強調された。
（1）われわれは、社会開発の実現に向けて、政治的・経済的・倫理的および精神的なビジョンの作成にコミットする。
（2）われわれは、次のような行動枠組みを構築する。──①人々を開発の中心に位置づける。②現在および将来の世代に対して責任を全うする。③健全かつ広範な基盤に支えられる経済政策を通じて、持続的な社会開発を実現する。④透明かつ説明責任をはたしうるガバナンスを構築する。

（3）国際社会、国連、国際金融機関、地域組織、地方組織、市民社会という諸行動主体は、それぞれの権能の及ぶ範囲内において、人々の間の不平等の削減、および先進工業国と開発途上国との間のギャップの縮小に向けて積極的に貢献することが必要である。

　最後に〈コミットメント〉（commitment）として、サミット参加国は（1）社会開発の実現に向けて、（2）コンセンサスおよび国際協力の精神に基づき、（3）次の10項目に関して、（4）国家レベルおよび国家間（国際）レベルにおいて、協力関係を推進する旨を誓約した。

（1）人々に社会開発の実現を可能とするような経済的、政治的、社会的、文化的および法的環境を創出する。
（2）人類に課せられた倫理的、社会的、政治的、および経済的な至上命題として、世界から貧困の撲滅を図る。
（3）経済・社会政策の最も基本的な優先課題として、完全雇用の実現を図る。
（4）安定した、安全かつ公正な社会の実現に向けて社会統合を推進する。
（5）人間の尊厳を確固たるものとし、男女間の平等と衡平を実現する。
（6）高度な教育に対する普遍的かつ公平なアクセスの確保／身体面および精神面における最高度の健康基準の達成／すべての人々のプライマリー・ヘルス・ケアに対するアクセスの確保を図る。
（7）アフリカおよび最貧開発途上国の経済的、社会的、および人的資源の開発を加速する。
（8）構造調整プログラムの策定に際しては、社会開発目標、とりわけ貧困の撲滅、完全かつ生産的な雇用の促進、社会統合の確保を目標に組み入れる。
（9）社会開発に振り向けられる資源を大幅に増大させ、その効率的活用を図る。
（10）国連およびその他の多国間組織を通じて、パートナーシップ精神に基づき、社会開発の推進を目標とする国際的、地域的、準地域的協力の枠組みを改善／強化する。

コペンハーゲン・サミット「成果文書」の第2部に相当する「行動計画」（Programme of Action of the World Summit for Social Development）では、全100パラグラフ、6つのパートにわたって、第1部「コペンハーゲン宣言」を実現するための具体的な政策／行動／手段が確認された。それは、〈貧困の撲滅、生産的雇用の拡大、社会統合の促進〉という社会開発の3大目標を柱として、その実現に向けた具体的な手順（行程表）を提示／確保しようとするものであり、とりわけ注目されるのが第5章「実施とフォローアップ」における次のような指摘である。

（1）移行経済諸国に対しては、継続的な国際協力と支援が必要である（第89パラグラフ）。

（2）国際金融機関は、「コペンハーゲン宣言」および「行動計画」の実施に必要とされる諸資源の動員／確保に向けて、次のような手段を講ずることを求められる。――①世界銀行、IMF、その他の地域開発銀行は、社会分野への貸し付けを優先課題と位置づけ、政策・プログラム・業務のなかに社会開発目標を組み入れるべきである。②ブレトン・ウッズ機構とその他の組織、および国連システムは（a）政策対話を改善するとともに、（b）構造調整計画が貧困に苛まれ、脆弱な立場に置かれている人々に及ぼす影響に対して特別の注意を払いつつ、（c）持続的な経済成長および社会開発の確保に向けて、（d）構造調整計画の改善に向けた新たなイニシアティブを展開すべきである。③国連は、世界銀行、IMF、およびその他の多国間開発組織と協力して（a）構造調整計画が、経済・社会開発に与える影響を研究し、（b）構造調整をおこなっている国が、経済成長、雇用創出、貧困の削減、社会開発を実現するために有効な環境を形成しうるよう支援すべきである（第92パラグラフ）。

（3）国連総会は、サミットの成果の履行状況に関して総合的なレビューおよび評価をおこない、更なる行動とイニシアティブの検討に向けて2000年に特別会合を開催すべきである（第95パラグラフb）。

（4）第50会期・国連総会は、1996年の国際貧困撲滅年に引き続き、貧困撲滅に関する更なるイニシアティブの検討に向けて、「第一次国連貧困撲

滅の10年」(First United Nations Decade for the Eradication of Poverty)の開始を宣言すべきである（第95パラグラフc）。
（5）国連経済社会理事会と世界銀行／IMF合同開発委員会との合同会合開催の可能性を検討すべきである。国連事務総長、IMF専務理事、世界銀行総裁、ILO事務局長、および国連の基金・プログラム、その他の当該組織の代表は、「成果文書」の履行状況の検討を目的として、事前に合同会合開催の可能性を検討すべきである（第95パラグラフg）。

第5節　フォローアップ：
　　　　貧困／社会開発パラダイムへの道程

　1995年4月27日、IMF／世界銀行合同開発委員会は、プレスコミュニケにおいて、コペンハーゲンで開催された「社会サミット」について、〈サミットの全般的な成果を歓迎する〉旨の見解を表明した。

　1995年5月、OECD/DAC上級会合は「新たな世界的状況の中での開発パートナーシップ」(Development Partnerships in the New Global Context)と題する政策ステートメントを採択した。それはバイラテラル・ドナー間における政策調整の場としてのDACが、持続可能な経済的・社会的開発を21世紀に向けた重要な政策課題と位置づけ、ともに手を携えて、それに挑戦しようとするものであった。またそれは、重大な岐路に直面している開発協力政策——加盟国の中には、国内問題あるいは財政問題を理由として開発協力に消極的な立場をとる国も少なくなかった——に対するDACの基本的スタンスを国際社会にアピールするものであった。その骨子は、以下の通りである。
（1）相互依存の拡大・深化という新たな世界的状況のもとで開発を達成するためには、開発途上国自身による真摯な努力、誠実な説明責任の履行、それに強固な市民社会の存在が不可欠である。
（2）安全保障（security）という概念自体、根本的な再定義を迫られており、人々のニーズや関心、環境の質的向上がいままで以上に重視されている。

（3）より広範かつ持続可能な開発実現の成否は、われわれがグッド・ガバナンス、貧困の削減、環境保全の達成に向けて、どれだけの能力強化（パワーアップ）をはたしうるかにかかっている。

（4）内乱、テロリズム、人口と移民の圧力、伝染病、環境の悪化、国際的犯罪と汚職——これらの諸問題は、開発途上国の開発努力を阻害するのみならず、われわれすべてに悪影響を及ぼすものである。

（5）OECD/DAC の戦略的指針（strategic orientations）は、以下の通りである。——①開発協力は将来に向けた投資である。②貧困の根絶こそ、開発協力の中心的な課題である。③これまでの経験の蓄積から、開発協力を成功させるための方策（処方箋）はすでに明らかになっている。それらは、(a) 民間部門の活性化と健全な政策枠組みの構築、(b) 社会開発への投資、(c) 参加の拡大と不平等の縮小、(d) グッド・ガバナンス／人権の保護／法の支配、(e) 環境保全、(f) 紛争の根本原因の除去、軍事支出の削減、復興と平和構築への努力である。④開発に最終的な責任を負うのは開発途上国自身であり、開発途上国自身が開発の主体となることが肝要である。⑤開発政策と他の諸政策との一貫性（coherence）の確保が重要である。⑥バイラテラル・レベルでの開発協力とマルチラテラル・レベルでの開発協力は、効率的かつ効果的な管理（management）を通じて、それぞれのメリットを最大化するものでなければならない。⑦ OECD は、持続可能な開発の促進に向けて協力関係（co-operation）の推進を図る決意である。効果的な開発協力は、多角的システム（multilateral system）の強化、ひいては国際規模での雇用創出的成長と社会的一体性の促進をもたらす。

OECD/ DAC, *Development Co-operation 1995* において、James H. Michel/DAC 議長は "People at the centre of global change" と題する冒頭（第 1 部）の議長総括において、「新たな世界的状況の中での開発パートナーシップ」の歴史的意義を次のように強調した。すなわち、〈開発におけるパートナーは、「各国」のグローバルな経済への参加に向

けた能力の改善を支援するものでなければならない。同様に、開発におけるパートナーは、「人々」の貧困克服に向けた、そしてまた社会への完全な参加に向けた能力の改善を支援するものでなければならない。これが新しい開発協力枠組みの要諦である〉と強調したうえで、彼は、以下の諸点の重要性を再確認した。――（1）1995年は、開発に対する基本的な考え方（conceptual thinking about development）に大きな進展がみられた年であった。すなわち、開発の社会的次元および開発を取りまく国際的文脈（環境要因）に対して非常に強い関心が向けられた。また冷戦終結後の移行期間――この時期、われわれの開発に対する基本的認識は、依然として（冷戦思考による）制約を受けていたが――を経て、より生産的な国際協力という新しい時代（new era of productive international co-operation）への移行の兆しも見られた。（2）"people at the centre"という考え方は、1995年にコペンハーゲンで開催された「世界社会開発サミット」において一気に定着した。（3）1995年10月に開催されたIMF／世界銀行合同開発委員会は、貧困削減努力に対する支持を表明し、世界銀行に対して貧しい人々の土地、クレジット、基礎的インフラストラクチャーに対するアクセスの促進を通じて、広範かつ労働集約的な成長の推進を強化するよう求めた。（4）〈人々を開発の中心に位置づける〉という近年の動向は、より広範かつ包括的な開発政策の展開という潮流を反映している。それは、開発の第一義的な目的は人間の安全保障および福祉の増大に他ならないということをわれわれに強く認識させるものである。（5）「人間の安全保障」という考え方は、DAC加盟国（バイラテラル・ドナー）の新たな発想に基礎づけられるものであるが、それ以上に大きな影響を与えたのが、マルチラテラル・ドナー（Multilateral Donor）の社会開発重視という新たな潮流（トレンド）である。（6）1995年5月に採択された「新たな世界的状況の中での開発パートナーシップ」は、1989年12月に採択された「1990年代の開発協力」に基づき、その基本的な考え方を再確認したうえで、その後の事態の推移――開発に対する基本的な考え方や活動の変化――を考

慮に入れて、21世紀を見据えた中間見直し（mid-decade review）を試みるものである。(7)「開発におけるパートナーシップ」という考え方は、〈豊かな国が、貧しい国や人々に対して何かをおこなう〉という伝統的な考え方から訣別して、持続可能な開発に向けた"collaborative undertaking"へと移行することを意味する。それは〈sponsor と client〉あるいは〈patron と beneficiary〉という言葉で表現されるような関係とは異質なものである。それは目的を共有し、お互いに目的の達成に向けて尽力するという（期待に裏づけられる）契約関係である。(8)パートナーシップという考え方は、コンディショナリティという考え方とは無縁である。そもそもコンディショナリティという発想自体、もはや時代遅れ（obsolete）である。(9)"development partnership"という新しい開発協力の枠組みへと移行するためには、パートナー間の一致団結した努力が不可欠であり、そのためには"committed ownership"が必要である。(10)近年さまざまな国際会議が開催され、そこではUNDPが主導的な役割をはたしている。こうしたUNDPの積極的な活動は、国連システムにとどまらず、国際社会全体が調和のとれた活動を展開するうえでも有意義である。またいくつかのバイラテラル・ドナーも積極的な役割を担っている。

1995年10月9日、IMF／世界銀行合同開発委員会はプレスコミュニケにおいて、Boutros Boutros-Ghali 国連事務総長が初めて合同委員会において演説をおこなったと報じたうえで、〈貧困削減に対する支援〉と題して、次のように述べた。
（1）閣僚は、いかにして世界銀行とIMFの貧困削減努力を強化すべきかという観点から、国連社会サミット宣言の意義を検討した。
（2）閣僚は、国際開発銀行は社会セクターおよび貧困削減プログラムに対する資金供与を強化／加速すべきであるという点において意見の一致をみた。
（3）合同委員会は、世界銀行に対して、貧しい人々の土地、クレジット、基

礎的インフラストラクチャーに対するアクセスの促進を通じて、広範かつ労働集約的な成長を加速するよう促した。
（4）閣僚は、世界銀行と IMF に対して、加盟国政府との協力のもとに、持続可能な経済成長という観点から、社会・経済開発プログラムに対する資金供与の強化によりいっそうの注意を払い、かつ非生産的な支出（過度の軍事支出を含む）の削減に向けた財政改善努力を支援するよう促した。
（5）閣僚は、援助国政府に対して、社会セクターに対する支出を積極的に推し進め、貧困削減プログラムを最優先課題として推進している国に対しては、引き続き支援を強化するよう促した。

1995 年 10 月 10 日、James D. Wolfensohn 世界銀行総裁は、IMF／世界銀行合同年次総会において、就任後初めての所信表明演説——"New Directions and New Partnerships"——をおこなった。その骨子は、次の通りである。
（1）われわれは、より公正かつ平和な世界の構築という大義に向けて、貧困の緩和、環境の保護、社会正義の拡大、人権の強化、女性の権利の強化を図らなければならない。
（2）われわれは "power of partnerships" という信念のもとに、国連システム、IMF、WTO との連携を更に深化させなければならない。同時にわれわれは、民間セクター、NGO、市民社会、更には地域開発銀行との協力を強化する必要がある。
（3）われわれは、良きパートナーたるべく、批判に対しては謙虚に耳を傾け、建設的なコメントに対しては誠実に応えるべきである。開発協力は傲慢（arrogance）なものであってはならない。
（4）われわれは、ともすれば開発途上国が直面する問題の解決策を、開発の現場ではなく、ワシントン DC で見出すことが可能であると思い込みがちである。しかしそれは間違いである。われわれは、不断のパートナーシップを通じて、開発に関する卓越した知見（excellence）——それこそが結果への近道である——の蓄積を図るという〈institutional culture〉を醸成すべきである。

1996年5月、OECD/DAC は上級会合において「21世紀に向けて：開発協力を通じた貢献」（*Shaping the 21st Century: The contribution of Development Co-operation*）と題する報告書を採択した。それは〈過去50年間に開発協力について得られた教訓を踏まえて、21世紀の初めに向けた開発戦略の策定を目指して〉、開発協力の全体的な方向性に関して、DAC 開発担当閣僚、援助機関のトップ、およびその他の開発協力関係当局が合意したものである。またそれは中期的な視点から、1995年5月に採択された「新たな世界的状況の中での開発パートナーシップ」の具体化に向けた諸方策を提示するものであった。その概要は、以下の通りである。

（1）援助は、適切な状況のもとで適切に実施されれば、効果を発揮することができる（Properly applied in propitious environments, aid works）。

（2）国連、国際金融機関、OECD およびその他の世界的・地域的な組織を舞台として開発努力は大幅に増強され、"multilateralism"（開発協力に関する国際的協力態勢）は大きく前進した。それは、世界のすべての国々にとって死活的な重要性をもっている。

（3）われわれは、すべての開発パートナーがコミットメントを分かち合う（shared commitment）場合にのみ、開発援助が有効に機能しうるという事実を経験を通じて学び取った。

（4）国際社会は、貧困層の更なる周縁化（marginalisation）という趨勢を逆転させ、人間開発に向けた現実的な目標（realistic goals of human development）の達成をめざして前進しなければならない。

（5）いまこそ国際的な〈場〉（fora）において議論され合意された多くの目標を考慮したうえで、指標をいくつかに限定・選択し、それらを基礎として開発努力の成否を評価できるようにすべきである。

（6）われわれは、以下の諸目標——それらは野心的ではあるが実現可能である（ambitious but realizable）——の達成に向けて、世界的な開発パートナーシップを推進することを訴える。——①経済的福祉：2015年までに、極端な貧困のもとに生活している人々を半減させる。②社会的開発：2015年までに、すべての国において初等教育を普及させる／2005

年までに、初等・中等教育における男女格差を解消する／2015 年までに、乳児と 5 歳未満の幼児の死亡率を 3 分の 1 に削減し、妊産婦の死亡率を 4 分の 1 に削減する／2015 年を最終目標年として可能な限り早期に、適当な年齢に達したすべての人々が基礎的保健システムを通じて、性と生殖に関する医療保健サービスを享受できるようにする。③環境の持続可能性と再生：2015 年までに、現在の環境資源の減少傾向を、地球全体および国レベルで増加傾向へと逆転させる。そのために、すべての国が 2005 年までに持続可能な開発のための国家戦略を実施する。

（7）本報告書は、援助効果の改善という広範な努力に対する貢献を目的としている。OECD 内部、世界銀行と IMF の暫定委員会および合同開発委員会、地域開発銀行、G7、ならびに国連システムにおいて、実り豊かな対話や決定（rich process of dialogue and decisions）が積み重ねられているが、本報告書は、そのような過程に資することを目的とするものである。

　1996 年 12 月 16 日、国連総会は、"First United Nations Decade for the Eradication of Poverty"（第一次国連貧困撲滅の 10 年）と題する決議を採択した〔A/RES/51/178〕。それは、直接的には 1995 年 3 月にコペンハーゲンで開催された「世界社会開発サミット」のマンデイトに応えて、1997 年から 2006 年にかけての 10 年間に、次のような基本認識に基づき、精力的に貧困撲滅キャンペーンを展開する旨を宣言するものであった。

（1）人間としての基本的ニーズ（basic human needs）の充足は、貧困撲滅の中心的課題である。
（2）脆弱な人々、貧困に喘いでいる人々に対しては、特別な社会サービスの提供が不可欠である。
（3）貧困の撲滅は、人類にとって倫理的、社会的、政治的、経済的な至上命題である。
（4）貧困の多次元性（multidimensional nature of poverty）に特別な注意が払われなければならない。
（5）さまざまなセクター戦略を駆使して、貧困をもたらす根本原因を除去し

なければならない。
（6）「第一次国連貧困撲滅の10年」の直接的な課題は、絶対的貧困の撲滅、および世界全体から貧困を大幅に削減することである。
（7）すべてのドナー（バイラテラル・ドナーおよびマルチラテラル・ドナー）に対して、貧困の撲滅を開発協力の最優先課題とすることを求める。とりわけアフリカ諸国および最貧開発途上国を対象として、重点的に貧困撲滅キャンペーンを展開すべきである。
（8）実現可能かつ現実的な達成期限を設定したうえで、貧困撲滅戦略を推進することが重要である。
（9）債務問題の解決に向けたブレトン・ウッズ機構のイニシアティブを歓迎する。
（10）国際社会は過度の軍事支出を削減して、（余剰）資金を社会・経済開発、とりわけ貧困の削減に振り向けるべきである。
（11）UNDP総裁に対して、貧困削減に向けたイニシアティブ（積極的な行動）を継続するよう求める。

1997年6月、国連総会は"Agenda for Development"と題する決議を採択した〔A/RES/51/240〕。それは、総会議長のもとに〈action-oriented and comprehensive agenda for development〉の作成を目的として設置された作業部会の成果（全287パラグラフ）であり、その骨子は以下の通りである。
（1）開発は、それ自体が目的価値を具現するものとして追求されなければならない。
（2）冷戦の終焉により、開発に対する伝統的な考え方に対して疑問が投げかけられている。
（3）グローバリゼーションの進展、ひいては相互依存の増大により、国際協力の必要性が高まっている。
（4）地域経済グループや地域経済取り決めは、世界経済の成長や世界貿易の拡大に向けた触媒としての役割をはたす。
（5）中・東欧の移行経済諸国は、民主主義への移行および市場経済への移行

という二重の課題を追求しており、それに対しては特別な配慮が必要である。
（6）移行経済諸国の構造調整は経済的利益をもたらすが、それは同時に今まで経験したことのないような社会的問題を引き起こしている。
（7）〈経済発展・社会開発・環境保護〉は、相互に補強し合いながら持続可能な開発を基礎づけるものであるという点に関しては、コンセンサスが成立している。
（8）「開発の権利」（Right to Development）は、普遍的かつ不可侵の権利であり、人権の核心を構成する。そもそも人間こそが開発の中心的主体である。
（9）国際協力を強化するためには、強力な政治的意思（strong political will）が不可欠である。
（10）開発のための国際協力において、主導的な役割を担いうるのは国連をおいて他には存在しない。
（11）錯綜する開発問題に対処するためには、国連システムと多角的開発組織（ブレトン・ウッズ機構やWTO……等）との協力関係の強化が必要である。
（12）国連システムとブレトン・ウッズ機構との協力関係の強化に関しては、とりわけ一方に国連総会や国連経済社会理事会、他方にIMF暫定委員会やIMF／世界銀行合同開発委員会との間の関係強化が求められる。

　この国連総会による"Agenda for Development"決議の採択と相前後する形で1997年5月、UNDP『人間開発報告書　1997』（*Human Development Report 1997*）が公刊された。それは1997年が「第一次国連貧困撲滅の10年」の初年度にあたることを念頭に置きながら、「従来使用されてきた『所得における貧困』（income poverty）に加えて、『人間としての貧困』（human poverty）という概念を導入し、世界の貧困問題をさまざまな角度から分析して貧困の撲滅が可能であることを明らかにしたうえで、21世紀に向けた貧困撲滅のための具体的な政策提言をおこなう」ものであった。その基本的問題意識

は、以下に要約される通りである。

> 1990年代は大いなる希望とともに幕を開けた。冷戦の終結により世界は膨大な資源（resources）を発展と繁栄のために利用できるようになったのである。そして1990年代の最初の6年間、さまざまな世界会議や首脳会議において貧困撲滅が急務の課題である旨が力説された。コペンハーゲンで開催された世界社会開発サミットには185カ国の代表と、史上最高の117カ国の国家元首／政府首脳が出席し、貧困問題の重要性を更に明確にした。さまざまな国が、「倫理的、社会的、政治的、道義的に人類に課せられた至上命題として」貧困撲滅という目標に立ち向かうことを確約するとともに、それを達成するための鍵となるのが人間中心の開発（people-centred development）であるとの認識を共有した。……（中略）……貧困にはさまざまな表情がある（Poverty has many faces）。所得の低いことだけが貧困ではない。保健医療や教育における貧しさもある。知識を増やす機会やコミュニケーションの手段から排除されることや、人としての権利や政治的権利を行使できなかったり、人間としての尊厳（dignity）、自信（confidence）、および自尊心（self-respect）がもてないことも貧困の一面である。このほか、環境面の貧しさもあれば、国民全体が貧困状態に生活しているという国全体としての貧困（impoverishment of entire nations）も存在する。これら貧困のさまざまな表情の背後には、他に選択肢が存在しないという絶望的な生活（desperate lives without choices）、そして多くの場合、貧困に立ち向かう能力を欠いた政府の存在という過酷な現実が横たわっている。本報告書は、絶対的貧困を撲滅するための考え方を提示するものである。そこでは、所得にとどまらず、ジェンダー、貧困者重視の成長（pro-poor growth）、グローバリゼーション、ガバナンス……等、包括的な課題が取り上げられている。

UNDP総裁（James Gustave Speth）による、この〈序文〉に端的に示され

ているように、『人間開発報告書　1997年』では、まず新たな中核的概念として「人間貧困」が次のように定義された。――かりに人間開発が、人々の選択の幅を拡大するプロセスと定義されるとすれば、その対極概念としての人間貧困とは、人間開発にとって最も基本的な機会と選択肢が完全に否定されることを意味する（human poverty means that opportunities and choices most basic to human development are denied）。

　そしてこの新たな貧困概念を出発点として、同報告書では貧困緩和戦略における優先課題として、次の6項目が列挙された。――（1）男性と女性のエンパワーメント。（2）ジェンダー間の平等。（3）貧困者重視の成長戦略。（4）グローバルな衡平性の確保を目的とするきめの細かいグローバリゼーションの管理。（5）政府による貧困者のための政策、および市場を志向する広範な政治的支援と連携を可能とする環境の整備。（6）最貧開発途上国に対する特別な国際的支援（債務削減、援助の増大、農産品市場の開放）。

　そのうえで同報告書は、結論として、とりわけ貧困撲滅に対する国連の活動を、次のように総括した。

（1）貧困の撲滅は、すでに国連の主要課題として定着しており、国連は世界社会開発サミットおよびその他の国際会議のフォローアップに向けて、組織を挙げて取り組む態勢を確立している。

（2）貧困撲滅に対する支援はUNDPの最優先課題となっている。また貧困削減は、国連の主要基金（IFAD、UNFPA、UNIFEM、UNICEF、UNHCR、WFP……等）の中心的な課題となっている。

（3）国連システムを構成するさまざまな組織と専門組織との間には、フォローアップに向けて明確な役割分担が規定されている。したがって残された課題は、世界銀行、地域開発銀行、IMF、WTOとの間にいかにしてより効果的かつ創造的なパートナーシップを構築するかである。

（4）近年、パートナーシップの有効性に対する認識が高まっている。ただしそれは、パートナーの主張・行動を無批判的に支持する（uncritical support for everything）ものであってはならない。それは構造調整に対する率直な批判が、貧しい人々のニーズや能力に焦点を当てる新しい

政策やアプローチの構築に向けた道を切り開いたという事実に示される通りである。

1999年6月1日、Mark Malloch Brown が UNDP 総裁に就任した。彼は The Economist の記者、編集者（アフリカ問題担当）、そして国連難民高等弁務官事務所（UNHCR）勤務、コンサルタント……という多彩な経歴を経て、1994年に対外政策担当副総裁として世界銀行に迎えられた。同ポストは国連との関係を所管しており、国連難民高等弁務官事務所時代に知遇を得た Kofi Annan 国連事務総長との個人的な信頼関係とも相俟って、彼の活動は世界銀行の国際的発信力の向上、ひいては世界銀行のイメージ・アップに貢献したとの高い評価を得た。このように華麗なキャリア・アップ・プロセスのひとつの到達点として1999年、Mark Malloch Brown は Kofi Annan 国連事務総長により UNDP 総裁に任命されたのである[11]。

UNDP『人間開発報告書　1999』（Human Development Report 1999）は、Mark Malloch Brown が総裁として公刊する最初の人間開発報告書であり、それは "Globalization with a Human Face" というサブ・タイトルのもとに、とりわけグローバリゼーションの〈影〉の部分に光を当てるものであった。いうまでもなくそれは "Adjustment with a Human Face"（人間の顔をした調整政策）というキャッチ・フレーズのもとに、構造調整政策の〈負〉の側面（矛盾）を激しく批判／断罪した1980年代後半における一連の〈反ブレトン・ウッズ運動〉を彷彿させるものであり、次のように〈反『ワシントン・コンセンサス』宣言〉という政治的色彩を強く帯びるものであった。

まず報告書の冒頭〈はじめに〉において、彼は自身の基本的価値観を、次のように披瀝した。

（1）グローバリゼーションが、社会に経済的、社会的利益をもたらすことは明白である。とはいえ、グローバリゼーションが、社会に甚大な被害をもたらしうることも明らかである。その意味では、グローバリゼーションを自然の成り行きに委ねて放置することは危険である。

（2）本報告書は、世界の弱者、すなわちグローバリゼーションから置き去り

にされ、周縁化されてきた人々の利益擁護という立場から、「人間の顔をしたグローバリゼーション」(globalization with a human face) の実現に向けて、世界レベルおよび国家レベルにおいて大胆な改革をおこなうように訴えるものである。

（3）改革に向けた第1の課題はガバナンスである。現在、国家・市民社会・民間セクター等との間には、地理的な境界や伝統的な政治的枠組みを超えた機能的連携（functional coalition）を主眼とする新たな、そしてきわめてインフォーマルなグローバル・ガバナンスの枠組みが形成されつつある。それは、国連、ブレトン・ウッズ機構、その他の国際組織を活用しつつも、さらにそれを超えて"We, the peoples"（われら〔連合国の〕人民は）という文言で始まる国連憲章の理念を実現しようとするものである。既存の枠組みの改革・強化を通じて、このような新たな機能的連携の抬頭を支援すること――これこそがわれわれに求められている使命である。

（4）改革に向けた第2の課題は市場である。市場原理が世界の経済活動を支える中心的な原理であることは明らかである。ただし市場には、制度（institutions）とルール（rules）が必要である。ところが世界全体を俯瞰した場合、こうした制度やルールの適用範囲外とされ、管理がうまく機能していないケースも数多く存在している。もちろんそうした空白状況を上手に活用して、繁栄と自由を謳歌している人々も多数存在する。しかしそのような能力（power）はすべての人々に等しく保持されているわけではなく、一部の国、地域、エスニック集団、宗教グループ、階級、経済セクターに、不平等が集中する――犠牲を強いる――結果ともなっている。市場の敗者が直面しているそのような状況を放置することは、市場の勝者の安全をも脅かす深刻な脅威となろう。世界的な不平等が放置された結果、公衆衛生、移民と難民、環境悪化、社会的・政治的分裂の進行が、安全に対する新たな脅威となっている。したがってわれわれは、ともに力を合わせてお互いの違いを尊重し、弱者を保護し／強者を規制するという、新たな社会・経済的枠組みを世界に構築しなけれ

ばならない。いうまでもなくそれは、自由な、しかし公正な市場原理に基礎づけられるものでなければならない。

それではこうした「人間の顔をしたグローバリゼーション」とは、具体的にはどのようにイメージ／概念化されているのであろうか。『人間開発報告書1999』によれば、その輪郭は次の通りである。

（1）グローバリゼーションの進展（空間の縮小、時間の短縮、境界の消滅）により、人々の間の結びつきは、以前よりもはるかに〈deep, intense, and immediate〉なものとなった。

（2）強力なガバナンスが構築されれば、グローバリゼーションは人々の進歩に大きく貢献する。ただしそれは、倫理（ethics）、公正（equity）、包摂（inclusion）、人間の安全保障（human security）、持続可能性（sustainability）、開発（development）を主導原理とするものでなければならない。

（3）グローバリゼーションがもたらす機会と利益は、いままで以上に幅広く共有されなければならない。

（4）グローバリゼーションの進展により、人間の安全保障——豊かな国と貧しい国の双方にとって——に対する新たな脅威が出現しつつある。

（5）グローバリゼーションの進展により、情報格差（情報先進国と情報開発途上国への二極分裂）が顕在化しつつある。

（6）技術の進歩は、人類の進歩および貧困の削減に大きく寄与しうる。ただしその潜在的可能性を顕在化／実現させるためには、これまでとは根本的に異なる新たな開発アジェンダが必要である。

（7）グローバリゼーションの進展に伴う競争の激化により、〈目には見えないが、人間開発において最も重要な核心部分〉（invisible heart of human development）を構成する〈care〉（おもいやり）が軽視、矮小化される危険がある。

（8）国家レベルおよび世界レベルにおいて、人間開発と公正を中核とするガバナンスの再構築が必要である。

そのうえで『人間開発報告書　1999』は、次のような政策提言をおこなっ

た。——(1) 人間開発の実現に向けて政策と行動を強化し、グローバル経済の実態に対応する。(2) 金融変動の脅威を緩和し、人的コストの削減を図る。(3) 地球規模での行動を強力に推進し、人間の安全保障に対するグローバルな脅威に対処する。(4) 大衆行動を強化して、人間開発および貧困削減に向けた技術開発を推進する。(5) 貧しい小国の周縁化という趨勢を阻止、逆転させる。(6) 現行のグローバル・ガバナンス・システムが内在化している不均衡を是正し、より包摂的なシステムの構築を図る。(7) より整合的で民主的なグローバル・ガバナンス・システムの構築を図る。

2000年9月、世界銀行は『世界開発報告 2000/2001』(*World Development Report 2000/2001*) を公刊した。それは"Poverty"というサブ・タイトルのもとに、「貧困」問題に対して初めて真正面からの検討を試みた『世界開発報告 1990』(*World Development Report 1990*) をフォローアップするものであった。すなわち同報告書は、"Attacking Poverty"というサブ・タイトルのもとに、新しいミレニアムへの移行に向けて、世界銀行が「貧困」撲滅に対して断固たる決意で立ち向かう旨を改めて鮮明にするミッション・ステートメント——闘争宣言——であった。

それは報告書の〈序文〉における、次のような James D. Wolfensohn 世界銀行総裁による決意表明に示されている。

(1) 豊かさの中に蔓延する貧困 (Poverty amid plenty) ——これこそが世界の直面する最大の課題である。われわれ世界銀行は、情熱と強固な専門家(プロ)意識をもって貧困に立ち向かう (fight poverty with passion and professionalism) ことを使命とし、貧困に対する闘いを業務の中心に位置づけてきた。

(2) われわれは、開発を成功させるためには、包括的かつ多面的、さらにそれらを離齬のないように一体化した対応策/取り組み (comprehensive, multifaceted and properly integrated mandate) が必要であると認識している。

(3) 本報告書は、貧困に対する新しい考え方——貧困には、所得や消費の低

さのみならず、教育、保健、栄養をはじめとする人間開発の諸分野における達成度の低さも含まれる——を採用している。また現に貧困に喘いでいる人々の認識に基づき、定義を拡大して、貧困が無力さ（powerlessness）、発言力の低さ（voicelessness）、生活基盤の脆弱性（vulnerability）、不安や恐れ（fear）をも含みうるようなものと規定している。

（4）本報告書は、以下の3分野における行動を提起している。——①機会の促進：全体的な成長を促進し、貧しい人々の保持するアセット（assets）を増強することにより、貧しい人々の経済機会（economic opportunity）を拡大し、貧しい人々が保持するアセットから得られる便益の増大を図る。②エンパワーメントの促進：貧しい人々に対して政府機関が、よりいっそうの説明責任をはたすようにし、また貧しい人々のニーズに対して政府機関がよりいっそう責任ある対応をとるようにする。併せて貧しい人々の政治過程への参加を促進し、ジェンダー、エスニシティー、人種、宗教、社会的地位の違いに由来する社会的障壁を撤廃する。③安全の強化：貧しい人々の病気、経済的ショック、農業不振、政府による強制移動、自然災害、暴力等に対する脆弱性の軽減を図るとともに、貧しい人々が不測の事態に対処できるよう支援する。

世界銀行の公式ウェブサイトにおいて James D. Wolfensohn 総裁は、次のように描写されている[12]。——（1）彼は、1995年6月1日-2005年5月31日の在任期間中、持続可能な貧困削減（sustainable poverty reduction）を世界銀行グループの基本的ミッションとして定着させた。（2）彼は、第9代世界銀行総裁として2期／10年間の任期を全うしたが、これは世銀史上（第3代総裁 Eugene Robert Black、第5代総裁 Robert Strange McNamara に続く）3人目である。（3）彼は在任中、汚職に対する闘いを推進し、貧しい人々の声に積極的に耳を傾けた。（4）彼の在任中、世界銀行は初等教育、基礎的医療、HIV/AIDS プログラム、環境および生物多様性の分野において世界最大の援助供与主体となった。（5）彼の在任中の1990年代後半、世界銀行は紛争後の国家

再建（post-conflict reconstruction）という独自の活動領域を重視した。それはアフガニスタン、ボスニア、ルワンダでの経験に触発されるものであった。(6) 彼は、〈平和なしに貧困を根絶することは不可能である〉との認識に基づき、経済的機会と人間の安全保障との連携強化を推進した。(7) 彼は、2003年にドバイで開催されたIMF/世界銀行合同年次総会において、国連ミレニアム開発目標の達成に向けた積極的な活動の推進を訴えた。(8) 1999年、彼は「包括的開発枠組み」（CDF、Comprehensive Development Framework）を導入し、開発途上国自身の主体性に基づく貧困削減戦略の重要性を強調した。その一環として彼は、政府、市民社会、民間セクター相互間に強力なパートナーシップを構築するよう訴えた。(9) 彼の主張するCDFは、経済次元のみならず、社会次元の重要性をも重視する立場から、貧困に対する包括的なアプローチの重要性を強く訴えるものであった。

ちなみに第9代世界銀行総裁James D. Wolfensohnに対するこのような高い評価は、Ruth Kagia ed., *Balancing the Development Agenda: The Transformation of the World Bank under James D. Wolfensohn*, (World Bank 2005) においても、"Renaissance President" として、次のように貫かれている。——(1) 1995年、世界銀行は激しい批判の嵐にさらされていた。NGOは、世界銀行の環境政策や構造調整政策を批判した。開発途上国は、世界銀行のビジネス・アプローチに不満を露わにした。世界銀行の主要加盟国は、業務の非効率性にいらだちを強めた。(2) 1990年代に吹き荒れた反グローバリゼーションの嵐は、世界銀行に対する攻撃を加速させていった。(3) このような状況のなかで世界銀行は、〈開発の究極の目的は貧困の削減に他ならない〉との立場へと移行していった。こうした開発アジェンダの再編成（rebalanced agenda）は、世界銀行と開発途上国、およびその他のパートナーとの伝統的な関係を根本的に変えるものとなった。こうした世界銀行のドラスティックな変貌を主導したのが、第9代総裁James D. Wolfensohnに他ならなかった。(4) 彼は、世界銀行のミッションをGlobal Agendaへと発展

させた。また彼は、世界銀行を貧しい人々の守護神へと変身させた。(5) 1995 年、世界銀行は貧困を開発の中心課題と位置づけ、衡平性の確保と制度改革を模索していった。(6) 世界銀行の業務は、これ以降、次の 4 原則に基づいて遂行されていった。——①人間中心の開発、②開発途上国自身の主体性に基づく包括的開発政策、③パートナーシップの構築、④開発の原動力としての知識（knowledge）重視。(7) アジア通貨・金融危機の勃発以前から、彼は IMF との関係強化に努めた（毎週 1 回の定例朝食会やプロジェクトの合同評価……等）。(8) 彼は Kofi Annan 国連事務総長との間に個人的な信頼関係を構築し、40 余の国連組織／プログラムとの間に提携関係を構築した（それは特に保健衛生、HIV/AIDS、紛争後の国家再建、環境分野において顕著であった）。(9) 1999 年、世界銀行副総裁（対外関係担当として国連との関係を所管する）を務めた Mark Malloch Brown を UNDP 総裁へと送り込むことにより、世界銀行と国連との協力関係は更に強化された。(10) 2000 年には、ニューヨークに加えて、ジュネーブにも小規模ながら世界銀行事務所を開設した。(11) 世界銀行はパートナーシップという哲学に基づき、地域開発銀行と連携して、これまで前例のない〈multilateral development bank club〉を結成し、調達、融資取り決め、評価……等の分野において定期的に協議をおこなった。(12) 世界銀行ジュネーブ事務所を通じて、世界銀行と WTO の関係は強化された。(13) 彼は OECD 事務総長との間に広範な協力関係を構築し、OECD/DAC と世界銀行との戦略的な連携を推進した。(14) 世界銀行ブリュッセル事務所を通じて、世界銀行と欧州委員会および欧州投資銀行とのパートナーシップが強化された。

第Ⅴ章　アナン・イニシアティブ：
新しいミレニアムへの挑戦

　2007年、国連（Department of Economic and Social Affairs）は *The United Nations Development Agenda: Development for All* を公刊した。それは、"Goals, Commitments and Strategies agreed at the United Nations world Conferences and Summits since 1990" というサブ・タイトルからも窺われるように、ほぼ15年間（1990年-2005年）にわたり経済・社会問題をテーマとして国連が開催した国際会議やサミット（首脳会議）の成果を〈United Nations Development Agenda〉という全体的な視点から総括——回顧と展望——するものであり、その骨子は以下の通りである。

　まず冒頭の〈序文〉において、次のように United Nations Development Agenda の基本的特徴が確認された。

（1）過去20年間にわたり国連が開催した国際会議やサミットは、開発に関する共通のビジョンを醸成し、やがてそれらはグローバル・コンセンサスとして定着するまでに至った。

（2）2000年に開催されたミレニアム・サミットは、そのような積み重ねを基礎としている。また世界で最も貧しい人々のニーズに応えるものとして強力なモメンタムを獲得したミレニアム開発目標（MDGs）は、ミレニアム・サミットの成果を整理／再編成したものであり、United Nations Development Agenda の中核を構成している。

（3）United Nations Development Agenda は、〈全世界・地域・国家〉の諸レベルにおいて、開発を推進するための国際的枠組み（準拠枠）となっている。

（4）United Nations Development Agenda は、貧困の削減、ジェンダーの平等、社会統合、保健、汚染、雇用・教育・人権、環境、持続可能な開発、財政とガバナンス等を課題としている。それはまた、グローバリ

ゼーションの多様なインパクト、〈国家間〉および〈国家内部〉における不平等、世界経済のガバナンス・プロセスへの開発途上国の参加等、世界秩序全体の運営に関連するシステミックな問題も含んでいる。更にそれは、開発と紛争の相互関連性も視野に入れている。

(5)　United Nations Development Agenda を貫徹する基本的価値前提は、〈公正（equity）と平等（equality）〉の実現であり、それは国連の存在意義そのものを具現している。それはすべてのステークホルダー（政府、国連システム、各種政府間国際組織、NGO、市民社会、民間セクター）の参加を通じて追求されるべき課題である。その意味では〈global partnership for development〉の構築は、United Nations Development Agenda において不可欠な政策手段である。

　ついで "Goals and Commitments" と題して、以下の諸点が強調された。

(1)　1990年代以降、国連が開催した一連の国際会議やサミットは、国連憲章（1945年制定）に謳われた諸目的を実体化しようとするものである。

(2)　国連は、発足以来長期間にわたり、政策討議の場（locus of policy debate）として機能してきた。しかし最近の20年間では、国連は積極的に規範的な役割（normative role）をはたすようになっている。すなわち国連は、開発のさまざまな次元に関して、基本的価値の確認、目標の設定、戦略の策定、行動計画の採択等に、以前よりも積極的に取り組んでいる。それは多くの国連加盟国の要望に応えるものである。その背景には、普遍的な国際組織としての国連が保持する最高度の正当性（greatest legitimacy）の存在が指摘される。

(3)　発足以来、障がい者（disadvantaged）、弱者（weak）、脆弱な人々（vulnerable）に対する支援と保護が国連の主要課題のひとつとされてきた。そうした人々は、さまざまな形で（経済的損失・社会的排除・選択の欠如・自由の欠如……等）、さまざまなレベル（世界全体・地域・国家・国家内部・地域社会・個人……等）において不平等に苛まれてきた。国連が開催する一連の国際会議やサミットの根底を貫くのは、そうした不平等の是正という問題意識である。

（4）国連が開催する一連の国際会議やサミットは、回を重ねるごとにコミットメントの明確化、達成期限付き目標の設定、具体的な行動計画（国家レベルおよび国際レベル）の策定という色彩を強めている。

（5）国連が開催する一連の国際会議やサミットは、さまざまな歴史的経緯を反映して、それぞれ独立した形で開かれてきた。ところが1990年代半ば以降は、軸足（切り口）こそ異なるものの、最終的には開発という包括的な課題へと収束するものとなっていった。

（6）ミレニアム開発目標（MDGs）は、国連にとどまらず、その他の国際組織、さらにはバイラテラル・ドナー（主権国家）にとっても、開発協力を推進するうえでの基本的な枠組み／ベンチマークとなっている。

そのうえで同報告書では、〈国家開発戦略、社会的進歩、社会正義と社会的包摂、持続可能な環境、国際環境、国家間の不平等の削減、システミックな問題〉という個別テーマが、それぞれ独立したテーマとして各論的に検討され、それらを踏まえたうえで最後に"Challenges"と題して、次のように全体的な総括が試みられた。

（1）国連が開催してきた一連の国際会議やサミットは、争点（問題点）を浮き彫りにすることによって国際世論を喚起し、追求すべき目標や戦略の明確化、ひいては政治的意思の動員という点においてきわめて重要な役割をはたしてきた。

（2）国連が開催してきた一連の国際会議やサミットにおいて合意された規範や政策は、人々の福祉（well-being of their peoples）の改善という目標に向かって、すべての国が依拠すべき原理／原則、基準、戦略を指し示す基本的なガイドラインとなっている。

（3）国連が開催してきた一連の国際会議やサミットでの合意事項は、主権国家に対して法的拘束力を有するものではない。その意味では〈words do not matter〉というのも一面の真理である。ただし一連の国際会議やサミットにおける合意事項（成果文書）は、周到な準備作業（採用すべき語句の精査……等）や入念な交渉を積み重ねたうえで作成されるものであり、その意義——課題や問題点の明確化および共有——を過小評

価してはならない。それを大きな前進（major step）と評価することも可能である。

（４）一連の国際会議やサミットの開催を通じて、国際組織にも大きな変化が生じている。すなわち、世界銀行と UNDP は貧困の削減を最優先課題としている。世界銀行が 1980 年代および 1990 年代に推進した構造調整政策は、貧困削減戦略にとって代わられている。さらにバイラテラル・ドナー間の政策調整の場としての OECD/DAC も、ミレニアム開発目標（MDGs）を開発協力の包括的な目標と位置づけるまでに至っている。

（５）国連が開催してきた一連の国際会議やサミットが、グローバルな政治環境（global political climate）の進展に重要な役割をはたしてきたことは明らかである。もちろん、時として人々の福祉に対する関心が、安全保障に対する関心によって浸食／希薄化されることもあった。しかしながら、一連の国際会議やサミットの場における国連加盟国間の合意事項が、〈misery, alienation and despair〉の顕在化を抑制する環境要因（ある種の構造的制約条件）として機能してきたことは否定できない。

敢えて付言するまでもなく、以上の記述は当事者による自己評価である。それはそもそも、国連事務局が作成した公式文書であり、独特のジャーゴンや表現方法（言い回し）に彩られる〈diplomatic statement〉である（UN-ese, "bureaucratized, disembodied prose" という指摘もある）。さらにそれは、後知恵（hindsight）が利用可能な事後的な記述でもある（retrospective）。その意味では、とりわけ評価に関わる部分に関しては一定の留保が必要といえよう。

この点に関連して、ダブル・チェック的機能をはたしている研究成果がある。それが Olav Stokke, *The UN and Development: From Aid to Cooperation* (Indiana University Press, 2009) である。同書は国連の公式記録作成の先駆的試みとして定評のある United Nations Intellectual History Project Series の一環として 2009 年に刊行されたものであり、第 14 章 "The Long Road toward the Millennium Development Goals" においては、国連ミレニアム・サミッ

ト、ひいてはミレニアム開発目標（MDGs）の歴史的意義が、次のように高く評価されている。

（1）MDGsの内容それ自体は1990年代に開催されたさまざまな国際会議／国際会合の成果を集約するものであり（conclusive, comprehensive end-point）、特に目新しい点は認められない。とはいえ、①国連ミレニアム・サミットという最高度の政治レベルにおいて、②ミレニアム宣言という形で国連に加盟する主権国家（147カ国から国家元首／政府首脳が参加した）が、その実現を厳粛に誓約する（コミットメント）ことにより、③ MDGs は、1990代に積み重ねられてきた諸成果の再確認（追認）にとどまらず、〈global legitimacy〉という新たな付加価値（added authority）を付与されるものとなった。

（2）ブレトン・ウッズ機構は、ミレニアム・サミットの開始に向けた準備段階からコミットしており、「ワシントン・コンセンサス」を修正・拡大した「ワシントン－ニューヨーク・コンセンサス」（Washington-New York consensus）の形成に寄与した。

（3）ミレニアム宣言の作成に際しては、アナン国連事務総長率いる国連事務局を中心に、国連システムを構成する諸組織が一丸となって共通の大義に向けて邁進した。それはブレトン・ウッズ機構においても例外ではなかった。

（4）ミレニアム宣言を実現するために不可欠な財政基盤の確保に向けて国連は、国連システムの枠内にとどまらず、外部に対しても積極的に〈advocacy and education〉活動を展開した。その中心的役割を担ったのがUNDPであり、それは開発協力の現場レベルのみならず、ブレトン・ウッズ機構自体をもアプローチの対象／ターゲットとするものであった。

（5）アナン国連事務総長はMDGsの具体化に向けて、さまざまな専門家グループを設けて、実践的な政策提言を積み重ねていった。たとえばMDGsの達成状況をモニター（チェック）する年次報告書（*The Millennium Development Goals Report*……等）の作成は、そうしたインプッ

ト・サイドにおける実践的な試みであった。

第1節 アナン新体制の発足：
1997年1月

いうまでもなく 2000 年 9 月の国連ミレニアム・サミットの開催、さらにそれに続くミレニアム開発目標（MDGs）の策定は、Boutros Boutros-Ghali 事務総長の後任として 1997 年 1 月に第 7 代国連事務総長に就任した Kofi Annan 時代の産物である（彼は 2002 年 1 月に再任され、2006 年 12 月まで 2 期／10 年間の任期を全うした）。それでは Kofi Annan 国連事務総長は、どのようなスタンスで国連ミレニアム・サミットの開催、ひいてはミレニアム開発目標（MDGs）の策定に取り組んだのであろうか。この点に関して、まず背景要因として指摘されるのが、次の諸点である。

（1）1995 年に開催された国連発足 50 周年を記念する一連の行事は、必ずしも所期の成果をもたらしえなかった（当時 Kofi Annan は、Under-Secretary-General for Peacekeeping の地位にあった[13]）。したがって、後任の Kofi Annan 新事務総長にとっては、Boutros Boutros-Ghali 前事務総長の轍を踏まないことが重要課題であった。

（2）新しいミレニアムへの移行が目前に迫るにつれて、開発／貧困／格差／社会正義……等に対する国際的関心が急速に高まり、カトリック教会や NGO 等に主導される国際世論は、国連を中心とする国際社会がそうした諸矛盾の解消に向けて具体的な政策展開（救済策……等）をおこなうことを強く求めていった（いわゆる Millennium Jubilee という気運）。

（3）Kofi Annan 事務総長自身、貧困の削減を国連の中心的課題と位置づけ、開発問題が平和維持、安全保障、突発的な緊急事態によって埋没させられる（不当に過小評価される）ことのないよう腐心していた。

この点に関してアナン体制発足後 1 年間の活動を公式に取り纏めた *Yearbook of the United Nations 1997* の〈まえがき〉において、Kofi Annan 事務総長は次のように振り返っている（ただし署名は 2000 年 2 月付け）──

(1) 国連は引き続き世界の〈貧困、戦争、人権侵害〉(poverty, war, and human rights abuses) に対する挑戦を試み、その解決をめざしている。(2) 国連が世界の人々の支持を勝ちうるためには、いままで以上に効果的に、機動的に、そして責任をもって人々の期待に応えることが重要である。(3) 平和と安全保障の問題は、これまでと同様に国連の重要な関心事であるが、それに加えて開発問題に対しても新たな刺激（動き）が生じつつある。それは、私の国連改革計画および国連総会による "Agenda for Development" と "Programme for the Further Implementation of Agenda 21" の採択に示される通りである。

そのうえで Kofi Annan 事務総長は、つづく『事務総長活動報告書』(*Report of the Secretary-General on the work of the Organization*、全176パラグラフ）において、ほぼ1年間に及ぶ国連の活動を次のように総括した（ただし対象期間は1997年9月3日までとなっている）。

（1）われわれは、目下、世界の再編成という移行の時代に生きている。そこではさまざまな相拮抗する動きが並存しており、それは容易には克服し難い緊張状態を生み出している。すなわち一方でグローバリゼーションの動きが世界全体を席巻しているが、他方でそれと併行して分裂と差別化という動きも顕在化している。未曾有の富が創出される反面、貧困の大部分がある特定の地域に集中している（第1パラグラフ）。

（2）冷戦の終結からほぼ10年を経過した今日においても、その影響（後遺症）が目に見える形で残存している。すなわち、超大国間の対立や軍事的対決の終焉は、〈国家内部〉および〈国家間〉に大きな進歩／改善をもたらした。しかし他方で、それはエスニック紛争……等の副産物を生み出し、国際社会は対応に苦慮している（第5パラグラフ）。

（3）周縁化した開発途上国の世界経済に対する参加の積極的な支援――。これこそが、国連に課せられた重要な任務に他ならない（第9パラグラフ）。

（4）世界銀行『世界開発報告1997：開発における国家の役割』(*World Development Report 1997: the state in a changing world*) は、民営化や規制緩和の推進という潮流のなかで、たとえ市場志向開発戦略を模索す

る開発途上国にとっても、国家のはたす役割は依然としてきわめて重要であることを、新興国の経験に基づき体系的に論じたものである（第10パラグラフ）。

（5）1997年7月に国連総会が採択した"Agenda for Development"決議は、〈開発、平和、民主主義、グッド・ガバナンス、人権〉が相互補完的な関係にあることを強調するものである。それは、開発の分野における国連の役割を再確認し、開発の現場における国連システムの能力および実効性の強化に向けた方策を提示するものである（第44パラグラフ）。

（6）「国連開発グループ」（United Nations Development Group）の創設は、私が1997年7月に提出した国連改革計画の中心的な課題のひとつである。それはUNDP総裁を議長として、国連本部および活動の現場において、開発問題に関わる国連諸組織（UNICEFやUNFPA……等）相互間の政策調整や整合性の確保を図り、開発協力の分野における国連のインパクトの強化を目指すものである（第64パラグラフ）。

この『事務総長活動報告書』に続くのが詳細かつ膨大な活動記録であるが、そこでとりわけ注目に値するのが"Collaboration between UN and IMF"と題する以下の指摘である[14]。——（1）IMFと国連との協力関係（collaboration）は、近年強化されてきた。その理由は、①IMFが以前にもまして構造調整計画に社会的要素を積極的に取り込むようになったからである。さらに②IMFが、国連が開催した環境、人口、社会開発、女性……等をテーマとする国際会議の勧告を、以前よりも前向きに考慮するようになったからである。なお国連とIMFとの協力関係強化により、国連に関連するさまざまな〈場〉（会議、委員会、情報交換、統計データの作成……等）へのIMFスタッフの参加が促進された。（2）国連との協力関係の推進により、IMFの政策提言や構造調整計画の策定に、以前よりも社会的・環境的要素が多く組み込まれるようになった。こうしたIMFと国連との協力関係は、国レベルにおいては全般的に満足のいくものとなっている。ただし貧困や社会的問題に絞り込んだ情報交換という点においては、まだまだ改善の余地が認められる。

第2節　ポジティブ・フィードバックの軌跡

　2000年9月、国連ミレニアム・サミットの開催、そして国連ミレニアム宣言の採択／2001年9月、Kofi Annan 国連事務総長による報告書（*Road map towards the implementation of the United Nations Millennium Declaration*）の公表、そしてミレニアム開発目標（MDGs）の定式化——。新しいミレニアムへの移行の時期と相前後して展開されたこれら一連の出来事は、1990年代に営々と積み重ねられてきた開発に関する多彩な成果のひとつの到達点であった。それはある意味では、典型的な漸進主義（incrementalism）の産物に他ならなかった。とはいえ視点をマクロ・レベルからミクロ・レベルへと移行させた場合、そこには漸進主義の機械的な延伸とは異質なビッグ・バン的現象の発現を見出すことができる。すなわち、さまざまな要因が複合的に連動し、ある一定の閾値を超えて臨界点（tipping point）に到達した結果、ケミストリー効果／相乗効果により一挙にベクトルがある一点へと収束していったのである。いうまでもなく、質的転換を引き起こすトリガー（引き金）の役割をはたしたのが Kofi Annan 国連事務総長であった。彼は多方面に拡散したベクトルを一点——ミレニアム開発目標（MDGs）——へと集約・再編成することによって、国連の影響力（リーダーシップ）の強化を図ったのである。

　国連発足50周年記念行事の二の舞ともみなされかねない事態の再現は、国連に対する国際社会の信頼性（信認）を著しく毀損するものとなる。その意味では1,000年に一度しか到来しないミレニアムは、国際社会をひとつにまとめるための絶好の機会——大義名分——となる。——このような政治的計算に基づき Kofi Annan 国連事務総長は、強力なリーダーシップを行使したのである。

　以下、(1) アナン・イニシアティブ（Kofi Annan 国連事務総長による pro-active な行動）、および (2) それに呼応して共振する国際社会という観点から、両者間のポジティブ・フィードバック〈良循環〉の連鎖過程に着目して、(1) 国際社会が〈Global Alliance for Development〉を強化し、やがては (2)

相互作用の焦点を国連ミレニアム・サミット、ひいてはミレニアム開発目標 (MDGs) へと収束させていった——そのダイナミックな軌跡をいくつかの〈trigger events〉に焦点を当てながら跡付／再構成してみよう[15]。

1995年10月18日、国連総会は「第二次世界大戦終結50周年記念宣言」("Commemoration of the fifitieth anniversary of the end of the Second World War") を採択した〔A/RES/50/5〕。それは全2ページ／6パラグラフから構成されるきわめて簡略なものであり、イデオロギー的障壁の崩壊と「冷戦」の終焉により、非暴力的な世界の構築、ひいては国連を中心とする世界安全保障体制の構築に向けた、新たな機会が出現した旨を謳うものであった。

1995年10月22日-24日、国連総会は3日間にわたり国連創設50周年記念特別会合を開催した。会合には世界129カ国の国家元首／政府首脳が出席し、最終日の10月24日——50年前のこの日に国連憲章が発効し、国連が正式に発足した——会合は「国連創設50周年記念宣言」("Declaration on the Occasion of the Fiftieth Anniversary of the United Nations") を採択して閉幕した〔A/RES/50/6〕。同宣言は、全7ページ／17パラグラフから構成されており、その骨子は次の通りである。——(1) まず〈前文〉において、①冷戦の終結、そしてまた新しい世紀への移行が目前に迫った今こそ、〈平和、開発、民主主義、および協力〉(peace, development, democracy, and cooperation) の実現に向けて前進する絶好の機会である。②国連は "WE THE PEOPLES OF THE UNITED NATIONS" という憲章冒頭の文言に象徴されるように、"PEOPLES" によって設立された。したがって21世紀の国連は、"PEOPLES" の利益に効果的に貢献するものでなければならない旨が謳われた。(2) ついで「平和」と題する第1節においては〈"PEOPLES" の経済的、社会的ニーズの充足こそが、世界の平和、安全保障、安定の基礎であるとの基本認識が確認された (第1パラグラ

フ)。(3) さらに「開発」と題する第2節では、8つのパラグラフにわたり、以下の諸点が強調された。——①先進工業国と開発途上国との格差は、依然として、到底甘受しえない規模で存在している。また移行経済諸国は、二重の移行問題——民主主義への移行と市場経済への移行——に直面している。さらに世界経済におけるグローバリゼーションと相互依存の急速な進展は、〈プラス効果の最大化およびマイナス効果の最小化〉という深刻な政策課題を突きつけている。②世界総人口（57億人）の5分の1に相当する人々が絶対的貧困のもとで生活しており、その解決こそがきわめて重大かつ喫緊の課題である。③国連はこれまでの5年間、個別イシューに特化し、それを共通テーマとして国際会議を開催してきた。その結果、〈経済発展・社会開発・環境保護〉は、相互に依存し、かつ補強し合いながら、〈持続可能な開発〉という共通の枠組み（framework）を根底から支える柱を構成しているという国際的コンセンサスが形成されるまでに至った。このコンセンサスの中核を構成するのは、〈人間こそが開発の中心的な主体であり、持続可能な開発に向けた行動の中心に位置づけられるべき主体は人間である〉という共通認識である。④〈民主主義、開発、人権および基本的自由の尊重（発展の権利を含む)〉は、相互に依存し、かつ補強し合う関係にある。(4)「平等」と題する第3節では、①政治・経済・文化の相違を超えて、すべての人権と基本的自由を促進し、保護することは、あらゆる国家にとっての義務である。そもそも人権と基本的自由は、普遍的なものである。②人権問題の議論においては、その普遍性、客観性、非選別性を担保することが、すべての国家に求められている旨が謳われた。(5) 第4節「正義」においては、国際法遵守の重要性に加えて、人道支援や難民支援の分野において国連が直面する困難が指摘された。(6) 最後の第5節「国連組織」においては、21世紀に直面する諸課題に対して国連が効果的に対処するために、そしてまた国連に対する世界の人々の期待に応えるために、国連の改革および近代化を推し進める旨が謳われた。それは具体的には、国連総会の再活性化、安全保障理事会の拡大、経済社

会理事会の強化、そして加盟国による義務（分担金の完全かつ時宜に適った払込み）の誠実な履行の重要性を強調するものであった。

1996年5月24日、国連総会は "Further measures for the restructuring and revitalization of the United Nations in the economic, social and related fields" と題する決議を採択した〔A/RES/50/227〕。それは文字通り開発協力の分野における国連の再活性化に向けて、抜本的な機構改革の推進を訴えるものであり、具体的には以下の政策提言がなされた。──（1）開発協力に必要な資金基盤を強化するために、政治的意思（political will）の動員／活性化に向けてよりいっそうの努力をすべきである。（2）国連システムによる開発協力は、次のような基本的属性を維持するものでなければならない。──①普遍的かつ任意で、返済義務を伴わない贈与の実施、②中立性（neutrality）、③多国間主義（multilateralism）。（3）最貧開発途上国に対して重点的に支援をおこなうべきである。同様に、移行経済諸国の特別なニーズに対しても配慮すべきである。（4）国連総会は、開発問題に関してより強力なリーダーシップを行使すべきである。総会は、開発問題に関して加盟国（主権国家）が「対話」（dialogue）をおこなう主要なフォーラム（forum）である。（5）経済社会理事会は、開発協力に関する国連諸組織の活動を調整する機関として強化されるべきである。（6）国連とブレトン・ウッズ機構、ひいてはWTOとの関係は、更に強化されるべきであり、この問題に関しては〈Agenda for Development〉という観点からの集中的な検討が求められる。具体的には、次の諸点が強調された。──①ブレトン・ウッズ機構と国連システムとの交流や協力は、いままで以上に積極的に推進されるべきである。また双方の事務局間の相互交流や協力も強化されるべきである。②その一環としてまずブレトン・ウッズ機構に、国連経済社会理事会および総会に対して、その権限の及ぶ範囲内で、開発協力に関する報告書／調査書を提出するよう要請することが考えられよう（1947年8月に締結され、同年11月に発効した国連と国際復興開発銀行

（IBRD）との〈連携協定〉第5条では、可能な限り最大限に、相互に関心のある事項に関して情報交換をおこなう旨を謳っている）。③国連とブレトン・ウッズ機構が、相互間のコミュニケーション、協力、調整に関する問題点を浮き彫りにし、改善策の策定に向けて共同で評価報告書を作成することが必要である。

1997年6月12日、Kofi Annan国連事務総長は、経済社会理事会に、IMFから提出された報告書（*Collaboration between the United Nations and the International Monetary Fund*）を送付した〔E/1997/78〕。それは1996年5月24日の国連総会決議を受けて、IMFが作成したものであり、全25パラグラフから構成される報告書の骨子は、以下の通りである。

（1）IMF（ひいては、世界銀行）と国連との協力関係（collaboration）の推進は、それぞれの設立協定において規定されている。
（2）近年、①世界経済のグローバル化の進展、②各加盟国におけるニーズの高まり、③主要国連会議の勧告（成果）に対する配慮を反映して、IMFと国連との協力関係は強化されている。それは紛争後の国家再建支援、経済改革の社会的側面、能力構築、持続可能な開発、環境問題等、多岐にわたっている。
（3）国連システムとの連絡調整の任にあたるのは、主としてニューヨーク駐在／ジュネーブ駐在のIMF事務所である。
（4）ハリファックス（1995年）およびリヨン（1996年）で開催されたG7首脳会議では、国連とブレトン・ウッズ機構との協力関係の強化が謳われた。
（5）IMFの主たる関心領域はマクロ経済政策であるが、マクロ経済のパフォーマンスに関連する貿易、労働市場政策、〈social safety nets〉、環境問題も、IMFの活動領域に含まれる。それらは国連の活動領域でもあり、結果的にIMFは加盟国の"high quality growth"支援という形で、国連システムとの間に緊密な協力関係を展開している。
（6）近年IMFと国連との協力関係は多方面にわたっている。とりわけIMF

が主導する構造調整プログラムに社会的関心事項が積極的に取り入れられるようになり、また環境、人口、社会開発、女性等をテーマとする主要国連会議の勧告（成果）にIMFが配慮するようになった結果、IMFと国連との連携はますます強化されつつある。

（7）IMFのスタッフは、以前にもまして積極的に国連の会議に出席するようになっている。また国連のスタッフも、以前にもまして定期的にIMF／世界銀行合同年次総会やIMF／世界銀行合同開発委員会および暫定委員会に出席している。

（8）IMF専務理事は、国連事務総長と定期的に意見交換をおこなっており、また国連経済社会理事会とは定期的に公式／非公式対話をおこなっている。

（9）IMFとUNDPは、技術協力から経済的・社会的開発に至るまで、広範な協力関係を展開している。またIMF専務理事とUNDP総裁は、1996年に連名でスタッフ向けガイダンス（マニュアル）を作成した。

（10）経済開発と社会開発の相互依存関係、さらには世界経済におけるグローバル化の進展により、各国際組織は、それぞれが比較優位を保持する分野（得意分野）に焦点を当てて、相互に協力関係を推進することを求められている。IMFと国連の協力関係もこのような潮流に基づき推進されなければならない。

　1997年7月、就任から半年を経過したKofi Annan国連事務総長は*Renewing the United Nations: A Programme for Reform*と題する事務総長報告書（Report of the Secretary-General）を国連総会に提出した〔A/51/950〕。同報告書は、全95ページ／283パラグラフ（＋添付文書）から構成される膨大な文書であり、次のように国連改革にかける新事務総長の意気込みをアピールするものであった。

　まず報告書に添付された〈Letter of Transmittal〉においてKofi Annan事務総長は、報告書の意義を次のように強調した。──（1）きたるべき新ミレニアムの時代、われわれを待ち構えている諸課題に対していかに効果的・効率

的に対処すべきか？その方策を確認することが本報告書の目的である。(2) 国際社会が国連に求めている期待に応えるためには、国連の抜本的な再編成が必要であり、その一環として国際行政機関としての国連の根本的改革をおこない、その効率化を図るべきである。(3) 大胆な行政改革の実行により生み出される余剰資金は、貧困の撲滅と開発途上国における発展の促進という、国連の最優先課題に投入されるべきである。

そのうえで事務総長は、報告書の主要メッセージを要約した〈Highlights〉において、"Reform is, after all, a continuing process not a single event" という信念に基づき、国連にとって開発協力がいかに重要な課題であるかを、次のように訴えた。

（1）持続的な、そしてまた持続可能な開発（sustained and sustainable development）の促進は、国連の最優先課題である。
（2）開発に関わる国連のさまざまな基金やプログラムを糾合して UNDG（United Nations Development Group）を結成し、相互間の連携・強化を図ることが必要である。
（3）抜本的な行政改革の推進を通じてコスト削減を図り、「開発への配当」（dividend for development）を捻出すべきである。
（4）開発金融を所管する副事務総長（Deputy Secretary-General）のポストを新設すべきである。
（5）多年度主義（予算）を採用して、開発分野における国連の活動を安定化させ、併せて負担の公平化を推進すべきである。
（6）環境分野における国連の活動、とりわけ UNEP の活動を強化すべきである。
（7）国連事務局の規範形成能力、政策形成能力、情報発信能力を重点的に強化し、政府間協議の場としての国連の活動に積極的に関与させるべきである。
（8）〈選択と集中〉という観点から、国連総会の活動を絞り込むべきである。
（9）2000 年に開催される国連総会を "a Millennium Assembly" と位置づけ、21 世紀の世界が直面する諸課題に国連が対処すべく、そのための

準備作業に着手すべきである。それは、加盟国の国家元首／政府首脳から構成される「サミット」の開催をも含むものである。またそれと並行して、市民社会の代表から構成される"People's Assembly"も開催されるべきである。

ついで第1部・総論においては、開発に関連して、以下の諸点が指摘された。

（1）国連は普遍的かつ包括的な国際組織として、国際社会の規範形成に強い影響力を保持している（第8パラグラフ）。

（2）国連は、①国際的な課題を新たに確認／発見し、②それに対する対応策を協議・合意し、③その実現に向けてエネルギー・資源を動員するうえで、きわめてユニークかつ不可欠な政府間フォーラムである（第9パラグラフ）。

（3）開発協力の分野における国連の規範能力は、加盟国の開発政策支援や国連自身による開発活動と直接連動している。開発に関わる諸次元（社会・経済・政治……等）を包括的にカバーしうるのは国連をおいて他には存在しない。人道支援／平和維持から開発支援へと至る全スペクトラムを網羅しうるのは唯一国連のみである（第10パラグラフ）。

（4）国連事務総長は、協力関係の強化、連携関係の合理化に向けて、世界銀行総裁との間に協議をおこなっている（第75パラグラフ）。

第2部・各論においては、第1部で披瀝された基本認識に基づき、それに対応する具体的な政策手段が次のように展開された。

（1）国連に対する要求（期待）は、一連の国際会議の成果（合意事項）を反映してますます高まっており、世界銀行、IMF、地域開発銀行との間にいっそう緊密な協力関係を推進することが求められている（第147パラグラフ）。

（2）開発の目的に関しては、国連と世界銀行の活動は収束している。とはいえ両者間の相互補完性および協力関係の確保という観点から、機能的合理化を推進することが急務の課題となっている（第163パラグラフ）。

（3）開発途上国に対するコンディショナリティという点において、IMFの

政策、とりわけ構造調整政策はきわめて重要である。この点に関して、最近のIMFと国連との間の協議の進展／関係強化に向けた動きは、評価に値する（第164パラグラフ）。

1997年11月、イギリス国際開発庁（DFID, Department for International Development）はClair Short（Secretary of State for International Development）の名前で *Eliminating World Poverty: A Challenge for the 21st Century* と題する国際開発白書（White Paper on International Development）を公刊した（全82ページ）〔Cm 3789〕。それは同年5月に発足したTony Blair労働党政権の開発協力に対する基本的スタンスを内外にアピールするものであった[16]。

まず冒頭の〈まえがき〉において、Clair Shortはイギリスの援助政策の基本的立場を、次のように高らかに宣言した。

（1）本白書は持続可能な開発の実現に向けたイギリス政府の政策を明らかにするものである。それは貧困の撲滅という、世界が直面している課題に初めて真っ向から立ち向かうものである。

（2）本白書は、世界で最も貧しい人々がグローバル社会の恩恵に浴することができるようにしようとするものである。

（3）本白書は、具体的かつ達成可能な目標を設定し、その実現に向けて開発途上国政府および開発途上国の人々との間にパートナーシップを構築しようとするものである。

（4）近年、開発の成果は顕著である。とはいえ依然として13億人というあまりにも多くの人々が絶対的貧困のもとに生活している。

（5）近年、国連が開催した主要な会議は持続的な進歩の実現を課題としている。それを実現することは十分に可能である。ただしそのためには国際社会全体が断固たる決意で政治的意思を確立することが必要である。

（6）貧困に苛まれ、支援を必要としている人々に対してわれわれが援助の手を差し延べることは、われわれにとって道徳的な義務である。

そのうえで同白書では、イギリスが志向すべき開発協力の基本的方向性が、

以下の12項目にわたり展開された。――われわれは、(1) 貧困の撲滅および貧しい人々に利益をもたらしうる経済成長の推進に焦点を絞った国際開発戦略を遂行する。それは、人々に持続可能な生活をもたらし、人間開発を促進し、環境を保護するものである。(2) さまざまな援助供与主体（ドナー）との緊密な連携のもとに、①開発途上国とのパートナーシップの構築、②貧困撲滅に向けたコミットメントの強化を図り、さらに③そのような動きを支援する世論の喚起に向けて、イギリスはみずからが保持する影響力を行使する。(3) 最貧開発途上国とのパートナーシップの構築を通じて目標の達成を図る。(4) イギリスの民間セクター、ボランティア団体、調査研究機関との間に、新たな連携（協働）関係を構築する。(5) 目標（2015年までに世界の絶対的貧困人口を半減させるという目標を含む）達成に向けた援助努力の実効性を測定する。(6) 開発途上国に影響を及ぼす多方面にわたる政府の政策（環境、貿易、投資、農業政策等）が、持続可能な開発という目標に合致するように配慮する。(7) 〈人権、透明かつ説明責任をはたす政府、中核的な労働基準〉に特別の注意を払いつつ、国際問題に対するイギリス政府の倫理的アプローチを確立する。(8) 政治的安定および社会的一体性の推進、ひいては紛争に対する効果的な対応を積極的に心掛けつつ諸資源の活用を推し進める。(9) 開発途上国の対外債務の削減および財政の安定化を推し進める。(10) 国民に対して、開発途上国との相互依存関係という現実を正しく理解するよう働きかけ、国際開発の必要性の啓発に努める。(11) 所期の目的に適った諸資源の活用を図り、新たな国際開発法の制定を考慮する。(12) 開発援助資金の減少傾向を逆転させ、ODAの対GNP比：0.7パーセントという国連目標に対するイギリスのコミットメントを再確認する。

　　Clare Short がイギリスの開発協力政策に新たな息吹をもたらした1990年代末――。それとほぼ同時期に、開発協力を所管する閣僚として彼女のカウンターパートとしての地位を占めていたのが Evelyn Herfkens（オランダ）、Hilde Johnson（ノルウェー）、Heidemarie Wieczorek-Zeul（ドイツ）であった。1999年春、ノルウェー西海岸の Utstein で開

催された会合で、これら4人の「女性」開発協力閣僚は意気投合し、ともに手を携えて男性優位の"aging boys' club"に異議申し立てをおこなうこととなった。これがいわゆる開発協力政策を調整する非公式フォーラムとしての〈Utstein Group〉の発足である。同グループはOECDの新開発戦略、より直接的には貧困の撲滅や、汚職の追放をターゲットとするキャンペーンを内外で精力的に展開していった。この「売り込み」作戦は、NGOや世界銀行（Wolfensohn 総裁）の好意的な反応とも相俟って、開発途上国に有利な政策環境の形成をもたらすこととなった[17]。

1998年3月、Kofi Annan 国連事務総長は"A Millennium Assembly, the United Nations system（Special Commission）and a Millennium Forum"と題する〈覚書〉（Note）を国連総会に提出した〔A/52/850〕。それは、次のような内容から構成されるものであった。

（1）第55会期・国連総会を Millennium Assembly として開催するよう勧告する。
（2）Millennium Assembly の一環として、〈21世紀における国連のあり方〉（"The United Nations in the twenty-first century"）をテーマとするハイレベルでの Millennium Summit（High-level segment）を開催するよう勧告する。
（3）Millennium Summit における議論を建設的／生産的なものとするために、事務総長は2000年夏（midsummer）までにたたき台となる報告書を作成して加盟国に提示する。
（4）同報告書は、国連の5大目標（平和と安全保障、経済・社会問題、開発協力、人道問題、人権）の実現に寄与するものとする。
（5）Millennium Assembly および Millennium Summit は、それに先行する一連の国連会議の諸成果を包括的に集約するものでなければならない。
（6）国連は新たな課題に対して柔軟に対応し、必要に応じて適宜〈Special Commission〉を新設すべきである。

（7）国連が 21 世紀に生き延びるためには、世界の人々による支援が不可欠であり、そのために Millennium Assembly と並行して NGO や市民社会から構成される Millennium Forum を開催すべきである。

1998 年 12 月 17 日、国連総会は "The Millennium Assembly of the United Nations" と題する決議を採択した〔A/RES/53/202〕。それは、〈2000 年という節目にあたる年は、国連に新たな息吹を与えるうえで、より具体的には 21 世紀に国連が遭遇する諸課題の解決に向けて国連を強化するうえで絶好の機会となる〉との認識に基づき、次のように謳うものであった。——（1）第 55 会期・国連総会を「国連ミレニアム総会」（"The Millennium Assembly of the United Nations"）とする。（2）「国連ミレニアム総会」の一環としてミレニアム・サミットを開催する。（3）事務総長に対して、ミレニアム・サミットにおける議論のたたき台となる未来志向的かつ包括的な報告書を提出するよう要請する。

1999 年 5 月 10 日、Kofi Annan 国連事務総長は *The Millennium Assembly of the United Nations: Thematic framework for the Millennium Summit* と題する報告書（全 11 パラグラフ）を公表した〔A/53/948〕。それはきたるべきミレニアム・サミットにおける政府間討議のたたき台となるものであり、〈開発と平和の促進、ひいては新しい国際政治・経済秩序の構築〉という課題のもとに、次のようなアジェンダが提示された。——（1）統一テーマ：「21 世紀における国連」（"The United Nations in the twenty-first century"）。（2）議題：(a) 平和と安全保障（軍縮を含む）、(b) 開発（貧困の撲滅を含む）、(c) 人権、(d) 国連の強化。

そのうえで同報告書は、次のような言葉／表現で国連ミレニアム総会に向けた加盟国の積極的なコミットメントを求めた。——ミレニアム・サミットを単なる記念式典に終わらせてはならない。ミレニアム・サミットを、国連憲章の目的および原理に対する道義的なコミットメントをおこなう絶好の機会とし、かつ世界の人々が以前にもまして強く求めている国際協力および連帯を加速す

るための新たな政治的モメンタムを付与するための好機とすべきである。

第3節　*We the Peoples*：
2000年／事務総長報告書

　2000年4月3日、Kofi Annan 国連事務総長はニューヨークの国連本部で記者会見をおこない、次のように述べた。
（1）私は、これまで国連総会や安全保障理事会に対して多くの報告書を提出してきたが、今回私が提出する報告書は従来の報告書とは異なる。それは、21世紀に人類が直面するであろう挑戦（課題）を、それに対する行動計画と併記して包括的に提示するものである。それはあまりにも野心的であり、実現不可能なように思われるかもしれない。しかしながら、その任にあたりうるのは国連をおいて他には存在しない。
（2）世界の指導者は、本年9月、かつて例を見なかった規模でニューヨークに参集することに合意した。首脳達は、われわれが直面している喫緊の課題について合意し、それに対する対処戦略を採択することを求められている。そのためのたたき台を提出するのは国連事務総長の任務である。本日提出する報告書がまさにそのたたき台である。
（3）本報告書の基本的なアプローチは、以下の通りである。第1に、本報告書は未来を志向するものである。そこでは、〈もはや世界に蔓延する不正義や悲惨な状況を見過ごすことは不可能であり、いまこそ変革を目指すべきである〉旨が強調されている。第2に、本報告書では、〈変革を実現するためには政府間の協働が不可欠である。ただしそれだけでは不十分である。変革を実現するためには、「市民社会」（civil society）の関与が必要である〉旨が強調されている。
（4）グローバル化が進展している今日、世界はさまざまな問題に直面している。われわれは、そうした課題を解決するための手段をすでに確保している。問題は、われわれの意思である。9月に開催されるミレニアム・サミットにおいてわれわれは、意思を統一し、ともに行動することを求

められている。

　それでは Kofi Annan 事務総長が鳴り物入りで公表した事務総長報告書——*We the Peoples: the role of the United Nations in the twenty-first century*——はどの点において画期的といえるのであろうか。

　そもそも同報告書の作成過程は、通常の国連文書作成手順（routine procedure）を踏襲するものではなかった。一般に国連の文書は、(1) 国連本部事務局の各部局から派遣された junior staff による起草（第一次案の作成）、(2) 国連の各部局、専門組織、さらには加盟国の国連代表部によるチェック、(3) 修正案（第二次案）の作成とフィードバック……という"drafting and re-drafting"のサイクルを反覆しながら最終案へと収束するというのが基本的なパターンである。それはいわばボトム・アップ方式による政策形成過程であり、その過程でさまざまなステークホルダーにより提示される「コメント」、ひいては「ロビーイング」の「洗礼」は、非効率的とはいえ、国連の民主的運営を担保する「通過儀礼」（必要経費）とされてきた。

　ところが *We the Peoples* の作成は、このような国連における文書作成の標準的手順を無視し、"38th floor"、すなわち Kofi Annan 事務総長の直接的な指示のもとに、トップ・ダウン方式でおこなわれたのである。彼は、特別に新設した Assistant Secretary-General for Strategic Planning のポストに、当時すでに国際政治学者として高い名声を勝ちえていた（特に国際レジーム論や Epistemic Communities 論において）John Ruggie コロンビア大学教授を迎え、事務総長の Senior Advisor として *We the Peoples* の作成に携わるよう依頼したのである（John Ruggie 教授は1997年—2001年、アカデミックな世界を離れ、現実の国連政治の場に身を委ねた。なお1998年—2001年、Director of the Strategic Planning Office として John Ruggie 教授を補佐したのが Andrew Mack 教授である[18])。

　それではなぜ Kofi Annan 事務総長は、国連の慣例を無視してまで強引ともいえる効率重視の立場を選択したのであろうか。いうまでもなくその主たる理由は、彼にとって「ミレニアム・サミット」の成功は何よりも優先されるべき至上命題であったからである。Kofi Annan 事務総長にとって、「国連創設50

周年記念サミット」を反面教師とし、Boutros Butoros-Ghali 前事務総長と同様な失敗を繰り返さないことこそ、すべてに優先されるべき課題とされていたのである。それは次のような認識（確信）に促されるものであった。

（1）「ミレニアム・サミット」においては、歴史的に有意義な宣言の採択が不可欠である。
（2）それは、多くのオーナメントに彩られる総花的な「クリスマス・ツリー」／「長いショッピング・リスト」であってはならない。
（3）それは、国際社会に対する簡潔かつ首尾一貫した強烈なメッセージでなければならない。
（4）「民主的でオープンな」文書作成手続きは、さまざまなステークホルダーによる干渉／介入を招き、結果的に無意味／無内容な文言（ステートメント）の羅列という陥穽に陥りかねない。
（5）有意義な「サミット宣言」の採択という大義名分のもとでは、かりに効率性を優先して慣例を無視したとしても許容されるであろう。
（6）*We the Peoples* は、あくまでも「ミレニアム・サミット」で採択されるべき宣言を作成するための基礎（たたき台）となるものでしかない。それは公表後のフィードバックを前提としており、当然修正の対象となるものである。
（7）*We the Peoples* は、そもそもこれまで国連が主催してきたさまざまな国際会議の諸成果（合意事項）を踏まえたうえで、その延長線上に作成されるものである。

このような基本認識に基づき作成された *We the Peoples*——。その骨子は、以下の通りである。

第1章：New Century, New Challenges では、報告書全体を貫く基本的問題意識として、(1) 国連は、新しいミレニアムの時代に直面する諸課題を解決しうる能力を保持している。ただしその能力を行使するためには、加盟国が新たな使命感を共有し、ともに手を携えて行動することが不可欠である。(2)「ミレニアム・サミット」は、人々の生活の質的改善という、これまで国連がはたしえなかった課題の実現に向けて、国連改革を推進する絶好の機会である旨が

謳われた。

　第 2 章：Globalization and Governance では、グローバリゼーションの拡大・深化という新たな国際環境のもとでの、国連を中心とする新たなガバナンス構築の必要性が、次のように謳われた。

（1）グローバリゼーションが、急速な経済成長や生活水準の向上等をもたらしたことは紛れもない事実である。とはいえ、そうしたグローバリゼーションによりもたらされた便益が、平等に配分されるまでには至っていない。また世界市場を規定するルールは、社会的目的を共通の課題として組み入れるまでには至っていない。

（2）グローバリゼーションの進展により、さまざまな集団や個人間で、国家をバイパスする形で国境を越えた直接的な交流が活発におこなわれるようになった。その結果、犯罪、麻薬、テロ、汚染、疾病、武器、難民、移民等が、以前にもまして大きな脅威となりつつある。また、人々は遠隔の地で生起する出来事に対しても深刻な脅威と感じるようになった。さらに人々は、遠隔の地でおこなわれる不正義や残虐な行為に対しても敏感となり、そのような事態に国家が積極的に対応することを求めるようになった。

（3）われわれがグローバリゼーションの成果を最大限に享受し、可能な限りその負の側面を最小化するためには、グローバリゼーションを「上手に管理する」（"govern better"）術、ひいてはグローバリゼーションを「上手に共同管理する」（"govern better together"）方法を学ぶ必要がある。

（4）われわれが志向するのは、世界政府の構築や国家の廃絶ではない。われわれが求めるのはむしろ国家の強化である。ただしそれは、ルール（規則）および価値の共有に基礎づけられる共通の枠組みのもとで、国家間の相互協力の推進を大前提とするものである。

　第 3 章：Freedom from Want では、（1）〈国家間〉において、そしてまた〈国家内部〉において、極端な貧困と不平等が複合的に存在しており、それはわれわれ人類に対する挑戦である。（2）われわれは、2015 年までに世界中か

ら絶対的貧困を半減させなければならない、との強固な信念が披瀝され、以下を優先課題として追求すべき旨が訴えられた。——①持続的成長の実現、②若者に対する機会の創出、③公衆衛生の促進および HIV/AIDS に対する闘い、④スラムの改善、⑤アフリカ開発、⑥デジタル開発、⑦世界的連帯の強化。

第 4 章：Freedom from Fear では、(1)〈国家間〉の戦争に代わって、〈国家内部〉の戦争（内戦）が頻発し、多くの人命が失われ、多くの人々が路頭に迷っている。(2) とはいえ大量破壊兵器は、依然として安全に対する脅威である。(3) このような状況のもとにおいて、われわれは領土の防衛（defending territory）という観点からではなく、人々の保護（protecting people）という観点から安全の確保を再検討すべきであるとの基本認識に基づき、破壊的な紛争の脅威に対して、次のように対応すべき旨が謳われた。

（1）予防：紛争を予防するための最善の方策は、人権やマイノリティーの保護、公平な政治制度に支えられる健全かつバランスのとれた経済発展の促進である。
（2）脆弱な人々の保護：国際法や人権法の強制力を強化して、違反者に対しては処罰が確実におこなわれるようにすべきである。
（3）介入のジレンマの解消：国家主権を隠れ蓑として、国民の権利や生命の侵害が容認されてはならない。大量虐殺に対しては、安全保障理事会による授権を前提として、武力介入という選択肢も考慮されるべきである。
（4）平和活動の強化：「ミレニアム総会」において、国連平和活動を包括的に再検討すべきである。
（5）スマート・サンクション：標的（ターゲット）を限定した、より精緻な制裁措置の発動が必要である。
（6）軍備削減：小型兵器の移動規制強化、および核兵器および核拡散の脅威の削減が必要である。

第 5 章：Sustaining our future では、将来世代に対する持続的な環境確保という観点から評価する限り、これまでのわれわれの対応は〈too few, too little, too late〉であったとの強い危機意識のもとに、喫緊の課題として以下の諸点

144　第Ⅱ部　新しいナラティブの誕生

が強調された。——（1）エネルギー効率の強化および再生エネルギーへの転換の推進を通じた気候変動への対応。（2）"Blue Revolution"（効率的な水資源の利用を通じた農業生産性の向上）や効率的な水資源管理による水資源危機への対応。（3）貧しい人々、飢餓に喘いでいる人々の利益確保という観点からの、バイオテクノロジーの是非をめぐる建設的な議論の展開。（4）森林、水産資源、生物多様性の保全／確保。（5）政府および一般の人々を対象とする新たな環境倫理／責任倫理（ethic of stewardship）の確立。

第6章：Renewing the United Nations では、（1）新たなミレニアムの時代に世界が直面するさまざまな課題を解決するためには、国連の強化が不可欠である。（2）そのためには、加盟国政府の意思が重要であり、とりわけ加盟国政府が民間セクター、NGO、多国間組織と協力して、問題解決に向けた合意形成努力を積極的に推し進めることが肝要である。（3）国連は、そのための触媒（catalyst）機能をはたすべきであるとの基本認識のもとに、以下の諸方策が提案された。

（1）国連の影響力の源泉はパワーではなく、①国連が具現する諸価値、②国際的規範の形成／維持能力、③国際世論や国際的行動を喚起する能力、④人々の生活の改善に向けた行動力から生み出される国際的信頼感である。われわれは、こうした国連の強みを更に強化すべきである。

（2）われわれは、国際組織、市民社会、民間セクター、加盟国政府を糾合して非公式な政策ネットワーク（informal policy network）を構築すべきである。それは、公式の枠組みを補完する形で、政策の転換をもたらすものである。

（3）われわれは、新たな情報技術を駆使して国連の効率的運営、および国連と国際社会との関係改善を図るべきである。そのためには、変革に抵抗する「文化」を克服することが必要である。

（4）国連が21世紀のニーズに応えうるためには、①真の意味での構造改革、②政策課題の優先順位に関する加盟国間の合意形成、③煩雑な日常業務からの解放という「静かなる革命」（quiet revolution）の推進が必要である。

第7章：For consideration by the Summit では、〈Freedom, Equity and Solidarity, Tolerance, Non-Violence, Respect for Nature, Shared Responsibility〉が国連の志向すべき中核的価値と位置づけられ、「ミレニアム・サミット」が本報告書を基礎として、これら諸価値の実現に向けて誠実に行動する（決議を採択する）ことが求められた。

2000年6月26日-7月1日、ジュネーブで第24回国連総会・特別総会（"World Summit for Social Development and Beyond: Achieving Social Development for All in a Globalizing World"）が開催された。それは"Social Summit＋5"という通称に示されるように、1995年3月にコペンハーゲンで開催された「世界社会開発サミット」のレビューおよび新たな政策イニシアティブの策定を目的とするものであり、会議に参加した178カ国の代表（＋オブザーバー：11、NGO：500）は、以下の諸点に関して認識を共有した[19]。

(1) グローバリゼーションのマイナス効果の抑制・緩和を図りつつ、社会開発の促進を図る。
(2) グローバリゼーションの進展、および急速な技術進歩は、世界に未曾有の利益をもたらしているが、他方で多くの人々が依然として世界経済から疎外され、取り残されている（remain marginalized by the global economy）。
(3) 貧困の削減、雇用の創出、およびすべての人々の政策決定過程への参加を促進することが、社会開発の中心的目標である。
(4) コペンハーゲン・サミットから5年を経過したが、貧困と失業の削減という目標は実現されるまでに至っていない。また保健衛生および教育の分野の進捗状況は、国際目標からは程遠い状況にある。
(5) 各国の課税政策、新規かつ革新的な財源の確保というきわめてセンシティブな問題へと踏み込むことにより、そしてまた各国政府のみならず国際組織（世界銀行、IMF、WTO等）における〈開放性、透明性、説明責任〉の確保という課題に取り組むことにより、コペンハーゲン合意からの更なる飛躍を図る。

ともあれ、ほぼ 1 週間にわたり開催された "Social Summit＋5" は "Further initiatives for social development" と題する決議を採択して閉会した〔A/RES/S-24/2〕。それは "Political Declaration"（全 12 パラグラフ）、"Review and assessment of the implementation of the outcome of the World Summit for Social Development"（全 44 パラグラフ）、"Further actions and initiatives to implement the commitments made at the World Summit for Social Development"（全 156 パラグラフ）の 3 部から構成されており、とりわけ注目されるのが「政治宣言」における次のような基本認識の再確認である。──（1）「コペンハーゲン宣言」および「行動計画」は、今後も社会開発の実現に向けた基本的枠組み（basic framework）である（第 2 パラグラフ）。（2）社会開発の実現に向けた、単一で普遍的な道筋（single universal path）は存在しない。われわれは、それぞれの経験、知識、情報を共有して社会開発の実現を図るべきである（第 3 パラグラフ）。（3）社会開発の実現に責任を有するのは主権国家である。ただし国家が責任をはたすためには、国際社会全体のコミットメントと努力が不可欠である（第 6 パラグラフ）。（4）貧困に対する闘いを遂行するためには、市民社会および貧困に喘いでいる人々の積極的な参加が必要である（第 8 パラグラフ）。

第Ⅵ章　国連〈ミレニアム宣言〉から〈ミレニアム開発目標〉へ

2000年3月15日、国連総会は"Millennium Summit of the United Nations"と題する決議を採択し、ミレニアム・サミットの開催に向けて次のように決定した〔A/RES/54/254〕。──(1) ミレニアム・サミットは2000年9月6日-8日、"The role of the United Nations in the twenty-first century"という統一テーマのもとにニューヨークで開催される。(2) ミレニアム・サミットは、全体会議および4つのラウンド・テーブル・セション (interactive round-table session) から構成される。(3) ミレニアム・サミットの重要性に鑑み、サミットは第54会期・国連総会議長国および第55会期・国連総会議長国による共同議長のもとで運営される。

2000年5月10日、国連総会は"Establishment of the list of speakers and organization of the round tables for the Millennium summit of the United Nations"と題する決議を採択し、サミットの具体的な手順・構成を次のように決定した〔A/RES/54/261, A/54/PV.96〕。──(1) サミットの開催中、全体会議を6回、ラウンド・テーブル・セションを4回開催する。(2) 9月6日の全体会議初日に、共同議長、国連事務総長、およびホスト国代表によるオープニング・スピーチがおこなわれる。(3) ヴァチカンおよびスイスは〈observer state〉として、またパレスチナは〈observer〉としてサミットへの参加を認められる。

2000年8月11日、国連総会は"Organization of the Millennium Summit of the United Nations"と題する決議を採択し、ラウンド・テーブル・セションの詳細を次のように決定した〔A/RES/54/281, A/

54/PV.99〕。——（1）4つのラウンド・テーブルは、すべて共通の統一テーマ／サブ・テーマのもとに開催される（各3時間）。(2) ミレニアム・サミットはナミビアとフィンランドの国家元首を共同議長として運営される。(3) 4つのラウンド・テーブルは、それぞれアフリカ諸国、アジア諸国、東欧諸国、ラテンアメリカおよびカリブ海諸国の代表を議長として運営される。(4) 加盟国は、各地域グループ間における公平な地理的配分の確保を基本原則として、4つのラウンド・テーブルに振り分けられる。(5) 地域グループに属さないヴァチカン、スイス、パレスチナ、および政府間組織（IGO）の各ラウンド・テーブルへの参加については、総会議長と協議のうえで振り分けられる。(6) ラウンド・テーブル・セッションは非公開とする。(7) サミットの全体的総括会合において、各ラウンド・テーブルの議長は、口頭で討議の内容を報告する。(8) 時間の許す限り、政府間組織、議会、市民社会の代表が全体会合に参加することを認める。なお、アラブ連盟、アフリカ統一機構、欧州委員会、イスラム会議機構等の代表は、全体会合におけるスピーカー・リストに記載される。

第1節　国連ミレニアム・サミット

2000年9月5日（火曜日）、午前のセションの審議をもって第54会期・国連総会は閉幕した。同日午後、改めて会議が召集されたが、それは第55会期・国連総会の開幕を告げるものであった。一般に国連通常総会の新しい会期は、毎年9月の第3火曜日に召集される慣例となっている。したがって2000年の場合、9月の第3火曜日、すなわち9月12日に第54会期・国連総会の閉幕、併せて第55会期・国連総会の開幕というのが通常のパターンである。ところが2000年の場合、9月5日へとスケジュールが1週間前倒しされたのである。いうまでもなくそれは、国連ミレニアム総会の開催、とりわけその最大のイベントとなる〈ミレニアム・サミット〉の開催という特別な事情を反映するものであった。

第Ⅵ章　国連〈ミレニアム宣言〉から〈ミレニアム開発目標〉へ　149

　9月5日午前、第54会期・国連総会議長は〈国連総会が審議する決議案は、あらかじめ審議の前日までに配布されていなければならないというのが一般的なルール（手続き規則）である。その意味では、本日、私が審議・採択をお願いする決議案が配布されたのは今朝のことであり、それがルールに違反することは否めない。とはいえ今回に関してはルールの適用除外として敢えて採択をお願いしたい〉と弁明をしたうえで、総会が"Draft United Nations Millennium Declaration"の審議をおこなうよう要請した。この議長提案に対して、イラクは、制裁に関する文言に対して、二重基準としてそれに異を唱えた。とはいえそれ以外には特に異論もなく、同決議案は投票に付することなくコンセンサスで採択された〔A/RES/55/L.2〕。こうして国連総会は、同決議の付属文書（ANNEX）――Draft United Nations Millennium Declaration――を、2000年9月6日-8日に開催されるMillennium Summit of the United Nationsにおいて審議することを決定したのである〔A/54/PV.100〕。

　以上の所定の手続きを経て、2000年9月6日-8日、ニューヨークの国連本部でミレニアム・サミットが開催された。会議には、会議開催前日（9月5日）の午後、第55会期・国連総会（ミレニアム総会）の開幕に合わせて新たに国連加盟を認められたツバルを含む189ヵ国（国家元首：99ヵ国、皇太子：3ヵ国、政府首脳：47ヵ国）が参加し、"The United Nations in the twenty-first century"という統一テーマのもとに、〈平和と安全保障（軍縮を含む）、開発（貧困の撲滅を含む）、人権、国連の強化〉（ドラッグ問題もサブ・テーマとして取り上げられた）が議論された（なおヴァチカン、PLO、EUもオブザーバーとして意見表明の機会を与えられた）。

　3日間にわたり繰り広げられた「歴史的な」ミレニアム・サミット――。その軌跡は、以下に概観される通りである〔A/55/PV.8, YUN 2000〕。

　9月6日午前、Sam Nujomaナミビア大統領とともにミレニアム・サミットの共同議長を務めるTarja Halonenフィンランド大統領が、概ね次のようなオープニング・スピーチをおこなった。――（1）われわれは、①国連を取り巻く世界の要求に応えなければならない。②国連が世界においてはたす役割を明確にしなければならない。③国連を近代的で効果的な組織へと改革しなけれ

ばならない。(2) 国連が単独ですべてをなしうると期待することはできない。国連が期待される役割を十分にはたし、世界の信頼を勝ちうるためには、他の諸組織および市民社会との間にパートナーシップを構築することが不可欠である。(3) われわれは国連を、現実の世界に適合するものへと再構成しなければならない。

ついで Sam Nujoma ナミビア大統領が、〈世界の人々は、社会変革、正義の実現、法の下における男女平等、恐怖・貧困・社会的疎外という諸課題を克服するうえで、国連がはたしうる役割に大きな期待を抱いている。また国連は、平和・人間の安全保障・貧しい人々のエンパワーメント・貧困の撲滅・持続可能な開発に向けて、科学技術の成果を積極的に活用すべきである〉との信念を披瀝した。

これら共同議長によるオープニング・スピーチを受けて William Clinton アメリカ大統領がミレニアム・サミットのホスト国としての立場から、(1) 国内紛争の頻発、紛争の予防、初等教育、債務問題、マラリアや AIDS 等の感染症、公衆衛生、ダイヤモンドや麻薬の密輸……等、今日の世界が直面している諸課題を列挙し、(2) その解決に向けて世界の国々が公平なコスト負担をおこなうことの必要性、および (3) 国連財政の公正な改革を通じて、国連の機能強化を図ることの重要性を強調した。

こうして Kofi Annan 国連事務総長報告書──*We the Peoples: the role of the United Nations in the twenty-first century*──をたたき台として、6つの全体会合および4つのラウンド・テーブル・セッションから構成されるミレニアム・サミットの幕が切って落とされた（各国代表には5分間のスピーチが認められた）。そこでとりわけ注目されるのが、9月6日、7日、8日の3日間に分散して開催され、「国連史上、例をみないほどオープンかつ率直な意見交換がおこなわれた」とされるラウンド・テーブル・セッションにおける議論の行方であった。

9月8日、すなわちサミット最終日の全体会合においては、各国首脳による演説に続いてアラブ連盟事務局長、欧州委員会委員長、英連邦事務局事務総長……等による演説がおこなわれたが、それら一連の演説のフィナーレを飾るも

第Ⅵ章　国連〈ミレニアム宣言〉から〈ミレニアム開発目標〉へ　151

のとして、各ラウンド・テーブル・セションの議長が、討議のポイントを要約した総括報告を口頭でおこなった。その概要は、以下の通りである。
（1）Round Table 1：議長を務めたシンガポールの Goh Chok Tong 首相は、次のように報告した。──①グローバリゼーションに関しては、（a）それが厳然たる事実であり、（b）グローバリゼーションを活用する能力を保持する国に対しては利益をもたらしている。（c）しかしながら活用する能力を保持しない国に対しては、グローバリゼーションは不利益をもたらすものであり、（d）グローバリゼーションの負の側面の緩和・解消が大きな課題であるという点においては、すべての参加者は意見の一致をみた。なお参加者からは、国内社会とは異なり、国際社会においてはグローバルな市場を規制し、マイナス効果をチェックするための国際的枠組みは存在していないとの指摘もなされた。②"digital divide" に関しては、〈情報格差〉の是正は、所得格差の是正につながるという意見が表明された。他方で、〈情報格差〉をもたらす根本的な問題（基礎的教育や安定的な電力供給の欠如等）にメスを入れるべきとの指摘もなされた。③参加者からは WTO、IMF、世界銀行の意思決定手続きをより〈democratic, consultative, inclusive and transparent〉なものとし、国によって異なる多様な社会的・経済的ニーズに配慮すべきとの意見が表明された。④参加者の多くは、債務負担が開発の阻害要因になっているとして、債務救済措置の実施を強く求めた。⑤開発問題に対する具体的な解決策として、開発途上国の能力構築を目的とする開発援助や国際貿易交渉のためのトレーニングの実施が提案された。⑥国連に「政治」安全保障理事会と同様な強制力を保持する「経済」安全保障理事会を創設すべきとの提案がなされた。⑦21世紀が直面する新たな課題に対する対応策として、国際組織を新設すべきとの意見が表明された。ただしこれに関連して、小国にとっては国際組織への参加は、現在でも大きな負担になっているという実情が示された。また非民主的な政策決定過程の常態化という現状を打破しない限り、新しい国際組織の設立は無意味であるという指摘もなされた。⑧ラウンド・テーブル・セションに

おける議論のフォローアップに向けて、ミレニアム宣言を国家レベルおよび国連レベルにおける行動計画と位置づけ、その実施状況をモニターすべきとの提案がなされた。⑨ラウンド・テーブル方式による指導者間のインフォーマルな意見交換は、友好と相互理解の増進に貢献するものであり、国連はこの方式を制度化すべきであるとの意見が表明された。

（2）Round Table 2：議長を務めたポーランドの Aleksander Kwasniewski 大統領は、次のように報告した。──①21世紀に世界が直面する主要課題は、安全保障に対するリスクの高まりと地域紛争、貧困、開発ギャップ、感染症と環境破壊である。②グローバリゼーションは、血の通った人間的なものとなるように適切に管理されなければならない（human and better managed）。③グローバリゼーションは、道徳的な原理・価値に基礎づけられるものでなければならない。④貧困に対する挑戦こそ、最優先の課題である。なぜなら貧困が、不安定、紛争、社会的緊張、環境に対する脅威の根本原因（root cause）となることが少なくないからである。⑤最貧開発途上国に対する債務救済は、社会開発の促進に貢献する。⑥人権の実効的保護および安定した民主主義が確立されない限り、安定した開発は不可能である。⑦安全保障、紛争の防止、平和の維持は、依然として国連の優先課題である。⑧安全保障理事会の改革を促進すべきである。⑨グローバル・レベルおよび地域レベルにおいて、さまざまな国際組織相互間の連携を推進すべきである。

（3）Round Table 3：議長を務めたベネズエラの Higo Rafael Chavez Frias 大統領は、次のように報告した。──①国連に〈development council〉を設立すべきである。それは〈representative and democratic〉であり、絶対的な権威と強力な政策決定権限を保持するものでなければならない。②地域グループ間の協力の制度化および強化を図るべきである。③南-南対話の再活性化および南-北対話の再構築を図るべきである。

（4）Round Table 4：議長を務めたアルジェリアの Abdelaziz Bouteflika 大統領は、次のように報告した。──①今日の世界においては、より広い観点（文脈）から〈national interest〉が定義されなければならない。

第Ⅵ章　国連〈ミレニアム宣言〉から〈ミレニアム開発目標〉へ　153

②グローバリゼーションは〈exclusion and marginalization〉という契機を孕んでいる。③教育こそが、すべての活動の基礎となる最優先課題である。④1960年代および1970年代に国連で議論された新国際経済秩序（New International Economic Order）の樹立という考え方は、もはや妥当性を喪失している。⑤IMFは改革されなければならない。⑥安全保障理事会の構成は世界の現状を反映していない。安全保障理事会においては、アフリカ問題が大きな比重を占めている。それにもかかわらず、アフリカ諸国は常任理事国のポストを保持していない。⑦テロリズムが存在する限り、民主主義を実現することは不可能である。⑧安全保障理事会、IMF、ブレトン・ウッズ機構、ひいては第二次世界大戦後に設立されたすべての国際組織は改革されなければならない。

　2000年9月8日、ラウンド・テーブル・セションの報告を最後に、ミレニアム・サミットは3日間にわたる討議に幕を下ろした（国連総会自体は、第55会期・通常総会を9月11日／月曜日に開催の運びとなった）。残された課題は、サミットの成果の確認という作業であった。こうして国連総会は、9月5日に採択した"Draft United Nations Millennium Declaration"決議の付属書である"Draft United Nations Millennium Declaration"を投票に付すことなくコンセンサスで採択した。これがいわゆる国連ミレニアム宣言（United Nations Millennium Declaration）の誕生である〔A/RES/55/2〕。

　これを受けてKofi Annan事務総長は、ミレニアム・サミットの締め括りとして、次のような総括演説をおこなった。――（1）われわれにとって最優先の課題は、絶対的貧困の撲滅である。（2）グローバリゼーションが引き起こす諸課題を解決するためには、主権国家が国民、とりわけ最底辺の人々のニーズの充足に向けて行動することが不可欠である。とはいえ国家だけで問題を解決することは不可能であり、民間セクターや市民社会とのパートナーシップが重要である。（3）国連をはじめとする、より実効的な国際組織が必要である。（4）国連に加盟する主権国家は、断固たる決意で問題に対処しなければならない。国連事務局は、それに応えて加盟国から付与されるマンデートに基づき任

務を遂行する決意である。

　最後にミレニアム・サミットの共同議長がこもごも、次のような演説をおこなった。まず Tarja Halonen フィンランド大統領が、次のように述べた。──(1) 将来の方向性を指し示すサミット宣言の採択により、ミレニアム・サミットは大成功に終わった。(2) われわれは、国連を取り巻く世界との間の絆を強化しなければならない。(3) 私はラウンド・テーブル・セッションにおける議論が、今後とも活用されることを願っている。(4) ラウンド・テーブル・セションは、われわれに必要な行動を促す〈political will〉を生み出すものである。

　ついで Sam Nujoma ナミビア大統領が、次のように述べた。──(1) 各国首脳は、21世紀における世界平和、開発、人間の安全保障の実現に向けて、国連に対してコミットすることを再確認した。(2) 国連事務総長報告書およびミレニアム宣言は、われわれの行動準則となるものである。(3) われわれは、コミットメントを行動へと移さなければならない。われわれは〈better, more peaceful, just world for all〉の実現に向けて約束をはたさなければならない。

第2節　国連ミレニアム宣言の基本構図

　それでは、国連ミレニアム・サミットの成果文書として採択された国連ミレニアム宣言──。その基本構図は、どのようなものであろうか？全8部／32パラグラフから構成され国連ミレニアム宣言の骨子は、以下の通りである。

　Ⅰ　Values and Principles：(1) グローバリゼーションの進展という新たな国際環境のもとでは、開発途上国や移行経済諸国のニーズに応えうるグローバルな政策と手段の追求が求められている。(2) 21世紀の国際関係においては、以下の基本的諸価値の実現が不可欠である。──①自由 (Freedom)、②平等 (Equality)、③連帯 (Solidarity)、④寛容 (Tolerance)、⑤自然の尊重 (Respect for nature)、⑥責任の共有 (Shared responsibility)。

　Ⅱ　Peace, Security and Disarmament：(1) 法の支配を強化し、加盟国による国際司法裁判所判決の遵守を図る。(2) 紛争の予防、紛争の平和的解

決、平和維持、紛争後の平和構築と国家再建に必要な資源と手段を提供することにより、国連を強化し、平和と安全の維持に対する国連の活動をより効果的なものとする。(3) 国連と地域組織との協力関係を強化する。(4) 国際人道法や人権法を遵守し、各国に対して「国際刑事裁判所に関するローマ規程」の調印と批准を求める。(5) 国際的テロリズムに対する共同行動を促進する。(6) ドラッグ問題や国際的組織犯罪(人身売買やマネーロンダリングを含む)に対する闘いを強化する。(7) 国連による経済制裁が無辜の人々に及ぼす悪影響を減少させる。また経済制裁を定期的にレビューし、第三国に対する悪影響を根絶する。(8) 大量破壊兵器、とりわけ核兵器の廃棄に努める。(9) 小火器の不法取引根絶に向けて共同行動をとる。(10) 対人地雷禁止条約にすべての国が参加するよう働きかける。

Ⅲ　Development and Poverty Eradication：(1) すべての人々が発展の権利（right to development）を享受できるようにし、全人類を欠乏から自由にする／解放する。(2) 国家レベルおよびグローバル・レベルにおいて、開発および貧困の根絶に寄与する環境を構築する。(3) 各国にグッド・ガバナンスを構築する。また国際レベルにおいても、グッド・ガバナンスの構築および財政・金融・貿易システムの透明性を確保する。〈開放的で、平等で、ルールに基づき、予測可能で、無差別的〉(open, equitable, rule-based, predictable and non-discriminatory) な多角的貿易・財政システムの構築を図る。(4) 最貧開発途上国の輸出品に対しては、基本的に〈duty-free and quota-free〉措置を講じる。(5) 次の諸目的の達成を図る。それらは、定量的に規定され、目標達成期限を定めるものである。──① 2015年までに、1日：1ドル以下の所得で、飢餓に直面している人々の割合を半減させる。2015年までに、安全な飲料水を確保できない人々の割合を半減させる。② 2015年までに、初等学校就学率を100パーセントにする。教育に対するアクセスにおける男女間格差を解消する。③ 2015年までに、妊産婦死亡率を4分の1に削減する。2015年までに、5歳未満の幼児の死亡率を3分の1に削減す

る。④2015 年までに、HIV/AIDS、マラリア、その他の感染症罹患者数を半減させる。⑤HIV/AIDS により孤児となった子供に対して特別の支援措置を講じる。⑥2020 年までに、少なくとも1億人のスラム居住者の生活状況を抜本的に改善する。⑦ジェンダーの平等および女性のエンパワーメントを促進する。⑧若者に対して〈decent and productive〉な雇用機会を提供する。⑨製薬業界に対して、開発途上国の人々が必要としている基礎的医薬品が、自由に、かつ低価格で購入できるようにすることを勧奨する。(6) 開発および貧困の根絶に向けて、民間セクターおよび市民社会との強力なパートナーシップを推し進める。(7) 新技術、とりわけ情報・コミュニケーション技術の便益がすべての人々に享受できるようにする。

Ⅳ　Protecting our Common Environment：(1) 持続可能な開発という基本理念を再確認する。(2)〈New Ethic of Conservation and Stewardship〉の確立を図る。(3) 自然災害および人的災害の発生を減少させ、被害の軽減に向けた協力関係を強化する。

Ⅴ　Human Rights, Democracy and Good Governance：(1) 民主主義の促進と法の支配の強化、さらに人権と基本的自由（発展の権利を含む）の尊重の実現を図る。(2) 移民、移民労働者とその家族の人権の尊重および保護、多くの社会において顕在化しつつある人種差別主義や狂信的な排外主義の根絶、さらにはすべての社会における調和と寛容の促進に向けて、必要とされる政策措置を講じる。(3) すべての国々において、すべての人々が本当の意味での参加が可能となるように、より抱摂的な政治過程（more inclusive political processes）の実現に向けて協力する。

Ⅵ　Protecting the Vulnerable：(1) 子供、および自然災害、ジェノサイド、武力紛争、その他の人道危機に遭遇して不当な犠牲を強いられている一般市民に対して、そうした人々が速やかに通常の生活に復帰できるよう、あらゆる手段を講じて支援や保護をおこなう。(2) 難民受入国との負担の共有、難民やみずからの意思に反して移動を余儀なくされた人々（displaced persons）の本国への自発的な帰還支援に向けて国際協力を

強化する。

Ⅶ Meeting the Special Needs of Africa：(1) アフリカにおける民主主義の確立、および永続的な平和、貧困の撲滅、持続可能な開発に向けたアフリカ諸国の挑戦を支援する。(2) 紛争の防止と政治的安定の促進を目的とする地域的／準地域的なメカニズムの構築および運営を支援し、平和維持活動に向けて必要とされる諸資源の安定供給を確保する。

Ⅷ Strengthening the United Nations：(1) 世界中のすべての人々のための開発に対する闘い、貧困・無知・疾病に対する闘い、不正義に対する闘い、暴力・テロ・犯罪に対する闘い、われわれの共通の家（common home）の劣化および破壊に対する闘いを遂行するうえで、国連をよりいっそう効果的な手段（effective instrument）とするために全力を尽くす。(2) 国連総会は、国連における重要な〈deliberative, policy-making and representative organ〉であり、その機能強化を図る。(3) 安全保障理事会の抜本的な改革を更に推進する。(4) 経済社会理事会を強化する。(5) 国際司法裁判所を強化する。(6) 国連主要組織相互間の定期的な協議や調整を推進する。(7) 平和と開発を達成するための〈coordinated approach〉の追求という観点から、国連と、国連諸組織、ブレトン・ウッズ機構、WTO、その他の国際組織との間の〈greater policy coherence and better cooperation〉を確保する。(8) 本宣言の実施状況に関して、国連総会が定期的にレビューをおこなうよう要請する。なお国連事務総長に対しては、国連総会での検討、および今後の行動に向けた参考情報として定期的に報告書を作成するよう要請する。

第3節　ミレニアム開発目標への作業手順

2000年12月14日、国連総会は"Follow-up to the outcome of the Millennium Summit"と題する決議を採択した〔A/RES/55/162〕。それは、(1) ミレニアム・サミットにおいて示された政治的意思とモメンタムを持続させて、サミットにおいてなされたコミットメントを具体的な行動へと発展させること

が必要である。(2) そのためには、ミレニアム宣言の実施を担保する枠組みの構築が必要である。(3) 実施のための枠組みは、包括的かつバランスのとれたものでなければならないとの問題意識に基づき、次のように謳うものであった。

（1）国連ミレニアム宣言を実施するためには、国家・地域・国際の諸レベルにおいて、〈integrated, coordinated, comprehensive and balanced approach〉を策定することが必要である。

（2）ミレニアム宣言の実施に第一義的な責任を負うのは、個別的であれ集団的であれ、政府（国家）である。

（3）国連システムは、可能な限り加盟国を支援することを求められる。

（4）国連事務総長は、国連全体という包括的な視点から、国連システムの活動を調整することを求められる。

（5）ブレトン・ウッズ機構は、ミレニアム・サミットの実施およびフォローアップに向けて積極的にコミットし、国連システムとの協力を推進する。

（6）WTOは、ミレニアム宣言の実施に寄与する。

（7）ミレニアム宣言の実施に際しては、国連専門組織／ブレトン・ウッズ機構／WTOは、国連総会との間に緊密な情報交換をおこなう。

（8）ミレニアム宣言の実施に関して、定期的に進捗状況の評価をおこなう。

（9）国連事務総長に対して、ミレニアム宣言の実施に向けた長期的な"road map"を早急に作成し、第56会期・国連総会に提出するよう要請する。

（10）国連事務総長に対して、5年ごとにミレニアム宣言の進捗状況に関する包括的な報告書を作成するよう要請する。それは、ブレトン・ウッズ機構およびWTOの活動を含むものでなければならない。

（11）"Follow-up to the outcome of the Millennium Summit" を第56会期・国連総会の暫定的な議題とする。

2001年9月6日、Kofi Annan 国連事務総長は *Road map towards the imple-*

第VI章　国連〈ミレニアム宣言〉から〈ミレニアム開発目標〉へ　159

mentation of the United Nations Millennium Declaration と題する事務総長報告書を国連総会に提出した〔A/56/326〕。それは2001年9月13日に開幕する第56会期・国連総会において"Follow-up to the outcome of the Millennium Declaration"というテーマのもとに、国連ミレニアム宣言の審議がおこなわれるのに合わせて作成されるものであり、具体的には（1）ミレニアム宣言において合意された目標およびコミットメントを実行に移すための〈potential strategies for action〉の基本的輪郭を提示し、（2）ミレニアム宣言において謳われた目標およびコミットメントのそれぞれについて、詳細な説明を加え、進むべき基本的方向性を指し示そうとするものであった。

　全307パラグラフ（+Annex）から構成される同報告書では、ミレニアム宣言の構成に対応する形で、同宣言において提起された諸課題に順次検討が加えられた。その概要は、以下の通りである。

（1）Peace, Security and Disarmament：「人間の安全保障」（human security）に対する貢献という観点から、さまざまな政策手段が提示された。とりわけ経済制裁に関しては、目標を絞り込み、引き続き無辜の一般市民に対する被害を可能な限り少なくするための方策を検討することの重要性が強調された。

（2）Development and Poverty Eradication：the Millennium development goals: 貧困の撲滅を通じた持続可能な開発の推進が中心課題として取り上げられた。とりわけ49カ国の最貧開発途上国を対象としてEUが発足させた〈"Everything but arms" trade programme〉のグローバル化や、ODAの拡充、債務救済措置が重要な政策課題として提起された。

（3）Protecting our common environment：環境破壊の進行を阻止・逆転させるために、確固たる環境意識に基づき、強い責任感をもって、注意深く環境保全に取り組むことの必要性が強調された。

（4）Human rights, democracy and good governance：人間の尊厳を支えるのは、基本的人権に他ならないとの確信のもとに、それを擁護することの重要性が再確認された。とりわけ民主主義の潜在的可能性が強調され、本当の意味での政治参加を実現することの重要性が謳われた。

（5）Protecting the vulnerable：子供や女性等、社会的弱者保護の重要性が強調された。とりわけ、国際刑事法の活用による"culture of protection"構築の必要性が謳われた。

（6）Meeting the special needs of Africa：グローバリゼーションの進展に伴うアフリカの周縁化（marginalization）という観点から、アフリカ諸国が直面する諸困難に対して国際社会が特別な支援をおこなうことの必要性が強調された。とりわけ民主的ガバナンスの強化や地域組織との協力に基づく平和維持能力の強化が謳われた。

（7）Strengthening the United Nations：国連を真の対話の実現に向けた公共空間（Global Agora）として再編成し、その触媒機能を強化することの重要性が強調された。とりわけ国連／ブレトン・ウッズ機構／WTO相互間の強力なパートナーシップの構築が謳われた。

（8）The road ahead：報告書の〈結び〉として、恒例の事務総長・年次活動報告書とは別に、ミレニアム宣言の進捗状況をモニターする年次報告書の作成、とりわけ2005年に包括的な報告書を作成する旨が強調された。

ところでこの事務総長報告書の巻末には〈Millennium Development Goals〉と題する付属書（Annex）が添付された。それは国連ミレニアム宣言の第3章：Development and Poverty Eradication を主たる〈reference document〉として作成されるものであり、〈8つの目標、18のターゲット、48の指標〉を〈Millennium Development Goals〉としてわかりやすく、コンパクトな一覧表形式に取り纏めたものであった。それは次のような基本認識に促されるものであった。

（1）本報告書の作成にあたり国連事務局スタッフは、IMF、OECD、世界銀行の代表と協議をおこなった。それは、ミレニアム宣言において謳われた開発目標と国際開発目標（international development goals）との整合性を確保しようとするものである。

（2）本付属書において謳われるミレニアム開発目標は、いかなる意味においても1990年代に開催された国際会議の合意事項／開発目標を軽視し、貶めるものではない。

（3）本付属書に掲げられた8つの目標は、開発および貧困の根絶を可能とする環境の形成に資するものである。
（4）開発における優先課題を確定するためには〈goals and targets〉を絞り込み、一定期間固定化し、かつ一般の人々にとって容易に理解可能なものとすることが必要である。
（5）明確かつ定量的に数字で示される目標は、人々を行動（実践）へと駆り立て、新たな〈alliance for development〉の形成を促すものとなる。
（6）1990年をミレニアム開発目標の進捗状況をモニターするための基準年（baseline）とする。
（7）国連は、国連事務局／経済社会局およびUNDPを調整役として、グローバル・レベルおよび各国レベルにおけるミレニアム開発目標の進捗状況を報告する。
（8）ミレニアム開発目標の進捗状況に関する報告書の作成に際しては、国連開発グループ（WHOやUNCTADを含む）、国連諸部局、基金、プログラム、専門組織、ひいては世界銀行、IMF、OECD、地域グループ、諸専門家との間に緊密な協議・連携をおこなう。

2001年12月14日、国連総会は"Follow-up to the outcome of the Millennium Summit"と題する決議を採択し、「事務総長報告書」の意義を次のように謳った〔A/RES/55/162〕。
（1）国連総会は *Road map towards the implementation of the United Nations Millennium Declaration* と題する事務総長報告書を "*Takes note with appreciation*" する。
（2）同報告書は、国連がミレニアム宣言を実施するに際して有益な指針（useful guide）となるものである。
（3）国連総会は、ブレトン・ウッズ機構、WTO、その他の当該組織と同様に、各加盟国もミレニアム宣言に関わる開発目標実施計画の策定に際しては"road map"を参考にするよう推奨する。
（4）国連システムに対して、加盟国と協力してミレニアム宣言に関する広

報活動をおこなうよう要請する。

（5）"Follow-up to the outcome of the Millennium Summit"を第57会期・国連総会の暫定的な議題とする。

第Ⅶ章　ミレニアム開発目標の全体像

　上述のようにミレニアム開発目標は、国連ミレニアム宣言を拠り所とし、その〈開発と貧困撲滅〉に関わる部分を分離・独立させて実践的なプログラムへと精緻化／具体化（operationalization）させたものである。とはいえその法的基盤は必ずしも明確ではなかった。そもそも、ミレニアム開発目標の直接的な法的根拠とされるのは2001年12月14日の国連総会決議である。ただしそれは本質的には、2001年9月の国連事務総長報告書——*Road map towards the implementation of the United Nations Millennium Declaration* を"with appreciation"という肯定的な修飾語つきながらも"Take Note"するものでしかなかった。しかもそれは、(1)"*Road map*"に添付された付属文書（Annex）にとどまり、かつ(2)"*Road map*"を構成する本文の一部分——第Ⅲ節：Development and poverty eradication: the millennium development goals——に基礎づけられるものでしかなかった。

　要するにミレニアム開発目標は、2000年9月に採択された国連ミレニアム宣言／第Ⅲ節：Development and Poverty Eradication に「主として依拠する」ものでしかなく、かつ1990年代に合意された「国際開発目標」と齟齬をきたさない——整合性の確保——という、実体的にも大きな留保条件を伴うものであった。

第1節　パリ vs. ニューヨーク：
　　　　　国連の戦略的後退

　それではミレニアム開発目標が、このように複雑な「入れ子構造」（多層構造）をもつに至った背景は何であろうか？　この疑問に対する答えのひとつは、ミレニアム開発目標策定の経緯に求めることができよう。既述のように、ミレ

ニアム開発目標は OECD/DAC 主導による 1990 年代における開発協力政策の新潮流を反映するものである。それは「新たな世界的状況の中での開発パートナーシップ」（1995 年 5 月）、とりわけ「21 世紀に向けて：開発協力を通じた貢献」（1996 年 5 月）という政策ステートメントを強く反映している。OECD/DAC は、反「ワシントン・コンセンサス」の台頭という新たな潮流を強力な追い風として、開発協力政策における主導権をブレトン・ウッズ機構、とりわけ IMF から奪取し、国際開発協力における新たなメイン・ストリームとしての地位を確立していったのである。このような OECD/DAC の動きに積極的に反応し、それと連携／合流したのが国連であった。ブレトン・ウッズ機構により開発協力における主役の座から引きずり下ろされていた国連は、新たに就任した Kofi Annan 事務総長のもとで、「聖地」の奪還を図ったである。それはバイラテラリズム（OECD/DAC）との「垂直的協力」の推進であり、またマルチラテラリズム（国連・世界銀行・IMF）相互間の「水平的協力」の再編成であった。そのひとつ成果が *A Better World for All: Progress towards the international development goals* と題する共同報告書の公刊であった（2000 年 6 月）。それは OECD/DAC が主導する「国際開発目標」（International Development Goals）に対して、〈国連・世界銀行・IMF〉がお墨付きを与え、公式にその正当性を認知するものであった。すなわち *A Better World for All* は、OECD/DAC が「新たな世界的状況の中での開発パートナーシップ」の各論〈行動計画〉として採択した政策ステートメントである「21 世紀に向けて：開発協力を通じた貢献」をほぼ忠実に再現するものであり、それはある意味ではマルチラテラリズムに対するバイラテラリズムの勝利宣言に他ならなかった。

とはいえ *We the Peoples* の公刊（2000 年 4 月）に象徴的に示されるように、9 月のミレニアム・サミット開催に向けて周到な準備作業を積み重ねてきた国連（とりわけ Kofi Annan 事務総長）にとっては、この *A Better World for All* の公刊は必ずしも本意ではなかった。というのもそれは国連主催の国際会議の諸成果（合意事項）を基礎として、その更なる飛躍に向けた劇的・効果的な「政治的パフォーマンス」（政治的サプライズ）の遂行という、国連サミットの

第Ⅶ章　ミレニアム開発目標の全体像　165

「王道」（基本シナリオ）には必ずしも合致しなかったからである。

　もちろんOECD/DACの「21世紀に向けて：開発協力を通じた貢献」と国連の We the Peoples は、ともに貧困の緩和／撲滅を究極の目標（従属変数）として掲げるものであった。とはいえ目的関数としての貧困の概念規定（意味内容）は微妙に異なり、結果的に目的達成に向けた方法論（媒介変数）、ひいては選択する政策変数／指標（独立変数）には、微妙な、しかし軽視しえない相違点が存在した。そもそもOECD/DACは、OECDの（専門的）下部機構として開発協力に特化したものであり、その政策ステートメントが説得コミュニケーションの対象として措定する〈target audiences〉は、DAC加盟の〈21カ国＋EC委員会〉、およびそれぞれの国内世論に限定されていた。それは基本的にテクニカルな「合理性」を共通の作業言語とするものであった。他方国連（とりわけ国連総会）の場合、国連事務局〈「第2の国連」〉は、加盟189カ国〈「第1の国連」〉に加えて、さまざまな利益団体、マス・メディア、NGO……等から構成される「第3の国連」をも〈target audiences〉として常に意識せざるをえなかった。このような組織としての基本的属性の相違を反映して、「21世紀に向けて：開発協力を通じた貢献」が〈簡潔、明快、首尾一貫、詳細かつ実践的〉なものであったのとは対照的に、We the Peoples は多くのオーナメントに飾られた「クリスマス・ツリー」のように冗長かつ総花的なものとなり、結果的に優先順位が曖昧で整合性を欠落させた抽象的なものとなる運命にあった。

　このように、必ずしも基本的ベクトルを同じくしない2つの国際組織の連携——。実質的には国連がOECD/DACの軍門に下り、大幅な譲歩をおこなったのは、どのような政治的思惑／損得計算に基づくものであろうか？いうまでもなくその最大の理由はKofi Annan国連事務総長（ひいては「第2の国連」）にとって、きたるべき国連ミレニアム・サミットの成功はすべてに優先すべき至上命題であり、そのためには国連が国際社会全体の総意を代弁しており、その支持を勝ちえているという「事実」（たとえそれが〈虚構〉であっても）を強烈にアピールすることが不可欠であったからである。その意味ではKofi Annan事務総長にとって、バイラテラル・ドナー（主権国家）の集合体であ

るOECD/DACに対する譲歩は、政治的に十分にペイする選択肢であった。そもそも新たな国際開発協力における実践的ガイドラインとしてのOECD/DAC「21世紀に向けて：開発協力を通じた貢献」の絶対的優位は揺るがしえないものとして定着しており、それに異議を申し立て、対抗することは不毛な行為でしかなかった。さらに本来的に *We the Peoples* 自体、複雑な〈国連政治〉、すなわちさまざまな制約条件のもとに置かれている諸ステークホルダー間の微妙かつ高度に政治的／戦略的な妥協の産物であった。したがって「第2の国連」にとっては、*We the Peoples* は国連の基本的アイデンティティそのものに関わる〈Sacred Cow〉として、万難を排して死守しなければならない対象ではなかったのである。

こうして国連は *A Better World for All* の公刊という「戦略的後退」により、一旦、後景に退いた。そのうえで国連は、再び〈Global Agora〉としての輝きを取り戻したのである。それは〈実を捨てて、名を取る〉という戦略に他ならなかった。ただしそれは次のような代償を伴うものでもあった。

第2節　〈ノン・ゼロ・サム〉解の模索：
UN vs. OECD @世界銀行

既述のように、国連ミレニアム宣言の採択から3カ月後の2000年12月14日、国連総会は事務総長に対して、ミレニアム宣言の実施に向けた長期的な"road map"を早急に作成し、（2001年9月にスタートする）第56会期・国連総会に提出するよう要請した。こうして、開発協力に関する2つの基本路線間の調整——*We the Peoples* vs. *A Better World for All*——が喫緊の政治的課題として浮上したのである。それは、次の2つのシナリオからの択一を迫るものであった。——シナリオ1：ツイン・トラック・プロセスの継続＝国連とOECD/DACは、それぞれ独自の開発協力戦略を並行して追求する。シナリオ2：融合＝2つの開発協力戦略を調整し、一本化する。

いうまでもなくこれら2つのシナリオには、それぞれメリットとデメリットが存在した。シナリオ1は、現状の維持・継続であり、（短期的には）新たな

政治的追加コストを強いるものではなかった。ただし、貧困の緩和／撲滅という共通の目的関数を掲げるにもかかわらず、具体的な発展経路（development path）が微妙に異なるため、開発協力の「現場」に無用の混乱を引き起こす危険性は否めなかった。シナリオ2は、2つの基本路線を再編成／一本化するものであり、論理的にはきわめて明快かつ強力な説得力をもつものであった。ただしそれは国連に対して、次のような根源的な問いを投げかけるものであった。すなわち Kofi Annan 国連事務総長にとっては、特別に召集されたサミットの場において、国連全加盟189カ国が首脳レベルにおいて合意したコミットメントに対して、敢えてその修正を提案し、全会一致（コンセンサス）による同意／賛同を得ることは至難の業であった。というのもそれは、国連サミット、ひいては国連総会そのものの正当性を毀損しかねないからである。

　事情は OECD/DAC においても同様であった。2000年6月に公刊された *A Better World for All* は、開発協力に関わる中心的な行動主体（国連＋ブレトン・ウッズ機構）の総意という形で DAC/IDGs（International Development Goals／国際開発目標）の妥当性を再確認するものであり、さらにそれは国連総会／サミットという政治的に最も権威のある〈場〉においてお墨付き（正当性）を与えられるものであった。そもそも DAC/IDGs は、(1) 人間開発という視点からの〈coherent〉（整合的かつ一体的）な開発戦略であり、しかも (2) 進捗状況のモニタリングに向けた定量的測定を可能とする簡便な指標群に基礎づけられる高度に実践的な開発戦略でもある。このような IDGs に修正を加えるという「行為／暴挙」はいかなる理由により正当化されるのか？その論拠を見出すことは限りなく困難である。——これが OECD/DAC の基本的な認識であった。

　こうした微妙な緊張関係〈Paris vs. New York〉——。それは2001年3月、Washington D.C. を舞台として "concordance"（収束）に向けて大きく動いた。

　2001年3月19日-20日、世界銀行は、本部のある Washington D.C. において "From Consensus to Action: A Seminar on the International Development

Goals"と題するセミナー（会議）を開催した（Transcript of Proceedings, Washington, D.C. March 19/20, 2001, Miller Reporting Company）。会議には、国際組織（世界銀行、IMF、OECD、UNDP、国連専門組織……等）やバイラテラル・ドナー（先進工業国）の代表に加えて、10カ国余の開発途上国代表も参加し、総勢200名余の開発問題専門家が一堂に会して、新たな国際開発目標の策定を議論した。なお会議は儀礼的な色彩を排し、実務的な〈technical meeting〉に徹するものとされ、世界銀行総裁や国連事務総長……等の、いわゆる〈Big Name〉は敢えて招待されなかった[20]。

　まず会議の開催にあたり Jo Ritzen 世界銀行副総裁（開発政策担当）が、主催者を代表して、会議の意義を次のように強調した。——（1）会議には、開発途上国の人々も参加するよう腐心した。というのも開発における第一義的な主体は開発途上国自身であり、本会議において開発途上国の人々のナマの声を聞くことが重要だからである。（2）本会議は、国際開発目標を原点（platform）として"A Better World for All"の構築に向けた具体的な方策を探ろうとするものである。

　ついで Nick Stern 世界銀行上級副総裁（チーフ・エコノミスト）が、次のようなビデオ・メッセージを寄せた。——（1）1年前、われわれは共同で *The Better World for All* を公刊した。また去年秋のミレニアム・サミットにおいて、再度、われわれはきわめて包括的な合意に到達した。それは、世界銀行が志向する国際開発目標の基礎となるものである。（2）定量的な数値目標に裏づけられる国際開発目標は、目標やコミットメントを明確にし、開発が多元的現象であることを明らかにするものである。ただし国際開発目標は、〈mechanical way〉での解釈にとどまってはならない。それは、〈より包括的な観点〉（broader view）から位置づけられるものでなければならない。（3）本会議の目的は、国際開発目標の達成に向けてもろもろの開発パートナー間の連携強化（better align our actions）の方策を探ることにある。とりわけ、開発途上国の人々との連携強化が本会議の重要な課題である。（4）本会議の直接的な課題は、①国際開発目標を、具体的な開発過程に即して実践的に位置づける。②開発共同体全体という観点から、先進工業国、開発途上国、国際組織のそれ

ぞれに期待されている役割を確認する。③国際開発目標を実現するために必要とされる、諸開発パートナー間の連携プレーのあり方を明確にすることである。

以上の、いわば通過儀礼的なスピーチに続き、世界銀行および UNDP の代表による基調演説がおこなわれた。まず世界銀行を代表して Sven Sandstrom（Managing Director）が次のように強調した。――（1）国際開発目標を達成するためには、開発に関わるすべての主要行動主体（key development players）間のパートナーシップが不可欠である。さまざまな行動主体がそれぞれ個別に行動したとしても、成功はおぼつかない。（2）われわれは、ODA がグローバルな成長、安定、および平和のための投資であるという事実を認識すべきである。（3）先進工業国は、お互いに開発協力政策の調整を図るべきである。（4）われわれは、貧困に喘いでいる人々こそが、問題解決の鍵を握る存在であることを認識すべきである。（5）ブレトン・ウッズ機構、国連およびその専門組織、地域開発銀行、バイラテラル・ドナー等は、より効果的な協働を心掛けるべきである。（6）われわれは、協力関係を強化し、共通のアジェンダを追求すべきである。その際、われわれは焦点を絞り込み、相互に矛盾することのない整合的な行動を推進すべきである。

ついで UNDP 総裁／Mark Malloch Brown がスピーチをおこなった。それは実質的には、2 日間にわたり繰り広げられる会議の基本的方向性を規定する基調演説であった。その骨子は、以下の通りである。

（1）われわれは国際開発目標／ミレニアム目標に関して、画期的なグローバル・コンセンサスを構築するに至った。いまやわれわれに課せられた課題は、それらを開発戦略の中心に位置づけることである。ただしそこには幾多の困難が待ち構えており、世界の貧しい人々をグローバル経済の周縁から引き上げるためには、グローバル・レベルでの改革と国家レベルでの改革とを一体化させることが不可欠である。

（2）世界銀行は単なる資金援助（貸付）にとどまらず、さまざまな開発途上国に対して、開発のための基本戦略の策定を支援し、積極的に助言や知見の提供をおこなうようになっている。同様に UNDP もまた、開発協

力に関する国際世論の喚起（advocacy）や開発途上国に対するアドバイザリー・サービスの強化を図っている。

（3）1980 年代および 1990 年代初頭に吹き荒れた構造調整に対する反発（civil war over structural adjustment）により、世界銀行と UNDP の関係は一時険悪なものとなった。しかし今日では両者間の関係は改善されている。われわれは今こそ、次のステップに向けて前進すべきである。ただしそれは、両者間の無批判的な馴れ合いに終始してはならない。それは、「ミレニアム宣言目標」（Millennium Declaration Targets）に具現される崇高な理念を実現し、世界の貧しい人々に真の利益をもたらすために必要な協働関係を目指すものでなければならない。

（4）近年、世界銀行は IMF とともに開発途上国政府が〈pro-poor and pro-growth, fully accountable, flexible, and fully country-owned〉な開発プログラムを策定し、それを実現するために必要とされる予算措置に対しては強力な支援をおこなっている。それは具体的には、PRSPs (Poverty Reduction Strategy Papers) を機軸（main vehicle）とするものである。

（5）ブレトン・ウッズ機構（世界銀行と IMF）は、ミレニアム目標（Millennium Targets）のベンチマーキングおよびモニタリングという国連の新たな動きに同調し、それを支援している。

（6）PRSPs とミレニアム目標は、独立した存在ではなく相互に関連している。すなわち、① PRSPs は、貧困戦略とマクロ経済政策を統合する（synthesizing）包括的な開発枠組みである。②国連開発グループ (UNDG) が志向する UNDAF (UN Development Assistance Framework) は、PRSPs にとって代わるものではない。それは各国の開発戦略が、以前にもまして PRSPs を基礎として展開されつつあるという状況下にあって、国連諸組織による開発協力に整合性（cohesion）を確保するための、限定的な、しかし重要な政策手段である。

（7）PRSPs とミレニアム目標との関係で問題となるのは、貧困削減を実質的に可能とする政策スペース（space for real poverty reduction）の確

保である。すなわち、〈ファイナンスと開発協力のバランス〉の確保という政策判断が重要な課題である。
（8）UNDP は、すでに 20 以上の PRSPs と協働しており、世界銀行や IMF にとって、バイラテラル・ドナー、NGO、EU、国連諸組織に対して、開発協力（貧困削減）のための政策スペースを提供することは有益である。
（9）〈ファイナンスと開発協力のバランス〉に関しては、今後とも建設的な協議が継続されなければならない。ただしそれはあくまでも PRSPs プロセスに則っておこなわれるべきものであり、以前のような泥仕合に陥ってはならない。そのためには世界銀行および IMF の第一義的責任を確認することが必要である。
（10）世界銀行と IMF が PRSPs プロセスにおいて主導的な役割を担うのと同様に、国連システムは、グローバル／国家／コミュニティの諸レベルにおいて、貧困削減に対するキャンペーンを推進するうえで、きわめて重要な役割を担っている。
（11）貧困に対する国際的な闘いは、① PRSPs という国家レベルでの挑戦と、②国家／グローバル・レベルにおけるモニタリング・システムを柱（軸）として展開されるものである。

この Mark Malloch Brown の基調報告に対して、FAO 代表は次のように問いかけた。――「ミレニアム目標」（Millennium Goals）と「国際開発目標」（International Development Goals）は、根本的に異なるというのが大方の共通認識です。だとすれば「国際開発目標」は、「ミレニアム目標」に合致するように修正されてしかるべきだとお考えでしょうか？

この質問に対する Mark Malloch Brown の返答は、次のようにきわめて抽象的なものであった。――「国際開発目標」は、最終的にはミレニアム・サミット／ミレニアム目標へと収束していったきわめてユニークなプロセスのワン・ステップとして位置づけられるものである。したがって、それよりも少数のごく限られた国家間における合意、しかもそれよりも政治的に権威の低いレベルでの合意へと逆戻りすることはありえない。

このようなやり取りを受けて Colin Bradford 教授が USAID や OECD/DAC での実務経験を踏まえて、次のように指摘した。——（1）「国際開発目標」は、①設定された目標の数が少なく、②具体的で、③モニター可能で、④達成可能という特質において優れている。（2）「ミレニアム目標」と「国際開発目標」との違いをことさらあげつらうことは非生産的である。われわれは、両者を単一かつ同一のもの（one and the same thing）と考えるべきであろう。（3）もし必要とあらばタスク・フォースを設けて、両者間の調整を図る（reconcile the Goals）ことも可能である。ただし私自身は、そもそも両者は相互補完的（complementary）であり、両者を調和させる（make them concordant）ことは特段面倒な作業ではないと認識している。（4）私は、この問題を政治の場、とりわけ各国の議会に持ち込むべきではないと考える。OECD/DAC による「国際開発目標」の策定も、同様な認識に基づくものであった。

以上はオープニング・セッションの概要である。ついで第Ⅰセッションでは"The Role of the International Development Goals"という共通テーマのもとに、国連、ウガンダ（開発途上国）、OECD/DAC、イギリス（先進工業国）の代表が、それぞれスピーカーとして登場した。

まず国連事務局（経済社会局／開発政策分析部・部長）が、国連を代表してInternational Development Goals（IDGs）の実現に向けた国連の戦略を、以下のように要約した。——（1）IDGs は OECD/DAC が策定したとされているが、そのルーツは 1990 年代に国連が開催したさまざまな会議に求めることができる。（2）正直なところミレニアム・サミットの成否に関しては、当初は確信がもてなかった。結果的にサミットは大成功に終わったが、それは各国首脳間の個人的コミットメントによるところが大きい。とりわけ一連のラウンド・テーブル方式による協議は、真の意味でのコミットメント、集団的コミットメント、ひいては相互理解の増進に大きく寄与し、"unprecedented degree of consensus"を可能とした。（3）国連ミレニアム宣言において掲げられた開発目標は、厳密には International Development Targets と同一ではない。（4）開発に第一義的責任を有するのは開発途上国自身であるという点に関して、開発途上国は完全に同意している。また、道義的、倫理的、そしてまた基本的権

利の尊重、ひいては自己利益という点において、先進工業国もまた開発に対して責任を有している。(5) 国連事務局自身は、直接開発協力に携わるものではない。とはいえ専門組織、基金、プログラム等を通じて、国連システム全体が開発協力に従事しており、国連事務局はそうした多様な活動を調整するという重要な役割を担っている。

ついで OECD、IMF、世界銀行のコンサルタントを歴任したウガンダ中央銀行総裁が、ウガンダの経験に基づき、次のように開発途上国（被援助国）のIDGs に対する基本的スタンスを説明した。——(1) IDGs を達成するにあたり中心的な役割を担うのは国家である。(2) 開発途上国（政府）にとって、市場重視の経済政策、および安定したマクロ経済政策の追求は、貧困を削減するうえで不可欠である。(3) 政治レベルに関する限り、開発途上国は貧困の削減を優先課題とすることに合意している。ただしそのような合意を実際の政策へと発展させることはきわめて困難である。

引き続き "Bilateral Cooperation for Promoting IDGs" という観点から、OECD/DAC およびイギリス（DFID）の代表がスピーチをおこなった。まず OECD/DAC の代表が次のように指摘した。——(1) 1996 年 5 月に "Shaping the 21st Century"（「21 世紀に向けて」）を公表した時には、タイトルが少し大袈裟かなと思わなくもなかったが、幸いにしてそれは国際世論の喚起という〈advocacy role〉を十分にはたすことができた。(2) IDGs は当初 "DAC Goals" と呼ばれていたが、ほどなくして "International Development Goals" として受け入れられていった。(3) 2000 年 6 月に公刊された *The Better World for All* の作成に際しては〈advocacy role〉を念頭に置いて、できる限り視覚的にも見やすく、分かりやすいものとなるように工夫した。同報告書は、国連システム、ブレトン・ウッズ機構（IMF および世界銀行）に加えて、OECD/DAC のもとで開発協力政策を展開しているバイラテラル・ドナーの 4 者が共同で作成した、きわめてユニークかつ有意義なパートナーシップの産物である。(4) IDGs は、〈few, concrete, monitorable and achievable〉な目標の設定という大前提のもとに作成された〈stretch subset and symbol of a broader set of objectives related to sustainable poverty reduction〉である。

したがって IDGs は固定的なものではなく、伸縮自在かつ柔軟な目標である。(5) IDGs は人々の共感を得るために工夫された"symbol"であり"metaphor"である。

　ついでイギリス（DFID）の代表は次のように述べた。——（1）IDGs は、国際的正当性（international legitimacy）を獲得している。(2) IDGs は、人々を開発の中心に位置づけるものである。(3) DFID は、IDGs を活動の中心に位置づけている。(4) 今日、開発協力に関する基本的な政策は、以前にもましてひとつの大きな潮流へと収束しつつあり、より整合性のある、そしてまたより一貫した政策努力が強く求められている。

　以上のプレゼンテーションに対して、アフリカ開発銀行および世界銀行に所属するディスカッサントから、概ね次のようなコメントが寄せられた。——（1）〈IDGs Targets〉と〈Millennium Targets〉の一体化（align）に向けたタスク・フォースの設置を提案したい。(2)〈DAC goals〉という呼称は間違いである。存在するのは〈UN goals〉である。

　こうした総論的／原理的な議論を踏まえて、会議の初日／午後の第Ⅱセッションでは、"Sharing Experience and Building Knowledge"という共通テーマのもとに、各論的／実践的議論が交わされた。それは国連ミレニアム・サミットにおいて採用された討議形式に倣い、複数のグループ（Break-Out Groups）での議論を同時並行的におこない（Parallel Sessions）、その結果を全体会議（第Ⅲセッション"Reporting Back on Sharing Experience and Building Knowledge"）へとフィードバックさせることにより、効率的な会議運営を図るものであった。

　つづく3月20日、会議の2日目／午前の第Ⅳセッションでは"Strategies that Work – Country Experience"という共通テーマのもとに、前日と同様の形式で各論的／実践的議論がおこなわれた。すなわち複数のグループでの議論（Break-out Sessions）が同時並行的におこなわれ、それを踏まえて第Ⅴセッション"Reporting Back on Country Experience"が開催された。こうして2日目の午後／第Ⅵセッションでは"Seminar Findings"と題して、次のように会議の全体的な総括が試みられた。

まず2日間の会議を統括したJo Ritzen世界銀行副総裁がChairman's conclusionsとして次のように強調した。

（1）本会議は政治的交渉の場ではない。また純粋に科学的な議論の場でもない。本会議は、開発のための真のパートナーシップ（genuine partnership for development）の構築に向けて、協働（working together）への道を探ろうとするものである。

（2）われわれは、多くの点において"post-macro"時代へと移行している。1970年代および1980年代においては、われわれの最大の関心は「健全なマクロ政策」であった。しかし今日では、その比重は大幅に低下している。

（3）本会議の参加者はすべてIDGs/MDGsに達成に向けて、ともに手を携えて行動する決意である。それは"sense of convergence"に促されるものである。すなわち本会議の参加者は、目標達成に向けた〈手段・方法・プロセス〉がひとつに収束しうるとの認識を共有している。

（4）IDGs/MDGsの採択は、政策改革を促進し、開発途上国政府が貧困の削減に焦点を絞り、教育や公衆衛生の改革を推進し、環境に配慮することを可能とするものである。

（5）IDGs/MDGsは、開発途上国と先進工業国との間に結ばれる"compact"の基礎として位置づけられるべきである。

（6）IDGs/MDGsは、開発途上国が追求するPRSPsの構成要素として位置づけられるべきである。

（7）"driver's seat"に座るべき主体は、国家以外にはありえない。

（8）IDGs/MDGsおよびPRSPsを追求するうえで、国家の統計作成能力を強化することが不可欠である。

（9）世界銀行は、国連ミレニアム宣言のフォローアップに向けたタスク・フォースの設置を積極的に推進する決意である。

（10）世界銀行はIDGs/MDGsを全面的に支持する決意であり、*The Better World for All* を共同で作成した国連、IMF、OECD/DACとの間には、パートナーとしての結びつきが構築されていると認識している。

2001年3月19日-20日、世界銀行が主催した"From Consensus to Action: A Seminar on the International Development Goals"は、ミレニアム開発目標（Millennium Development Goals）の構築に向けた動きを一挙に加速する重大な転機となった。会議で表明された意見（提案）を受けて、いわばそれを（都合の良い）大義名分として *A Better World for All* を共同で作成した〈国連、世界銀行、IMF、OECD/DAC〉は、タスク・フォースを設置し、国連ミレニアム・サミットで確認されたコンセンサスの具体化作業に着手した。ただしそれはあくまでも「専門家集団によるテクニカル（非政治的）な作業」と位置づけられ、外部からは不透明なブラック・ボックスの中で粛々とおこなわれるものであった。またそれは〈二者択一〉ではなく、〈分業〉（division of labour）の名のもとに、IDGsとMillennium "Declaration" Goalsの包括的な融合を図るものであった。すなわち、（1）IDGsに関しては、PRSPsという全体的な文脈においてブレトン・ウッズ機構およびOECD/DAC（バイラテラル・ドナー）がそれぞれ独自に追求することを容認する。（2）MDGsに関しては、国連（UNDP）による主導権の行使を認める――という形で高度に政治的な妥協（合意）が成立したのである。

第3節　ミレニアム開発目標の基本構図

　それではミレニアム開発目標は、具体的にどのような内容から構成されるのであろうか？

　既述のように、ミレニアム開発目標は国連事務総長報告書――*Road map towards the Implementation of the United Nations Millennium Declaration*――の付属書／Annex（全4ページ）である。それは全5パラグラフから構成される長い「まえがき」（注釈／凡例）と3ページに及ぶ一覧表（全8目標／48指標）とから構成されており、〈専門家グループ〉が、（1）可能な限り簡略化し、（2）定量的把握を容易なものとすることにより、（3）分かりやすく、インパクトの強い政治的メッセージの発出を心掛けて作成するものであった。いうまでもなくそれは、現実的な政治的妥協の産物であり、決して"First Best"を目

指すものではなかった。その骨子は、以下の通りである。

ゴール1　極度の貧困と飢餓の撲滅（Eradicate Extreme poverty and hunger）
　　ターゲット1　2015年までに、1日：1ドル未満で生活する人々の割合を、1990年水準の半数にまで減少させる。
　　ターゲット2　2015年までに、飢餓に苦しむ人々の割合を、1990年水準の半数にまで減少させる。
ゴール2　普遍的初等教育の達成（Achieve primary universal education）
　　ターゲット3　2015年までに、すべての子供が、男女の区別なく、初等教育の全課程を修了できるようにする。
ゴール3　ジェンダーの平等推進と女性のエンパワーメント（Promote gender equality and empower women）
　　ターゲット4　初等・中等教育における男女格差を2005年までに解消し、2015年までにすべての教育レベルにおける男女格差を解消する。
ゴール4　幼児死亡率の削減（Reduce child mortality）
　　ターゲット5　2015年までに、5歳未満児の死亡率を、1990年水準の3分の1にまで減少させる。
ゴール5　妊産婦の健康の改善（Improve maternal health）
　　ターゲット6　2015年までに、妊産婦の死亡率を、1990年水準の4分の1にまで減少させる。
ゴール6　HIV/AIDS、マラリア、その他の疾病の蔓延防止（Combat HIV/AIDS, malaria and other diseases）
　　ターゲット7　2015年までに、HIV/AIDSの蔓延を阻止し、その後、減少させる。
　　ターゲット8　2015年までに、マラリアおよびその他の主要な疾病の発生を阻止し、その後、減少させる。
ゴール7　環境の持続可能性確保（Ensure environmental sustainability）
　　ターゲット9　持続可能な開発という原則を、各国の政策やプログラムに

　　　　　　　導入させ、環境資源喪失の阻止および回復を図る。
　　ターゲット10　2015年までに、安全な飲料水を継続的に利用できない人々の割合を半減させる。
　　ターゲット11　2020年までに、少なくとも1億人のスラム居住者の生活状況を大幅に改善する。
ゴール8　開発のためのグローバル・パートナーシップの推進（Develop a global partnership for development）
　　ターゲット12　開放的で、ルールに基づいた、予測可能かつ差別のない貿易および金融システムの更なる発展を推進する（グッド・ガバナンス、開発、および貧困削減に対する、国内的および国際的なコミットメントを含む）。
　　ターゲット13　最貧開発途上国の特別なニーズに応える（最貧開発途上国からの輸入品に対する関税および輸入数量枠の完全撤廃、重債務貧困国に対する拡大債務救済措置および2国間公的債務の帳消し、貧困削減に取り組む開発途上国に対する、いっそう有利な条件でのODAの供与を含む）。
　　ターゲット14　内陸国および小島嶼開発途上国の特別なニーズに応える（小島嶼開発途上国の持続可能な開発のための行動計画、および第22回・国連特別総会の成果を通じて）。
　　ターゲット15　国内的および国際的な措置を通じて、開発途上国の債務問題に包括的に取り組み、債務を長期的に持続可能なものとする。
　　ターゲット16　開発途上国と協力して、若者に対して、やりがいのある（decent）、そしてまた生産的な仕事を提供するための戦略を策定・実施する。
　　ターゲット17　製薬会社と協力して、開発途上国の人々が基礎的な必須医薬品を安価に入手・利用できるようにする。
　　ターゲット18　民間セクターと協力して、新テクノロジー、とりわけ情報・コミュニケーション分野におけるテクノロジーの恩恵

を開発途上国が享受できるようにする。

　このように、ミレニアム開発目標とIDGsは基本構図において同一である。もちろん、具体的な指標の選択等に関しては、両者間に微妙な相違／濃淡の差が存在する。とはいえ両者を位置づける全体的な文脈、ひいては目標に関しては、両者間に本質的な相違は認められない。OECD/DACが、折に触れてミレニアム開発目標の〈生みの親〉を自認するのはこうした事情を物語っている。ただし、次の2点に関しては留保が必要であろう。

　第1は、性と生殖に関する保健医療サービスの問題である。既述のようにIDGsでは、〈初等教育、男女平等、基礎的保健医療、および家族計画（family planning）の分野において大幅な進展が必要である〉と社会開発の重要性が強調された。そしてその一環として、「2015年までのできるだけ早い時期に、当該年齢に達したすべての個人が、基礎的保健システムを通じて、安全かつ信頼のできる家族計画手段（safe and reliable family planning methods）を含む、性と生殖に関する保健医療サービスを受けられるようにする」と高らかに謳われた。ところがこの課題が、ミレニアム開発目標において取り上げられることはなかった。その理由は、ヴァチカンと保守色の強い一部イスラム諸国（スーダン・リビア・イラン……等）との間に"Unholy Alliance"が形成され、開発途上国（77カ国グループ等）に対してアジェンダ化を阻止するよう強力な政治的圧力が行使されたからである。

　第2は、ミレニアム開発目標の〈ゴール7〉と〈ゴール8〉に関する但し書きである。すなわち、〈環境問題〉および〈グローバル・パートナーシップ〉に関しては、敢えて〈指標の選択については、さらなる精緻化（further refinement）を図る〉旨が付記されたのである。とりわけ〈ゴール8〉に関しては、〈定量的指標に基づく、達成年度の設定〉というミレニアム開発目標の基本的特徴から逸脱し（適用除外とされた）、努力目標——精神論——にとどまったのである。これはIDGsが「将来の課題に対する新たな戦略」（New Strategies for the Challenges Ahead）と題して、「効果的なパートナーシップに向けての協約の強化」（A Stronger Compact for Effective Partnerships）、

「援助の改善に向けて」(Making Aid Work Better)、「政策の統合」(Bringing Our Policies Together)を高らかに謳ったのとは好対照であった。先進工業国は総論においては、開発途上国の強い要求を受けて〈開発のためのグローバル・パートナーシップの推進〉を前面に掲げながらも、各論においては具体的な言質を与えず柔軟性——政策選択の幅——を確保することに成功したのである。

第Ⅷ章　メガ・ナラティブへの軌跡：
ミレニアム・キャンペーン

　2000年9月、国連ミレニアム宣言の採択／2001年9月、国連事務総長報告書（*Road map towards the implementation of the United Nations Millennium Declaration*）の提出／2001年12月、"Follow-up to the outcome of the Millennium Summit"決議の採択。——国連総会／Global Agoraを舞台とする、これら一連の通過儀礼を経て、ミレニアム開発目標（MDGs）の制度化に向けた準備作業（基盤整備）は滞りなく終了した。「国連＋ブレトン・ウッズ機構＋OECD/DAC」を中核とする〈Global Alliance for Development〉にとって、次なる課題は（1）相互間の連携関係を維持／強化し、その外延的拡大（アウトリーチ）を図りながら、（2）いかにして効率的・効果的に、（3）ミレニアム・キャンペーン、すなわち〈国際社会に対するミレニアム開発目標の売り込み〉を展開するか？——それに向けた基本戦略の策定・実施であった。

　いうまでもなく、その過程で中心的な役割を担ったのは国連であった。長らくブレトン・ウッズ機構の後塵を拝してきた国連にとっては、ミレニアム・サミットの開催は、開発協力の分野において主導権を取り戻すための絶好の機会であり、それは国連創設50周年記念総会とは対照的に、予想外の成果を収めた。とはいえ「失地」を回復した国連の立場は決して磐石ではなかった。国連全加盟国（189カ国）の賛成により採択され、〈Global Consensus〉としての正当性を付与されたとはいえ、ミレニアム宣言に対する加盟各国の「コミットメント」は、国連総会決議の常として必ずしも強固ではなかった。国連ミレニアム・フィーバーを一過性のものとして終わらせずに、「政治的慣性」を持続させ、ミレニアム宣言の実効性を担保するためには、その継続的な再確認作業が不可欠であり、進捗状況の定期的な点検／評価作業が必要であった。

　このような課題に直面した国連にとって、ミレニアム宣言／第Ⅲ節に〈主として依拠している〉ミレニアム開発目標（MDGs）を、ミレニアム宣言のシン

ボルとしてフレーム・アップし、ミレニアム・キャンペーンの中心的課題として積極的に操作・活用することは多大の効用を期待させるものであった。というのもミレニアム開発目標は、（1）2015年という中期的な、その意味では無理のない「合理的」（現実的）な達成期限を設定しており、かつ（2）定量的な把握に基づく進捗状況のモニタリング、すなわち目に見える形での成果の確認を基本原理としていたからである。

　既述のように開発問題は、東西冷戦構造崩壊後の国際社会においてもグローバル・アジェンダのトップ・イシューに位置づけられるべき最優先課題のひとつであった。それはいわば〈20世紀の負の遺産〉であり、その解決こそ新しいミレニアム（新千年紀）に移行した国際社会（とりわけ国連）が真っ先に取り組むべき緊急課題であった。とはいえ国連には、ミレニアム開発目標を達成するために必要とされる〈諸資源〉が絶対的に不足／枯渇しており、ブレトン・ウッズ機構やOECD/DACによる全面的な協力・支援が不可欠であった。こうして国連は、相互補完的なポジティブ・フィードバック・ループの展開を目指して、ミレニアム・キャンペーン、すなわちミレニアム開発目標の達成に向けた多彩な活動を精力的かつ継続的に積み重ねていったのである。それは、ミレニアム開発目標の「ハイ・ポリティカル・イシュー」へのレベル・アップに向けた〈超・政治化〉（Hyper-politicization）という高度に戦略的な活動（advocacy）に他ならなかった。

　こうした国連の挑戦は、どのような成果をもたらしたのであろうか？ Sakiko Fukuda-Parrは"Recapturing the narrative of international development"（in Wilkinson, R. et al. eds. *The Millennium Development Goals and Beyond,* Routledge, 2012）と題する2012年の論考において〈ミレニアム開発目標キャンペーン〉の10年間を、次のように総括している。

（1）MDGsは、貧困の解消こそが開発の究極的な目標であるという国際的コンセンサスの形成に寄与した。

（2）MDGsの妥当性に関してはさまざまな評価が存在する。とはいえ多彩なステークホルダー（政府、バイラテラル・ドナー、マルチラテラル・ドナー、NGO、市民社会……等）から受け入れられることにより、

MDGs は開発に関する〈legitimized framework〉となった。
（３）MDGs は、開発に関する専門的ならびに一般的な議論において、〈引照すべき主眼点〉（reference point）となっている。
（４）2015 年開発目標は、さまざまなステークホルダーの開発努力をチェックするための評価基準となっている。
（５）国連、世界銀行……等の国際組織は、MDGs の実施状況をモニターし、詳細な年次報告書を公刊している。
（６）IMF は国別開発報告書において、マクロ経済指標におけるパフォーマンスに加えて、MDGs の達成状況を、開発努力を評価するうえでの重要なファクターと位置づけている。
（７）MDGs の達成状況のレビューを目的とする国連の会合が頻繁に開催され、それらは政治的に重要なイベントとして注目を集めている。すなわちレビュー会合における評価が、各国の威信および国際的な立場を規定する重要な要因のひとつとなっている。
（８）政治家は MDGs を引き合いに出して、自己の政策の正当化を図っている。
（９）経済学者も MDGs に対する貢献を基準として、各国のマクロ経済政策を評価している。
（10）メディアは、MDGs を貧困問題を論じる際の評価基準と位置づけている。
（11）MDGs は、国際的な規範（norm）として制度化され、定着するまでに至っている。

〈ミレニアム開発目標キャンペーン〉に対するこのような高い評価──。それを〈メガ・ナラティブ〉の形成過程という視角からマッピング／スキャニングした場合、その軌跡はどのようなものであろうか。以下、その過程を跡づけてみよう。

第1節　パリ・ブリュッセル・モンテレー・ヨハネスブルグ：
点から線へ

　2000年5月11日-12日、OECD/DACはハイレベル会合を開催し、"Partnership for Poverty Reduction: From Commitment to Implementation"と題する政策ステートメントを採択した。それは新しいミレニアムへの移行を目前にしてOECD/DACが、貧困の削減を中核とする開発戦略の実施を宣言するものであり、「本会合は、OECD/DACが、国連、世界銀行、IMFとの間に包括的なパートナーシップを推進しようという決意を再確認するまたとない機会となった。われわれは、国家レベル——開発協力の現場レベル——において、協力関係のよりいっそうの強化を図るものである」との決意表明をおこなったうえで、以下の諸点の重要性を再確認した。——(1) 貧困の削減：開発協力は、貧困に対する包括的な理解、そしてまた貧困の多次元性に対する理解に裏づけられるものでなければならない。(2) オーナーシップとパートナーシップ：開発協力は、オーナーシップに基づき、みずから開発を志向する開発途上国と先進工業国（ドナー）との間のパートナーシップを大前提とするものである。(3) グローバリゼーションと政策の整合性：開発途上国が貧困の削減に向けてグローバリゼーションのメリットを活用できるようにするためには、さまざまな政策間に、いままで以上に整合性を確保することが不可欠である。(4) ガバナンス：貧困の削減は、人権、民主主義、グッド・ガバナンスに基礎づけられるものでなければならない。(5) 開発のための資金調達：ODAは、質的にも量的にも、国内（開発途上国）における資金調達および民間からの資金調達を補完するものとしてきわめて重要である。

　2001年4月25日-26日、OECD/DACはハイレベル会合を開催し、"Rising to the Global Challenge: Partnership for Reducing World Poverty"と題する政策ステートメントを採択した。その主眼は、次のように *DAC Guidelines on Poverty Reduction* を承認することにあった。

（１）持続可能な開発という観点から判断する限り、貧困の削減は依然として深刻な問題であり、開発途上国の４人に１人が絶対的貧困に苛まれている。
（２）国内における社会的・経済的不平等が、持続可能な貧困削減を推進するうえでの障害となっている。
（３）われわれは、あらゆる次元から貧困削減にコミットし、７つの〈国際開発目標〉の実現を図る決意であることを再度確認する。
（４）われわれは、開発協力、とりわけ国家レベルにおける開発協力において、貧困の削減を中心課題とする旨を再度確認する。
（５）われわれは国際的パートーナー（世界銀行、IMF、UNDP）と協議のうえで *Guidelines on Poverty Reduction* を作成した。同ガイドラインは、新たに構築された国際的コンセンサスを具現するものであり、開発途上国の貧困削減に対する共同での、かつ効果的な支援に向けた共通のコミットメントおよび認識を反映している。
（６）われわれは、*Guidelines on Poverty Reduction* に示された、次のような基本認識を共有する。——①貧困は多次元的な現象である。②政策の一貫性／整合性の確保が重要である。③経済成長を推進するにあたり、〈スピード、質、平等性〉の確保が重要である。④貧困削減においては、すべてのパートナー（ステークホルダー）が政治的意思（決意）を共有することが重要である。⑤援助の配分に際しては、ニーズと成果（達成状況）が重要な判断材料となる。⑥開発途上国による貧困削減戦略を支援するに際しては、積極的に多様な支援方法を活用することが必要である。⑦効果的な援助をおこなうためには、援助管理方法の改善が必要である。⑧援助成果の評価が必要である。⑨開発政策に、〈貧困の削減、パートナーシップ、政策の一貫性〉を目標として組み込むことが重要である。

The DAC Guidelines on Poverty Reduction には Millennium Development Goals（MDGs）が掲載されている。その内容は、2001年9月に

国連事務総長が国連総会に提出した報告書——*Road map towards the implementation of the United Nations Millennium Declaration*——の巻末に付属書（Annex）として添付された Millennium Development Goals と完全に同一である。ただしそこには次のような但し書きが付記されていた。——本報告書において定式化された開発目標は、ミレニアム宣言のフォローアップに向けて国連事務総長により作成される年次報告書の準備作業の一環として作成されるものであり、2001 年国連総会において承認されなければならない。

2001 年 5 月 14 日-20 日、ブリュッセルで第 3 回国連最貧開発途上国会議 (Third United Nations Conference on the Least Developed Countries) が開催された。会議は「ブリュッセル宣言」("Brussels Declaration") と「ブリュッセル行動計画」("Programme of Action for the Least Developed Countries for the Decade 2001-2010") を採択して閉幕した〔A/CONF. 191/11, A/CONF. 191/13〕。その骨子は、以下の通りである。

まず「ブリュッセル宣言」においては、会議の基本理念が、次のように謳われた。

（1）新ミレニアムの初年度にあたり、われわれは絶対的貧困という絶望的かつ非人間的な状況から人々〈女性・男性・子供〉を解放するために参集した。
（2）われわれは、最貧開発途上国およびその国民を、〈貧困の根絶、平和、および開発〉というグローバルな目標に向けて前進させる決意である。
（3）われわれが主導原理とするのは、国連ミレニアム宣言である。
（4）われわれの目的は、貧困を解消し、最貧開発途上国の人々の生活の質を改善することである。それを実現するためには、①最貧開発途上国自身による、そしてまた②人々を中心に据えた貧困削減戦略に基づき、③平等かつ持続可能な成長と持続可能な開発を推進することが不可欠である。
（5）われわれは、2001 年 11 月にドーハで開催される第 4 回 WTO 閣僚会合

に強く期待している。同会合は、貿易という観点から開発問題の解決を図るうえで絶好の機会となりうる。
（6）われわれは、2002年3月にメキシコのモンテレーで開催される国連／開発資金国際会議に強く期待している。同会議は、開発のための資金調達を図るうえで絶好の機会となりうる。
（7）われわれは、会議の効果的なフォローアップがきわめて重要であるとの認識に基づき、国連事務総長に対して、効率的かつ具体的に目に見える形で本会議のフォローアップをおこなうよう要請する。

ついで「ブリュッセル行動計画」（全116パラグラフ）においては、最貧開発途上国が直面している問題の解決に向けた具体的な行動計画が、次のように謳われた。

Ⅰ　はじめに（基本的認識）
（1）最貧開発途上国とは、国際社会において最も貧しくかつ弱体な国家と定義される。
（2）最貧開発途上国に対する従来の国際的支援は不適切であった。脆弱かつ構造的な制約条件に苛まれている最貧開発途上国を支援するためには、国際的支援の強化、さらにはその効果的実施が不可欠である。
（3）最貧開発途上国はグローバリゼーションの潮流から取り残され、マージナライゼーション（周縁化）への道を転がり落ちている。本行動計画は、最貧開発途上国と開発パートナーが協力して（パートナーシップ）、①こうしたマージナライゼーションを逆転させ、②最貧開発途上国の経済的成長と持続可能な開発を促進し、③世界経済への統合を通じて最貧開発途上国が利益を得ることができるように企図するものである。
（4）本行動計画は、最貧開発途上国支援という観点から、最近の主要な国連会議やサミットの諸成果を取り入れるものである。過去の経験や教訓から学習し、それらを取り込むことによってのみ、現実的かつ具体的な行動に裏づけられる開発計画の策定が可能となるのである。

Ⅱ　目的
（1）本行動計画の目的は、今後10年間で49カ国／6億人を超える最貧開発

途上国の人々の生活状況を大幅に改善することである。
（２）本行動計画は、国際開発目標や国連ミレニアム宣言に依拠するものであり、その他の国連目標も、適宜、行動計画に組み込まれるものとする。
（３）本行動計画の究極の目標は、2015年までに絶対的貧困と飢餓に苛まれている人々を半減させるという目標に向かって大きく前進し、持続可能な開発を促進することである。
（４）最貧開発途上国自身の政策およびそれに対する開発パートナーの政策は、以下の優先課題に焦点を当てるものとする。——①絶対的貧困の大幅な削減。②人的および制度的な諸資源の開発。③サプライ・サイドにおける制約条件の克服および生産能力の強化。④最貧開発途上国の成長を加速し、世界貿易および世界金融・投資における最貧開発途上国のシェアの拡大。⑤「共通だが差異のある責任」という基本原則に基づく環境保護。⑥食糧安全保障の実現と栄養失調の克服。
（５）本行動計画は、さまざまな活動領域に関連する、以下の諸課題を追求するものとする。——①貧困削減、②ジェンダーの平等、③雇用、④国家レベルおよび国際レベルにおけるガバナンス、⑤能力の構築、⑥持続可能な開発、⑦内陸国および小島嶼国が直面する特別な問題、⑧紛争により引き起こされる特別な問題。
（６）貧困を削減するためには単なる経済的次元にとどまらず、社会的、人的、そして環境的次元をも考慮に入れた包括的なアプローチが必要である。
（７）持続可能な開発を達成するためには、信頼醸成および紛争防止を目的とする包括的な政策が不可欠である。
（８）本行動計画は、〈経済成長と開発〉は貧困削減の前提条件であるという新しい開発パラダイムに基づき、その実現を可能とする新たな政策環境を構築しようとするものである。

Ⅲ　パートナーシップの基本構図
（１）パートナーシップは、最貧開発途上国と開発パートナーとの間の相互的なコミットメントを基礎とする。それは、さまざまな国際的フォーラム

やプロセスを通じた相互協力によって培われ、強化されるものである。
（2）南‐南協力は、南‐北協力に取って代わるものではなく、それを補完するものと考えるべきである。
（3）最貧開発途上国と開発パートナーとの協力関係——パートナーシップ——は、以下の主導原理に基づくべきである。——①一体的アプローチ（An integrated approach）、②真のパートナーシップ（Genuine partnership）、③最貧開発途上国のオーナーシップ（Country ownership）、④市場に対する配慮（Market considerations）、⑤成果主義（Result orientation）。
（4）パートナーシップは、以下のコミットメントに裏づけられなければならない。——①人々を中心に据えた政策枠組みの推進。②国家レベルおよび国際レベルにおけるグッド・ガバナンスの構築。③人的および制度的能力の構築。④生産能力の強化を通じたグローバリゼーションのもたらす便益確保。⑤開発において貿易のはたす役割の強化。⑥脆弱性の軽減と環境保護。⑦開発資金の動員。

2001年7月12日、国連総会は、"Programme of Action for the Least Developed Countries for the Decade 2001-2010"を採択し、「ブリュッセル宣言」および「ブリュッセル行動計画」を承認した〔A/RES/55/279〕。

> OECD/DAC, *Development Co-operation 2001 Report*は、〈まえがき〉において（1）（2001年）9月11日の出来事は、暴力／テロリズム／紛争のない世界を構築するためには、〈排除／脆弱性／不平等〉から自由な世界、すなわちすべての人々に対して機会が均等に開かれた世界の実現が不可欠であるという、われわれの信念を強化するものとなった。（2）国連は、多国間組織との連携のもとにミレニアム開発目標の進捗状況をモニターするための道筋を切り開いたと謳った。そのうえで同報告書は、〈パートナーシップ、オーナーシップ、および責任意識に基づく貧困に対する挑戦の有効性の再確認〉というタイトルのもとに、2001

年の活動実績を次のように総括した。──（1）2000 年 9 月に国連総会において採択されたミレニアム宣言を受けて、2001 年 9 月、8 項目からなるミレニアム開発目標（MDGs）が定式化された。そのうち 7 つの目標は、OECD/DAC が 1996 年に採択した「21 世紀に向けて」を踏襲している。（2）ミレニアム開発目標は、〈国連・世界銀行・IMF・OECD〉の緊密な協力関係の産物である。

2001 年 11 月 18 日、IMF と世界銀行はオタワで合同開発委員会を開催し、次のようなコミュニケを採択した。──（1）2001 年 9 月 11 日の「米国同時多発テロ」の勃発により、開発途上国を取り巻く状況がますます悪化することが予想される。このような見通しのもとで、世界銀行グループ、IMF、地域開発銀行、国連諸組織に期待されていることは、協力関係をいっそう強化して〈Social Safety Nets〉を補強し、貧困削減に努めることである。（2）2002 年 3 月に開催予定の開発資金国際会議は、2015 年までに貧困を半減させ、さらにその他のミレニアム開発目標を達成するうえで、画期的な会議となるであろう。（3）教育は、貧困削減のための最も重要な政策手段のひとつであり、それは持続可能な成長の基礎となるものである。

なお同コミュニケには"Financing for Development Conference（FfD）"と題する付属文書が添付されており、そこでは次のような基本認識が示された。──（1）健全な国家政策およびグッド・ガバナンスこそが、貧困削減と持続可能な成長の前提条件であり、国際社会による支援──Development Partnerships──は、あくまでもそれを補完するものでしかない。（2）貿易は、成長と貧困削減の原動力であり、第 3 回 WTO 閣僚会合の決定（2001 年 11 月 14 日）──ドーハ開発アジェンダ（ラウンド）の開始──を歓迎する。（3）開発資金国際会議の開催は、Global Public Goods の構築に向けた絶好の機会となる。それは、〈政府・国際組織・民間セクター・市民社会〉相互間に広範な国際的コンセンサスを形成する好機となり、既存の枠組みを最大限に活用することを可能とするものである。（4）国際的対話や政策決定過程に対する開発途上国の実効的な参加の促進に向けて、実践的かつ創造的な方策を追求する

第Ⅷ章　メガ・ナラティブへの軌跡　191

ことが重要である。(5) OECD とともにブレトン・ウッズ機構および国連が連携して、定期的にミレニアム開発目標の進捗状況を確認することは、これら諸組織の協力関係の改善に寄与する。

　2002 年 3 月 18 日-22 日、メキシコのモンテレーで、メキシコ政府主催のもとに国連／開発資金国際会議（International Conference on Financing for Development）が開催された。会議には〈180 余の国連加盟国＋EC（European Community）〉が Full Participant として参加し、それ以外にも開発協力に関わるほとんどすべてのステークホルダー（国連専門組織、政府間国際組織、企業、NGO……等）も代表を派遣した。その結果、モンテレー会議は、2000 年 9 月の国連ミレニアム・サミットにも匹敵する規模となった[21]。とりわけ、(1) 会議の中心的なアジェンダと位置づけられるミレニアム開発目標そのものの正当性を疑問視し、(2) 当初は会議への参加に消極的な姿勢を崩さなかったアメリカ／George W. Bush 大統領が、(3) 2001 年 9 月 11 日の「米国同時多発テロ」の勃発により、そしてまた Vicente Fox メキシコ大統領との個人的信頼関係重視の立場から、(4) 積極的姿勢へと転じた結果、モンテレー会議は一挙に世界的注目を集めるものとなった。こうして開発資金国際会議は、〈New Partnership for Global Development／Global Alliance for Development〉の構築を再確認する画期的な出来事となったのである〔A/CONF. 198/11〕。

　会議の冒頭、主催国を代表して、そしてまた会議の議長として Vicente Fox メキシコ大統領が次のようなオープニング・スピーチをおこなった。──(1) 本会議は、開発に関する新たな概念／考え方の誕生を記念するものである。すなわちモンテレー（会議）は、〈マージナライゼーションと低開発〉（marginalization and underdevelopment）に対する闘いの火蓋を切って落とすものである。(2) われわれはモンテレー・スピリット（the spirit of Monterrey）に基づき、過去から訣別して、新たな思想と行動に向けて邁進すべきである。(3) 本会議を、それ自体で独立した出来事として位置づけてはならない。モンテレー会議は、開発に向けたグローバルな営みの一環と理解されるべきであ

る。すなわち本会議は、マージナライゼーションの根絶に向けた新たな動きの端緒となったミレニアム・サミット（2000年9月）、そしてまた世界貿易に対する開発途上国のより公平な参加の促進を課題とするWTOドーハ閣僚会合（2001年11月）という一連の動きの延長線上に位置づけられるものである。本会議の数カ月後（2002年8月-9月）には、環境面から持続可能な開発を検討するヨハネスブルグ・サミットの開催が予定されているのである。(4) われわれはモンテレー・スピリットの名のもとに、新たな世界開発アジェンダを追求すべきである。貧困に対する挑戦は、世界に正義と平和をもたらすための挑戦に他ならない。

　これをうけてKofi Annan国連事務総長が、次のようなスピーチをおこなった。──(1) 開発は、人々が〈貧困・飢餓・疾病・抑圧・紛争・汚染・天然資源の枯渇〉という悪循環から抜け出すことを可能とするものである。(2) 開発を推進するためには、人的資源、天然資源、そしていうまでもなく資金（financial resources）という最も重要な資源が不可欠である。(3) 18カ月前、ミレニアム・サミットにおいて全世界の政治指導者は、これからの15年間に〈貧困・文盲・疾病〉に対する大規模な挑戦をおこなうことを宣言した。そしてそのための具体的な物差し（指標）がミレニアム開発目標である。(4) 開発は複雑な過程であり、さまざまな行動主体間の協力が不可欠である。本会議開催の準備にあたり、国連／WTO／ブレトン・ウッズ機構がきわめて緊密に連携したのは、それを物語っている。

　つづいてHan Seung-soo国連総会議長（第56会期）が、次のようなスピーチをおこなった。──(1) 本会議は、ミレニアム宣言目標（Millennium Declaration targets）の加速化に必要な政治的モメンタムを付与するものである。(2) 2001年9月11日の「米国同時多発テロ」により、われわれは〈開発・平和・安全〉が不可分であることを痛感させられた。われわれは〈貧困・絶望・暴力〉という悪循環を断ち切らなければならない。国連ミレニアム宣言は、そのようなベクトルに向けて前進しようとするものである。(3) 持続可能な開発を達成するためには、資金、人的資源に加えて、〈目に見えないインフラストラクチャー〉（intangible infrastructure）を「適切に」整備することも

不可欠である。すなわち、〈自由に活動できる企業、グッド・ガバナンス、健全なマクロ経済政策、反汚職という強力な倫理観、透明性を担保する法の適用〉が不可欠である。

　以上のスピーチを踏まえて、世界銀行、IMF、WTO の代表が、こもごも次のような演説をおこなった。まず James D. Wolfensohn 世界銀行グループ総裁は、次のように強調した。──（1）本会議の開催にあたり、世界銀行はそれを積極的に支援した。（2）本会議は、2015 年までに世界の貧困を半減しようという、そしてまたその他のミレニアム開発目標を達成するうえで絶好の機会となるものである。（3）開発は長い道のりを伴うものであり、われわれは前途に待ち構えるさまざまな困難を過小評価してはならない。（4）私は、援助の大幅増額を決定したブッシュ・アメリカ大統領と EU の英断を歓迎する。

　ついで Horst Köhler／IMF 専務理事が、次のように指摘した。──（1）本会議は、世界から貧困を解消しようという闘いにおける重要な第一歩である。（2）IMF は、ミレニアム開発目標の実現に深くコミットしている。（3）われわれは、グローバリゼーションがすべての国々に機会を提供するものとなるように、そしてまたその負の側面の顕在化の抑制に向けて、国際協力を強化しなければならない。そもそもグローバル経済の統合──グローバリゼーション──は、成長に寄与するものであり、それは貧困に対する挑戦において不可欠である。世界に求められているのは、更なる統合であり、その逆ではない。（4）われわれは、持続可能な成長を実現するための前提条件として、マクロ経済の安定化に対してよりいっそうの注意を払う決意である。（5）われわれは、他の国際組織、とりわけ世界銀行および国連ファミリーとの間により緊密な協力関係を推し進める決意である。

　最後に Mike Moore／WTO 事務局長が、次のように述べた。──（1）貧困は、どのような形態であれ〈平和・民主主義・人権・環境〉に対する最大の脅威である。（2）われわれは、貿易の自由化を通じて貧困を克服することができよう。貿易の自由化は、開発のために必要とされる資金の調達に多大の貢献をなしうる。（3）開発途上国が貧困から脱却するためには成長が必要であり、成長のためのエンジンとなるのが貿易である。

こうして 2002 年 3 月 22 日、開発資金国際会議は、全会一致で *Monterrey Consensus of the International Conference on Financing for Development*（全 73 パラグラフ）を採択して閉幕した。その骨子は、以下の通りである。
（1）われわれの目標は、完全に〈inclusive and equitable〉なグローバル経済システムの構築を通じて、貧困の根絶、持続可能な経済成長、そして持続可能な開発を達成することである。
（2）われわれは、国際的に合意された開発目標——国連ミレニアム宣言において掲げられた目標を含む——を実現するために必要とされる資金の調達状況が著しく悪化していることを憂慮している。
（3）2001 年 9 月 11 日の「米国同時多発テロ」は、世界経済の低迷、成長率の低下をもたらした。その結果、持続可能な経済成長を推進し、長期的な視点から開発資金を調達するために、あらゆるステークホルダー間に協力関係を推進することが喫緊の課題となっている。
（4）それぞれの開発途上国が模索する独自の開発努力は、その実現を可能とする国際経済環境により支援されなければならない。
（5）われわれは、2001 年 5 月にブリュッセルで開催された第 3 回国連最貧開発途上国会議において採択された「ブリュッセル行動計画」に対するコミットメントを再確認する。
（6）民間直接投資に対する吸引力／求心力が弱い開発途上国にとって、ODA は開発のために必要とされる資金の補完という重要な役割を担っている。とりわけアフリカの最貧開発途上国、内陸国、小島嶼国にとって、ODA はミレニアム開発目標を達成するうえで不可欠である。
（7）われわれは、OECD/DAC が推し進めている援助、とりわけ最貧開発途上国に対する援助のアンタイド化を積極的に支援する。また先進工業国は ODA を大幅に拡充し、ODA の対 GNP 比：0.7 パーセントという国際目標を達成すべきである。
（8）われわれは、持続可能な経済成長、貧困の削減、持続可能な開発という「ミレニアム宣言開発目標」（Millennium Declaration development goals）の実現に向けて、さまざまな国際組織相互間の協力関係を推進

する。
（9）多国間金融機関、とりわけ IMF は、潜在的危機の確認および防止を最優先課題として、国際金融の安定化に努めるべきである。
（10）多国間金融機関は、調整プログラムの社会的コストを考慮し、社会的弱者に対する悪影響の最小化に向けて助言をおこなうべきである。
（11）IMF と世界銀行は、開発途上国および移行経済諸国が、国際的な対話や政策決定過程に効果的に参加できるよう工夫すべきである。
（12）国連と WTO は、開発分野における関係を改善すべきである。
（13）グローバリゼーションの社会的次元に強い関心を寄せている ILO の活動を支援する。
（14）本会議における合意やコミットメントの適切なフォローアップに向けて、全力で〈Global Alliance for Development〉の構築を図る。
（15）われわれは、国連、世界銀行、IMF、WTO との協調関係を強化する。

2002 年 4 月 11 日、世界銀行と IMF が合同で作成したスタッフ・ペーパー "Financing for Development : Implementing the Monterrey Consensus" では、開発資金国際会議の意義が次のように総括された。――（1）モンテレー会議は、グローバルな開発のためのパートナーシップの構築に向けた重要な第一歩となった。（2）世界銀行、IMF、WTO は、今後ともモンテレー・プロセスの推進に積極的にコミットする決意である。（3）モンテレー会議は大成功に終わった。それは、開発問題をグローバル・アジェンダの中心に位置づけ、開発のための国際的パートナーシップの再活性化に向けた強力なモメンタムとなった。（4）モンテレー会議の直前に EU とアメリカが表明した援助強化に向けたプレッジ（意図表明）は、援助の減少・停滞傾向を逆転させるものとなりうる。

2002 年 4 月 20 日、IMF／国際通貨金融委員会は、次のようなコミュニケを採択した。――（1）モンテレー・コンセンサスは、ヨハネスブルグで開催さ

れる〈持続可能な開発に関する世界サミット〉に対する強力な刺激となるであろう。(2) 委員会は、①健全な経済政策と制度、および②強力かつ広範な国際的支援が、持続的な貧困削減を可能とする2本柱を構成しているとするモンテレー・コンセンサスを全面的に支持する。(3) 委員会は、IMFが〈国連／世界銀行／地域開発銀行／バイラテラル・ドナー〉と協力して、ミレニアム開発目標の進捗状況をモニターするための包括的かつ透明性を具備するシステムの開発を支援する。

2002年4月21日、IMF／世界銀行合同開発委員会は、次のようなコミュニケを採択した。――(1) われわれは、持続可能な成長および貧困の削減に向けて、世界銀行とIMFが、国連との協力のもとに努力しているという事実を確認し、今後もこの新しいパートナーシップを継続・強化する決意である。(2) われわれは、モンテレー・コンセンサスの実施、ひいてはミレニアム開発目標の達成に向けて、今後開催される委員会において定期的にレビューをおこなうつもりである。

2002年5月16日、OECD閣僚理事会は"OECD Action for a Shared Development Agenda"と題する最終コミュニケを採択し、次のように強調した。――(1) 世界の開発に貢献することは、OECDの重要な目的である。(2) 実効的な開発を実現するためには、〈包括的で、パートナーシップに基づき、成果を重視するアプローチ〉(comprehensive, partnership-based and results-oriented approach) が必要である。(3) 自国の経済的・社会的開発に第一義的な責任を有するのは開発途上国自身である。(4) 先進工業国は、今まで以上に、自国の政策が開発途上国に及ぼす影響に配慮すべきである。(5) OECDは、以下の4点を共通の開発アジェンダ (shared development agenda) として追求する。――①開発に向けた、整合性のとれた諸政策の推進。②開発途上国のガバナンスおよび政策能力強化の支援。③援助効果の改善／向上および適切な援助量の確保。④さまざまなステークホルダーとのパートナーシップの強化および説明責任の履行。

2002年8月26日-9月4日、ヨハネスブルグで「持続可能な開発に関する世

界サミット」(World Summit on Sustainable Development) が開催された。会議には総勢 191 カ国（EC およびヴァチカンを含む）の代表が出席し、国連への正式加盟（2002 年 9 月 27 日）を目前に控えた東チモールもオブザーバーとして招待された。またパレスチナもオブザーバーとして参加した。いうまでもなく、それ以外にも国連専門組織、政府間組織、企業、NGO……等も代表を派遣した。その結果、ヨハネスブルグ・サミットは、モンテレー会議、ひいては国連ミレニアム・サミットに匹敵する規模となった〔A/CONF. 199/20〕[22]。

10 日間にわたり繰り広げられた会議は、17 の全体会合を軸として、さまざまな Partnership events／サイドイベントに彩られるものであり、最終日の 9 月 4 日、サミットは、「政治宣言」(The Johannesburg Declaration on Sustainable Development) と「行動計画」(Plan of Implementation of the World Summit on Sustainable Development／全 170 パラグラフ) を採択して閉幕した。なお総論に相当する「政治宣言」においては、次のような基本認識が確認された。——(1) われわれは、〈地方・国家・地域・グローバル〉の各レベルにおいて、ともに協力し、共通の責任のもとに、持続可能な開発を支える 3 本柱〈経済開発／社会開発／環境保護〉の推進・強化を図る。(2) われわれは、断固たる決意のもとに、貧困の撲滅と人間開発の実現に向けて努力する。(3) 社会内部における貧富の格差、さらにまた先進工業国と開発途上国との間の格差の増大は、世界全体の繁栄・安全・安定に対する重大な脅威である。(4) われわれは、アジェンダ 21、ミレニアム開発目標、そして本サミットで採択される「行動計画」の実効的な実施に向けて、あらゆるレベルにおいてガバナンスの強化・改善を図る。(5) 持続可能な開発を達成するためには、国際組織 (international and multinational institutions) を、より効果的、民主的、そして説明責任をはたすものとすることが必要である。(6) われわれは、国連のリーダーシップを支援する。その理由は、国連こそが持続可能な開発の推進に向けた最適の組織であると確信するからである。

OECD/DAC, *Development Co-operation 2002 Report* は、OECD 事務総長による〈まえがき〉において、次のように強調した。——(1) 2002

年は、ドーハ、モンテレー、ヨハネスブルグと続いた一連の開発サミットにひとつの区切りをつける節目の年となった。(2) DAC／1996 年報告書を基礎とするミレニアム開発目標を通じて、われわれは開発の進捗状況を把握することができるようになった。(3) 40 年間におよぶ開発協力の歴史を経て、開発協力は新たなスタートを切り、新たなモメンタムを獲得した。(4) 今やわれわれは、より効果的な開発協力を担保する革新的なアプローチの構築に向けて進み始めている。(5) バイラテラル・ドナーは、これまでの援助方法を改めることになろう。すなわち①可能な限り後景へと退き、②開発途上国主導の戦略に対する背後からの支援（バックアップ）にまわり、③現場での協調を重視することになろう。(6) 援助はあくまでも開発過程の一構成要素に過ぎない。援助を実効的なものへと発展させるためには、確固たる制度能力を具備したグッド・ガバナンスが必要である。同様に、ドナー間の政策の整合性を確保することも重要である。

ついで DAC 議長が〈序文〉において、次のように指摘した。――(1) モンテレー会議およびヨハネスブルグ会議を通じて、国際社会は開発に関するコンセンサスを構築し、その実現に向けて一致団結した。それは、開発途上国とドナー国の双方が協力関係をいっそう強化して貧困削減を推進し、持続可能な開発を達成しようとする試みに他ならない。(2) 開発の前途には大きな難問が待ち構えており、援助を強化し、そのモメンタムを持続させることが必要である。それは具体的には、ミレニアム開発目標の実現に向けて着実な進展を図ることである。

2002 年 9 月 28 日、IMF／世界銀行合同開発委員会は、次のようなコミュニケを採択した。――(1) 国際社会は、いまこそドーハ、モンテレー、ヨハネスブルグで合意された理念やアプローチを具体的な行動へと発展させ（convert the ideas and the shared approaches into concrete action）、その進捗状況を確認／測定（measure ongoing progress）しなければならない。(2) われわれは、会議を通じて、ミレニアム開発目標の達成に向けて大きく前進するこ

とが可能であるとの確信をより強固なものとするに至った。(3) いま求められているのは、断固たる決意に基づく行動／実施であり、進捗状況を定期的に確認／測定し、〈responsibility and accountability〉を明確にするための堅固な枠組みの構築である。開発委員会は、定期的なモニタリングやレビューを通じて、それに寄与する決意である。(4) われわれは、ミレニアム開発目標の進捗状況のモニタリングにおいて国連のはたす役割を十分に認識したうえで、世界銀行とIMFに対して、次回委員会に具体的な政策提言をおこなうよう要請する。

2002年12月20日、国連総会は"Human Development Report"と題する決議を採択し、次のように確認した〔A/RES/57/264〕。――(1)『人間開発報告書』（*Human Development Report*）は、〈人間開発〉という概念／考え方を全世界に広めるうえで重要なツールとなった。(2) ただし『人間開発報告書』は、あくまでも独立した知的アウトプットであり、開発分野における国連システムの活動を方向づける／規定するのは国連に加盟する主権国家である。(3)『人間開発報告書』は、国連の公式文書ではない。(4)『人間開発報告書』の作成に際しては、加盟国や当該国際組織との協議を通じて、調査手法の改善、研究成果の質および厳密性の向上を図るものとする。ただしそれは編集権の独立を侵害するものではない。(5)『人間開発報告書』の作成に際しては、常に中立性・透明性の確保に留意する。

2003年4月13日、IMF／世界銀行合同開発委員会は、次のようなコミュニケを採択した。――(1) 本日、われわれは、ミレニアム開発目標の達成に向けてモンテレーおよびヨハネスブルグで合意された諸成果（戦略、パートナーシップ、具体的な行動）の実施状況のレビューを目的として参集した。それは、IMFや世界銀行において、いかにして開発途上国や移行経済諸国の声をより積極的に汲み取り、その参加を促進するか――そのための方策を探ろうとするものでもある。(2) われわれは、貧困の削減、ひいてはミレニアム開発目標の達成に向けたコミットメントをよりいっそう強化する決意である。(3) わ

れわれは、ミレニアム開発目標の進捗状況を定期的に評価するための〈global monitoring framework〉の構築が順調に進んでいることを歓迎する。われわれは、世界銀行とIMFに対して、開発パートナー（国連、地域開発銀行、OECD/DAC、WTO）との間に、モニタリングに向けてより緊密な協力関係を推進するように促す。

2003年9月22日、IMF／世界銀行合同開発委員会は、次のようなコミュニケを採択した。――（1）前回の会議（4月13日）において、われわれはミレニアム開発目標に対する確固たるコミットメントを再確認したが、本日、改めてそれを確認した。（2）本委員会が、戦略的な見地からミレニアム開発目標の進捗状況を概観し、より明確な説明責任をはたすためには、〈global monitoring report〉が必要である。本委員会は、次回会合に最初の報告書が提出されることを期待している。

2004年4月25日、IMF／世界銀行合同開発委員会は、次のようなコミュニケを採択した。――（1）本日、われわれは *Global Monitoring Report* の創刊号に基づき、ドーハ、モンテレー、ヨハネスブルグで合意された貧困に対する闘い、およびミレニアム開発目標の達成に向けた進捗状況の評価を目的として参集した。（2）*Global Monitoring Report* は、われわれが毎年、ミレニアム開発目標の進捗状況を評価するうえで有意義なものとなる。

2004年6月1日、世界銀行とIMFは共同で *Global Monitoring Report 2004: Policies and Actions for Achieving the Millennium Development Goals and Related Outcomes* を創刊した。同報告書の〈まえがき〉――James D. Wolfensohn世界銀行総裁とRodrigo de Rato／IMF専務理事の連名による寄稿となっている――では、同報告書創刊の目的が次のように謳われた。――（1）われわれは、毎年このようなモニタリング・レポートを刊行することによって、2015年までにミレニアム開発目標を達成しようとする試みにモメンタムを付与しようとするものであ

る。(2) 本報告書は、多国間開発銀行、国連、WTO、OECD／DAC、欧州委員会との連携のもとに、世界銀行と IMF のスタッフが共同で作成したものである。(3) 先進工業国は、ミレニアム開発目標の進展に不可欠な〈貿易および援助〉の分野において遅れをとっている。すなわち WTO ドーハ・ラウンドの推進・合意に向けて先進工業国はよりいっそうの努力をすべきである。とりわけ先進工業国は、最貧開発途上国にとって死活的な重要性を有する農産品および労働集約的工業製品に対する市場開放を推進すべきである。また援助の〈量および質〉の改善／強化も重要な優先課題である。先進工業国は、ミレニアム開発目標の達成に向けて健全なマクロ経済政策、構造政策、制度（改革）政策を実施している開発途上国に対しては援助の量を増やすべきである。同時に先進工業国は、援助の質の改善に向けた政治的コミットメントを強化すべきである。(4) 世界銀行や IMF を含む国際組織は、援助の方法に関しても引き続き検討すべきである。この点に関連して、〈成果重視型〉アプローチの重要性については明確な合意が形成されている。同様に低所得国に関しては、PRSPs（Poverty Reduction Strategy Papers）の重要性が合意されている。(5) 本報告書は、国際社会（国際開発共同体）が、グローバルな開発目標の進捗状況および優先課題のレビューをおこなうに際して、基本的な枠組みとなるものである。

2005 年 1 月、国連ミレニアム・プロジェクトは Kofi Annan 国連事務総長に対して *Investing in Development: A Practical Plan to Achieve the Millennium Development Goals,* EARTHSCAN, 2005（『開発への投資：ミレニアム開発目標達成のための具体的計画』）と題する最終報告書を提出した。そもそも同プロジェクトは Kofi Annan 事務総長および Mark Malloch Brown／UNDP 総裁の肝いりで 2002 年に設置された独立の諮問機関であり、その任務は、(1) 2015 年までにミレニアム開発目標を達成するための具体的な行動計画の策定に向けて、(2) Jeffry Sachs コロンビア大学教授（主査）のもとに、265 人の専門家をテーマ

別に設置された 10 のタスク・フォースに振り分け、(3) すべてのステークホルダー（国連諸組織、IMF、世界銀行、民間セクター、NGO、国会議員……等）を動員して調査・研究をおこなうものであった。こうして作成された最終報告書では、以下のような政策提言が示された。——(1) 開発途上国政府は、2015 年までのミレニアム開発目標の達成に向けて、大胆な貧困削減戦略——MDG-based poverty reduction strategies——を策定すべきである。なおすでに貧困削減戦略ペーパー（Poverty Reduction Strategy Papers）を策定している開発途上国の場合は、それとミレニアム開発目標との一体化を図るべきである。(2)〈MDG-based poverty reduction strategies〉は、公共投資、能力構築、国内資源の動員、ODA の増大を図るものでなければならない。それはまた、ガバナンスの強化、人権の促進、市民社会との連携強化、民間セクターの促進を図るものでなければならない。(3) 開発途上国政府は、市民社会、国内民間セクター、および国際的パートナーとの緊密な連携のもとに、透明かつ包摂的（inclusive）な方法で〈MDG-based poverty reduction strategies〉を策定すべきである。(4) 国際的ドナーは、2005 年に少なくとも 12 カ国を "fast-track" countries と認定して、それら諸国に対する ODA を重点的に強化すべきである。(5) 先進工業国と開発途上国は、2005 年に、ともに連携して人々の生活改善および経済成長の推進に向けて、継続的な "Quick Win" actions を開始すべきである。(6) 開発途上国政府は、自国の開発戦略を地域協力の動きと連動させるべきである。(7) バイラテラル・ドナーは、2015 年までに ODA の対 GNP 比：0.7 パーセントの実現という国際目標を達成すべきである。(8) 2006 年までに、ドーハ開発アジェンダ／ドーハ・ラウンドを妥結させるべきである。(9) 国際的ドナーは、貧しい国々の保健衛生、農業、天然資源、環境管理、エネルギー、気候の分野における特別なニーズに関して、グローバルな科学研究の推進をより精力的に支援すべきである。(10) 国連事務総長および国連開発グループは、本部レベルおよび現場レベルの双方において、ミレニアム開発目標の実現に向けて

国連諸組織、基金、プログラム相互間の連携を強化すべきである。また国連のカントリー・チームは、国際金融機関との連携を強化すべきである。

第2節　*In larger freedom*：
2005年／事務総長報告書

　2005年3月、Kofi Annan国連事務総長は*In larger freedom: towards development, security and human rights for all*と題する事務総長報告書を国連総会に提出した（全222パラグラフ＋付属書）〔A/59/2005〕。それは2005年9月に開催予定の〈レビュー・サミット〉、すなわち2000年9月に開催された国連ミレニアム・サミットの〈レビュー〉に向けて作成されるもので、〈国連ミレニアム宣言の5年間の進捗状況をレビュー（検討）し、きたるべきサミットで取り上げ、対応すべき課題（アジェンダ）を提示するものであった〉。事務総長は、6カ月という「十分な」熟慮／検討期間を設けたうえで、加盟国に対して報告書に対するフィードバックを求めたのである。報告書の概要は、以下の通りである。

　報告書の本文は、「序論」に続き、「欠乏からの自由」（Freedom from want）、「恐怖からの自由」（Freedom from fear）、「尊厳をもって生きる自由」（Freedom to live in dignity）、「国際連合の強化」（Strengthening the United Nations）、そして「結語」の6部構成となっており、とりわけ注目されるのが「序論」および「欠乏からの自由」における、次のような指摘である。

　まず「序論」においては、以下のような基本認識が披瀝された。
（1）新たな状況の出現により、われわれには主要な挑戦（課題）および優先順位に関するコンセンサスを再活性化させ、それらを共同行動へと発展させることが求められている。
（2）多くの人々にとって、ミレニアム開発目標という国際的公約は、依然として絵に描いた餅に等しい。
（3）国連を批判する人のほとんどは、国連がわれわれの世界にとってかけが

えのない存在であるという事実を認めたうえで、敢えて批判しているのである。国連に対する信認の低下は、実効的な多国間主義の重要性に対する確信の高まりと連動している。

（４）"In larger freedom"／「より大きな自由」という概念は、〈安全保障・開発・人権〉が三位一体であるという認識に基づいている。

（５）〈安全保障・開発・人権〉の確保は、いずれも不可欠な至上命題であるだけでなく、相互に補強し合う関係にある。安全保障なしに開発はありえず、開発なしに安全保障は確保できない。また人権の尊重がなければ、そのいずれをも享受することができない。

（６）「より大きな自由」に向けた前進は、全世界的な規模で、〈広範かつ深化された、さらに持続可能な〉国家間協力が推進されることによってのみ可能となる。

（７）主権国家は、国際システムの基本的かつ不可欠な構成要素であり、すべての国家を強化し、直面する諸課題に対処することこそ新しいミレニアムにおける重要な課題のひとつである。とはいえ国家のみでこのような課題を追求することは不可能であり、能動的な市民社会や民間セクター、さらには機動力と実効性を兼ね備えた地域的・世界的な政府間組織との連携・共同行動が必要である。

（８）2005年9月に予定されているサミットの基本理念は、信義誠実である（promises made are promises kept）。

ついで「欠乏からの自由」においては、以下の諸点が強調された。

（１）これまでの数世紀間、（絶対的）貧困は人間にとって悲しくも避けて通れない現実とみなされてきた。しかし現在では、このような考え方は知的（客観的）にも道義的にも到底受け入れ難いものとなっている。

（２）われわれは「発展の権利をあらゆる人々にとって現実のものとし、人類全体を欠乏から解放する」という、国連ミレニアム宣言において謳われた国際的公約を実現するための〈手段・知識・資源〉を兼ね備えた最初の世代といえよう。

（３）1990年代に開催された歴史的な国連の諸会議やサミットは、開発目標

の共有という広範なビジョンを提示することによって、包括的な規範枠組み（comprehensive normative framework）の構築に寄与した。
（4）ミレニアム開発目標は、貧困の削減に向けた進展を測る包括的な尺度（benchmarks）として、ドナー、開発途上国、市民社会、主要開発援助組織から受け入れられている。
（5）ミレニアム・プロジェクトが2005年1月に提出した報告書 *Investing in Development: A Practical Plan to Achieve the Millennium Development Goals* により、目標達成に向けた具体的な計画が整備された。それは、目標達成に不可欠な政治的意思（political will）を呼び起こすものである。
（6）モンテレー会議およびヨハネスブルグ会議において再確認された、豊かな国と貧しい国との間のグローバル・パートナーシップは、2005年には実現されなければならない。

最後に「各国首脳による決定に向けて」（For decision by Heads of State and Government）と題する報告書の付属書においては、9月に開催されるサミットに向けて、次のように、より具体的な政策提言がなされた。
（1）開発途上国は、①ガバナンスの強化、汚職対策、および民間主導型の成長を促進し、②国家開発目標達成のための国内資金源の極大化に向けた政策の形成、および③外部からの投資の導入を通じて、④自国の開発に対して第一義的な責任を負う決意を改めて確認すべきである。
（2）先進工業国は、開発援助の強化／開発志向型貿易システムの構築／債務救済援助の強化を約束すべきである。
（3）国連経済社会理事会に対して、ミレニアム開発目標をはじめとする合意済みの開発目標の進捗状況の評価のために、年次閣僚会合を開催する権限を付与すべきである。
（4）国連経済社会理事会が、ハイレベル開発協力フォーラムとして、①国際開発協力の動向をレビューし、②さまざまな主体による開発協力活動相互間の整合性を向上させ、③国連が〈規範形成〉と〈実践的活動〉との結びつき／関連性を強化できるようにすべきである。

2005年5月、*In larger freedom: towards development, security and human rights for all* を補足する報告書として *The Millennium Development Report 2005* が創刊され、Kofi Annan 事務総長は〈まえがき〉において同報告書の意義を次のように強調した。——（1）ミレニアム開発目標の採択は、国連の歴史において画期的な出来事である。それは、世界のリーダーが〈平和・安全保障・開発・人権・基本的自由〉を「ひとつの総体」（a single package）として実現しようと試みる、いまだかつて前例のない国際的公約である。（2）ミレニアム開発目標は、全世界の国々、および世界の主導的開発組織のすべてが合意した、〈簡潔な、しかし強力なインパクトを保持する〉（simple but powerful）、開発実現に向けた青写真である。（3）ミレニアム開発目標は、次の諸点においてこれまでの開発目標とは異なる。——①人間を開発の中心に位置づけている／達成期限が設定されている／進捗状況の測定が可能である。②グローバル・パートナーシップに基礎づけられている。③先進工業国と開発途上国の国家元首／政府首脳による合意であり、かつ市民社会や主要開発組織による政治的支持も勝ちえている。④達成可能である。（4）本年（2005年）の課題は、2000年と比べて困難なものとなろう。というのも本年9月、世界の指導者は、目標の設定ではなく、目標達成に向けた手段を決定しなければならないからである。（5）本報告書は、国連諸組織、および国連以外の諸組織との間の共同作業の成果である。（6）本報告書は、本年9月に開催されるサミットに向けた準備作業の一環として作成されるものである。

※ ※ ※ ※ ※ ※ ※ ※ ※ ※ ※ ※ ※ ※ ※ ※

2005年7月6日-8日、グレンイーグルス（イギリス）でG8サミットが開催され、最終日の議長総括において Tony Blair イギリス首相は、「アフリカと開発」というテーマのもとに、ミレニアム開発目標について次のように言及した[23]。——（1）われわれは、「アフリカと開発」というテーマのもとに、アフ

リカ諸国（アルジェリア・エチオピア・ガーナ・ナイジェリア・セネガル・南アフリカ・タンザニア）首脳、およびAU委員会／IMF／国連／世界銀行の首脳と協議をおこなった。(2) われわれは、ミレニアム目標（Millennium Goals）の達成に向けた動きを加速する方策について協議した。とりわけわれわれは、2015年の達成期限に大幅な遅れをとっているアフリカに焦点を絞って議論した。(3) G8首脳は、確固たる国家開発計画を策定し、グッド・ガバナンス、民主主義、透明性の確保にコミットしている国に対しては、大規模な追加的援助を通じて、それを支援することに合意した。われわれはまた、開発途上国自身が自国の開発戦略および経済政策を策定・主導（実施）すべきであるという点においても合意した。(4) われわれは、世界銀行が中心となって〈G8、その他のドナー、およびアフリカ諸国〉相互間のパートナーシップを調整し、実効的な援助調整を推進すべきであるという点において合意した。(5) われわれは、9月にニューヨークで開催される国連ミレニアム・レビュー・サミット、ひいてはドーハ開発アジェンダの成功に向けて努力を継続しなければならない。

2005年9月14日-16日、ニューヨークの国連本部に170カ国余の国連加盟国首脳が集まり、国連発足60周年を記念する国連総会／世界サミット（World Summit: High-level Plenary Meeting of the United Nations General Assembly）が開催された[24]。同サミットは、2000年9月のミレニアム・サミットにおいて採択された国連ミレニアム宣言の進捗状況のレビュー——What have we achieved? Where have we failed?——を主たる目的として、第60会期・国連総会の開始に合わせて召集されるものであり、サミット最終日の9月16日には、「2005年サミット成果文書」（2005 World Summit Outcome）が採択された〔A/RES/60/1〕。それは全5部／178パラグラフから構成されており——I. Values and principles、II. Development、III. Peace and collective security、IV. Human Rights and rule of law、V. Strengthening the United Nations——、とりわけ注目されるのがI, II, およびVにおける次のような指摘である。

まず〈I. Values and principles〉においては、国際社会が志向すべき規範〈価値と原則〉が、次のように謳われた。

（1）われわれは、21世紀の幕開けに採択した国連ミレニアム宣言を再確認し、主要な国連の会議や、ミレニアム・サミットを含む経済、社会および関連する諸分野におけるサミットが、国際社会を〈地域社会、国家、地域およびグローバルなレベル〉で動かす（動員する）うえで、また国連の活動を方向づけるうえで、重要な役割をはたしていると認識する。

（2）われわれは、〈開発、平和と安全、および人権〉が相互に関連し、相互に補強し合っていることを確認する。

（3）われわれは、開発はそれ自体が中心的な目標であり、持続可能な開発が、その経済的、社会的および環境の諸側面において、更には国連諸活動の全体的枠組みにおいて重要な構成要素となっていることを再確認する。

（4）われわれは、グッド・ガバナンス、そしてまた国家レベルおよび国際レベルにおける法の支配が、持続可能な経済成長、持続可能な開発、ひいては貧困と飢餓の撲滅にとって不可欠であることを確認する。

ついで〈Ⅱ. Development〉においては、ミレニアム開発目標の意義／重要性が、次のように謳われた。

（1）われわれは、ミレニアム・サミットで合意された、いわゆる「ミレニアム開発目標」等、主要な国連の諸会議やサミットにおいて合意された開発目標や諸目標を、適切な時期に完全に達成するとのわれわれの決意を改めて強く表明する。

（2）われわれは、ミレニアム宣言、モンテレー合意、ヨハネスブルグ行動計画において謳われた、開発のためのグローバル・パートナーシップに対するコミットメントを再確認する。

（3）国際的なルールとコミットメントを受け入れることにより得られる利益と、その結果、制約条件として課せられる政策選択の幅の減少とのトレード・オフ関係——これらを比較考量し、適切なバランスの確保を図ることは、それぞれの開発途上国政府が負うべき責任である。

（4）われわれは、OECD/DAC「援助効果の向上に関するパリ宣言」（*Paris Declaration on Aid Effectiveness: Ownership, Harmonisation, Alignment, Results and Mutual Accountability,* March 2005）に象徴される、〈援助の質を高め、援助効果の向上を模索する〉最近の動向を歓迎する。
（5）われわれは、「ブリュッセル行動計画」に則り、最貧開発途上国のすべての輸出産品に対する関税および輸入数量枠の完全撤廃を図る。
（6）われわれは、ブレトン・ウッズ機構における開発途上国および移行経済諸国の発言力強化と参加の促進に強い関心を保持していることを確認する。

最後に〈V. Strengthening the United Nations〉においては、とりわけ次のように国連経済社会理事会の機能強化が謳われた。
（1）われわれは、経済社会開発に関連する諸課題の〈調整、政策レビュー、政策対話、勧告〉の役割を担う国連の主要組織として、経済社会理事会の機能を強化することの必要性を確認する。
（2）経済社会理事会は、主要な国連諸会議やサミットにおいて合意された国際開発目標——ミレニアム開発目標を含む——実施のための主要組織として、その実効性が強化されなければならない。

2006年11月9日、*Delivering as one* と題するハイレベル・パネル報告書（Report of the High-level Panel on United Nations System-wide Coherence in the areas of development, humanitarian assistance and the environment）が、Kofi Annan 国連事務総長と国連総会に提出された〔A/61/583〕。同報告書は、「事務総長に対して、ミレニアム開発目標を含む国際的に合意された開発目標の達成に向けて、国連の事業活動がより効果的な貢献をなしうるように、開発、人道支援、および環境分野における現場での緊密なマネジメントのあり方について、加盟国が検討の対象とする提案を含め、当該活動のマネジメントおよび連絡調整のよりいっそうの強化をめざして作業を開始するよう要請する」旨を謳った「2005年サミット成果文書」（第169パラグラ）に基づき事務総長

により設置された High-level Panel on System-wide Coherence が2006年4月から約6カ月間にわたりおこなった協議の成果である（同パネルは15名の有識者から構成され、Gordon Brown イギリス蔵相や Louis Michel 開発協力および人道支援担当／欧州委員会委員が名を連ねた。また国連を代表して UNDP 総裁および IFAD 総裁が参加した）。報告書の概要は、以下の通りである。

まず報告書に添付された覚え書き（Note）において Kofi Annan 事務総長は、(1) 本報告書においては〈clear and balanced analysis〉がおこなわれており、(2) 政策提言も〈ambitious but practical〉であると、その意義を高く評価したうえで、(3) 2007年1月に後任の事務総長に就任予定の Ban Ki-moon 氏に、本パネル報告書の更なる内実化／充実を託す旨の意思を表明した。

ついでハイレベル・パネルの共同議長（3名）の連名による書簡（Letter）では、次のように同報告書の意義が強調された。――(1) ミレニアム開発目標、およびその他の国際的に合意された開発目標を達成するためには、国連は分裂状況を克服し、「一丸となって支援をおこなう」（deliver as one）ことが不可欠である――これが本報告書の中心的なメッセージである。(2) 今日国連の存在意義にいささかの揺るぎもない。ただし国連が保持する潜在的な可能性を顕在化／実体化させるためには、国連を抜本的に改革して、その一体化を推し進めることが不可欠である。"A repositioned United Nations—delivering as one—would be much more than the sum of its parts."

そのうえで報告書本文（全88パラグラフ）においては、とりわけ開発――ミレニアム開発目標の達成――に関連して、以下の諸点が強調された。――(1) 60年前、世界の指導者は、戦後の諸課題を解決するためには国際協力の推進こそが最善の道であるとの確信のもとに〈国連・IMF・世界銀行〉という多国間組織を設立した。(2) 今日われわれは未曽有の挑戦（困難）に直面しており、ミレニアム開発目標、ひいてはより広範な国際的に合意された目標を達成することが世界の安定と繁栄に不可欠である。(3) 国連は、ミレニアム開発目標を伝播／定着させる（articulation）うえで重要な役割をはたしてきた。いま国連に求められていることは、ミレニアム開発目標、およびその他の国際

的に合意された諸目標の実現に向けて行動を起こし（take action）、その実現を主体的に模索している開発途上国政府を支援することである。(4) そこで求められているのが、国連の抜本的な改革である。国連が多国間システムの中心的な組織として期待される役割をはたしうるためには、野心的かつ抜本的な国連改革が不可欠である。(5) 国連は、これまで国際的な規範や基準の確立において中心的な役割を担ってきた（convener）。とはいえ開発や環境の分野における国連の活動は、往々にして一貫性を欠き、非効率的なものとなっている。(6) いま求められている国連改革とは、国連全体を蝕んでいる構造的な分裂（systemic fragmentation）を克服して、国連システムが「一体となって」（"as one"）活動することに他ならない。(7) The essence of our vision is for the United Nations to deliver as one in the areas of development, humanitarian assistance and the environment. The normative and analytic expertise of the United Nations, its operational and coordination capabilities and its advocacy role would be more effectively brought together at the country, regional and global levels. (8) "One UN for development" という観点から、とりわけ開発途上国レベルにおける改革として求められるのは、"one leader, one programme, one budget and one office" である。

第3節　中間折り返し点：
2008年

やがて2008年——。ミレニアム開発目標の達成期限である2015年に向けた中間折り返し点（midway point）にあたるこの年、ニューヨークとドーハ（カタール）を舞台として、次のように大きな動きがみられた。

まず2008年9月22日、ニューヨークの国連本部で "Africa's development needs : state of implementation of various commitments, challenges and way forward" という統一テーマのもとに「アフリカの開発ニーズに関する国連総会ハイレベル会合」（high-level meeting on Africa's development needs）が開催された〔A/RES/62/242〕。同会合は、食糧や原油価格の高騰により、さら

には気候変動や相次ぐ内戦／紛争によりアフリカ諸国の経済成長の後退が強く懸念される状況下で開催されるもので、会議は〈ミレニアム開発目標の達成に向けて、アフリカ諸国の特別なニーズを充足すべき〉旨を謳った Political declaration on Africa's development needs を採択して閉会した〔A/63/L.1〕。さらに9月25日には、ニューヨークの国連本部で「ミレニアム開発目標に関する国連総会ハイレベル会合」（General Assembly high-level event on MDGs）が開催された。同会合では"End poverty 2015 : make it happen"という統一テーマのもとに、複数のラウンド・テーブルが同時並行的に開催され、ミレニアム開発目標の進捗状況の中間レビュー――回顧と展望――が試みられた。その結果、会合の合意として「2010年に、ミレニアム開発目標をテーマとする正式なサミット（formal summit on the MDGs）を開催する」ことが決定された。それは Ban Ki-moon 国連事務総長の提案に基づき、〈ミレニアム開発目標の進捗状況をレビューし、残された5年間における課題の確認およびそのスピードアップを目的として企画されるものであった〉[25]。

2008年11月29日-12月2日、ドーハでモンテレー・コンセンサスの進捗状況のレビュー会合（Follow-up International Conference on Financing for Development to Review the Implementation of the Monterrey Consensus）が開催された。

会議には160カ国余が参加し（40カ国余は、国家元首／政府首脳が参加した）、最終日に「ドーハ宣言」（成果文書）――Doha Declaration on Financing for Development: outcome document of the Follow-up International Conference on Financing for Development to Review the Implementation of the Monterrey Consensus――を採択して閉会した〔A/CONF.212/L.1/Rev.1〕。その骨子は、次の通りである。――（1）モンテレー会議からほぼ7年を経過して、国際環境は当時からは大きく様変わりしている。（2）分野によっては進展もみられるが、不平等はむしろ拡大している。国際社会は、食糧問題、エネルギー問題、一次産品問題、気候変動、世界通貨危機、多角的貿易自由化交渉の停滞および国際経済システムに対する信認の低下……等、多くの懸念材料に直面してい

る。(3) われわれは、改めてモンテレー・コンセンサスの目標およびそれに対するコミットメントを再確認すべきである。(4) われわれは、国連システム、世界銀行、IMF、WTO……等、すべてのステークホルダーを総動員して、モンテレーおよびドーハで合意されたコミットメントのフォローアップおよび実施を図る決意である。

2008年12月19日、国連総会は「第二次国連貧困撲滅の10年（2008年-2017年）」("Second United Nations Decade for the Eradication of Poverty (2008-2017)")決議を採択した〔A/RES/63/230〕。その概要は、次の通りである。

(1) 「第一次国連貧困撲滅の10年」（1997年-2006年）を経て、そしてまた2015年を達成期限とするミレニアム開発目標の中間折り返し点に到達した今日、地域によっては貧困の撲滅に進展がみられた。しかし全体的には、その進捗状況は不均等であり、貧困人口の増加がみられる地域も存在する。

(2) 貧困および飢餓の撲滅は、人類にとって〈倫理的、社会的、政治的、経済的な至上命題〉である。

(3) 国際的に合意された開発目標――ミレニアム開発目標を含む――を実現するためには、開発のための金融資源の動員およびその効果的活用が不可欠である。

(4) 「第二次国連貧困撲滅の10年」の目的は、ミレニアム開発目標を含む、国際的に合意された開発目標の達成に向けて、効率的かつ調和のとれたフォローアップをおこなうことである。

(5) 貧困の撲滅は、国連開発アジェンダにおいて最優先の課題と位置づけられるべきである。

(6) 開発のための国際協力を推進するうえで、国連のリーダーシップが強化されるべきである。

(7) 援助の質の改善およびそのインパクトの強化を目的とするOECD/DAC「パリ宣言」（2005年3月）および「アクラ行動計画」（*Accra Agenda*

for Action, September 2008）を歓迎する。

　2008年9月、MDG Gap Task Force は、*Delivering on the Global Partnership for Achieving the Millennium Development Goals Report 2008* を創刊した。そもそも MDG Gap Task Force は Ban Ki-moon 国連事務総長（2007年1月就任）により、①ミレニアム開発目標／第8目標の進捗状況モニタリングの改善、ひいては〈目標と実態〉とのギャップ解消を目的として2007年5月に設置され、② UNDP および国連事務局／経済社会局の主導のもとに、20余の国連諸組織に加えて世界銀行、IMF、OECD、WTO の参加も得て、精力的に活動を積み重ねるものであった。*Report 2008* はその第1号であり、冒頭で Ban Ki-moon 事務総長は、報告書の意義を次のように強調した。――（1）われわれは今、ミレニアム開発目標の達成期限である2015年に向けた中間折り返し点（midpoint）に立っている。（2）ミレニアム開発目標／第8目標〈開発のためのグローバル・パートナーシップの推進〉の一環として、各国は、特に貿易、ODA、対外債務、基礎的医薬品およびテクノロジーの分野において、具体的なコミットメントを積み重ねている。いうまでもなくそれらは、それ自体で重要な意味を有している。それと同時に、それらは他の諸目標を達成するうえでもきわめて重要である。（3）ミレニアム開発目標／第1目標―第7目標の進捗状況に関しては、すでにモニタリング作業が積み重ねられている。しかしながら、〈開発のためのグローバル・パートナーシップの推進〉という第8目標に関しては、進捗状況、とりわけ国際的コミットメントのモニタリング作業はきわめて困難になっている。2007年に、私が MDG Gap Task Force を設置したのは、そのような困難を克服するためである。（4）本報告書の主要メッセージは、次の通りである。――多くの分野において進展もみられる。しかしながらコミットメントの実施状況には問題があり、予定よりも遅れている。2015年という達成期限を実現するためには、すべてのパートナーが約束の履行に向けて、いままで以上に努力を加速することが不

可欠である。

2010年1月、UNDP は、*Beyond the Midpoint: Achieving the Millennium Development Goals* を刊行し、〈まえがき〉において Helen Clark／UNDP 総裁は、同報告書の意義を次のように強調した。──(1) 現在の趨勢が続く限り、多くの国々が、ミレニアム開発目標において掲げられた諸課題の達成に失敗するであろう。(2) 本報告書は "forward-looking report" であり、その目的は世界が一丸となって 2010年9月に予定されている「国連総会ハイレベル・レビュー」までにミレニアム開発目標の達成に向けた動きを加速するための方策を探ることにある。(3) 各国レベルにおいてミレニアム開発目標を達成するうえで鍵となるのは、①政策選択およびその整合性、②ガバナンスおよび能力の欠如、③財政上の制約、④政治的意思である。(4) 旧態依然たるアプローチ（business-as-usual approach）を続ける時間的余裕はない。すべての行動主体──政府、国連諸組織、市民社会、民間セクター──が 2015年までにミレニアム開発目標の達成に向けて、よりいっそうの努力をしなければならない。

第4節　レビュー・サミット：
2010年

2010年9月20日-22日、すなわち第65会期・国連総会の冒頭、「ミレニアム開発目標に関する国連総会ハイレベル会合」(High-level Plenary Meeting of the General Assembly on the Millennium Development Goals) が開催された。〈5年に1度の開催〉という特殊事情も反映して、この「MDGs 国連首脳会合」には加盟国の国家元首／政府首脳も多数出席し、ラウンド・テーブル方式（6分科会）による議論を踏まえて最終日の9月22日 "Keeping the promise: united to achieve the Millennium Development Goals" と題する決議（「成果文書」／全81パラグラフ）が採択された〔A/RES/65/1〕。その骨子は、以下の

通りである。

（1）われわれは、経済、社会および関連分野における、国連の主要会議やサミットが、開発に関する国際的関心を喚起し、実質的かつ重要な成果を生み出していることを確認する。われわれは、こうした成果やコミットメントの時宜を得た、完全な実施を図る決意である。

（2）われわれは、これからの協力の中心課題として、ともに手を携えて開発のためのグローバル・パートナーシップの推進・強化を図る決意である。

（3）われわれは、開発のためのグローバル・パートナーシップが、ミレニアム開発目標の達成にとって中心的な役割をはたすものであること確信し、ミレニアム開発目標／第8目標の重要性を強く認識する。

（4）第68会期・国連総会議長に対して、ミレニアム開発目標の達成に向けた取り組みをフォローアップするための特別イベントを2013年に開催するよう要請する。

（5）国連事務総長に対して、ミレニアム開発目標の進捗状況を毎年報告し、必要に応じて、2015年以後の国連開発アジェンダを進展させるための更なる取り組みを提言するよう要請する。

　この"Action Agenda on Way Forward"の採択を受けて、更に次のような通過儀礼的演説がおこなわれた〔A/65/PV.9〕。

　Ban Ki-moon 国連事務総長は「MDGs 国連首脳会合」の歴史的意義を、次のように強調した。──(1)本サミット「成果文書」の採択は、困難な国際環境のもとで各国がミレニアム開発目標の達成に向けて引き続きコミットする決意を明確に示すものである。(2) 2015年に向けてわれわれは〈約束を確実に実行しなければならない〉（we must make sure that promises made became promises kept）。(3) ミレニアム開発目標の実現は、豊かな国が貧しい国に対して「一方的におこなうもの」（one way street）と理解されてはならない。そうではなくて、そもそも開発とは世界全体の連帯、利益の共有、強固な共同体意識、そして運命共同体に基礎づけられるものである。(4) われわれは2015年以後を視野に入れる必要がある。私は〈post-2015 framework for development〉の策定に向けて活動を開始するつもりである。

　またOECD代表は、OECDの基本的なスタンスを次のように再確認した。
（1）2015年までにミレニアム開発目標を達成するために、われわれは可及的速やかに、よりいっそうの努力を積み重ねる必要がある。すなわち、更なる改善に向けて従来とは異なる努力をすることが必要である。
（2）第1に、開発途上国は、平和の維持、貿易、雇用、企業活動……等に多大の機会をもたらす広範な政治的および経済的改革を推し進めなければならない。先進工業国は、そのような開発途上国の努力を、課税、不法な資本移動の規制、市場開放、開発のための多角的貿易自由化交渉の推進……等を通じて、強力に支援／補完しなければならない。
（3）第2に、技術協力および財政支援は、最貧困層のニーズを満たすうえで、そしてまた開発途上国政府がインフラストラクチャー、教育、人々の生活改善に向けた基盤整備をおこなううえで、依然としてきわめて重要な役割を担っている。この点に関して、先進工業国が援助目標を達成することが重要である。また南－南協力も重要である。
（4）第3に、開発に向けたさまざまな政策間の整合性（coherence）を確保することが重要である。この点に関してOECDは、「パリ宣言」および「アクラ行動計画」を通じて主導的な役割をはたしている。
（5）ミレニアム開発目標は、OECDの「1996年国際開発目標」に依拠するものであり、その意味でOECDは、その実現に特別の責任を有している。とりわけOECDは、進捗状況の測定とモニタリングに関して主たる責任を有している。

　最後に、第64会期・国連総会議長とともに共同議長を務めた第65会期・国連総会議長が次のような締め括りの演説をおこない、3日間にわたる「MDGs国連首脳会合」は幕を閉じた。──本「成果文書」の採択により、われわれは2000年におこなった約束を守り、ミレニアム開発目標を達成することが道義的義務（moral duty）であることを再確認した。それは、グローバルな平和、安全、そして繁栄に不可欠なものである。われわれは、断固たる決意でそのような義務をはたすつもりである。……国連総会は、とりわけ2013年に予定さ

れている特別行事を通じて重要な役割をはたすであろう。

第 III 部

ニューヨーク（UN）からブリュッセル（EU）へ：
パラレル・チャレンジ

第Ⅸ章　EU とミレニアム開発目標：
リージョナリズムの挑戦

　2000 年 9 月 8 日、Romano Prodi 欧州委員会委員長は、国連ミレニアム・サミット（第 55 会期・国連総会）において、次のような演説をおこなった〔European Union @ United Nations: Partnership in Action〕[1]。――（1）貧困に対する闘い、持続可能な開発の実現、そしてすべての人々に平和と安全および人権を確保するというグローバルな課題に対する挑戦においては、グローバルな協力を基礎とする、グローバルな解決策が不可欠である。（2）本サミットは、次のように新旧の課題が錯綜した、未曽有の困難な状況のもとで開催される。――①まず積年の課題として指摘されるのが〈豊かな国と貧しい国〉との間の格差の問題であり、さらにそれぞれの〈社会内部〉における〈持てる者と持たざる者〉との間の格差の問題である。このような格差の存在という現実は正義に反するものであり、世界の安定に対する脅威である。②次にいまだかつて経験したことのない新しい課題として指摘されるのが、グローバリゼーションに付随する諸矛盾である。それを解決するためには、グローバル・ガバナンスの改善、ひいては多国間主義（multilateralism）の強化が不可欠である。（3）「援助ではなく貿易を」（trade not aid）というかつてのスローガンは、もはや通用しない。もちろん、より開放的な貿易が必要なことはいうまでもない。しかし同時に、われわれは開発途上国に対する資金の流れを改善し、援助に対するコミットメントを強化すべきである。（4）EU および EU 加盟国は、長年にわたり広範な対外援助プログラムを実施しており、両者を合計すると世界全体の ODA の 50 パーセント以上、世界全体の贈与のほぼ 3 分の 2 を占めるまでに至っている。それは、世界との連帯という EU の道義的コミットメントに裏づけられるものである。（5）現下の厳しい状況のもとで、貧困およびマージナライゼーション／周縁化に対する闘いに勝利するためには、従来とは異なる新しいアプローチが必要である。このような観点から EU は域外諸国と

の間に、パートナーシップ協定、連合協定、協力協定を締結しており、その一環として ACP 諸国との間に新たにコトヌ協定を締結した。(6) 南の開発途上国の社会的・経済的発展は、依然としてわれわれの安定と繁栄にとって不可欠である。また社会開発は、人権の確保と同時並行的に推し進められなければならない。

　それから 10 年後の 2010 年 9 月 20 日――。José Manuel Barroso 欧州委員会委員長は、「ミレニアム開発目標に関する国連総会ハイレベル会合」（第 65 会期・国連総会）において、次のような演説をおこなった。――(1) 新しいミレニアムは、2015 年までに世界の貧困を半減させるという壮大なビジョン・目標を誕生させた。(2) もし開発途上国が、自国の開発目標（優先順位）を誠実に追求し、そしてまた先進工業国が、約束を忠実に履行すれば、〈Millennium Development Goals〉は〈Millennium Development Achievements〉となるであろう。(3) EU は、これまで貧困に対する闘いを最優先課題と位置づけ、当初よりミレニアム開発目標の達成に貢献してきた。(4) EU は 2015 年までに、ODA の対 GNI 比：0.7 パーセント目標を達成する決意であり、他のドナー国、とりわけ新興ドナー国（Emerging Donors）が EU に倣って援助努力を強化することを期待している。(5) 援助はあくまでも触媒でしかなく、問題を解決する特効薬ではない（Aid is a catalyst, not a cure）。したがって、開発途上国自身が自国の開発に責任を負わなければならない。また援助供与主体のみならず、開発途上国も透明性を確保し、説明責任をはたさなければならない。

　10 年という時間の差を超えて、この 2 つの演説に共通しているのは、貧困の撲滅を中核とする「ミレニアム開発目標」に対する EU の強烈な自負である。すなわち両欧州委員会委員長は、国連総会という〈Global Agora〉での演説において、(1) ミレニアム開発目標を重要な国際公共財（Global Public Goods／Global Commons）と位置づけ、(2) EU は当初より一貫してその達成に全力を傾注し、世界を牽引／主導してきた旨を強力な政治的メッセージとしてアピールしたのである[2]。

第Ⅸ章　EUとミレニアム開発目標　223

第1節　セルフ・イメージ vs. パブリック・イメージ

　いうまでもなくEUのそうした自己規定（強烈な自意識／セルフ・イメージ）は、第三者による認識／評価（パブリック・イメージ）を強く意識し、それと密接に連動していた。この点に関して、たとえばOECD/DACは、EU開発協力政策に関する一連の*Peer Review*において、次のように記述している（正式のタイトルは、OECD/DAC, *Development Co-operation (Peer Review): European Community*）。

　まず2002年／*Peer Review*では、2000年11月にEU閣僚理事会と欧州委員会が共同で採択した*The European Community's Development Policy Statement*が、〈貧困の削減、究極的には貧困の根絶〉をEC開発協力政策の中心的課題として位置づけたことを高く評価したうえで、次のように指摘した。——（そもそも）貧困の削減を中心課題とするECの開発協力政策は、OECD/DACが策定した国際開発目標を基礎とするものであり、ミレニアム開発目標は、それをさらに定式化したものである。

　それから5年後の2007年／*Peer Review*では、EUがミレニアム開発目標／第8目標〈開発のためのグローバル・パートナーシップの推進〉に基づき、2015年までにミレニアム開発目標を達成すべく、以下の12の優先分野——貿易／環境／気候変動／安全保障／農業／漁業／グローバリゼーションの社会的次元／移民／研究とイノベーション／情報化社会／運輸／エネルギー——において〈Policy Coherence〉の強化を図っている旨が特に評価された。

　さらに2012年／*Peer Review*では、ミレニアム開発目標の達成に向けたEUの活動が、具体的な実態に則して次のように評価された。——(1) 欧州委員会は、ミレニアム開発目標の達成に向けて確固たる枠組みを構築し、その基盤整備を図っている。(2) EU閣僚理事会は2008年にミレニアム開発目標の達成に向けた画期的な行動計画——EU Agenda for Action on the MDGs——を採択し、その実施を推し進めている。なお同行動計画は、2010年には欧州委員会が策定した行動計画——A Twelve-Point EU Action Plan in Support of the

Millennium Development Goals——により補完されている。(3) 欧州委員会は、ミレニアム開発目標の進捗状況に遅れがみられるセクターおよび国に対する重点的な支援を目的として、総額10億ユーロから構成される"MDGs Initiative"を発足させている。

　それでは、このような〈参与観察者〉による高度に政治的／外交的な評価（美辞麗句）に対して、実務レベルにおいてEU自身はミレニアム開発目標に対するコミットメントをどのように位置づけ／評価しているのであろうか。

　EU開発協力政策、ひいてはEU対外援助政策全般の実施状況（活動実績）に関する包括的な年次報告書である *Annual Report on the EC development policy and the implementation of the external assistance* は、2002年の創刊（対象は2000年の実績）以来、年により微妙に濃淡の差はあるものの、基本的には国連主導によるミレニアム開発目標の達成をEUが追求すべき目的関数（所与の大前提）と位置づけている。その概要は、以下の通りである。

Annual Report 2000 : いうまでもなく2000年の活動実績報告書においては、ミレニアム開発目標に関する直接的な記述は存在しない。とはいえ、ミレニアム開発目標の基本理念に関わる諸事実が、以下のように指摘されている。——(1) 歴史的にEUの対外援助は旧植民地国／ACP諸国に対して重点的におこなわれてきた。しかしながら最近の15年間では、EUの対外援助は徐々に全世界的な広がりをみせており、現在では140カ国以上を対象として財政支援をおこなうまでに至っている。(2) 欧州委員会が所管するODAは、1990年：33億ユーロから2000年：93億ユーロ（世界ODA総額の10パーセント）へと急速に増大した。(3) 2000年にEUは、対外援助政策の抜本的な改革に着手した。それは、①世界全体の開発途上国を対象として、②貧困の削減という包括的な目標のもとに、③優先分野を絞り込んで開発援助をおこない、④開発途上国の世界経済へのよりスムーズな統合を図るものである。

Annual Report 2001 : 2001年の活動実績報告書においては"Progress towards the development goals"というタイトルのもとに独立した1章が設けられ、

ミレニアム開発目標の歴史的意義が、次のように強調された。——（1）2000年9月の国連ミレニアム・サミットにおいて、189カ国（うち147カ国は国家元首／政府首脳が参加）により合意された国連ミレニアム宣言は、今日の国際開発協力の枠組み——EC開発協力も含まれる——を構築する歴史的な合意（historic agreement）であった。（2）ミレニアム開発目標は、国連ミレニアム宣言において謳われた理念に基づき、その実現に向けて国連が作成した〈ロードマップ〉（行程表）である。それは開発に向けて追求すべき、重点的な活動分野を指し示し、その進捗状況の測定を可能とする共通の枠組み（common framework）である。（3）ミレニアム開発目標は、国連がこれまで開催したさまざまな会議における合意や決議——1990年代に合意された国際開発目標を含む——を発展させるものであり、主要な多国間組織のほぼすべてから同意を得るまでに至っている。その意味では、ミレニアム開発目標の正当性（legitimacy）は前例のないものである。

Annual Report 2003 : 2002年の活動実績報告書においては"The framework for the Community's external partnerships"というタイトルのもとに、とりわけ以下の諸点が強調された。——（1）EU開発協力政策は、グローバルな文脈において、ミレニアム開発目標の実現に向けて、さまざまな行動主体との協働のもとに追求される。（2）EUは、モンテレー会議（開発資金国際会議）とヨハネスブルグ会議（持続可能な開発に関する世界首脳会議）の成功に大きく貢献した。またEUはドーハ開発アジェンダの成功に向けて努力している。これらの会議は、2015年までにミレニアム開発目標を達成するうえで重要な里程標（節目）となる。（3）国際社会は、〈成長・貧困の削減・持続可能な開発〉に向けて、明確かつ包括的な枠組みを構築するまでに至っている。今後の課題は、断固たる決意でそれを実施することである。

Annual Report 2004 : 〈Prodi Commission〉による最後の報告書となる2003年の活動実績報告書においては、まず第1章の冒頭で、〈欧州委員会は、ミレニアム開発目標を共同体開発援助の中心的課題と位置づけ（prominent role）、開発途上国のミレニアム開発目標達成に向けた努力を重点的に支援している〉旨が改めて強調された。そのうえで"Strategic objectives of EC development policy : the Millennium Development Goals（MDGs）""EC contribution to MDG achievement : the six priority areas""The EC approach"と題して、ECのミレニアム開発目標に対する積極的なコミットメントが具体的かつ詳細に記述された。

Annual Report 2005：〈Barroso Commission〉による最初の報告書となる 2004 年の活動実績報告書においては、まず〈まえがき〉において、〈われわれは、ミレニアム開発目標を、貧困の削減という国際的に合意された課題を追求するものと位置づけ、その実現を中心課題として開発協力政策を追求する〉旨が再確認された。そのうえで"Strategic Framework : Millennium Development Goals"と題する第 1 章においては、〈ミレニアム開発目標の達成こそが、EU の中心的課題（key objective）に他ならない〉との基本認識のもとに *Annual Report 2004* と同様な構成で、EU のミレニアム開発目標に対するコミットメントが具体的かつ詳細に記述された。

Annual Report 2006：2005 年の活動実績報告書の中心的テーマは *The European Consensus on Development* の採択、およびその最初の適用例としての *EU Strategy for Africa* の策定であったが、両者はいずれもミレニアム開発目標に対する EU の積極的な貢献を具現するものである旨が強調された。すなわち（1）前者は、〈ミレニアム開発目標に則り、貧困の削減を図る〉ことが EU（欧州委員会＋加盟国）開発協力政策の共通の目的である旨を明示的に再確認するものであった。また（2）後者は、ミレニアム開発目標の進捗状況が最も遅れているアフリカ諸国に対して EU が重点的に援助強化を図ろうとするものであり、それは〈EU のミレニアム開発目標に対する具体的かつ戦略的なコミットメントとして多大な付加価値をもたらしうるものである〉旨が強調された。

Annual Report 2007：2006 年の活動実績報告書の中心的テーマは *The European Consensus on Development* および *EU Strategy for Africa* であり、その具体的な運用／適用状況が記述された。いうまでもなく両者の存在意義はミレニアム開発目標に基礎づけられるものであったが、それはあくまでも背景要因としての言及にとどまり、ミレニアム開発目標それ自体が直接検討

課題とはされなかった。

Annual Report 2008：2007 年の活動実績報告書の主たる関心は、引き続き *The European Consensus on Development* および *EU Strategy for Africa* の実施および運用／適用状況であり、ミレニアム開発目標に関しては、2015 年の達成期限に向けた〈mid-way point〉という指摘にとどまり、特に掘り下げた議論はおこなわれなかった。ただし国連、ブレトン・ウッズ機構、地域開発銀行との協力関係が "Partnership with United Nations and World Bank" というタイトルのもとに第 1 章を構成する独立した節として取り上げられた。それは、従来の報告書末尾における補足的な取り扱い（"Co-operation with international organisations and other donors"）から大きく飛躍するものであった。

Annual Report 2009：2008 年の活動実績報告書の主たる関心は、前年と同様に *The European Consensus on Development* および *EU Strategy for Africa* に向けられ、ミレニアム開発目標に関する正面からの直接的な言及はなされなかった。ただし引き続き "Partnership with United Nations and World Bank" というタイトルのもとに、国連、ブレトン・ウッズ機構、地域開発銀行、OECD との関係が、第 1 章を構成する独立した節として取り上げられた。

Annual Report 2010：2009 年の活動実績報告書においては、まず〈まえがき〉において以下の諸点が強調された。――（1）2009 年、EU（27 加盟国＋欧州委員会）の ODA は、総額 482 億ユーロ（世界の ODA 総額の半分強）を記録した。そのうち欧州委員会の所管分は 100 億ユーロに達した。（2）このような実績は、ミレニアム開発目標の達成および貧困の緩和に向けた EU の積極的な貢献を物語っている。（3）EU にとってミレニアム開発目標の達成は、依然として最優先課題（top priority）であり、2010 年のミレニアム開発目標レビュー・サミットに向けて EU は全力を尽くす決意である。（4）EU は、ミレニアム開発目標の中心的課題である〈人間開発〉の分野――保健、教育、ジェンダーの平等――に関して作業文書を作成した。

ついで本文においては、とりわけ *The European Consensus on Develop-*

ment の実施状況が中心テーマとして検討されたが、"Cooperation with international organisations" と題して国連、ブレトン・ウッズ機構、地域開発銀行、OECD との関係が、第 1 章を構成する独立した節として取り上げられた。

Annual Report 2011：2010 年の活動実績報告書では、まず〈まえがき〉においてミレニアム開発目標の意義が、次のように強調された。──(1) 2010 年は、開発協力にとってきわめて重要な年であった。世界の指導者は、ミレニアム開発目標に対するコミットメントを改めて確認した。EU もまた世界最大のドナーとしての立場（責任）を再確認した。(2) 2009 年の実績では、EU 全体の ODA は 538 億ユーロを記録した。そのうち欧州委員会の所管分は 110 億ユーロに達した。(3) 貧困の撲滅は、依然として EU 開発協力政策の中心的な課題である。(4) 2010 年、EU は "Millennium Initiative" として総額 10 億ユーロを拠出し、ミレニアム開発目標を達成するうえで緊急に必要とされる分野（妊産婦死亡率の低減等）に対して重点的な支援をおこなった。(5) EU は開発協力の最前線において、飢餓および貧困に対する闘いに取り組んでいる。

ついで "Delivering on commitments" と題する第 1 章においては、(1) EU のミレニアム開発目標に対する貢献（達成状況）、(2) ミレニアム開発目標に対する EU のよりいっそうの貢献に向けて、*The European Consensus on Development* に代わるべき新たな EU 開発協力戦略構築の模索、(3) 国連、OECD、ブレトン・ウッズ機構、Emerging Donors／New Emerging Partners（とりわけ中国、ロシア、ブラジル、アラブ諸国……等）とのミレニアム開発目標の達成に向けた協力関係が取り上げられた。

このような EU 自身による実務レベルでの自己評価に対して、そのカウンターパートである国連は、EU のミレニアム開発目標に対するコミットメントをどのように認識しているのであろうか。国連・ブリュッセル事務所 (United Nations System in Brussels) が、(1) ミレニアム開発目標に焦点を当てて、(2) 開発協力および人道支援の分野における、(3) 国連と欧州委員会と

のパートナーシップ〈協力関係〉の実態を、(4) 政策形成者や欧州市民に対する情報提供という観点から、(5) 時系列的に、事実関係に基づき作成した年次報告書は、2006年の創刊（対象は2005年の実績）以来、国連主導によるミレニアム開発目標に対するEUのコミットメントを、以下のように記述している。

The partnership between the UN and the EU : The United Nations and the European Commission working together in Development and Humanitarian Cooperation, 2006.

　まず創刊の辞〈まえがき〉において、国連とEU（実質的には欧州委員会）は次のように協力関係の歴史的意義を強調した。——国連：(1) EUは〈開発・人権・平和と安全保障〉の分野における国連の〈essential/natural/indispensable partner〉である。(2) ミレニアム開発目標は、EU開発協力政策の主導原理である *The European Consensus on Development* の中核に位置づけられている。EU：(1) EUは断固たる決意で *The European Consensus on Development* の諸目的を追求する。(2) ミレニアム開発目標の達成を支援するためにはグローバル・レベルにおける協力が必要である。

　このようなエールの交歓を踏まえて報告書では、〈ガバナンスと人権、農業開発・貿易・市場アクセス、教育・子供の保護、危機の予防・復興・再建、緊急支援と人道的行動〉の諸活動領域におけるEUの貢献——国連とのパートナーシップ——が2005年の活動実績に焦点を当てて記述された。その主要メッセージは以下の通りである。——(1) EUはグローバル開発アジェンダの策定および実施に積極的に関わっている。すなわちEUは、モンテレー会議（2002年）、ヨハネスブルグ会議（2002年）、国連世界サミット（2005年）の成功に多大の貢献をした。(2) EUは2015年までにODAの対GNI比：0.7パーセントという国連目標の達成を公約することにより、国際的リーダーシップを発揮してミレニアム開発目標の達成に向けた動きを推し進めている。(3) *The European Consensus on Development* および *EU Strategy for Africa* は、いずれもミレニアム開発目標を中心的課題と位置づ

けている。(4) 多国間主義（multilateralism）に対するコミットメントは、EU 対外関係の中核を構成している。

Improving Lives : Results from the partnership of the United Nations and the European Commission in 2006, 2007.

　第 2 号となる本報告書では、基本的に創刊号において作成されたフォーマットに基づき〈国連 – EU パートナーシップ〉の 2006 年における活動実績が取り纏められた。まず〈まえがき〉において国連と EU は、両者間のパートナーシップの基本理念を次のように確認した。──国連：国連と EU は、ミレニアム開発目標という共通の目的を追求するものであり、ともに責任をもって最も効果的な方法で目的を達成する義務を負っている。EU：(1) 国連は、今日 EU が対外援助政策を推進するうえで最も重要なパートナーである。(2) EU と国連のパートナーシップはさまざまな活動領域を網羅しており、その活動は政策対話や技術協力にまで及んでいる。

　そのうえで本報告書では、〈開発途上国および移行経済諸国〉を舞台として展開される〈国連 – EU パートナーシップ〉、具体的には〈人道支援、開発協力、および危機防止〉の分野における国連と EU の活動が人々の生活の改善（Improving Lives）にどのように貢献しているか──その実態が詳細に記述された。

Improving Lives : Results from the partnership of the United Nations and the European Commission in 2007, 2008.

　1948 年 12 月 10 日／国連総会による世界人権宣言（Universal Declaration of Human Rights）の採択。──本報告書（第 3 号）は、その 60 周年を記念して、"Dignity and justice for all of us" というサブ・タイトルのもとに編集されており、ミレニアム開発目標の重要な構成要素である人権に焦点を当てて、〈国連 – EU パートナーシップ〉の 2007 年活動実績が取り上げられた。

Renewing Hope, Rebuilding Lives : Partnership between the United Nations and the European Commission in Post-Conflict Recovery, 2009.

　タイトルに示されるように本報告書（第 4 号）は、自然災害や紛争からの復興を模索する（開発途上）国に対する国連と EU の支援（2008 年実績）

を取り纏めたものであるが、〈まえがき〉においてその基本理念が、次のように披瀝された。──国連：国連とEUは、永続的な平和と持続可能な開発は普遍的な価値──人権の尊重および法の支配、すべての人々に対する発展の機会への平等なアクセス──に基礎づけられるものであるとの確信を共有している。EU：(1) 2003年に採択した*EU Security Strategy*は、紛争からの復興を模索する国に対してEUが国連との協力関係の強化を通じて支援する旨を謳っている。(2) 国連とEUはきわめて独特な多国間組織として、①紛争サイクルの諸段階に対応しうる多彩な政策手段を保持しており、かつ②長期的な安定と開発に向けた移行（橋渡し）を推し進めるために必要とされる能力も保持している。

Improving Lives : Results of the partnership between the United Nations and the European Union in 2009, 2010.

　2006年の創刊以来、通算第5号となる本報告書においては、国連事務総長と欧州委員会委員長が初めて巻頭の辞を寄せ、〈国連－EUパートナーシップ〉の歴史的意義が次のように強調された。それは本報告書、ひいては〈国連－EUパートナーシップ〉の「政治化」（格上げ）を象徴するものであった。──Ban Ki-moon 国連事務総長：(1) 国連とEUは〈natural partners〉である。(2) 国連とEUのパートナーシップは、政策レベルにおいて付加価値をもたらす。ただしそれを単なる規範（norm）に終わらせることなく、具体的な現実（実体）へと発展させ、最貧困層や脆弱な人々に恩恵をもたらしうるものにすることが必要である。(3) 21世紀の今日、①世界が直面している諸課題に対して、国家あるいは地域集団が単独で対処することは不可能であり、②多国間主義へのコミットメントを再確認し、〈effective collective response〉の実現を図ることが肝要である。(4) 私は2010年9月にミレニアム開発目標のレビュー・サミットを開催するが、それは〈貧困の緩和、長期的にはその根絶〉を目指すものである。(EU) リスボン条約の発効は歓迎すべきことである。José Manuel Barroso 欧州委員会委員長：(1) EUと国連は〈natural partners〉である。(2) EU対外活動の中心目的は、国連を中心とする実効的多国間主義（effective multilateralism）の推進であ

る。(3) ミレニアム開発目標を達成するうえで、EU と国連のパートナーシップは不可欠 (essential component) である。(4) ミレニアム開発目標の達成期限まで残すところ 5 年という 2010 年は、開発問題にとってきわめて重要な年であり、EU は 9 月の国連ミレニアム開発目標サミットの成功に向けて建設的な役割をはたす決意である。(5) 2009 年 12 月のリスボン条約の発効により、EU と国連の関係はよりいっそう発展・深化するものと確信している。

Improving Lives : the partnership between the United Nations and the European Union in 2010, 2011.

　2010 年報告書に引き続き本報告書 (第 6 号) にも国連と EU の首脳が、次のようなメッセージを寄せた。――Ban Ki-moon 国連事務総長：(1) 国連と EU のパートナーシップは〈開発のためのグローバル・パートナーシップの推進〉というミレニアム開発目標／第 8 目標を具体的に実践するものである。(2) 国連と EU は、パートナーシップの推進を通じて、単独では達成しえない成果を獲得するまでに至っている。José Manuel Barroso 欧州委員会委員長：(1) 本報告書は、EU と国連の協力が人々の生活改善にいかに貢献するものであるかを如実に物語っている。(2) 国際社会、そしてまた開発途上国にとって、ミレニアム開発目標の達成に向けて全力を尽くすこと、とりわけ進捗状況が停滞している分野において可及的速やかにその促進を図ることは至上命題である（なお Catherine Ashton／EU 外務・安全保障政策上級代表も初めてメッセージを寄せた。それは本報告書、ひいては〈国連－EU パートナーシップ〉の「政治化」を象徴している）。

第 2 節　ミレニアム開発目標の「発見」

　以上の概観から窺われることは、EU が一貫して「ミレニアム開発目標の優等生」として評価されてきたという事実である。それではそうした EU に対する高い評価は、具体的にどのような行動に裏づけられるのであろうか。EU は、どのような形でミレニアム開発目標に対するコミットメントを積み重ねて

いったのであろうか。それはいかなる動機に促されるものであろうか。以下、その軌跡を探ってみよう。

　2000年4月、欧州委員会は *The European Community's Development Policy* と題するコミュニケーションを発出した〔COM（2000）212 final, 26.4.2000〕。同コミュニケーションは、同年5月に開催予定のEU開発閣僚理事会での討議／承認に向けて作成されるものであり、新しいミレニアムの時代に対応する新しいEU開発協力政策の構築およびその実施計画の策定に向けた基盤整備を目的とするものであった。開発協力および人道支援を所管する欧州委員会委員／Poul Nielson によれば、同コミュニケーションは〈この地球上で、10億以上の人々が、依然として1日1ユーロ以下での生活を余儀なくされているという現状は、政治的にも道義的にも到底容認しえない。EUは開発途上国の貧しい人々に対する支援を強化する責任を有しており、その一環としてEUは（総花的ではなく）活動分野を絞り込んだ、確固たる開発戦略を構築しなければならない〉との問題意識に基づき、開発協力に関する新たな〈政治的ガイドライン〉の策定を模索するものであった〔EU IP/00/410, 26 April 2000〕。その骨子は、以下の通りである。――（1）開発協力政策は、EU対外政策の重要な構成要素である。（2）多次元的な現象としての貧困の削減――EUはこれを開発協力政策の究極的な目標と位置づけ、貧困の削減に対する貢献という視点から開発協力政策の抜本的再編成を図るべきである。（3）EU開発協力政策はEUが比較優位を保持し、付加価値を付与しうる活動分野に特化すべきである。（4）EU開発協力政策は、OECD/DAC・世界銀行・IMF等が実行している、①開発途上国自身のオーナーシップ重視、②成長と開発の社会的次元重視という、国際開発戦略の主導原理に基づいて展開されるべきである。（5）EU開発協力政策は、ブレトン・ウッズ機構、WTO、国連諸組織……等、グローバルな規範や準則を設定する諸組織の開発協力政策と整合性を確保しつつ実施されなければならない。（6）開発政策が議論される国

際的フォーラムにおける EU の存在感や影響力の改善／強化を図るべきである。

2000 年 6 月 23 日、EU15 カ国と ACP 諸国 77 カ国はベナンの首都コトヌでコトヌ協定（ACP-EC Partnership Agreement）に調印した。それは、EU がロメ・レジーム（地域連合政策）から訣別し、新たな開発協力政策の推進に向けて大きく踏み出したことを公式に宣言するものであり、新たに「パートナーシップ協定」と銘打った新協定の基本理念は次の通りである。──（1）ACP-EU パートナーシップは、ACP 諸国における貧困の削減、持続可能な開発、および ACP 諸国の世界経済への漸進的統合を目的とするものである。(2) ACP-EU パートナーシップは、ACP 諸国の経済的、社会的、文化的発展に大きく寄与し、またグローバリゼーションの社会的次元に十分配慮することにより、ACP 諸国の人々の生活の改善に大きく貢献しようとするものである。

2000 年 11 月、EU 閣僚理事会と欧州委員会は *The European Community's Development Policy* と題する政策ステートメントを採択した〔EU DE 105, December 2000〕。それは開発協力に関して、閣僚理事会と委員会が初めて共同で作成した政策文書──いわゆる Development Policy Statement, DPS──であり、EU 開発協力政策の基本的枠組みを初めて体系的に謳うものであった。全 44 パラグラフから構成される同政策ステートメントの骨子は、以下の通りである。

(1) 開発協力に関する EU 閣僚理事会（加盟国）と欧州委員会の基本的認識が次のように披瀝された。──①今日開発問題は、以前にもまして重要な課題となっている。②グローバリゼーションは、新たな可能性をもたらしうる。しかし同時にそれはマージナライゼーションというリスクを伴うものでもある。③不平等（格差）の拡大という現実は、成長、そしてまた援助が事態を打開するうえで必ずしも十分ではないという事実を如実に示している。④

〈貧困と排除〉(poverty and exclusion) は紛争の根本原因であり、多くの国や地域において安定と安全に対する脅威となっている。⑤ EU はその基本理念を世界に対して、とりわけ他の先進工業国に対して、いままで以上に積極的にアピールすべきである。⑥ EU は明確かつ体系的な開発戦略を構築すべきであり、その基礎となるのは OECD/DAC、および主要な国際会議において合意された諸成果である。

（２）EU 開発協力政策の基本原理および目的が次のように謳われた。——① EU 開発協力政策の主要目的は、貧困の削減、最終的には貧困の撲滅でなければならない。それは具体的には、持続可能な経済的・社会的・環境的開発、開発途上国の世界経済に対する漸進的統合の促進、および不平等に対する断固たる闘いから構成されるものである。②貧困は、単なる所得や資金の欠如にとどまらない。それは脆弱性 (vulnerability) という概念を基礎として、〈食糧、教育と保健衛生、天然資源と飲料水、土地、雇用、信用ファシリティー、情報と政治的関与、サービス、インフラストラクチャー……等〉に対する適切なアクセスから排除されている状況をも含む、多次元的な概念として再定義されるべきである。③貧困の削減にとって持続的な成長は十分条件とはいえないまでも、不可欠な必要（前提）条件である。④貧困削減の名のもとに EU が追求する〈経済・貿易・政治・制度・社会・文化・環境〉に関わる諸活動は、整合的でなければならない。⑤ EU 開発協力政策は、（すべての）開発途上国、とりわけ最貧開発途上国や低所得国に対して特別の配慮をおこなうものでなければならない。⑥国連が主催する主要な会議において開発途上国や先進工業国がおこなったコミットメントは、開発協力を方向づける共通の引照枠組み (common frame of reference) となっている。

（３）EU 開発協力政策の基本戦略が次のように謳われた。——① EU 開発協力政策は、貧困の削減に対する貢献、そしてまた EU によ

る付加価値の付与（比較優位）という観点から、活動分野を絞り込んで重点的におこなわれなければならない。②EU 開発協力政策は、〈貿易と開発、地域統合と地域協力、マクロ経済政策の支援および社会サービスに対する平等なアクセスの促進、輸送、食糧安全保障と持続可能な農村開発、制度開発／能力強化〉を6大重点分野とするものである。

（4）EU 開発協力政策の効果的・効率的な実施に向けて次のように謳われた。――①EU は、他のドナー、とりわけきわめて重要なパートナーであるブレトン・ウッズ機構および国連諸組織との対話のあり方を改善すべきである。②EU は、発言／行動を首尾一貫したものとし、国際的な場においては可能な限り「ひとつの声として発言する」（speak with one voice）ことにより、その影響力および存在感を強化すべきである。

　2001年5月14日-20日、ブリュッセルで第3回国連最貧開発途上国会議（Third United Nations Conference on the Least Developed Countries）が開催された。同会議は EU が誘致し、ホストを務める初めて〈国連〉会議であり、〈最貧開発途上国49カ国を、マージナライゼーションおよび絶対的貧困から脱却させるための具体的な方策の検討・策定〉をテーマとして、ブリュッセルに立地する欧州議会の諸施設を舞台として活発な討議が繰り広げられた（欧州委員会は、会議開催経費として2001年通常予算から600万ユーロを計上した。また国連は、補助経費として450万ユーロを負担した）。なお会議初日の14日には、"The challenge of eradicating poverty : The international community's response" と題する特別イベントが開催され、開発途上国首脳に加えて NGO 代表、WTO 事務局長（Mike Moore）、世界銀行グループ総裁（James D. Wolfensohn）……等のビッグ・ネームが基調演説をおこなった。またホストである EU からは、〈EU 閣僚理事会議長国および会議の議長〉として Goran Persson／スウェーデン首相、および会議に直接関係する〈開発協力および人道支援〉問題を所管する Poul Nielson／欧州委員会委員が参加した。その他、

ほぼ１週間にわたり繰り広げられた会議では、テーマ別にさまざまなラウンド・テーブルやセションが開催されたが、一連の会議において EU は次のような（公式）見解を表明した。

閣僚理事会議長国の Goran Persson／スウェーデン首相は、EU（加盟国）を代表して次のように述べた。――（1）貧困に対する闘いは、人間の尊厳と民主主義のための闘いであり、その意味で倫理的な問題である。(2) われわれは歴史的岐路に直面している。いまやわれわれは、貧困を克服するための能力を獲得するまでに至っている。ただしそうした能力は永遠に保持されるものではない。いまこそそれを活用すべき絶好の機会である。(3) 会議では、世界から貧困を撲滅するという大義に向けて、全力でそのための具体的な方策を策定すべきである。

EU 市民を代表する形で、欧州議会議長／Nicole Fontaine は次のように述べた。――（1）国際社会は貧しい国々――そこでは可及的速やかに貧困および低開発の撲滅を図ることが求められているが――の期待に応えるだけの成果をあげていない。(2) 豊かな国と貧しい国との間に存在する不均衡（格差）は到底容認しえない。(3) 会議では、世界システムの根本的な再編成、開放的世界市場の実現、ODA の増大と債務削減に向けて、実践的な成果をもたらすことが期待される。(4) 新しいミレニアムの時代においても、何百万もの人々が貧困・飢餓・疾病に苛まれるままに放置され、豊かな国と貧しい国との間の格差が更に拡大するという事態の出現を甘受することはできない。(5) 経済の自由化は、人間的次元に配慮するものでなければならない。(6) EU は中・東欧諸国に対する支援を拡大しているが、それが世界の最貧国に対する支援の削減という犠牲のうえにおこなわれるものとなってはならない。

このように高度に政治的／規範的なステートメント――。そうした国際社会に対する積極的なアピール／セールス・トークとしての特徴を最も象徴的に具現したのが会議の初日（5月14日）に欧州委員会委員長がおこなった基調演説である。すなわち Romano Prodi 委員長は、"Determined to deliver" と題して、次のように「格調高く」、会議の歴史的意義を強調したのである。
（１）グローバリゼーションの進展とテクノロジーの進歩により、世界は大き

く変貌しつつあり、人々の生活は改善されつつある。
（2）それとは裏腹に貧しい国と豊かな国とのギャップはますます拡大している。とりわけ最貧開発途上国は、変化（進歩）から取り残されており、その恩恵を受けるまでには至っていない。
（3）〈飢餓、環境劣化、疾病の蔓延、大規模な移民〉といった事態は依然として解決されておらず、むしろ悪化している。
（4）問題は複雑かつ錯綜しているが、その根本原因は貧困というガンにあり（at the root lies the cancer of poverty）、それを早急に除去することが必要である（A cancer that urgently needs to be removed）。
（5）われわれは、そのような阻害要因を除去する能力を既に獲得しており、保持する能力を駆使してガンを除去することは、われわれに課せられた義務であり責務である。
（6）EUは、ロメ協定、一般特恵制度（GSP）、コトヌ協定を通じて、開発協力の分野において革新的なアプローチを展開してきた。それは〈援助と貿易〉を適切にリンクさせるものである。
（7）EUは今日、世界最大の援助供与主体である。とはいえ、貧困に対する闘いにおいて武器となるのは援助だけではない。債務救済および公正な貿易も不可欠な武器／手段である。
（8）貿易に関してECは、最近 "Everything but Arms" Initiative を発足させた。それは、最貧開発途上国からの輸出産品に対して、武器のみを唯一の例外として、それ以外のすべての産品に対する関税障壁および輸入数量枠を完全に撤廃し、EC市場への自由アクセスを保障しようとするものである。
（9）最貧開発途上国が貿易による利益を十分に確保するためには、世界経済に完全に統合されることが必要である。
（10）ECは〈教育、保健衛生、ジェンダーの平等、食糧安全保障、グッド・ガバナンス〉の諸分野に重点的に取り組むことにより、最貧開発途上国における貧困に対する闘いを主導する決意である。
（11）とりわけグッド・ガバナンスに関しては、〈民主主義、市民参加、人権

の尊重、法の支配〉を確立することが不可欠である。なかでも汚職の撲滅がきわめて重要である。
（12）ECは、開発協力の推進に際して、開発途上国に白地の小切手（blank cheques）を手渡すつもりはない。ECは不断の対話を通じて、開発途上国の実情を定期的に確認しながら援助をおこなう決意である。
（13）本会議では、具体的な成果の達成が求められている（deliver the goods）。

　欧州委員会委員長による、このようにハイ・テンションでの〈檄〉とは対照的に、最終日の20日に開発協力および人道支援を所管するPoul Nielson 欧州委員会委員がおこなった締め括りのスピーチは、次のようにクールかつ実務的なものであった。
（1）本会議は時として暗礁に乗り上げ、停滞したが最終的には有意義な合意——"Brussels Declaration"（政治宣言）と"Programme of Action for the Least Developed Countries for the Decade 2001-2010"（行動計画）——の形成にまでこぎつけた。
（2）本会議では、ごく当然のことながら最貧開発途上国自身のはたすべき役割の重要性が強調され、〈パートナーシップ、オーナーシップ、責任の共有〉を主導原理として最貧開発途上国問題の解決にあたる旨が確認された。
（3）本会議では、グッド・ガバナンス構築の重要性が確認されたが、いうまでもなくそれは長期間にわたる複雑なプロセスを伴うものである。
（4）本会議では、国際社会が、さまざまな制約条件の改善に向けた最貧開発途上国自身の努力を支援することの重要性が確認された。
（5）本会議においては、〈2つの合意〉（「政治宣言」と「行動計画」）が採択され、国連ミレニアム宣言において合意された諸原理の重要性が再確認され、かつ強化された。
（6）本会議においては、〈2つの合意〉の実施と国家レベルにおける開発戦略（Poverty Reduction Strategy Papers……等）とを連結させる強固な

枠組みが構築された。
（7）本会議の成功により、本年ドーハで開催される第4回WTO閣僚会合において、新たな多角的貿易自由化交渉開始に向けた機運が高まった。
（8）本会議の共同開催（co-hosting）を通じてEUと国連システムとのパートナーシップはシンボリックなものから、より実効的なものへと大きく発展した。
（9）貧困とは抽象的な概念ではない。またマクロ経済学的な概念でもない。貧困に対する闘いとは、世界人権宣言で謳われた諸原理を実現することに他ならない。これこそが、EUが開発協力政策を貧困重視の政策へと再構成した理由である。

2002年3月22日、メキシコのモンテレーで開催された国連／開発資金国際会議に出席したRomano Prodi欧州委員会委員長は、「米国同時多発テロ」（2001年9月11日）の勃発から僅か半年後に開催される同会議の歴史的意義を、次のように強調した。
（1）われわれは〈11 September〉と同様に、世界の将来に影響を及ぼす死活的な問題に対して、断固たる決意で立ち向かわなければならない。
（2）グローバリゼーションの進展に対しては、〈不平等の拡大、環境に対する脅威、国際金融市場の混乱、組織犯罪の頻発〉を懸念する意見も根強く存在しており、われわれは、そうした問いかけに対して積極的に応えなければならない。
（3）われわれは、すべての開発途上国に対して連帯のメッセージ（message of solidarity）を携えて会議に臨むものである。
（4）EUは最近、最貧開発途上国輸出産品に対する市場開放に向けて"Everything but Arms" Initiativeという画期的な制度を発足させた。
（5）われわれは、世界の5分の1の人々が苛まれている絶対的貧困に挑戦することは、道義的な絶対命題である旨を認識し、Millennium Development Declarationにおいて謳われた歴史的な挑戦を全面的に支持する決意である。

（6）EU 加盟国は全体として、2006 年までの中間目標として ODA の対 GNP 比：0.39 パーセント目標の達成を正式に公約する。

（7）世界は、①貧困とマージナライゼーションが拡散し、戦争と環境劣化が蔓延する世界へと突入するか、それとも②ともに手を携えて〈進歩・平和・繁栄〉の時代へと邁進するか——いずれの道を選択すべきか、重大な岐路に直面している。それは結局のところ、われわれ自身の政治的意思と選択の問題である。私は世界の国々に対して、われわれと共に〈global partnership for peace and sustainable development〉への道を進むよう訴えたい。

2002 年 9 月 2 日、Romano Prodi 欧州委員会委員長は、ヨハネスブルグで開催された「持続可能な開発に関する世界サミット」（WSSD, World Summit for Sustainable Development）に出席し"The North-South Pact"と題して、次のような演説をおこなった〔EU SPEECH/02/361〕。——（1）貿易に関するドーハ会議や開発金融に関するモンテレー会議に象徴されるように、近年、多国間協力（multilateral cooperation）は、著しい進展を遂げている。（2）本ヨハネスブルグ会議においても、われわれは貧困の削減と環境破壊の抑制に向けて、大きく前進しなければならない。（3）われわれは、国連ミレニアム・サミットにおいて、絶対的貧困に対する闘いに関して野心的な目標を設定した。それは達成されなければならない。（4）われわれは、かつてヨーロッパを分断した壁を撤去することに成功した。ところがいまや「北」と「南」の格差が拡大し、新たな壁が構築されようとしている。われわれは、世界を分断する新たな壁の出現を容認すべきではない。（5）われわれがヨハネスブルグに参集した目的は、〈成長・開発・持続性・連帯〉を主導原理とする新たな協約（pact）を「北」と「南」との間に締結するためである。

2004 年 4 月 26 日、EU 閣僚理事会は WSSD のフォローアップに関して、次のような決議を採択した〔EU 8566/04（Presse 115）〕。——（1）EU のモンテレー会議、ドーハ開発アジェンダ、そしてヨハネスブルグ会議（WSSD）に対

する積極的なコミットメントは、いずれもミレニアム開発目標の達成に向けたグローバル・パートナーシップに対する貢献を目的とするものである。(2) EU 閣僚理事会は、国際的に合意された目標、とりわけミレニアム開発目標の達成に向けて WSSD、ドーハ、モンテレーに対するフォローアップ作業を積極的に推進する。(3) フォローアップの一環として、コミットメントの進捗状況を継続的かつ定期的にモニターすることが重要であり、それは可能な限り 2001 年 9 月 6 日に Kofi Annan 国連事務総長が *Road map towards the implementation of the United Nations Millennium Declaration* において提示した指標に基づくものでなければならない。

2004 年 6 月 17 日-18 日、ブリュッセルで開催された欧州理事会は議長総括において、ミレニアム開発目標に対する EU の断固たるコミットメントを次のように再確認した〔EU 10679/2/04 REV 2, 19 July 2004〕。──EU は、世界の貧困に対する闘いにおいて、今後も強力なリーダーシップを発揮しなければならない。欧州理事会は、ミレニアム開発目標の達成状況、とりわけアフリカにおける進捗状況の低迷を憂慮している。欧州理事会は、EU がモンテレーにおいておこなったコミットメント──開発に向けた新たな資金源の開拓を含む───の実現に向けて、いままで以上に全力を尽くし、ミレニアム開発目標の進展を加速しようとする国連の努力を全面的に支援する旨の決意を改めて確認する。

2004 年 12 月 17 日、欧州理事会は議長総括において、ミレニアム開発目標に関して次のように謳った〔EU 16238/1/04 REV 1, 1 February 2005〕。──(1) 欧州理事会は、すべての開発途上国から貧困を根絶するうえで、EU の ODA が重要な役割をはたしている旨を強調し、併せて最貧開発途上国、とりわけアフリカに対する重点的な支援強化の必要性を強調した。(2) 欧州理事会は、ミレニアム開発目標に対する EU の全面的なコミットメントを確認し、とりわけサブサハラ・アフリカにおけるミレニアム開発目標の達成状況改善の必要性を強調した。(3) 欧州理事会は、ミレニアム開発目標の達成という観点か

ら Policy Coherence for Development（PCD）の更なる強化を訴えた。

　　European Commission Report on Millennium Development Goals 2000-2004——。それは〈ミレニアム開発目標に対する、EU（加盟国レベルではなく、EC レベルでの）の貢献を概括する〉ことを目的として作成された Commission Staff Working Document（2004 年 11 月）を、新たに一般向けのブックレットとして刊行したものであるが、同書の〈まえがき〉において、開発協力および人道支援を所管する Louis Michel 欧州委員会委員は、次のように多彩なレトリックを駆使して、最大限の表現でミレニアム開発目標の歴史的意義、ひいてはその達成に向けた EU の貢献を強調した。——（1）2000 年 9 月、世界の指導者はニューヨークに集まり、ミレニアム宣言およびミレニアム開発目標を採択した。こうして人類史上初めて国際社会は、一連の普遍的開発目標に合意したのである。また開発協力の歴史においてわれわれは初めて、その実現にコミットしたのである。その結果、ミレニアム開発目標は、先進工業国と開発途上国の双方にとって希望と行動（inspiration and action）を奮い立たせる原動力となるまでに至っている。（2）2015 年までにミレニアム開発目標を達成するためには、更なるコミットメントおよび行動が必要であるが、2005 年 9 月に予定されている世界サミットまで余すところ 10 カ月——私はそれまでには、合意の形成が可能であると確信している。（3）開発協力担当／欧州委員会委員としての私の座右の銘（key words）は〈ambition and innovation〉である。私にとって、ミレニアム開発目標は進むべき方向性を指し示す〈beacon〉でなければならない。一世代のうちに、絶対的貧困を半減させることは可能である。基礎的社会サービスに対するアクセス水準を根本的に改善することは可能である。われわれは HIV/AIDS やマラリアの蔓延を阻止することができる。森林の消滅を逆転させることは不可能ではない。ただしそれらを実現するためには、更なる努力とコミットメント、適切なガバナンス（先進工業国と開発途上国の双方における）、そして人類共通の未来に向け

た投資を可能とする財政的裏づけを確保することが必要である。(4) "dare to dream, dare to try, dare to lose, dare to succeed" が私のモットーであり、私はミレニアム開発目標の達成に向けて挑戦し続ける決意である。

そのうえで同書では、以下の諸点が確認された。――(1) EU 開発協力政策は、かつては加盟国の植民地、あるいは加盟国と伝統的に強い結びつきを維持してきた特定の国を対象として、場当たり的におこなわれてきた。しかしやがて EU 開発協力政策は、一連の地域協力協定／パートナーシップ協定の締結を通じて、全世界的な広がりをもつまでに至った。(2) 1990 年代、EU 開発協力政策は徐々に新たに構築された国際開発枠組みへと一体化されていった。それは持続可能な開発やグローバル・パートナーシップの名のもとに、貧困の根絶、ジェンダーの平等、初等教育に対するアクセス、保健衛生等の基礎的社会サービスの改善を目的とするものである。(3) EU は中心的な行動主体としてこうした動き（具体的にはミレニアム開発目標の達成）を主導し、折に触れてそれに対する積極的なコミットメントを表明してきた。本書は、2005 年 9 月に開催予定の国連総会に向けて作成されるものである。(4) 2000 年 11 月に EU 閣僚理事会と欧州委員会が採択した Development Policy Statement (DPS) では、ミレニアム開発目標に関する詳細な言及はなされていない。とはいえそれがミレニアム宣言の目的と方向性に完全に合致するものであることはいうまでもない。(5) 2000 年以降 EU は、ミレニアム開発目標および貧困の削減を開発協力政策の中心的課題と位置づけ、さまざまなコミュニケーションや規則を通じてその実現を図ってきた（conducive climate の整備）。(6) EU 開発協力政策とミレニアム開発目標との結びつきを強固なものとし、その進捗状況を適切に把握するために、欧州委員会は EU 加盟国や世界銀行、UNDP、OECD/DAC 等の国際組織との間に緊密な協力関係を展開し、重要な指標を設定した。(7) ミレニアム開発目標を達成するためには、安定した政治環境が不可欠である。欧州委員会は、〈ガバナンス・平和・安全・開発〉

が相互に関連しているとの基本認識に基づき包括的なアプローチ（holistic approach）を追求するものである。

最後に同書は、冒頭の〈まえがき〉に対応する形で、次のように〈格調高い〉決意表明で結ばれた。──The EU claims leadership which, in turn, requires political courage and commitment. The EU has expressed the will to make a difference. This implies that we bridge the gap between theory and practice and that we back up our words with resources and action.

EU Report on Millennium Development Goals 2000-2004: EU contribution to the review of the MDGs at the UN 2005 High Level Event──これは、〈EU 加盟国の国内世論を喚起し、ミレニアム開発目標、ひいてはミレニアム開発目標に対する EU のコミットメントに関する議論の活性化〉を目的として作成された Commission Staff Working Document（2005 年 4 月）を、新たに一般向けのブックレットとして刊行したものである。それは、(1) 2005 年 9 月の国連サミット──UN 2005 High Level Event──に向けた準備作業の一環として、(2) *European Commission Report on Millennium Development Goals 2000-2004* を補完する姉妹編として作成されるものであり、(3) ミレニアム開発目標に対する EU〈加盟国〉の貢献に焦点を当てて、(4) EU 加盟 25 カ国が作成した国別報告書に基づき、ミレニアム開発目標に対する EU の貢献を概括する〈Synthesis Report〉として作成されたものである。同書の結論は、以下の通りである。──(1)〈EU 加盟 25 カ国＋欧州委員会は〉、それぞれの開発協力政策とミレニアム開発目標との連動（align）を模索している。(2) ただしそれは、必ずしも常にミレニアム開発目標の達成と直接結びつくものではない。場合によっては、ミレニアム開発目標の達成に向けた基盤整備（conducive climate）が目的とされることもある。(3)〈EU 加盟 25 カ国＋欧州委員会〉は、ミレニアム開発目標／第 8 目標〈開発のためのグローバル・パートナーシップの推進〉に関して

は、それをさらに加速することが不可欠であるとの認識を共有している。(4)〈EU 加盟 25 カ国＋欧州委員会〉は、サブサハラ・アフリカにおけるミレニアム開発目標の進捗状況の低迷を憂慮している。

第 3 節　飛躍の 2005 年

2005 年——。この年 EU は、ミレニアム開発目標に対するコミットメントを矢継ぎ早に打ち出していった。それは、国際開発目標に対する EU の積極的な貢献を国際社会に強くアピールする、きわめて実り豊かな 1 年間であった。

2004 年 5 月：第 5 次拡大による EU25 カ国体制の発足／2004 年 10 月：欧州憲法条約の調印（最終的には未発効に終った）。——このような歴史的背景のもとで EU は、2000 年-2004 年のコミットメント（実績）を梃子として、かつ 2005 年 9 月の国連総会／世界サミット（High-level Plenary Meeting of the United Nations General Assembly）を見据えて、次のように、ミレニアム開発目標に対する EU の積極的な姿勢を前面に押し出していったのである。

2005 年 3 月、欧州理事会は「2005 年 9 月のサミットに向けた準備」と題して、次のように宣言した〔EU 7619/1/05 REV 1, 23 March 2005〕。——(1) 欧州理事会は、国連事務総長報告書 *In larger freedom: towards development, security and human rights for all* を歓迎する。(2) 欧州理事会は、EU が国連において、とりわけ 9 月のサミットの準備において重要な役割を担う決意であることを再確認する。(3) 欧州理事会は、欧州委員会および EU 閣僚理事会に対して、サミットに向けた議論において EU が主導的な役割をはたしうるように、さまざまな開発問題に対して EU としての一元的な立場を確立するよう要請する。(4) 欧州理事会は、とりわけアフリカ問題が重要な議題になると認識している。(5) 欧州理事会は、9 月のサミットが〈野心的かつバランスのとれた成果〉をもたらすものとなるように、EU と特別な関係を構築している国家集団および国家との間に緊密な対話を継続するよう希望する。

2005 年 4 月、欧州委員会は次の 3 つのコミュニケーションを矢継ぎ早に発出した。——（1）*Speeding up progress towards the Millennium Development Goals – The European Union's contribution*〔COM（2005）132 final, 12.4.2005〕、（2）*Accelerating progress towards achieving the Millennium Development Goals : Financing for Development and Aid Effectiveness*〔SEC（2005）454, 12.4.2005〕、（3）*Policy Coherence for Development : Accelerating progress towards attaining the Millennium Development Goals*〔COM（2005）134 final, 12.4.2005〕。

これらはいずれも *EU Report on Millennium Development Goals 2000 – 2005 (Synthesis Report)* と同時に発出され、〈2005 年から 2010 年までのタイム・スパンを想定して〉、タイトルに示されるように、（1）異なる視点からの、しかしひとつのパッケージ（MDG Package）として、（2）ミレニアム開発目標という共通の目標に対する EU の貢献を加速しようとするものであった。

2005 年 5 月、EU 閣僚理事会は *Millennium Development Goals: EU Contribution to the Review of the MDGs at the UN 2005 High Level Event* と題する決議を採択した〔EU 9266/05, DEVGEN 91, RELEX 256, ONU 60, FIN 181, 24 May 2005〕。それは〈ミレニアム開発目標の進捗状況の加速化〉（Accelerating Progress towards Attaining the Millennium Development Goals）に向けて、9 月に開催される国連総会／世界サミットに臨む EU の基本的立場を最終的に確定するものであった。その骨子は、以下の通りである。

（1）閣僚理事会は、国連事務総長報告書 *In larger freedom: towards development, security and human rights for all* を歓迎する。
（2）EU は ACP 諸国とのコトヌ協定に象徴されるように、すべての開発途上国との間に積極的にパートナーシップを構築する決意である。
（3）EU はミレニアム宣言およびミレニアム開発目標の達成に向けて積極的にコミットする。
（4）ミレニアム開発目標の達成に向けて ODA を増大する。EU は、2010 年までの新たな目標として、EU 全体（加盟 25 カ国＋EC）の ODA の対

GNI 比：0.56 パーセント目標の実現を図る。
（5）EU は国際金融機関と協調して債務問題の解決を図る。
（6）EU は OECD/DAC の「効果的援助に関するパリ宣言」に全面的にコミットし、その時宜を得た実施を図る。
（7）EU はドーハ開発アジェンダの成功に向けて積極的にコミットし、ミレニアム開発目標の達成を図る。
（8）EU は "Everything but Arms" Initiative の経験（成功）に鑑み、先進工業国および開発途上国が最貧開発途上国の輸出産品に対して関税および輸入数量枠を完全に撤廃するよう勧奨する。
（9）EU は、ミレニアム開発目標の達成に向けた開発途上国の努力を支援するうえで、〈開発政策以外の政策〉（non-development policies）が重要であると認識している。このような認識に基づき EU は、Policy Coherence for Development（PCD）の推進に向けて特別な努力を惜しまない。
（10）EU はアフリカの開発を優先課題と位置づけ、アフリカ諸国のミレニアム開発目標達成に向けた努力を支援する。そのために EU は、国連およびその他の国際的パートナーとの協力を強化する。
（11）閣僚理事会は欧州委員会に対して、ミレニアム開発目標に対する EU のコミットメントをモニターし、その進捗状況を定期的に報告するよう要請する。

　2005 年 6 月、欧州委員会は *The 2005 UN Summit – Addressing the global challenges and making a success of the reformed UN* と題するコミュニケーションを発出した〔COM（2005）259 final, 15.6.2005〕。それはサミット『成果文書』〈草案〉の提示（2005 年 6 月 3 日）を受けて、実効的多国間主義（effective multilateralism）の先導者（front-runner）としての立場から、EU がサミットの成功に向けて全力を尽くし、かつサミット『成果文書』の実施／フォローアップに向けて全力を尽くす旨を強調するものであった。

2005年6月25日、改訂コトヌ協定（Revised Cotonou Agreement）がルクセンブルクで調印された。それは前文において、次のようにミレニアム開発目標の意義を謳うものであった。──2000年の国連総会において採択されたミレニアム宣言を基礎とするミレニアム開発目標、とりわけ絶対的貧困および飢餓の根絶は、国連の諸会議において合意されたさまざまな開発目標および諸原則とともに、本協定に基づくACP-EC協力関係に明確なビジョンを提示するものであり、かつACP-EC協力関係を基礎づけるものである。

　2005年9月14日-16日、ニューヨークの国連本部で〈国連世界サミット2005〉が開催された。会議にはEUを代表してJosé Manuel Barroso欧州委員会委員長、Benita Ferrero-Waldner欧州委員会委員（対外関係担当）、それにLouis Michel欧州委員会委員（開発協力および人道支援担当）が出席し、全体会議やラウンド・テーブル等の場を通じて、次のようにEUの存在をアピールした。

　まず会議初日の9月14日／午前におこなわれた「開発資金に関する全体会合」（UN Summit Special Plenary on FfD）においてJosé Manuel Barroso欧州委員会委員長は"Financing for Development : Facing up to the Challenge of our Generation"と題して、次のようなスピーチをおこなった。──(1) われわれは、欠乏に対する闘いに勝利するために必要な諸資源（resources）を既に確保している。いまこそわれわれは、闘いに勝利しようという意思（will）を行動で示すべきである。(2) 欠乏に対する闘いにおいてEUは主導的な役割をはたしてきた。EUは全体として、世界ODA総額の55パーセントを供与している。われわれは2010年に向けてODAを倍増するつもりである。(3) 持続可能な開発を推進するうえで、援助に加えて貿易も〈powerful engine〉として重要な役割を担っている。EUの"Everything but Arms" Initiativeは、EUの貿易重視の立場を反映するものであり、EUの貿易関連援助（trade-related assistance）は世界最大の規模を誇っている。(4) 〈援助と貿易〉は、開発途上国政府による責任ある開発（国づくり）を支援するものである。(5) 開発とは、経済理論の有効性ではなく、人間存在そのものを問うも

のである。(6) もし他の国々も EU に倣って援助を増大し、〈貿易と開発〉に関するイニシアティブに着手するようになれば／もしドーハ開発ラウンドを成功させることができれば／もし開発途上国が交渉を有利に進めることができれば――ミレニアム開発目標の達成は、われわれの手の届く範囲内にあると確信する。

　ついで会議初日の午後、Tony Blair イギリス首相が〈EU 議長国〉としての立場から、次のようなステートメントを発出した。――(1) EU はこれまで常に国連に深くコミットし、国際法の遵守および発展を支持し、実効的多国間主義に強くコミットしてきた。(2) グローバリゼーションと相互依存が拡大・深化するいま、以前にも増して〈開発のためのパートナーシップ〉が重要な課題となっている。(3) EU はミレニアム開発目標の達成を支援している。(4) 〈グッド・ガバナンス、グローバリゼーションの社会的次元、アフリカの特別なニーズ〉が EU の最優先課題である。(5) EU はアフリカのミレニアム開発目標達成を重点的に支援する決意である。(6) ODA の対 GNI 比：0.7 パーセントという国連目標を達成している 5 カ国のうち、4 カ国は EU 加盟国である。(7) EU はドーハ開発ラウンドの〈rapid, ambitious and pro-poor〉な妥結を強力に支援する。

　やがて最終日／16 日の午後――。『2005 年サミット成果文書』の採択を踏まえて、Benita Ferrero-Waldner 欧州委員会委員が〈EU 外相〉としての立場から、次のような「総括的」ステートメントを発出した。――(1) EU は『成果文書』の採択を歓迎する。いうまでもなく EU の希望がすべて『成果文書』に盛り込まれた訳ではない。しかしながら、そもそも妥協は当然のことである。(2) 〈開発・安全保障・人権〉が、われわれの追求する 3 本柱である。(3) 援助に関しては、EU は世界をリードしており、他のドナーも EU に倣うことを切望する。(4) 貿易に関しても EU の "Everything but Arms" Initiative に倣って、他の国々も最貧開発途上国に対して特別の優遇措置を講ずることを期待する。(5) 実効的多国間主義（effective multilateralism）――これが EU 対外関係の主導原理である。

第Ⅸ章　EU とミレニアム開発目標　251

　2005 年 12 月 15 日、欧州理事会は *The EU and Africa: Towards a Strategic Partnership* と題する決議を採択した〔D/05/4〕。それは EU（加盟 25 カ国＋EC）とアフリカ諸国（北アフリカ／地中海南岸諸国を含む）が、それぞれ一体となってパラレルに——*One Europe* vis-à-vis *One Africa* という形で——アフリカにおけるミレニアム開発目標の達成という共通の目標に向けて邁進する決意を宣言するものであった。

　2005 年 12 月 20 日、Tony Blair イギリス首相、Josep Borrell i Fontelles 欧州議会議長、José Manuel Barroso 欧州委員会委員長は、それぞれ EU 閣僚理事会、欧州議会、欧州委員会を代表して *The European Consensus on Development* と題する共同声明——joint *Development Policy Statement*——に調印した。これにより EU 開発協力政策は、50 年という歴史の積み重ねを経てようやく〈EU 加盟国と欧州委員会〉の双方を一元的に包摂する「共通」開発協力政策の構築へと至ったのである。それはミレニアム開発目標、ひいては貧困の根絶という新たな国際的コンセンサス——国際開発目標——に対して、EU がそれを普遍的な規範として受け入れ、かつその達成に向けて全面的にコミットする旨を内外に宣言する高度に政治的なメッセージであった。

　2 部／126 パラグラフから構成される *The European Consensus on Development*（ブリュッセル・コンセンサス）の概要は、以下の通りである。

　まず "The development challenge" と題する冒頭の〈序文〉において、「ブリュッセル・コンセンサス」の基本的な問題意識が次のように披瀝された。——（1）世界の貧困に対する闘いは、道義的な義務にとどまるものではない。それは、〈より安定した、平和で豊かな、そして平等な世界〉（more stable, peaceful, prosperous and equitable world）の構築に資するものでもある。（2）開発政策は EU（EU 加盟国＋EC）とすべての開発途上国との関係の中核を構成するものである。（3）開発に第一義的な責任を有するのは開発途上国自身である。しかし先進工業国もまた責任を有する。EU 加盟国と EC は、ともにそうした責任をはたしている。（4）EU 加盟国と EC は、多国間レベルにおいて合意された国際開発目標に等しくコミットしている。

そのうえで"The EU Vision of Development"と題する第 1 部においては、〈EU 加盟国と EC〉の双方が「すべての開発途上国」を対象としてともに追求すべき「共通の開発ビジョン」が次のように展開された。——（1）EU 開発協力の第一義的な目的は、持続可能な開発——ミレニアム開発目標を含む——という全体的な文脈において、貧困の根絶を図ることである。（2）EU は、1990 年代にさまざまな国連会議／サミットにおいて採択され、ミレニアム宣言およびミレニアム開発目標（2000 年）、モンテレー会議（2002 年）、ヨハネスブルグ会議（2002 年）、ミレニアム・レビュー・サミット（2005 年）において再確認された行動計画の達成を支援する決意である。（3）EU は、世界のすべての国々が開発に向けて責任を共有すべきとする実効的多国間主義（effective multilateralism）に断固たる決意でコミットする。（4）EU は、ミレニアム開発目標の達成に向けて努力する開発途上国の貧困削減／開発／改革戦略を支援する。（5）ミレニアム開発目標を達成するためには、必ずしも直接開発に関わるとはいえない政策——非開発政策（non-development policies）——を支援することも必要である。したがって、さまざまな開発に関連する諸政策間の整合性（Policy Coherence for Development）の確保が重要である。（6）貧困を削減し、持続可能な開発を推進することは、それ自体が価値を具現している。それと同時に、ミレニアム開発目標の達成は、国際社会全体にとっても、個々の国家にとっても、長期的な平和と安全を確保するうえで重要な意味をもっている。

ついで"The European Community Development Policy"と題する第 2 部においては、第 1 部で展開された〈EU 加盟国および EC〉に共通するビジョンの実現に向けて、具体的にはミレニアム開発目標の達成に向けて、とりわけ EC が実施すべき行動計画が展開された（EU 加盟国は対象から除外されている）。それは、（1）EC（具体的には欧州委員会）が EU 加盟国に対して比較優位（付加価値）を保持する活動領域を明確にし、（2）それに特化した活動を重点的におこなうよう求めるものであった。また（1）〈ガバナンス、民主主義、人権、経済的／制度的改革〉の分野におけるブレトン・ウッズ機構との連携、（2）ミレニアム開発目標を念頭に置いた人間開発の追求、（3）ミレニアム開発

目標、ひいては〈Global Public Goods〉の実現に直接関係する〈Global Initiative〉に対するECの貢献、(4) 多国間援助の実効性強化という観点から、ECと国連システム、国際金融機関、その他の当該国際組織との協力関係促進の重要性が強調された。

第4節　2007年／リスボン条約：
法的基盤の整備

　2007年12月13日、EU加盟27カ国はリスボン条約（欧州連合条約および欧州共同体設立条約を改定するリスボン条約／Treaty of Lisbon amending the Treaty on European Union and the Treaty establishing the European Community）に調印した（発効は2009年12月1日）。それは、"Reform Treaty"という通称に示されるように既存の〈EU〉条約および〈EC〉条約を「改訂」するものであり、とりわけEC条約に関しては「EU運営条約」（Treaty on the Functioning of the European Union）へと名称を変更することにより、EUとしての法的一体性の確保を図るものとなった。

　まず「改訂された」EU条約（欧州連合条約）においては、開発／貧困問題に対するEU（欧州連合）の挑戦が次のように規定された。

（1）より広い世界との関係において、連合はその価値と利益を主張および促進し、かつ連合市民の保護に寄与する。連合は、平和、安全、地球の持続可能な開発、人々の連帯と相互の尊重、自由で公正な貿易、貧困の撲滅および人権、とりわけ児童の権利の保護に寄与し、国連憲章の原則の尊重を含む国際法の厳格な遵守と発展にも寄与する（第3条5項）。

（2）国際場裏における連合の行動は、民主主義、法の支配、人権および基本的自由の普遍性と不可分性、人間の尊厳の尊重、平等と連帯の原則、国連憲章および国際法の原則の尊重という、連合みずからの創設、発展および拡大を導き、かつより広い世界における前進を志向する原則により導かれる。……連合はとりわけ国際連合の枠組みのなかで、共通の問題に対する多国間主義に基づく解決を促進する（第21条1項）。

（3）連合は、以下の目的のために共通の政策と行動を策定および追求し、かつ国際関係のすべての領域においてより高次の協力に向けて活動する。……(d) 貧困の根絶を主要な目的とする、開発途上国の持続可能な経済、社会、環境面における開発の促進。(e) 国際貿易に関する制限の漸進的な撤廃などを通じた、すべての国家の世界経済への統合の促進。(f) 持続可能な開発の確保に向けて、環境の質および地球の天然資源の持続可能な管理を維持し、改善するための国際的措置の推進支援。(g) 天災または人災に直面する人々と、国家および地域への支援。(h) より強固な多国間協力とグローバル・ガバナンスに基づく国際システムの促進（第21条2項）。

ついでEU運営条約においても、同様に開発／貧困問題に対するEUの挑戦が、次のように規定された。

（1）開発協力および人道援助の分野において、連合は、それを実践し、共通政策を遂行する権限を保持する。ただしそれは、加盟国が開発協力および人道援助の分野において権限を行使することを妨げるものではない（第4条4項）。

（2）開発協力の分野における連合の政策は、連合の対外行動の原則と目的の枠組みに基づきおこなわれる。連合の開発協力政策と加盟国の開発協力政策は、相互に補完しかつ強化するものとする。連合の開発協力政策は、貧困の緩和、長期的にはその撲滅を第一義的な目標とする。連合は、実施される政策が開発途上国に影響を及ぼす可能性がある場合には、開発協力の目的を考慮に入れる（第208条1項）。

（3）連合は、第三国および管轄権を有する国際組織と、EU条約第21条およびEU運営条約第208条において規定された目的の達成を促すあらゆる形態の協定を締結することができる（第209条2項）。

（4）連合および加盟国は、相互補完性と効率性の強化に向けて、国際組織において、また国際会議の期間中に開発協力に関する政策を調整し、援助計画に関して相互に協議する。連合と加盟国は、開発協力に関して統一行動をとることもできる。加盟国は、必要に応じて連合の援助計画の実

施に寄与することができる（第210条1項）。
（5）欧州委員会は、第210条1項に規定された調整を促進するためにあらゆる有効な発議をおこなうことができる（第210条2項）。
（6）連合と加盟国は、それぞれの権限の範囲内において開発協力に関して、当該国際組織と協力する（第211条）。

2007年12月14日、欧州理事会は議長総括において、欧州委員会に対して2008年4月までに、(1)ミレニアム開発目標の進捗状況、および(2)その加速化に向けた報告書を作成するよう求めた〔16616/1/07 REV 1, 14 February 2008〕。

第5節　中間折り返し点：
2008年

やがて2008年——。ミレニアム開発目標の中間折り返し点に相当するこの年、国連を舞台としてさまざまなMDGs関連イベントが開催されたが、EUもそれに呼応／触発される形で以下のように活発な動きを展開した。それは、〈飛躍の2005年〉にも匹敵するものであり、ニューヨーク（グローバリズム）とブリュッセル（リージョナリズム／ローカリズム）との間のケミストリー（化学反応）／シナジー現象とも特徴づけられるものであった。

2008年4月、欧州委員会は *The EU - a global partner for development - Speeding up progress towards the Millennium Development Goals* と題するコミュニケーションを発出した〔COM（2008）177 final, 9.4.2008〕。それは、(1)2007年にEUの援助実績が後退したことに警鐘を鳴らし、(2)2008年という節目の年に、①EUが国際社会におけるキー・プレーヤーとして、②ミレニアム開発目標の達成に対するEUの断固たる決意を、③明確な政治的メッセージの形で表明し、④開発途上国の期待に十分に応えるよう訴えるものであった。

その骨子は、次の通りである。——（1）2008 年は、EU 開発協力政策の信頼性が問われる重要な年（正念場）である。（2）*The European Consensus on Development* の採択（2005 年）以降、EU はミレニアム開発目標の達成に向けて重要な政策イニシアティブを積み重ねてきたが、いま強く求められていることは、具体的な行動を通じてミレニアム開発目標実現のスピードアップを図ることである。（3）EU は〈Policy Coherence for Development〉を主導原理として、EU 諸政策とミレニアム開発目標とのシナジー効果／相乗効果の強化を図るべきである。（4）〈2015 年までにミレニアム開発目標を達成する〉ということ自体は最終的な目標ではない。われわれは、その後の事態の推移を視野に入れなければならない。（5）8 年前にミレニアム開発目標を策定して以来、新たに重要な課題——気候変動、人口問題、国際金融市場の不安定化、課税システム、天然資源の枯渇と環境悪化等——が出現しており、ミレニアム開発目標の達成はますます困難となっている。

2008 年 6 月 24 日、欧州理事会は *The EU as a global partner for pro-poor and pro-growth development : EU Agenda for Action on MDGs* を採択した〔11096/08, DEVGEN 113, POLGEN 72, RELEX 472, ACP 105, ENV 405, AGRI 198, PECHE 170, SOC 373, ONU 51, EDUC 168, SAN 131, COHOM 82, JEUN 66, 24 June 2008〕。これがいわゆる「ミレニアム開発目標に関する EU 行動計画」である。その骨子は、次の通りである。

（1）EU はサブサハラ・アフリカの現状を憂慮している。また高い経済成長を達成している地域においても依然として不平等、貧困、環境問題が存在しているという現実を憂慮している。

（2）EU はすべてのドナーに対して、ミレニアム開発目標の達成に向けてこれまでおこなってきたコミットメントを履行するよう求める。

（3）EU は世界 ODA 総額の 60 パーセントを供与する世界最大のドナーとして、ミレニアム開発目標の実現のために必要とされる資金援助において主導的な役割をはたす。また EU は、本年後半に予定されている重要な会議——援助効果に関する OECD/DAC ハイレベル会合（アクラ、9

月 2 日 -4 日)、アフリカの開発ニーズに関する国連ハイレベル会合（ニューヨーク、9 月 22 日)、ミレニアム開発目標に関する国連ハイレベル会合（ニューヨーク、9 月 25 日)、開発資金に関するドーハ会議（11 月 29 日 -12 月 2 日）——において野心的かつ実践的な政策対応（ambitious action-oriented response）をおこなうために必要とされるあらゆる政策措置を講じる決意である。

（4）EU は他の伝統的なドナーに対して、また新しい／非 EU ドナーに対して、ミレニアム開発目標の達成に向けた公平な負担の共有を求める。
（5）EU は南－南協力の重要性を認識している。
（6）EU は、ミレニアム開発目標を達成するためには〈民主的なガバナンス、人権の保護と法の支配、pro-poor な経済成長、民間セクターの発展、貿易の発展、人的・社会的開発と持続的な環境の確保〉という包括的戦略が不可欠であると認識している。
（7）〈教育・環境・保健衛生・安全な水資源・農業・pro-poor な成長・インフラストラクチャー・ジェンダーの平等〉を重要かつ優先的な活動領域とすることが求められている。
（8）EU は開発におけるパートナーに対して、EU が策定する本行動計画（Agenda for Action）に賛同／同調を求める。なお本行動計画は、開発途上国の〈貧困削減・開発・改革戦略〉と完全に合致するものである。
（9）EU は 2010 年までの課題として、次の活動領域に重点的に取り組む決意であり、開発途上国もそれに賛同／同調することを求める（ただしそれらはあくまでも例示的なものであり、網羅的ではない)。——①貧困と飢餓、②教育、③保健衛生、④環境、⑤ジェンダーの平等と女性のエンパワーメント。

2008 年 9 月 22 日、José Manuel Barroso 欧州委員会委員長は、「アフリカの開発ニーズに関するハイレベル会合」（国連総会）において、次のように演説した。——（1）EU はこれまでアフリカの開発という重要な使命に向けて、

アフリカ諸国とともに手を携えて活動してきており、それを誇りに思っている。(2) 今日アフリカ諸国は、①より強固な経済成長の確立、②豊かな天然資源の効果的活用、③グッド・ガバナンスの強化を通じて自立への道を歩み始めている。(3) EU はこれまで通り責任をはたす決意であるが、アフリカの将来は、究極的にはアフリカ自身の手に委ねられるべきである。(4) 国境を超えて生起するグローバルな課題に対しては、EU はパートナーシップ精神に基づき、アフリカ諸国と協力してその解決を図る決意である。

2008 年 9 月 25 日、José Manuel Barroso 欧州委員会委員長は、「ミレニアム開発目標に関する国連ハイレベル・イベント」において、ミレニアム開発目標に対する EU のコミットメントを次のように強調した。――(1) ミレニアム開発目標を達成するためには、その第一歩として〈より多くの、そしてより効果的な〉援助をおこなうことが必要である。ただしわれわれは "not just financial rescue, but human rescue" を心掛けなければならない。(2) このような観点から本年 6 月、EU 加盟国首脳は全会一致で *EU Agenda for Action on MDGs* を策定した。(3) EU は 2010 年までに、EU 全体の ODA の対 GNP 比：0.56 パーセント目標を達成し、さらに 2015 年までには 0.7 パーセント目標を達成する決意である。(4) EU は、OECD/DAC が効果的な援助に関して採択した「アクラ合意」を支持する。

2008 年 10 月、欧州委員会（開発総局）の委託研究の成果として *Millennium Development Goals: Where Do We Stand and Where Do We Need to Go?* が公刊された。同報告書は 2009 年に創刊予定の *European Report on Development* のバックグラウンド・ペーパーとして、開発協力の分野をリードする著名な欧米研究者 10 名が連名で発表したものであり、ミレニアム開発目標に関する議論／世論の喚起を目的として、次のような問題提起がなされた。――(1) ミレニアム開発目標は、世界の関心を最貧困層の窮状に向けさせ、① 1990 年代に顕在化した ODA の低落傾向に歯止めをかけることに貢献した。②保健衛生や教育の分野

に対する資金援助の増大に寄与した。③開発途上国が社会・経済開発プログラムを策定する場合の準拠枠／ドナーが効果的な援助をおこなう場合の基本的枠組みとなった。(2) ミレニアム開発目標の進捗状況は不均衡であり、①主として中国、インド、インドネシア、ベトナムという大国の急速な経済成長により、〈世界全体〉の貧困は削減されつつある。②しかしながら大多数の開発途上国においては、貧困の削減は緩慢であり、むしろ貧困が拡大している国も存在する。③とりわけ教育・保健衛生の分野におけるミレニアム開発目標の低迷は顕著である。④大部分の開発途上国にとって、ミレニアム開発目標の達成は望み薄である。とりわけサブサハラ・アフリカ地域は、ミレニアム開発目標のあらゆる次元において低迷している。(3) 1990年以降、ほとんどすべての開発途上国において不平等が拡大した。その結果、貧困に対する経済成長のインパクトは期待したほどには大きくなかった。またミレニアム開発目標を構成する諸次元間の関係もきわめて希薄であった。もちろん経済成長は必要である。ただしそれだけでは不十分であり、機能しえない。その意味では、開発政策の他の側面にも注目することが重要である。(4) いまから〈2015年以後〉を視野に入れて、〈包括的かつ持続可能な開発戦略〉(overall sustainable development strategy) という全体的な文脈において、ミレニアム開発目標の再検討を試みるべきである。(5) EUにとって、長期的かつ全体的な視点からミレニアム開発目標の再編成を図ることは、EUの保持する特性（強み）を十二分に発揮するものとなる。それは、以下の理由による。——①歴史的にEUは小国を支援し、公共財の確保に向けて共同行動を積み重ねてきた。②EUの開発協力政策は、さまざまな組織間の協働を通じて策定・実施されており、そこでは相互説明責任が法的・政治的に担保されている。③EUは、世界最大の援助供与主体であり、かつ主要な貿易主体でもある。④EU加盟国は、平和維持や平和構築において主導的な役割をはたしている。⑤EUは、援助実施における相互補完性の改善という課題に関しては実践的な知見を蓄積している。⑥サブサハラ・アフリカ諸国が貿易障壁の削減、

市場機能の是正、ピア・レビューを通じた地域レベルでの改革努力を推進するうえで、地域統合体としてのEUの経験は貴重である。

2008年11月29日、José Manuel Barroso 欧州委員会委員長は、ドーハで開催された「モンテレー・コンセンサス・レビュー会合」(UN Conference on Financing for Development to Review the Implementation of the Monterrey Consensus) において、次のような演説をおこなった。──(1) 2002年の「モンテレー・コンセンサス」は、開発資金のための画期的な準拠枠である (landmark reference)。(2) 現在われわれは〈global and multi-dimensional crisis〉に直面しており、それに対処するためには責任の共有を基礎とする〈global alliance〉の構築が不可欠である。EUは先陣を切ってこの難局に立ち向かってきた。(3) われわれが共通の脅威に対して、迅速かつ一致団結して立ち向かうためには、より包括的な多国間主義の強化が不可欠である。またグローバル・ガバナンスの強化という視点から、国連システムやブレトン・ウッズ機構を、この挑戦に全面的にコミットさせることが重要であろう。(4) 危機の多様化を口実として、〈global partnership for development〉を弱体化させたり、ミレニアム開発目標／その他の開発目標に対するわれわれのコミットメントを後退させてはならない。(5) EUは、すべてのドナーに対して、開発途上国が以前にもまして援助の強化を求めているいまこの時にこそ、ODAに対するコミットメントを後退させることなく堅持することを要請する。(6) EUはOECD/DAC「アクラ行動計画」を断固として支持する。(7) 開発協力は一方的におこなわれるものではない。開発途上国もまたコミットメント──ガバナンスや包摂的な成長 (inclusive growth) に対する──を遵守することが必要である。(8) EUは断固として保護主義に反対し、〈rapid and pro-development〉なWTOドーハ・ラウンド ("other Doha") の成功に全力を尽くす覚悟である。(9) われわれは、既存の開発協力モデルを再検討し、新たな開発パラダイムを模索すべきである。(10)〈経済成長と持続可能な開発〉の推進を通じて貧困に対する闘い、ミレニアム開発目標等の国際開発目標の達成を図ろうとする「モンテレー・コンセンサス」の価値はいささかも損なわれてい

ない。

第6節　レビュー・サミットに向けて：
2010年

　2009年8月、欧州委員会は *Better, Faster, More : Implementing EC External Aid 2004-2009* と題する小冊子を発行し、EC開発協力の現況を次のように概括した。──(1) 欧州委員会（EC）による援助は、EUの開発目的および国連ミレニアム開発目標に対する貢献を目的としておこなわれている。(2) 欧州委員会は、国際社会と協力してミレニアム開発目標──とりわけ2015年までに世界の貧困を半減させるという──の達成を図っている。(3) 欧州委員会は、援助効果の強化を図っている。2008年9月の「アクラ行動計画」の策定に際しては、欧州委員会とEU加盟国が主導的な役割をはたした。(4) 欧州委員会は、国連諸組織や世界銀行等、他のドナーとの間に協働体制を構築している。(5) 欧州委員会は、2008年には123億ユーロの援助をおこなった。それは、アメリカ、ドイツにつぐものである（世界第3位のドナー）。

　2010年4月、欧州委員会は *A twelve-point EU action plan in support of the Millennium Development Goals* と題するコミュニケーションを発出した〔COM（2010）159 final, 21.4.2010〕。それは2009年12月のリスボン条約発効を踏まえて、また2010年9月に開催予定の「ミレニアム開発目標に関する国連総会ハイレベル会合」を視野に入れて、ミレニアム開発目標の達成に向けたEUの中期的な行動計画を提示するものであり、具体的には (1) ODA、(2) 効果的な援助、(3) 脆弱国家と脱落（off-track）国家、(4) 政策効果の改善、(5) オーナーシップの強化、(6)〈Policy Coherence for Development〉、(7) 課税と開発、(8) 地域統合と貿易、(9) 新規資金源の開拓、(10) 気候変動、(11) 国家の脆弱性と安全保障、(12) グローバル・ガバナンスに関する青写真（blueprint）を策定するものであった。いうまでもなくそれは第一義的には

EU 加盟国に対するメッセージ（説得コミュニケーション）であった。とはいえそれは、他のドナー／国際社会に対するメッセージでもあった。すなわち同コミュニケーションでは、〈結び〉として〈ミレニアム開発目標の達成に向けて、それぞれのドナーが（EU に倣って）行動計画を策定し、公平な負担の共有を図る〉よう訴えたのである。

2010 年 6 月 14 日、EU 閣僚理事会は "Supporting the achievement of the Millennium Development Goals by 2015" と題する決議を採択した〔11080/10, DEVGEN 207, ACP 178, RELEX 545, FIN 253, ECOFIN 373, WTO 226, ONU 116, COHAFA 54, ENV 428, 15 June 2010〕。それは基本的に、欧州委員会が策定した "A twelve-point EU action plan" にお墨付きを与え、きたるべき「ハイレベル会合」に向けて、ミレニアム開発目標の達成に向けた EU の断固たる決意（strong political commitment）をアピールするものであった。

2010 年 6 月 22 日、コトヌ協定の第 2 次改訂（Second Revision of the Cotonou Agreement）がおこなわれた。それは 2005 年 6 月の第 1 次改訂以後の新たな潮流、すなわち EU 開発協力政策のミレニアム開発目標に対するよりいっそうのコミットメントの強化、および国連主導によるメガ・プロミス――ミレニアム開発目標――の普遍的な規範としての正当性の高まりを強く反映するものであった。具体的には、第 2 次改訂コトヌ協定においては、第 1 次改訂の場合と比べて大幅な改訂が試みられたが、それは〈EU と ACP 諸国は、ミレニアム開発目標の達成促進に向けて、よりいっそうの協調行動を推進する〉旨を新たに謳った協定の前文、および第 19 条において謳われた基本理念に対応して、その実現を担保するための詳細な追加規定の新設という性格を色濃く帯びるものであった。

  2010 年 9 月、欧州委員会は *EU Contribution to the Millennium Development Goals : Some key results from European Commission programmes 2010* と題する冊子を発行した。それは、〈世界で最も劣悪な状況に置

かれている人々に対して、EUがどのような支援をおこなってきたかを素描するものであり〉、José Manuel Barroso 欧州委員会委員長は"Turning Promises into Action"と題する〈序文〉において、(1) EU はミレニアム開発目標に深くコミットし、2015年までに貧困の撲滅と生活条件の改善に向けて懸命な努力を積み重ねている。(2) ミレニアム開発目標は、ドナーと開発途上国の双方がともに手を携えて連携することによってのみ達成可能となるとの基本認識に基づき、開発途上国のオーナーシップと責任の共有（ownership and co-responsibility）の重要性を強調した。さらに同冊子において Andris Piebalgs 開発協力担当／欧州委員会委員も、次のように述べた。──(1) この10年間を通じて、貧困の撲滅に大きな前進がみられた。とはいえ目標を達成するためには、まだまだやらねばならない課題が存在する。先進工業国は、〈more development aid, better policy coherence for development, and more effectiveness of aid〉を実現する必要がある。また開発途上国は、〈more ownership and more focus on development goals〉を心掛ける必要がある。(2) 当面の課題は次の3点である。──①すでに実行している保健衛生、教育、社会セクターにおけるプログラムのよりいっそうの強化／拡充。②グッド・ガバナンスの強化。③〈Policy Coherence for Development〉の重点的促進──とりわけ貿易政策、農業政策、漁業政策と開発目標との整合性の確保。

2010年9月、*Eurobarometer* は *Europeans, development aid and the Millennium Development Goals* と題する特別報告書を公表した〔*Special Eurobarometer 352*〕。それは、(1) EU加盟27カ国／2万6,500人を対象として、(2) 2010年9月に開催される「ミレニアム開発目標に関する国連サミット」を念頭に置いて、(3) 2010年6月時点におけるEU市民のEU開発協力に関する世論／意識調査をおこなうものであり、その結果は以下の通りである。──(1) 回答者の89%が、開発途上国の人々を支援することが重要であると答えた。(2) 回答者の4

分の3（76％）が、EU加盟国が協力して——EUレベルで——開発途上国支援をおこなうことに意義／付加価値を見出すと答えた。(3) 開発途上国が直面する最大の課題を2つ選択するよう求めたところ、回答者の42％が貧困、36％が経済危機と答えた。(4) 開発途上国に対する支援強化というEUの国際的公約に関して、回答者の64％がそれを支持した。具体的には、① 50％が国際的公約の遵守を、② 14％が国際的公約以上の援助努力をおこなうべきと答えた。(5) 直接的な資金援助（ODA）以外での、EUの開発途上国に対する貢献として、回答者は貿易・財政政策：43％、平和構築政策：43％、農業政策：33％、移民政策：22％をあげた（複数回答）。(6) 開発途上国を支援するうえで最もふさわしい行動主体として、回答者は国連：27％、世界銀行：19％、EU：17％、アメリカ：15％、中国：4％、日本：1％と答えた。

以上のハード・ファクトを踏まえたうえで、報告書では結論として、次のような指摘／解釈がなされた。——(1) EU市民の大多数は、強者が弱者を支援するのは当然の道義的義務であるとの確固たる価値観を共有しており、援助は重要ではない、あるいは望ましくないと考える人はごく限られている。(2) EU加盟27カ国の間には"development aid culture"に微妙な相違が存在する。その重要な規定要因は、各国の経済状況、および各国に固有の援助政策のあり方である。(3) 北欧諸国と西欧諸国は"old development aid culture"を保持しており、野心的な援助を積み重ねている。(4) EUの世論は2015年を達成期限とする開発目標を強力に支持しており、経済危機に直面してもEU（欧州委員会）が国際的公約に基づき、貧しい国々を支援するよう求めている。(5) EU市民にとってEUは官僚／行政機構以上のものではなく、EUをドナーとして位置づけるという認識は希薄である。その意味ではEUの政策形成者にとって、〈世界最大のドナー (the world's biggest aid donor) を世界最大の行動主体 (the biggest player)〉として正しく認識させるよう世論を喚起し、"new development aid culture"を構築することが重要な課題である。

第Ⅹ章 〈ポスト2015年〉へのEUの挑戦：
グリーン・ペーパー・イニシアティブから「2015 ヨーロッパ開発年」の制定へ

　2010年9月20日-22日に開催された「MDGs国連首脳会合」（「ミレニアム開発目標に関する国連総会ハイレベル会合」）は、〈2013年に、ミレニアム開発目標のフォローアップを目的とする特別イベントを開催する〉旨を謳って閉幕したが、それは〈ポスト2015年〉に向けた政治過程の幕開け——前哨戦の開始——を公式に宣言するものでもあった。というのも「MDGs国連首脳会合」では、〈特別イベントにおいて、2015年以後の国連開発アジェンダの策定を視野に入れた協議をおこなう〉旨が併せて確認されたからである。こうしてミレニアム開発目標の達成に向けて徐々に形づくられていった〈Global Partnership for Development〉にコミットする諸行動主体は、さまざまな政治的思惑を背後に秘めながら、〈2015年〉と〈ポスト2015年〉という2つの目的関数を見据えて、ダブル・トラックで同時並行的に活動を積み重ねていったのである。こうした複眼的思考／行動は、とりわけEUにおいて顕著であった。

　そもそも〈政治的／外交的日程〉という観点から「逆算」した場合、2015年というミレニアム開発目標の達成期限は決して遠い将来ではなかった。さらに〈ポストMDGs〉国際開発アジェンダ／目標の策定は、いかにして〈新たな国際開発レジームにおいて自己の「正当な地位」を確保し、「自己利益」を追求するか〉という政治的計算／打算に鑑みた場合、周到な準備作業が不可欠であり、5年間の準備期間を見越して2010年に〈ポスト2015年〉を視野に入れた作業を開始したとしても決して拙速の謗りを受けるものではなかった。

　こうしてEUは2010年を重大な転機／飛躍の年と位置づけ、表面的にはあくまでも直近の2013年に向けて、しかし実質的には〈ポスト2015年〉という中・長期的な戦略目標を見据えて、精力的に開発協力政策の「近代化」を図っていったのである。

欧州委員会の年次報告書である *Annual Report 2013 on the European Union's development and external assistance policies and their implementation in 2012* によれば、その基本的輪郭は次の通りである。

（１）2010年11月、欧州委員会は "EU development policy in support of inclusive growth and sustainable development – Increasing the impact of EU development policy" と題するコミュニケーションをグリーン・ペーパー（諸ステークホルダー間に広範かつ活発な議論を喚起するためのタタキ台）として発出し、EU開発協力政策の将来像を探る作業に着手した。これとほぼ同時期の2010年10月、欧州委員会はより効果的な財政支援（budget support）の実現に向けて、"The future of EU budget support to third countries" と題するグリーン・ペーパーも発出した。

（２）2011年10月、欧州委員会はグリーン・ペーパーに基づく広範かつ活発な協議（consultation）の成果を取り纏め、諸ステークホルダーに対するフィードバックとして "Increasing the impact of EU Development Policy : an Agenda for Change" と題するコミュニケーションを発出した。それはミレニアム開発目標の達成に向けて、EU開発協力政策の重点的活動分野を再編成し（reprioritise）、開発効果の向上を図るものであった。

（３）2012年はきわめて充実した年であった。2012年5月、EU閣僚理事会による承認を経て *Agenda for Change* がEU開発協力政策の新たな基本戦略として実際に適用される運びとなった。また2013年9月に開催予定のミレニアム開発目標の進捗状況をレビューするための特別イベントに向けた準備作業、ひいては新たな〈ポスト2015年〉開発枠組みの策定に向けた議論も加速された。

このような欧州委員会自身による経過説明からも明らかなように、EU開発協力政策の「近代化」は、「グリーン・ペーパー」を軸として展開されていったのである。以下、〈グリーン・ペーパー・イニシアティブ〉という観点から、〈ポスト2015年〉に向けたEUの挑戦の軌跡を探ってみよう。

第 1 節　基盤整備

　2010 年 6 月 2 日、就任間もない Andris Piebalgs 開発協力担当／欧州委員会委員は、欧州議会／開発委員会に出席し、"Upcoming challenges for the EU Development Policy" と題して、次のような所信表明演説をおこなった〔SPEECH/10/288〕。
（1）私は、5 年間の在任中に最貧開発途上国における貧困の削減に一定の成果をあげる決意である。
（2）そのためには欧州委員会と欧州議会が協力／共闘して、新しい EU 開発協力政策を構築することが必要である。
（3）2010 年は、EU 開発協力政策を再構築するうえでまたとない絶好の機会である。それは、次の 3 つの理由による。──① (a) 2009 年 12 月に発効したリスボン条約では、貧困の削減、長期的にはその根絶が、EU の第一義的な目標とされ、開発政策は EU 対外関係の中核に位置づけられた。(b) 貧困の削減は、ミレニアム開発目標の中心的な課題のひとつであり、EU 加盟国もミレニアム開発目標に対する積極的なコミットメントの一環として、貧困の削減に向けて開発途上国に対する援助を強化することを約束している。(c) われわれは連携して、EU 加盟国に対してよりいっそうの援助強化を促すべきである。(d) 開発途上国に対する援助強化は道義的な義務にとどまらない。それは EU 市民の安全を確保し、経済成長を促進することにも貢献する。② (a) EU はアフリカとの間に、伝統的な "donorship" を超えた "対等な主体間のパートナーシップ" 関係を新たに構築している。(b) 〈Africa－EU パートナーシップ〉はミレニアム開発目標の達成に寄与するだけでなく、平和、安全保障、人権、透明性、課税……等、開発分野以外をも視野に入れるものである。(c) グッド・ガバナンスなしには援助の効果は限定されており、場合によっては豊かな先進工業国に対してマイナス効果をもたらすことさえある。したがってわれわれは、触媒効果という観点から

援助を再編成し、援助がグッド・ガバナンス、ひいては人権の尊重に寄与しうるようにすることが必要である。③（a）気候変動……等、環境問題は深刻な課題であり、〈環境と開発〉の両立を図ることが持続可能な開発の中心的なテーマである。(b) コペンハーゲン会議（2009年12月）に象徴されるように、EUは持続可能な開発という観点から環境問題に対して積極的にコミットしており、よりいっそうの資金援助をおこなう決意である。(c)〈EU – Africa パートナーシップ〉は再生可能エネルギーの開発促進等を通じて、持続可能な開発、ひいてはミレニアム開発目標の達成に貢献しようとするものである。

(4) 貧困の削減／撲滅こそ、われわれがさまざまな脅威に立ち向かい、人権の尊重やグッド・ガバナンスを確保し、成長を促進するうえで最も効果的な武器である。

(5) われわれは2011年中に *European Development Consensus* のレビュー（見直し）をおこなう必要がある。われわれに求められているのは、新しい経済的現実、新しい〈geo-politics〉に対応した開発政策である。それは開発協力に関する新しい政治的コンセンサスの再構築を意味する。

2010年6月14日、EU閣僚理事会は、"Council Conclusions on the Millennium Development Goals for the United Nations High-Level Plenary meeting in New York and beyond – Supporting the achievement of the Millennium Development Goals by 2015" と題する決議を採択した。それはタイトルに示されるように、2010年9月にニューヨークで開催されるミレニアム開発目標に関する「サミット」、およびその後の進展状況を視野に入れて、EUの基本的な立場を明らかにするものであった。その概要は、以下の通りである。

(1) EUはミレニアム開発目標の2015年までの達成を強く支持する。それは国際社会が確固たる政治的意思に基づき、必要かつ具体的な行動をとることにより可能となるものである。

(2) EUはミレニアム開発目標を達成するうえで、開発政策以外の諸政策

（non-development policies）の重要性を強調する。
（3）ミレニアム開発目標の達成に第一義的な責任を有するのは開発途上国自身である。EU は開発途上国に対してオーナーシップとリーダーシップを強化し、とりわけ開発途上国の開発戦略にミレニアム開発目標を導入するよう求める。
（4）EU は、〈Africa-EU Partnership on MDGs〉等の地域間枠組みを積極的に活用して、ミレニアム開発目標の推進に向けた〈地域間対話〉を推進する。
（5）EU は 2015 年までに EU 全体の ODA の対 GNI 比: 0.7 パーセント目標の達成を改めて確認する。

　2010 年 10 月 19 日、欧州委員会は GREEN PAPER "The future of EU budget support to third countries" を発出した〔COM（2010） 586 final, 19.10.2010〕。それはグリーン・ペーパーという名称からも窺われるように、(1)「財政支援」(budget support) の目的および方法の改善に向けて、(2) さまざまなステークホルダーの注意を喚起し、(3) 英知を結集して、効果的な援助の実現を図ろうとするものであった（なお 2010 年 10 月 19 日-12 月 31 日が、公開での諮問期間とされた）。
　そもそも「財政支援」は、パートナーシップと相互説明責任を基本原理として、包括的な国家間協力パッケージの一環としておこなわれるものであり、具体的には〈政策対話／資金援助／パフォーマンスの評価／能力開発〉から構成されるものであった。周知のように、その大部分は開発途上国に対する開発協力により占められてきたが、現実には先進工業国を対象とする財政支援もおこなわれてきた。EU は効果的な援助の実施を標榜して、この財政支援を精力的におこなってきたが、ミレニアム開発目標の達成、ひいては開発途上国における持続可能な成長と貧困の削減という観点からみた場合、改善すべき課題も数多く存在していた。そこで欧州委員会は、本グリーン・ペーパーの発出を通じて、開発協力に限定せず財政支援全般を視野に入れて、次の 7 つのテーマに関する公開「諮問」を試みたのである。――(1) 政治的ガバナンスと政治的対

話の役割、(2) 政策対話の役割／コンディショナリティの役割／パフォーマンスと成果との関連性、(3) 国内的および国際的説明責任、(4) 財政支援プログラムの策定およびその他の政策手段との整合性の確保、(5) リスク・アセスメントの強化および汚職・不正への対処、(6) 破綻国家に対する財政支援、(7) 成長、財政政策、国内資源の動員。

2010年11月9日、Andris Piebalgs 開発協力担当／欧州委員会委員は、欧州議会／開発委員会に出席し"How to make EU Development policy supportive of inclusive growth and sustainable development"と題して、次のような演説をおこなった〔SPEECH/10/636〕。
（1）2010年9月に開催された「MDGs に関する国連ハイレベル会合」は、われわれに対して改めて開発協力について熟考する機会を与えるものであった。
（2）検討の結果、EU 開発協力政策は多くの課題を抱えており、現状を維持する限りたとえ援助を増大させたとしてもミレニアム開発目標の達成はおぼつかなく、その進展はきわめて限定的であるという現実を痛感させられた。
（3）いまわれわれに求められているのは崇高な理念ではなく、そのような現実を打破するための答えを発見することである。(明日11月10日に公表予定の) グリーン・ペーパー"EU development policy in support of inclusive growth and sustainable development"は、特に援助効果の強化という観点から解決策を模索するものである。
（4）本グリーン・ペーパーは次の4つの柱から構成されている。――①開発政策の High Impact の確保、② Inclusive Growth の促進、③持続可能な開発の促進、④農業開発および食糧安全保障の確保。
（5）本日の演説において私が最も強調したいことは次の通りである。すなわち〈われわれは、一致協力して EU 開発協力政策の「近代化」を推進し、それによってミレニアム開発目標の達成を阻害する諸要因の克服を図るべきである〉。

第X章 〈ポスト 2015 年〉への EU の挑戦　271

第 2 節　開発協力に関するグリーン・ペーパー／2010 年 11 月

　2010 年 11 月 10 日、欧州委員会は GREEN PAPER "EU development policy in support of inclusive growth and sustainable development – increasing the impact of EU development policy" を発出した〔COM（2010）629 final, 10.11. 2010〕。

　欧州委員会のプレスリリース "European Commission opens debate to change gears in the fight against poverty" によれば、同グリーン・ペーパーの狙いは、以下の通りである〔IP/10/1494, 10 November 2010〕。——本日（2010 年 11 月 10 日）、欧州委員会は EU 開発政策の将来に関する公開諮問／意見聴取（public consultation）を開始する。……欧州委員会は、ミレニアム開発目標の達成に向けて、ひいてはポスト MDGs を視野に入れた開発途上国の活動の加速化に向けて、どのような支援をおこなうべきか。そのための最善の方策を探るべく英知を結集しようとするものである。欧州委員会はこれまでの経験に基づき、次の 4 つのテーマを公開諮問の中心的課題と位置づけている。それらは、(1) 援助効果の強化、(2)〈inclusive growth〉の推進、(3) 持続可能な開発の促進、(4) 持続的な農業開発および食糧安全保障の確保である。なお欧州委員会は EU 諸国および開発途上国との公開協議を踏まえたうえで、2011 年に EU 開発政策の「近代化」（modernisation）に関するコミュニケーションを作成する予定である。

　このようなグリーン・ペーパー——。それはミレニアム開発目標という新しい〈国際的規範〉を梃子として EU 開発協力政策に新たな息吹を与えようとする「野心的」な挑戦であり、〈序論〉において、次のような決意（政治的ステートメント）が披瀝された。

(1) 援助は万能（panacea）ではない。それは開発途上国を対象としておこなわれるさまざまな形態による資金移動のひとつに過ぎない。

(2) 援助は貧困の根本原因（roots of poverty）にメスを入れ、開発途上国

が〈inclusive growth〉を実現するために必要とされる能力を引き出すための触媒（引き金）とならなければならない。

（３）〈inclusive growth〉の推進なしにミレニアム開発目標を達成することは不可能である。

（４）EUにとって2015年までにミレニアム開発目標を達成することは最優先の課題であり、その基礎を構成するのは *The European Consensus on Development*（2005年）である。

（５）世界の貧困に対する闘いはEUにとっては中核的価値／目標であり、EUの利益に適うものである。EUレベルにおける貧困撲滅への挑戦は大きな付加価値をもたらしうる。

（６）EU開発協力政策が直面する問題の重大性／深刻さに鑑みた場合、さまざまなステークホルダー間に活発な議論を展開し、英知を結集することが求められている。

（７）欧州委員会は、次の４つのテーマを中心的課題として広く意見を求める。——① How to ensure high EU impact development policy? ② How to make development policy a catalyst for inclusive and sustainable growth? ③ How to promote sustainable development as a driver for progress? ④ How to achieve durable results in the area of agriculture and food security, especially for Africa?

（８）公開での意見聴取は、2010年11月15日-2011年1月17日におこなう。

2010年、欧州委員会は *Partnership for Change – The EU's Development Cooperation with African, Caribbean and Pacific countries* を刊行し、歴史的にEU開発協力政策の中核を構成してきたACP諸国との開発協力政策が究極的には〈Global Development Agenda〉に対する貢献をめざすものであることを、次のように強調した。——（１）EUおよびEU加盟国は世界最大の援助供与主体であり、世界ODA総額のほぼ60パーセントを占めている。なおその半分以上はACP諸国を対象とするものである。（２）一般にコトヌ協定

と呼ばれている〈ACP-EU Partnership Agreement〉の目的は、①持続可能な経済的、社会的、環境的開発、ひいては②世界経済への統合を通じて、ACP 地域の貧困を削減することである。(3) EU の ACP 諸国に対する支援は 2005 年に策定された *The European Consensus on Development* を基礎とするものであり、それはミレニアム開発目標に基づいて貧困の撲滅を図るものである。(4) EU は ACP 諸国、ひいてはそれ以外の開発途上国においてミレニアム開発目標を達成することを中心的な課題と位置づけている。(5) EU は、EU の基本的価値である〈グッド・ガバナンスや人権の尊重〉が開発協力政策の基本的な目的である貧困の削減と密接に関連している／相互補完的関係にあると認識している。

2011 年、EU の委託を受けてイギリスの民間調査会社が EU 開発協力政策に関するグリーン・ペーパーに対するコメント（回答）を独自に集計・分析した[3]。その概要は、以下の通りである。――(1) グリーン・ペーパーに対するコメントは、全 240 件（2,000 ページ余）に達した。その内訳は、EU 加盟国政府機関：25 件、NGO：97 件、国際組織／地域組織：8 件、開発途上国政府機関：11 件であった。(2) ほとんどのコメントはグリーン・ペーパーが時宜にかなったものであると肯定的に評価した。(3) コメントでは、金融・経済危機という状況下においては、いままで以上に貧困削減に対する ODA の効果的な活用が担保されない限り、国民（納税者）の安定した理解（支持）は得られないと指摘された。(4) 大多数のコメントは、ODA を触媒として〈inclusive economic development, growth and employment creation〉の実現に向けた努力を強化することは、ミレニアム開発目標の達成、ひいては貧困の根絶に不可欠な追加的資金の調達に貢献するものとして、それを肯定的に評価した。ただしとりわけ NGO のなかには積極的な再配分政策あるいは社会保障政策なしに経済成長を図ったとしても、はたしてそれがど

れだけ貧困の削減に寄与しうるか不明確であるとの立場から、ODA に反対する意見も表明された。(5) コメントの多くで、グリーン・ペーパーでは現行の開発協力政策のインパクトに関する分析や評価がなされておらず、*The European Consensus on Development* の「近代化」に向けた作業の基礎とはなりえないとの指摘がなされた。またそもそも〈high impact〉、〈added value〉、〈inclusive growth〉といった文言に関しては、より明確な概念規定が必要であるとの指摘がなされた。(6) コメントのなかには、現行のリスボン条約および *The European Consensus on Development* に盛り込まれた諸規定で十分であり、開発協力政策を敢えて「近代化」する必要はないとの意見も存在した。またそもそも開発協力政策は EU の所管事項ではないとの指摘もみられた。(7) コメントのなかには、〈EU is a value-based organisation〉である。したがって EU 開発協力政策は、民主主義の促進および人々（女性、子供、disabled people、マイノリティーを含む）の基本的人権と自由の尊重を基礎とすべきであるという見解も存在した。(8) ほとんどの EU 加盟国は、①グリーン・ペーパーを新たな EU 開発協力政策の策定に向けた長期的な過程の出発点と位置づけ、②EU 開発協力政策の「近代化」は、2013 年以降の EU 対外政策の基礎となる財政基盤の確立、および財政支援に関する協議と並行して試みられるべきであるとの立場を表明した。(9) 開発研究を専門とする組織は EU が知的リーダーシップを発揮するよう求めた。

2011 年 10 月 13 日、欧州委員会は、"The Future Approach to EU Budget Support to Third Countries" と題するコミュニケーションを発出した〔COM (2011) 638 final, 13.10.2011〕。それは 1 年前の 2010 年秋に発出された「財政支援」に関するグリーン・ペーパーの続編であり、(1)「財政支援」は EU の包括的な開発政策における重要な政策手段であり、(2) 2008 年に「ミレニアム開発目標コントラクト」(MDGs Contract) を導入することにより、EU に

よる「財政支援」の〈予測性、オーナーシップ、説明責任〉はいっそう強化されたとしたうえで、以下の諸点を優先的な政策課題と位置づけて、「財政支援」の更なる「近代化」——効果的／効率的な支援および契約に基づくパートナーシップの強化——を推進するよう訴えるものであった。——①人権および民主主義の促進、②財政の管理運営の改善、マクロ経済の安定化、〈inclusive growth〉の促進、汚職と不正の防止、③セクターの改善、④脆弱国家における国家建設の推進、および小島嶼開発途上国／海外の国および領域の開発促進、⑤国内財源の確保および援助に対する依存体質の軽減。

　　Louis Michel 開発協力および人道支援担当／欧州委員会委員は *Budget Support : 'A question of mutual trust'*（2008 年）において、「財政支援」の意義、および「財政支援」とミレニアム開発目標との関連を次のように強調している。——（1）「財政支援」の是非に関しては賛否両論が存在するが、私は工夫次第では「財政支援」は開発のための最も効果的な手段になりうると確信している。（2）「財政支援」は、私が最も重視するオーナーシップという絶対的な基本原理を適用するうえで最善の政策手段である。（3）「財政支援」は、開発途上国とドナーとの「対話」を有意義なものとし、それを深化させるものである。（4）「財政支援」は、IMF がおこなう「国際収支支援」（Balance of payment aid）とは異なる。それは「プロジェクト援助」とも異なる。「財政支援」は、援助受取国の国庫に対して直接資金援助をおこなうものであり、援助受取国は援助資金を予算の執行という形で主体的に活用することができる。（5）ミレニアム開発目標を達成するためには、長期的な視点からの資金の裏づけが不可欠である。とはいえ開発途上国政府は長期間にわたり資金の使途が制約（拘束）されることには消極的である。したがって、外部からの資金提供が重要な意味をもつ。EU の「財政支援」は、長期的な視点から外部資金を供給し、開発途上国政府の財政見通しをいっそう予測可能かつ安定的なものとするのに貢献する。（6）「ミレニアム開発目標コントラクト」は、このような観点から、ミレニアム開発目標を達成す

るために必要とされる資金を予測可能かつ安定的に提供することにより、中期的な開発計画の立案・予算化・執行を促進しようとするものである。

なお Jean Ping アフリカ連合（African Union）委員会委員長は、同書に次のようなメッセージを寄せている。——（1）グローバリゼーションに対する挑戦であれ、ミレニアム開発目標の達成であれ、開発途上国は〈磐石で、公正で、政策遂行能力を保持する国家〉を必要としている。（2）開発途上国は、政治的ビジョンおよびそれを実現するための政策手段を保持しなければならない。（3）国家予算（書）は、単に技術的な手段にとどまるものではなく、政府の基本的価値観や主要な政策選択を反映する重要な戦略文書である。それは開発途上国政府が、ミレニアム開発目標の達成に向けてどこまで真剣に取り組む決意であるかを示すものである。（4）「財政支援」は、ミレニアム開発目標の達成を志向する開発途上国にとってはきわめて重要なものであり、それはドナーと開発途上国との間に真の信頼関係を構築するための最善の方策である。

2011年10月13日——。この日 Andris Piebalgs 開発協力および人道支援担当／欧州委員会委員は、いまひとつ重要なコミュニケーションを発出した。それが "Increasing the impact of EU Development Policy: an Agenda for Change" である〔COM（2011）637 final, 13.10.2011〕。それは1年前の2010年秋に発出されたグリーン・ペーパーに対するフィードバックを踏まえて作成されるものであり、その骨子は、以下の通りである。

（1）2015年というミレニアム開発目標の達成期限を目前に控え、そしてまた次期予算案の策定作業が進行中という状況下にあって、EU は持続可能な開発という全体的な文脈において、いかにして効果的かつ効率的に貧困に対する闘いを展開すべきか——そのための方策を見出さなければならない。

（2）本コミュニケーションは、貧困に対する闘いにおいて EU が開発途上国との連帯を強化するための諸課題——an Agenda for Change——を提示

するものである。

(3) EUはこれまですでに開発途上国の貧困削減努力、とりわけ開発途上国のミレニアム開発目標達成に向けた努力を支援してきている。しかし世界には依然として深刻な貧困が根強く存在している。

(4) 北アフリカや中東の民衆運動は、ミレニアム開発目標の円滑な進展の重要性を明らかにすると同時に、それだけでは不十分であるという現実を白日のもとにさらした。

(5) 〈開発／民主主義／人権／グッド・ガバナンス／安全〉という諸目的は、相互に関連している。若い人々に対して〈(希望のもてる)未来〉を提示することは社会にとって重要な責務である。

(6) EU開発協力政策は、開発途上国の多様性を考慮に入れなければならない。すなわち開発途上国のなかにはドナーへと発展した国も存在する反面、ますます深刻な困難に直面している国も存在する。EUはそうした多様な開発途上国との協働に向けて、新たな方策を模索し、〈more inclusive international development agenda〉の推進を図るべきである。

(7) EUはEU加盟27カ国に続く28番目のドナーの地位に甘んじるつもりはない。

(8) 現行の開発協力政策の基本枠組みは依然として妥当／有効であるが、そのインパクト強化に向けた工夫（改善努力）が必要である。それは具体的には、①人権／民主主義／グッド・ガバナンスを重視し、②人間開発に向けて〈inclusive and sustainable development〉を図ることである。またそのためには、①開発に向けた多様なパートナーシップの構築、②EU諸活動の調整、③EU諸政策間の整合性の改善が不可欠である。

(9) 本提案は、①2015年に向けて、さらには2015年以後の包括的な国際開発アジェンダの構築に向けて、EUが主導的な役割をはたすことを目的とするものであり、②開発途上国が、より速やかな貧困の削減およびミレニアム開発目標の達成を実現するために必要とされる改革努力を支援しようとするものである。

(10) 欧州委員会は、EU閣僚理事会に対して本コミュニケーションにおいて

提案された〈an Agenda for Change〉を承認するよう要請する。

　2011年11月14日、EU閣僚理事会は"EU Common Position for the Fourth High Level Forum on Aid Effectiveness"と題する決議を採択した。それは、援助効果の改善を梃子として、貧困の削減、ひいてはミレニアム開発目標の達成を図ろうとする〈援助効果に関するOECD／第4回ハイレベル・フォーラム〉（2011年11月29日-12月1日、釜山／韓国で開催予定）に対するEUの基本的な立場を明らかにするものであり、その主要メッセージは次の通りである。——（1）釜山フォーラムは〈inclusive development partnership〉に向けた新たなコンセンサスづくりに寄与すべきである。（2）釜山フォーラムは開発途上国が国内資源の動員／活用を強化し、援助に対する依存体質を軽減するための政策立案に資するものでなければならない。（3）釜山フォーラムの目的はミレニアム開発目標の達成を加速し、〈post-2015 development architecture〉の構築に寄与することである。（4）EUは、〈global governance structure〉の新設には反対であり、国連、世界銀行／IMF、地域組織、G20、OECD／DAC等、開発協力のための既存の枠組みを積極的に活用すべきと考える。

　2011年11月、*Eurobarometer* は *Making a difference in the world: Europeans and the future of development aid* と題する特別報告書を公表した〔*Special Eurobarometer 375*〕。それは、（1）EU加盟27カ国／2万7,000人弱を対象として、（2）2011年11月末から12月初めにかけて釜山で開催される「援助効果に関するOECD／第4回ハイレベル・フォーラム」を念頭に置いて、（3）2011年9月時点におけるEU市民のEU開発協力に関する世論／意識調査をおこなうものであった。まず報告書冒頭の〈序文〉において、EU開発協力の意義が次のように確認された。——（1）貧困に対する闘いは、グローバル・アクターとしてのEUの最優先課題である。（2）EUおよびEU加盟国は、総計で世界ODA総額の半分以上（2010年実績で538億ユーロ）を供与している。（3）2000年に合意されたミレニアム開発目標は、依然として開発協力

政策の中核を構成している。(4) EU はミレニアム開発目標の推進（加速化）を図っており、2010 年には ACP 諸国を対象として 10 億ユーロから構成される "MDGs Initiative" を発足させた。(5)「アラブの春」は、〈人権、民主主義、法の支配〉なしに持続可能な開発を実現することは不可能であるという現実を痛感させた。(6) 開発協力を取り巻く全体的な環境は大きく様変わりしており、民間セクター等、新たな行動主体が台頭している。とりわけ強力な新興国が新たなドナーとして積極的に活動を開始しており、国によっては独自の援助実施機関を設置するまでに至っている。(7) 開発協力を取りまく新たな環境への対応策として、2011 年 10 月 13 日、EU は *Agenda for Change* を発出し、併せて新たな「財政支援」策を明らかにした。

そのうえで特別報告書では世論／意識調査の結果が、次のように要約された。——(1) EU 市民の大多数（85％）は、開発援助が重要であると認識している。(2) 多くの回答者（70％）は、貧困に対する闘いにおいて開発援助を最も必要としているのはサブサハラ・アフリカ地域であると認識している。(3) EU の開発援助が強力なインパクトを与えうる重要な政策分野として、①貿易と資金援助（18％）、②平和構築（16％）および移民（16％）があげられた。(4) 多くの回答者（62％）は、開発途上国に対する援助を強化するという EU の国際的公約は守られるべきであると答えた。そのなかには、援助の更なる増大を支持する回答者も存在した。(5) 回答者の大多数（84％）は、開発途上国に援助をおこなうに際しては、〈民主主義、人権、ガバナンス〉に関して EU が一定の条件を課すべきとの認識を示した。(6) 回答者の大多数（80％）は、EU の開発援助政策は貧困に対する闘いに加えて、移民管理、エネルギーや原材料に対するアクセス、貿易……等、他の政策とリンクされるべきであるとの意見を表明した。(7) 援助効果の向上に向けた協力関係の強化に関しては、①開発途上国とのより緊密な協力（42％）、②域外先進工業国とのより緊密な協力（36％）があげられた。

2011年12月1日、〈援助効果に関するOECD／第4回ハイレベル・フォーラム〉は、"Busan Partnership for Effective Development Co-operation"と題する宣言を採択して閉幕した。その骨子は、次の通りである。──（1）国連ミレニアム宣言は普遍的な開発目標を提示するものであり、ミレニアム開発目標の達成期限まで4年を切った今日、開発途上国に強固かつ持続可能な成長を遍く定着させ、尊厳に満ちた労働を確保することは緊急を要する至上命題である。その実現には、政治的意思が不可欠である。（2）ミレニアム開発目標を達成し、すべての人々に恩恵をもたらす強靭な世界経済体制を構築するためには、貧困を削減し、開発途上国の人々に困苦をもたらす諸課題を克服することが不可欠である。（3）最近まで開発アジェンダの策定はごく限られた行動主体の手に委ねられてきた。しかしこれからは多様性を促進し、すべてのステークホルダーを包摂して、諸行動主体がそれぞれはたしうる独自の役割を活用すべく、〈new global development partnership〉を推進することが重要である。（4）援助は開発問題を解決するための手段のひとつに過ぎない。われわれは、視点を〈効果的な援助〉（aid effectiveness）から〈実効的な開発〉（effective development）へと飛躍・発展させなければならない。（5）われわれは、〈post-MDGs framework〉という全体的な文脈において〈効果的な援助〉の実施状況のレビューをおこなう（ちなみに本宣言採択の前日〔11月30日〕、韓国はホスト国の立場から、本宣言と同趣旨の政治宣言〔Political Statement〕を発出した）。

2012年5月14日、EU閣僚理事会は"Increasing the Impact of EU Development Policy: an Agenda for Change"と題する決議を採択した。同決議は冒頭で"Improving the EU's contribution to development in a global world"というタイトルのもとに、開発協力、より直接的にはミレニアム開発目標に対するEUの基本的認識、ひいては断固たる決意を、次のように披瀝した。
（1）開発協力をめぐる世界情勢は、過去10年間で次のように劇的に変化し

た。——①開発途上国の多様化が進展した。②新興国の成長が世界の成長にとって不可欠となった。③いくつかの国は、独自のドナー、ひいては〈global public goods〉の構築に貢献する重要なパートナーにまで成長した。④最貧開発途上国のなかには、高い成長を遂げつつある国が出現する一方、他方でそれとは裏腹にますます脆弱な存在となりつつある国も存在する。

（２）ミレニアム開発目標の達成期限である 2015 年が目前に迫りつつあるにもかかわらず、いくつかの開発目標は捗しい進展をみせていない。また地域／国によっては、依然として深刻な貧困と飢餓が蔓延している。それはとりわけサブサハラ・アフリカと最貧開発途上国において顕著である。

（３）多くの国々が依然として外部からの衝撃や危機に対して脆弱なままである。

（４）開発協力をめぐる世界情勢の急激な変化、そしてまた〈new aid architecture〉の出現は、EU が対外行動および開発政策においていままで以上に〈comprehensive, responsive, and effective〉なアプローチを採用することを不可欠としている。

（５）EU 市民は、援助効果の改善および説明責任の履行という観点から、以前にもまして、公的資金に基づく援助が明確な成果を生み出し、開発途上国に対して明確な効果を及ぼすものであるということを証明する客観的な証拠の開示を求めている。

（６）EU および EU 加盟国は断固たる決意で貧困の撲滅を図ろうとするものであり、2015 年までに ODA の対 GNP 比：0.7 パーセントという目標を達成する決意である。

（７）EU 閣僚理事会は、*The European Consensus on Development* を基礎とし、貧困の撲滅……等を目標とする欧州委員会の *An Agenda for Change* を歓迎する。それは 2015 年以後の開発アジェンダを視野に入れるものである。

第3節　2012年／Public Consultation

　2012年6月15日、欧州委員会は9月15日までの3カ月間の予定で"Towards a post-2015 Development Framework"と題する公開諮問／協議（Public Consultation）を開始した。EuropeAid（欧州委員会発行）によれば、それは次のような問題意識に促されるものであった。──（1）2015年というミレニアム開発目標の達成期限が迫っており、国際社会は〈post-2015〉に向けた道筋（行程表）づくりに着手する必要がある。(2) これまでの15年間に世界はどのように変化したのであろうか？変化に対応して、われわれはどのような計画を策定すべきであろうか？ミレニアム開発目標はわれわれに何を教示しているのであろうか？ (3)「Rio＋20」および〈持続可能な開発に関する国連会議〉の成果として"Sustainable Development Goals"（SDGs）という新しい概念が結実しつつあるが、それは、〈post-2015〉の模索過程にどのような形で組み込まれるべきであろうか？ (4) 欧州委員会はすでに①本公開協議、および② *European Report on Development*（*2013*）の作成という2つの政策イニシアティブを通じて〈post-2015〉の模索を開始している。

　それでは公開諮問／協議の趣意書である"Public Consultation: Towards a post-2015 development framework"は、どのような内容から構成されるのであろうか？その概要は、以下の通りである。

　まず"the changing landscape"と題する冒頭の〈序論〉において、開発協力に関するEUの基本的認識が次のように披瀝された。

（1）多くの点において、国連ミレニアム宣言の有効性（妥当性）は失われてはいない。とはいえ、政治経済の新潮流、マクロ経済の基本動向の変化、気候変動および天然資源の枯渇、危機と不安定化、人口動態、ガバナンス、人間開発問題、移民、人の移動（流動性）……等、新たな世界的現実を直視し、考察の対象とすることが必要である。

（2）〈post-2015 development framework〉の策定に際しては、①ミレニアム開発目標の基本枠組み（理念）を前提として、新たな時間軸や目標／目

的/指標の設定を試みるか？それとも②ミレニアム開発目標を抜本的に改訂し、まったく新しい開発アプローチを志向するか？という2つの選択肢（シナリオ）が想定される。
（3）〈post-2015 development agenda〉に関しては、さまざまな場において議論が繰り広げられており、ミレニアム開発目標を積極的に支援してきたEUもそれにコミットしている。*European Report on Development 2013* の公刊は、そうした〈post-2015 development agenda〉模索の一環である。
（4）欧州委員会は欧州対外活動庁（EEAS, European External Action Service）と協議しながら、〈post-2015 framework〉に対するEUの基本的立場の取り纏め作業を試みている。
（5）今回の公開諮問／協議の目的は、2013年に予定されている国連総会における〈post-2015 development agenda〉に関する協議に向けて、EUの立場を確立するための準備作業に資することにある（背景情報の提供）。

そのうえで趣意書ではすべてのステークホルダーに対する問いかけ〈諮問事項〉として、次の4項目が列挙された。──A. The MDGs: benefits and limitations, B. Feasibility of a future framework, C. The potential scope of a future framework, D. The potential shape of a future framework.

各諮問事項の概要は、以下に要約される通りである。

A The MDGs: benefits and limitations

- 周知のようにミレニアム開発目標は、開発問題に対する政治的モメンタムを強力に復活／加速し、冷戦の終焉後、減少傾向へと転じたODAを再び増大傾向へと回復させた。またミレニアム開発目標は、世界の関心を貧困の撲滅へと向けさせ、貧困の撲滅こそが開発協力の中心的課題であるとの認識を定着させた。それはまた国際社会が直面する諸課題のなかでも、とりわけ貧困の撲滅が重要な課題である旨を認識させるものでもあった。
- EUはミレニアム開発目標を開発協力政策における最優先課題と位置づけ、欧州委員会とEU加盟国は、ともにミレニアム開発目標の達成を共通の課題

として追求してきた。また EU は *The Agenda for Change* の採択により、決意も新たに貧困の削減・撲滅、ひいては 2015 年までにミレニアム開発目標の達成を図る旨を確認した。

- ミレニアム開発目標は、次の3点において批判されている。――（1）ミレニアム開発目標は、社会的目標を重視するあまり、成長と職業の質、公正と社会的保護、ガバナンスと人権、紛争と脆弱性、人口動態、貧困や飢餓の撲滅と環境・気候変動……等の諸問題に十分に配慮していない。(2) ミレニアム開発目標において採用されている指標は、国単位での平均値に特定／限定されており、往々にして国内における不平等の増大、地域間の不平等、女性と男性との不平等が見落とされがちである。(3) ミレニアム開発目標は多分にドナー主導によるアプローチ（donor-driven approach）に陥りがちであり、それが開発途上国自身に受容され、開発途上国自身の政策として定着するかは不透明である。

> 以上の理由から、〈post-2015 development agenda〉の策定においては、ミレニアム開発目標の可能性（長所）と限界（短所）を十分に認識することが必要である。

B　Feasibility of a future framework

- いうまでもなく現下の最優先課題は、2015 年までにミレニアム開発目標を達成することである。とはいえ現実には "what happens after 2015" という形で〈post-2015 development agenda〉をめぐる議論はすでに始まっている。

- われわれは未来を見据えて〈post-2015 development agenda〉の枠組みづくりに着手する必要がある。ただしその作業に取り組むに際しては、常に可能性と限界を確認／見極めることが求められる。

- 〈post-2015 development agenda〉の枠組みづくりに向けた作業のメリットとして、以下の諸点が期待されよう。――（1）グローバルな課題に対して国際社会が一丸となって取り組む決意であることをアピールするものとなる。(2) すべての国家（先進工業国、開発途上国、新興国）、およびすべての行動主体（伝統的ドナーおよび新興ドナー、開発途上国政府、民間セク

ター、NGO、社会的パートナー……等）を、いままで以上に結束／一体化させ、相互間の責任分担を可能とする。(3) 貧困の根絶に対するより包括的なアプローチを可能とし、持続可能な開発を構成する3つの次元（経済的、社会的、環境的次元）の有機的連携を可能とする。
- 〈post-2015 development agenda〉の枠組みづくりには、次のような困難／問題点が想定されよう。——(1) 現行のミレニアム開発目標の重要部分を達成しないままで新たな枠組み／目標を策定することになれば、〈post-2015 framework〉そのものの妥当性／信頼性が損なわれかねない。(2) いままで以上に多くの行動主体がコミットすることにより、以前にもまして利害関係が錯綜し、目標の定量的把握がますます困難になる。その結果、交渉が困難を極め、〈post-2015 framework〉の策定自体が頓挫する危険性も無視しえない。(3) 開発協力の分野においてはすでにさまざまな国際的な協力枠組みが存在しており、はたして国連ミレニアム宣言に加えて、さらに新たな枠組みを構築する必要性があるのか疑問である。
➢ 〈post-2015 framework〉の構築には、開発等のグローバルな課題の解決に向けた触媒／呼び水的な役割が期待される。それは個人の権利やニーズの充足、ひいては〈global public goods〉の実現に向けた新たなアプローチを推進するものとなろう。

C The potential scope of a future agenda

- 〈post-2015 framework〉は"universality"を主導原理として、(1)〈donor-beneficiary approach〉に終止符を打ち、(2) すべての国家（先進工業国、新興国、開発途上国、脆弱国）に適用されるものでなければならないという見解が存在する。またより広範な〈post-2015 framework〉を構築することにより、「南 vs. 北」という伝統的なアプローチからの脱却を図るべきであるとの見解も存在する。
- 〈post-2015 framework〉の構築は、〈Policy Coherence for Development〉を推進する絶好の機会となりうる。というのも貧困をもたらす根本原因のなかには開発協力や ODA では対処不可能な要因も含まれており、いきおい包括的なアプローチ、ひいては諸政策間の整合性の確保が不可欠となるからで

ある。それはまた援助効果の強化へと導くものでもある。
- 〈post-2015 development agenda〉をめぐる議論は、開発に対する一元的／包括的なアプローチの必要性に関して、改めて検討する絶好の機会となる。それは ODA 等の資金援助そのものの是非（存在意義）を問うものとなろう。
- ➢ 新たに構築される〈post-2015 framework〉は、(1) 政治・経済・社会・環境問題は、相互に関連しているとの認識のもとに、(2) 発展レベルに関係なく、すべての国家が責任を分かち合う形でグローバル・レベルにおいてその解決を図るものでなければならない。ただしそれは個々の国家や個別イシューの独自性を無視するものとなってはならない。とりわけ最貧開発途上国の特別のニーズに対しては十分な配慮が必要である。

D The potential shape of a future agenda

- 〈post-2015 development framework〉策定の基本的な方向性として、次のようなシナリオが想定される。――(1) 新たな達成期限を設定したうえで、現行のミレニアム開発目標を維持する。(2) 現行のミレニアム開発目標の基本的な枠組みは堅持したうえで、新たに目標や指標を設定する。(3) 開発に対する新たなアプローチを採用し、より包括的な国際開発アジェンダを構築する。
- 〈post-2015 development framework〉の策定に際しては、以下の諸点に関して決定／選択することが必要となろう。――(1) 重点セクター／部門の選定、(2) 制度設計の基本的方向性：戦略レベル／戦術レベル、(3) 具体的な実施方法および諸資源の確保、(4) 進捗状況のモニタリング方法、(5) 説明責任の確保。
- ➢ 新たな枠組みの構築に際しては〈ambition, comprehensiveness, achievability and accountability〉相互間のバランスを確保することが重要である。

2012 年 7 月 31 日、欧州委員会は "Commissioner Piebalgs appointed as a member of the High level Panel on post-2015 development agenda" と題するプ

レスリリースを発出した。それは、Andris Piebalgs 開発協力担当／欧州委員会委員が Ban Ki-moon 国連事務総長により、2015 年以後の国際開発アジェンダを検討するハイレベル・パネルの委員に任命されたことを報じるものであった。なお同プレスリリースでは、すでに 2012 年 7 月 15 日に 3 カ月間の予定で"Towards a Post-2015 Development Framework" と題する公開諮問／協議（Public Consultation）が開始された旨も報じられた。

2012 年 10 月、*Eurobarometer* は *Solidarity that Spans the Globe: Europeans and Development Aid* と題する特別報告書を公表した〔*Special Eurobarometer 392*〕。それは、(1) EU 加盟 27 カ国／2 万 7,000 人弱を対象として、(2) 2012 年 6 月時点における EU 市民の EU 開発協力に関する世論／意識調査をおこなうものであった。まず報告書冒頭の〈序文〉において、EU 開発協力の特徴が次のように確認された。──(1) EU は、支援を最も必要としている最貧開発途上国に対して、そしてまた EU の支援が最も効果を発揮しうるセクターに絞り込んで、重点的に援助をおこなっている。(2) EU 開発協力の基本路線は、2011 年 10 月に欧州委員会が発出し、2012 年 5 月、EU 閣僚理事会の承認により公式なものとなった *Agenda for Change* に示されている。(3) EU 開発協力政策の改革は、世界がミレニアム開発目標の達成に向けて大きく前進できるよう支援することを目的としている。(4) 欧州委員会は、全世界の人々が貧困から脱却できるように、その支援を目的として多くの分野──エネルギー、ミレニアム開発目標の推進、民主的移行支援、食糧安全保障および農業開発……等──で活動している。

そのうえで特別報告書では世論／意識調査の結果が、次のように要約された。──(1) EU 市民の大多数（85%）は、開発援助が重要であると認識している。(2) EU の開発援助が大きなインパクトを及ぼしうる重要な政策分野として、回答者の 29% が貿易と資金援助をあげた。(3) 多くの回答者が、開発の障害（阻害要因）として、開発途上国自身の国内問題──汚職：53%、誤った政策：41%──をあげた。(4) EU 自身

の経済的困難にもかかわらず、60％が開発途上国に対する支援の強化を主張した。(5) EU 市民の多く（61％）は、紛争や自然災害に苛まれている脆弱国に対して優先的に支援をおこなうよう求めた。(7) EU 市民の多く（55％）は、急速な発展を遂げている新興国に対する援助の停止を求めた。(8) 開発協力政策の重要課題として、人権（34％）、教育（33％）、保健衛生（32％）があげられた。

第 4 節　*"Towards a Post-2015 Development Framework" (Final Report)*

2012 年 11 月、*Report on the Consultation Process on "Towards a Post-2015 Development Framework" (Final Report)* が公表された[4]。同報告書は公開諮問／協議 "Towards a post-2015 Development Framework" に対して寄せられた 119 件の回答を集約するものであり、4 項目の〈諮問事項〉に対する回答の概要は、以下の通りである。

1　The MDGs: benefits and limitations

（1）Benefits

－回答者のすべては、ミレニアム開発目標の最大の成果として、開発協力に関わる諸行動主体に対する関心／注目が高まったことを指摘した。

－ほとんどすべての回答者は、ミレニアム開発目標の貢献として、貧困に対する闘いを開発協力における中心的な課題と位置づけることに成功したことをあげた。

－回答者のすべては、ミレニアム開発目標が強力な〈advocacy and monitoring〉機能をはたしたことをあげた。

－大多数の回答者は、優先順位および重点目標の設定において、また進捗状況の把握において、測定可能な目標に基づくベンチマークの設定が有効であったと指摘した。

－回答者のなかには、グローバル・レベルにおいて貧困の削減に進展が見られたとしたうえで、それがミレニアム開発目標によってもたらされたものであ

るか否かに関しては、判断を留保するとの立場をとる者も存在した。

（2）Limitations
- 回答者の大多数は、ミレニアム開発目標の重大な欠点として、その策定および採択が、〈top-down and donor-led process〉でおこなわれたことを指摘した。
- ①開発途上国の多くが、ミレニアム開発目標に対してオーナーシップを欠落させており、②その理由のひとつは、ミレニアム開発目標の〈制度化〉が先進工業国主導でおこなわれたからであるとの指摘がなされた。
- 多くの回答者からは、ミレニアム開発目標は貧困の根本原因（root causes of poverty）にまで踏み込んでおらず、表面的な対応にとどまっているとの批判がなされた。
- 回答者の多くから、ミレニアム開発目標は貧困の削減に不可欠なシステミックな構造的諸問題——人権確保と差別の撤廃、不平等、脆弱性と強靭性、平和と安全、ガバナンスと汚職の根絶、経済成長と雇用の創出、透明性、エンパワーメントと参加、社会規範と権力関係……等——に対して十分な考慮をおこなっていないとの指摘がなされた。
- 回答者の多くから、ミレニアム開発目標はさまざまな目標をそれぞれ独立した課題として個別に取り扱っており（in silo）、そうした〈sectoral approach〉の限界により、多次元的な現象としての貧困の根絶に効果的に対処するまでには至っていないとの指摘がなされた。
- 対象範囲がきわめて限定された指標を設定することにより、さらには細分化されたデータ（disaggregated data）が欠落していることにより、国家内部および地域内部における不平等の存在が見落とされがちであるとの批判がなされた。
- ミレニアム開発目標の重大な欠陥として、適切な〈accountability mechanism〉が欠落している点が指摘された。

2　Feasibility of a future framework
- すべての回答者は、〈post-2015 development framework〉は、現行のミレニアム開発目標の強み（長所）を維持し、弱み（短所）を克服するものでなけ

ればならないという点において意見の一致をみた。
- 回答者の多くは、〈post-2015 development framework〉の策定に際してEUは、関連する国際的な動きと整合性を維持しつつ緊密に連携すべきであるとの立場を表明した。とりわけ2012年6月の「Rio＋20」で合意された"Sustainable Development Goals"（SDGs）との連携強化／整合性確保の重要性が強調された。
- すべての回答者は、真の意味でのオーナーシップを確保するためには〈post-2015 development framework〉の策定過程を〈inclusive and participatory〉なものとすることが重要であるとの意見を表明した。
- 回答者の多くは、新たに策定される開発枠組みは、①すべての国家を対象として等しく一律に適用され、②すべての国家が〈義務と責任〉をはたすことを大前提とする、③真の意味でグローバルなものでなければならないとの立場を表明した。ただしそれは「共通だが差異のある責任」という主導原理に貫かれるものでなければならないという留保を伴うものでもあった。
- 回答者の多くは、グローバル・ガバナンスを強化して、合意された目標の達成状況に関して十分な説明責任／透明性を確保すべきとの見解を表明した。

3 Scope of a future framework

- 回答者の多くは、引き続き貧困の削減を〈post-2015 development framework〉の中心的課題に位置づけるべきとの立場を示した。
- 大多数の回答者は、新たに策定される開発枠組みは発展段階の如何にかかわらず、すべての国家に適用されるものでなければならないとの立場を表明した。それと同時に、それぞれの地域や国家の特殊性に配慮することの重要性も併せて強調された。
- NGOの多くは、世界の貧しい人々の大多数が中所得国の国民で占められているという現実に鑑み、新たに策定される開発枠組みは最貧開発途上〈国〉ではなく、〈最も貧しい人々や周縁化された集団〉（poorest populations and marginalized groups）をターゲットにするものでなければならないと主張した。
- 伝統的なドナーが、新たな行動主体（新興ドナー）の出現を自己の開発努力

を後退させるための口実として悪用するのではないかという懸念を抱く回答者も存在した。
- 大多数の回答者は、〈Policy Coherence for Development〉の死活的重要性を強調した。

4 Shape of a future framework

- すべての回答者は、開発途上国に真のオーナーシップを定着させるためには〈post-2015 development framework〉の策定過程を〈inclusive, participatory and bottom-up〉なものとしなければならないとの立場を表明した。
- 回答者の多くは、新たな開発協力アジェンダが焦点の定まらない"Christmas Tree"となることを懸念した。
- 回答者の多くは、新たな開発協力の枠組みは、伝統的な〈donor-recipient logic〉の継続ではなく、それからの訣別を図るものでなければならないとの立場をとった。
- 回答者の多くは、新しい開発協力の枠組みは、個別イシューをそれぞれ独立した対象として位置づける"siloed approach"から訣別して、全体的／包括的な文脈において貧困の根本原因にアプローチするものでなければならないと主張した。

なおEU加盟国政府による"Towards a post-2015 development framework"に対するコメント／勧告は、以下の通りである。
（1）ほとんどの加盟国は、①開発協力政策の策定にあたり、ミレニアム開発目標を準拠すべき重要な国際的ガイドラインと位置づけ、②新たな開発協力の枠組みづくりに際しては、ミレニアム開発目標の強み／成果をさらに強化し、併せて弱み／問題点の克服を図るべきであるとの立場を表明した。
（2）ほとんどの加盟国は、とりわけ①開発協力に対するモメンタムの強化、および②貧困の根絶を重要な政策課題としたという点において、グローバルな開発協力の枠組みが重要な政治的メッセージとして機能していると肯定的に評価した。ただし国連という「場」における合意形成が困難

であるという現実に鑑み、グローバルな開発協力の枠組みが結果的に、〈曖昧〉かつ〈lowest common denominator〉に陥る危険性も指摘された。

（３）すべての加盟国は、新たな開発協力の枠組みの策定過程に、すべての当該行動主体をコミットさせるべきであるという点において意見の一致をみた。

（４）ほとんどの加盟国は、〈オーナーシップと責任〉の死活的重要性を強調した。

（５）加盟国の多くは、新しい開発協力の枠組みに強力な〈monitoring and accountability〉メカニズムを組み込むことの重要性を強調した。

（６）すべての加盟国は、貧困の撲滅を〈post-2015 framework〉の中心的課題と位置づけることに同意した。ただしミレニアム開発目標の対象範囲の拡大——経済的側面や環境的側面の強化等——を主張する加盟国も存在した。

（７）ほとんどの加盟国は、最優先課題を絞り込むことを主張した。他方で"priotarisation"と"comprehensiveness"とのトレード・オフ関係を懸念する意見も存在した。

第５節　〈Beyond MDGs〉の模索：
飛躍の 2013 年

2013 年 1 月 30 日、欧州委員会はプレスリリースにおいて Andris Piebalgs 開発協力担当／欧州委員会委員が第 2 回「MDGs に関する国連ハイレベル会合」に出席する旨を報じ、それとの関連で同委員の談話を次のように伝えた。——ミレニアム開発目標は、国際社会を貧困に対する闘いへと導く／動員するうえで有効な手段であった。2015 年という達成期限が目前に迫っており、われわれは〈貧困・不平等・持続可能な開発〉という重要な課題に挑戦するための新たな世界的ビジョンの策定を求められている。EU は先頭を切ってこの課題に挑戦する決意であり、〈post-2015 agenda〉がより〈comprehensive and inclusive〉なものとなることを期待している。……貧困に対する闘いおよび持続可能な未来世界を確保することは、私にとっては最も重要な課題であり、私は一世代のうちに絶対的貧困に終止符を打つことが可能であると確信している。

　2013年2月27日、欧州委員会は、"A Decent Life for All : Ending poverty and giving the world a sustainable future" と題するコミュニケーションを発出した〔COM（2013）92 final, 27.2.2013〕。それは2013年秋に予定されているミレニアム開発目標を共通テーマとする国連総会特別会合、および2012年6月に開催された「Rio＋20」のフォローアップ——〈Sustainable Development Goals（SDGs）〉の策定——を視野に入れて、(1) 2030年までに "Decent Life for All" を実現することを究極の目標とし、(2) 相互に独立した別々の課題としてダブル・トラックで追求されがちであった〈貧困の撲滅と持続可能な開発〉を一体化し、(3)〈post-2015〉開発アジェンダの策定という包括的な枠組みのもとに——シングル・トラックで——SDGs の策定に向けて、(4) EU 共通のアプローチを構築するよう訴えるものであった。その根底には、"Efforts to end poverty have to go hand-in-hand with sustainable development" という基本的問題意識が存在した。

　2013年4月9日、*European Report on Development 2013* が公刊された。同報告書は、(1) 開発協力に関する調査研究の深化、議論の喚起、ひいては調査研究と政策との連携を目的として、(2) 欧州委員会と EU 加盟7カ国（フィンランド、フランス、ドイツ、ルクセンブルク、スペイン、スウェーデン、イギリス）のイニシアティブおよび資金援助により刊行されるものであり、(3) 第1号：*Overcoming Fragility in Africa, 2009*；第2号：*Social Protection for Inclusive Development, 2010*；第3号：*Confronting Scarcity : managing Water, Energy and Land, 2012* に続く第4号（最終号）として公刊されるものであった。

　それは *Post-2015: Global Action for an Inclusive and Sustainable Future* と

いうタイトルに端的に示されるように、2015年以後における国際開発目標の構築を提言するものであり、その背後には次のような基本的認識が存在した。——(1) 開発途上国が開発を実現するためには、それを支援する"Global Collective Action"が不可欠である。(2) 開発に第一義的責任を有するのは開発途上国自身であるが、開発途上国の開発に向けた努力を支える国際環境の存在も不可欠である。(3) 世界から貧困を根絶し、ミレニアム宣言において謳われた国際的公約を達成するためには、強力な"International Collective Action"が不可欠である。(4) "Global Collective Action"を実現するためには、その基礎となる"Global Development Consensus"が不可欠である。(5) ミレニアム開発目標の達成期限である2015年は目前に迫っており、"post-2015 development consensus/framework"の策定が喫緊の課題である。(6) EUは、〈2015年以後の、新たな国際開発目標〉の策定に積極的にコミットする決意である。(7) *European Report on Development 2013* は、その一環としてステークホルダー間に活発な議論／意見交換をおこなうためのタタキ台（platform）の提示という独自の役割を担うものである。

　同報告書の骨子は、以下の通りである。

Ⅰ　8つのミレニアム開発目標のうち、第8目標〈開発のためのグローバル・パートナーシップの推進〉は最も低迷している目標のひとつである。またミレニアム開発目標は、軸足を開発援助に置いており、〈donor-recipient model of development〉に依拠している。2015年が目前に迫ったいまこそミレニアム開発目標のモメンタムを維持しつつ、国際環境の変化に対応した改革を実行すべきである。その際、原点に立ち返り、開発の原動力（drivers of development）について再検討し、将来に向けてその積極的活用を図ることが重要である。さらに、〈post-2015 development framework〉の策定に際しては、ミレニアム開発目標という枠組みを超えて、〈beyond MDGs〉および〈beyond Aid〉という視点からの検討も必要である。

Ⅱ　〈post-2015 agenda〉の策定に向けた報告書の結論は、次の通りである。
　　——(1) A transformative agenda is vital：国際社会は貧困の根絶に向け

て、より広範かつ〈transformative〉なアプローチを志向すべきである。それは雇用の創出を重視し、不平等を解消し、永続的な解決策をもたらしうる経済的・社会的な〈転換〉(transformation) をもたらすものでなければならない。貧困問題が中心課題であることはいうまでもない。ただしそれは、より〈inclusive and sustainable〉なモデルに依拠して、貧困の根本原因の解消を図るものでなければならない。(2) National ownership is key：新しい開発枠組みは、開発途上国の国内政策を尊重し、かつ国際政策を補完的／柔軟に国内政策とリンクさせるものでなければならない (mixed-design framework)。(3) Scale up global collective action：EU等の豊かな「国」は、開発を左右する重要な活動領域である国際金融規制、貿易、移民、気候変動等の領域にまで共同行動の範囲を拡大し、新しい開発枠組みを強力に支援すべきである。それは〈Policy Coherence for Development〉の推進や援助の拡大と援助効果の向上をもたらすものでなければならない。(4) A new framework should be about instruments as much as about goals：新しい開発枠組みは、開発の〈目標〉にとどまらず、開発のための諸〈手段〉を重視するものでもなければならない。それはさまざまなミレニアム開発目標のなかでも最も低迷している第8目標の達成が、国際的な枠組みやODA……等の諸手段の効果的な活用如何にかかっているという事実からも窺われる通りである。

Ⅲ 〈post-2015 global agenda〉の策定作業は、ミレニアム開発目標の基礎となった国連ミレニアム宣言 (2000年) を重要な出発点 (原点) とすべきである。ただし国連ミレニアム宣言とミレニアム開発目標との関係については留保が必要である。すなわち前者の対象範囲は、貧困削減に限定されず、より広範かつ包括的なものとなっている。他方、後者は貧困問題に特化し、かつ現実的な必要性から便宜的に貧困に直接関係する問題に対象範囲を限定している。とりわけ第7目標〈環境問題〉と第8目標〈開発のためのグローバル・パートナーシップの推進〉は、他の目標に比べて軽視されている。ともあれ、〈post-2015 global agenda〉の策定は、ミレニアム開発目標の経験を基礎とすべきであり、具体的には次の3点が重要である。

——（1）Global experience：ミレニアム開発目標は、不平等に目を閉じ、開発に不可欠な課題（生産的雇用、気候変動、ガバナンス、移民、紛争、安全保障……等）を無視しがちである。またグローバルな目標の開発途上国の国内政策への移転（組み込み／導入）に関しても多くの国々が困難に直面している。その意味で新しい開発枠組みは、ビジョン（対象範囲）を拡大し、開発途上国の国内政策と国際的行動とを注意深く対応／連動させるものでなければならない。（2）Country experience：ミレニアム開発目標をどのように位置づけるかは、それぞれの開発途上国の置かれている個々の状況により大きく異なる。一般にODAに依存している国や脆弱国は、ミレニアム開発目標を重視している。他方、中所得国にとってはそもそもミレニアム開発目標自体、それほど大きな重要性をもつものではない。（3）International partners' experience：ドナーは、一般論としてミレニアム開発目標に対する積極的なコミットメントを強調し、ODAやPCD（Policy Coherence for Development）の強化／推進を謳っている。しかし現実にはドナー間のモチベーションには濃淡の差が存在する。EU加盟国全体を見渡した場合、大多数のOECD諸国と同様にODA目標の達成は望み薄であり、PCDの推進もきわめて困難となっている。その背景には、そもそも国際社会は気候変動、貿易、国際通貨システムに関して合意を形成するまでには至っていないという現実が存在する。

Ⅳ　国際経済環境のみならず、国際政治環境も大きく変化しており、〈post-2015 agreement〉に向けた交渉はいままで以上に錯綜したものとなることが予想される。ともあれミレニアム開発目標に続く新たな開発枠組みは、さまざまな行動主体を巻き込む包摂的な（inclusive）ものであり、その確実な実施を担保するものでなければならない。

Ⅴ　ミレニアム開発目標／第8目標に示されるように、開発を促進する国際環境は、さまざまな国際的原動力／動因（international drivers）から構成されている。とりわけ重要なのが次の3つの原動力である。——（1）Development Finance（カネ）：国内財源の確保、南－南協力（South-South Cooperation, SSC）、ODA……等、開発のための財源を多様化し、

開発途上国の国内政策空間（national policy space）に合致し、その最大化に貢献しうる優先順位を設定することが必要である。(2) Trade and Investment（モノ）：最貧開発途上国〈marginalized and vulnerable state〉に焦点を当て、ODAに対する依存度の軽減を図ることが必要である。また生産的な雇用を創出して、経済の構造転換を図ることも肝要である。(3) Labour Migration（ヒト）：移民による外国からの送金は、移民本人のみならず、移民を送り出している開発途上国の貧困削減および社会的・経済的発展にとっても重要な意味を有している。ただし未熟練／単純労働者は、不正規労働者として雇用機会に恵まれず、基本的人権の確保においても多大な困難に直面している。したがって新しい開発枠組みにおいては、移民保護の枠組みを構築することが必要である。

Ⅵ 〈開発のためのグローバルなパートナーシップの推進〉という観点から、貧困の撲滅に向けた協同行動（collective action）を推進することは、新しい開発枠組みの構築にとって不可欠である。それはさまざまな活動領域を対象とする包括的なものでなければならない。ただしそれは開発途上国自身によるオーナーシップの最大化を可能とする、柔軟かつ多様性に富むものでなければならない。

Ⅶ 〈post-2015 development agenda〉の基礎となるのは国連ミレニアム宣言であり、ミレニアム開発目標はあくまでもそれを便宜的に〈経済的〔所得における〕貧困と人間開発〉(income poverty and human development) へと還元／収束させたものでしかない。したがって国連ミレニアム宣言という原点に立ち返り、その実現を視野に入れる限り、ミレニアム開発目標を超える目標／ビジョンに関して合意することが必要である。同様に、それを実現するためにはミレニアム開発目標達成の鍵とされるODAを超えた広範な政策手段、ひいては伝統的な〈donor-recipient関係〉を克服することが必要である。すなわち次のように、目標において〈Beyond MDGs〉、手段において〈Beyond Aid〉という2つの座標軸（新たなベクトル）を志向することが必要である。──(1) Beyond MDGs: ミレニアム開発目標は、教育や保健衛生という社会セクターに焦点を当て（第2目

標－第6目標)、その実現を通じて〈貧困（低所得という経済的貧困）と飢餓〉の削減（第1目標）がもたらされると想定してきた。しかしながらこのような目的関数は拡大されるべきである。すなわち貧困の多次元性に対する新たな認識、ひいては福祉（well-being）や社会的排除（social exclusion）に対する新しい考え方を取り込む形で貧困概念を再定義し、〈雇用の創出、生産的投資、pro-poor growth、不平等と不公平、安全、気候変動、資源の枯渇……等〉を新たな国際開発目標に設定すべきである。それは〈transformational development agenda〉を志向するものである。(2) Beyond Aid：ミレニアム開発目標は第8目標において包括的な国際協力の推進を謳ったが、現実にはもっぱらODAの強化のみが重視され、それ以外の分野については大きな進展は見られなかった。開発途上国に、〈inclusive and sustainable development〉を達成させるためには、それを可能とするような国際環境の創出が不可欠である。それはODA以外の多様な政策手段──Global Public Policies──およびさまざまな国際レジームの活用、そしていうまでもなく諸政策手段間の〈Policy Coherence for Development〉の確保を意味する。

Ⅷ　EUは、これまでミレニアム開発目標の達成に向けて積極的に貢献し、国際組織との連携を積極的に積み重ねてきた。今後もEU諸組織は、加盟国とともにこの〈共通の大義〉に向けて更なる努力を強化すべきである。とりわけ以下の4点を重点的に追求すべきである。──(1) ODAの拡充。(2) 効果的な援助の実施。(3)〈Policy Coherence for Development〉の実体化。(4)〈post-2015 global development framework〉の策定をめぐる国際交渉への積極的貢献／リーダーシップの行使。

Ⅸ　本報告書の主要メッセージは、次の10項目に要約される。──(1) 2015年以後のグローバルな開発枠組みは、①ミレニアム開発目標の実績を踏まえたうえで、②国連ミレニアム宣言の中心的な課題を積極的に組み入れるものでなければならない。(2) 新たな開発枠組みは、①〈inclusiveness〉と〈sustainability〉をより鮮明に打ち出し、かつ②それが目標と指標に明確に反映されるものでなければならない。(3) 新たな開発枠組みは、貧困

に対する新たな認識に基づき、①開発途上国自身による国内政策に配慮し、②貧困の非経済的側面に光を当て、③不平等の解消をめざすものでなければならない。(4) 新しい開発枠組みは、開発途上国の構造転換の促進という観点から、インフラ部門および生産部門における投資を通じて、社会部門における投資を補完するという点を明確に打ち出すものでなければならない。(5) 新しい開発枠組みは、開発途上国のオーナーシップを尊重し、開発途上国自身が設定する優先目標および開発に向けた道筋（development paths）を支援するものでなければならない。(6) 新しい開発目標は、〈援助にとどまらず〉（Beyond Aid）、広範な政策領域を網羅するものでなければならない。それは当然〈Policy Coherence for Development〉を主導原理とするものでなければならない。(7) 新しい開発枠組みは、多様な開発／金融資源、そして開発途上国の国内資源や資源の効果的活用、資源調達における透明性の確保等に裏づけられるものでなければならない。(8) 新しい開発枠組みは、貿易、金融規制、移民、気候変動等の分野における広範な国際的協同行動（International Collective Action）を、より強力に推進するものでなければならない。(9) 新しい開発枠組みは、複雑に連動しているグローバルな諸課題に対して包括的に対処しうるものでなければならない。すなわち個々の課題に対する対応は、それぞれ独立したものとしてではなく、他の課題との関連性を視野に入れ、相互に補完し合うものでなければならない。(10) 新しい開発枠組みの構築にあたり、EU は ODA に対する貢献に加えて、〈Policy Coherence for Development〉の推進や国際的協同行動——〈post-2015 debate〉に対する積極的な参加等——の推進を重点的に追求すべきである。

2013 年 6 月 25 日、EU 閣僚理事会は、"The Overarching Post 2015 Agenda – Council conclusions" と題する決議を採択した。それは文字通り〈post-2015 development agenda〉に関する EU 加盟国の基本的な立場を確認するものであり、その骨子は、以下の通りである。
（1）EU および EU 加盟国にとって、〈post-2015 framework〉に関する合意

を基礎とする包括的な〈post-2015 agenda〉の策定にコミットすることは最優先の課題である。
（2）〈post-2015 process〉は、貧困の撲滅および持続可能な開発に対する国際社会のコミットメントを強化するものでなければならない。それはまた単一かつ包括的で、整合的な枠組みの構築を通じて実効性を担保するものでなければならない。
（3）EU閣僚理事会は、ミレニアム開発目標の達成に向けた国連特別行事——2013年9月——の重要性を強調する。それはミレニアム開発目標の達成に向けた動きを加速し、併せて〈post-2015 framework〉の策定に向けた動きを方向づけるものでなければならない。
（4）EU加盟国は全体として、2015年までにODAの対GNI比：0.7パーセント目標の達成という国際的公約を喫緊の課題として実現しなければならない。
（5）EUおよびEU加盟国は、持続可能な開発の推進というコミットメント——「Rio＋20」の成果文書"The Future We Want"に盛り込まれた公約を含む——の実現に向けて具体的な行動を推進する決意である。
（6）EU閣僚理事会は、〈post-2015 framework〉の策定において、国連ミレニアム宣言および「Rio＋20」成果文書が、依拠すべき中核的な文書であることを強調する。
（7）EU閣僚理事会は、貧困の根絶と持続可能な開発の実現とは、相互に密接に連動しており（補完関係）、包括的な〈post-2015 framework〉へと統合／一体化されるべきであると確信する。
（8）新しい枠組みは、援助の改善および効果的な援助の実施を謳ったOECD/DACの諸合意——ローマ、パリ、アクラ、釜山での合意——を反映するものでなければならない。

第6節 「2015 ヨーロッパ開発年」の制定に向けて

2013年7月10日、欧州委員会は欧州議会およびEU閣僚理事会に対して、

2015年を「ヨーロッパ開発年」(European Year for Development) とするよう提案した〔COM（2013） 509, 10.7.2013〕。

　それは、次のような基本認識に促されるものであった。──（1）2015年はミレニアム開発目標の達成年であり、その時までに〈開発および持続可能な開発〉(development and sustainable development) に関する新たな国際的枠組みの改訂／構築が合意される運びとなろう。(2) それはまた、新たな時代への対応という視点から"Agenda for Change"および"Decent Life for All"に基づいて改訂したEU開発政策の成果を総括する機会でもある。(3) その意味では2015年を「ヨーロッパ開発年」と定め、開発問題を政治的アジェンダへと格上げし、EU市民に身近な問題として関心を高める／注意を喚起することはきわめて時宜にかなうものである。

　そのうえで欧州委員会は「2015　ヨーロッパ開発年」(European Year for Development 2015) 制定の意義を次のように強調した。──（1）EUは世界最大のODA供与主体であり、その重要性および成果はEU全体に示されるべきである。(2) EU市民はグローバルな行動主体としてのEUの役割に関して周知徹底されなければならない。その意味では「2015　ヨーロッパ開発年」の制定は絶好の機会である。(3)「2015　ヨーロッパ開発年」は、開発問題に関してEUレベルにおける意思の疎通を促進し、また個々の加盟国の特殊性（個別事情／ニーズ）に配慮するうえでまたとない好機となろう。(4)「2015ヨーロッパ開発年」の制定はODAの対GNI比：0.7パーセント目標を達成するうえで追い風となろう。

　さらに欧州委員会は、「2015　ヨーロッパ開発年」制定の直接的な効果として、以下の諸点を指摘した。──（1）EU市民に対して、EU開発協力に関するより精度の高い情報、とりわけ世界最大のODA供与主体としてのEUの可能性と限界に関する正確な情報を提供する。(2) EU市民の開発協力に対する関心を高め、責任をもって開発協力政策の策定および遂行にコミットするよう促す。(3) EU開発協力が被援助国（開発途上国）のみならず、EU市民に対しても利益をもたらすものであることを理解させる。

2014年4月2日、欧州議会は2015年を「ヨーロッパ開発年」(European Year for Development)とする旨の決議を採択した。それは"Our world, our dignity, our future"をモットーとして、次のような目的を追求しようとするものであった。──(1) 欧州市民に対してEU開発協力、とりわけグローバルな行動主体としてのEUの〈post-2015 framework〉の構築に向けた動きに関する情報提供をおこなう。(2)〈critical thinking〉という観点から、EU市民および諸ステークホルダーを開発協力政策の策定および実施過程に直接コミットさせる。(3) EU開発協力が、開発途上国のみならずEU市民に対しても利益をもたらすものであるという現実に目を向けさせ、開発途上国とEU市民との間に〈共同責任・連帯感・機会意識〉を醸成し、かつ〈Policy Coherence for Development〉の重要性に関する広範な理解を深める。

2014年6月2日、欧州委員会は"A decent Life for all: from vision to collective action"と題するコミュニケーションを発出した〔COM (2014) 335 final, 2.6.2014〕。それはEU閣僚理事会決議"The Overarching Post 2015 Agenda"および欧州委員会コミュニケーション"A Decent Life for All: Ending poverty and giving the world a sustainable future"を発展させるものであった。欧州委員会プレスリリース"Commission presents proposal to address global poverty and sustainable development"によれば、その骨子は、次の通りである〔IP/14/620, 2 June 2014〕。
(1) 本コミュニケーションは、ミレニアム開発目標のフォローアップの一環として〈Sustainable Development Goals〉(SDGs)の策定に向けた交渉に対するEUの基本的な立場の構築に資するものである。そもそもSDGsは、貧困の撲滅および持続可能な開発に対する国際社会のコミットメントの強化を図るものであり、それは現在および将来の世代の生活のあり方に対する挑戦である。
(2) 本コミュニケーションの採択に当たり環境問題を所管する欧州委員会委員は、次のように指摘した。──国際社会が貧困の撲滅、ひいては地球全体として持続可能な進歩／成長を確保しながら人々の生活の改善を図

るためには新しい枠組みの構築が必要である。〈UN post-2015 agenda〉は、普遍的かつあらゆる課題に対して対応するものでなければならない。

（3）本コミュニケーションの採択にあたり開発問題を所管する欧州委員会委員は、次のように補足した。——世界は歴史上はじめて絶対的貧困を根絶するために必要なテクノロジーと資源を確保するに至った。もはや言い訳は通用しない。絶対的貧困の根絶は持続可能な〈成長と発展〉（growth and development）を通じてのみ達成可能である。われわれはまた経済的・社会的・環境的目的の相互間に真の意味でのバランスを確保することが必要である。われわれは〈decent life for all〉の実現に向けて、政府のみならず、市民社会、民間セクター、個々の市民を糾合してグローバルな枠組みを構築しなければならない。

（4）SDGs はミレニアム開発目標に続く新しい国際的枠組みの構築に資するものであろう。

（5）本報告書は、以下のグローバルな諸課題に対処しようとするものである。——貧困、不平等、保健衛生、食糧安全保障、教育、ジェンダーの平等、水資源および安全な飲料水、持続可能なエネルギー、decent work、inclusive and sustainable growth、持続可能な消費と生産、生物の多様性、土壌の劣化、海洋資源……等。

（6）〈post-2015 framework〉は、以下の諸課題に対処するものでもなければならない。——正義、平等と衡平、グッド・ガバナンス、民主主義と法の支配、平和な社会の構築、暴力からの自由……等。

第 Ⅳ 部

〈Beyond 2015〉:
UN-EU ポジティブ・フィードバックの収束点

第XI章　「リオ＋20」から *The Road to Dignity by 2030* へ：
交錯する MDGs と SDGs

2012年7月27日、国連総会は *The future we want* と題する文書（全283パラグラフ）を改めて確認した〔A/RES/66/288〕。そもそも同文書は、2012年6月20日-22日、ブラジルのリオデジャネイロで開催された「リオ＋20」（United Nations Conference on Sustainable Development）で採択された成果文書（outcome document）であり、同文書の総論〈I. Our common vision〉では、次のような基本認識が披瀝された〔A/CONF. 216/16〕。――（1）われわれは、〈経済的、社会的、環境的に〉持続可能な未来（the future we want）を実現するために参集した。（2）貧困の撲滅は、今日の世界が直面している最大の課題であり、それは持続可能な開発を達成するうえで不可欠である。（3）われわれにとって喫緊の課題は、人類を貧困と飢餓から解放することである。（4）われわれは、国際的に合意された開発目標――ミレニアム開発目標の2015年までの達成を含む――の実現に向けて全力を尽くす決意である。（5）人間こそが、持続可能な開発の中心に位置づけられるべき存在である。われわれはすべての人々に〈持続的で包摂的な経済成長、社会開発、および環境保護〉（sustained and inclusive economic growth, social development and environmental protection）の恩恵をもたらすべく協働する決意である。（6）われわれは、持続可能な開発および貧困の撲滅に向けて〈Green economy〉への移行を目指す決意である。

ついで同文書は、持続可能な開発を可能とする（基礎づける）制度的枠組みとして「政府間取り決め」（intergovernmental arrangements）の強化を謳い、その一環として、（1）1993年に設置された「持続可能な開発委員会」（CSD, Commission on Sustainable Development）の経験

に基づき、(2) 持続可能な開発の実現に向けて〈政治的リーダーシップの行使、およびガイダンス、勧告をおこなう〉「(持続可能な開発に関する)ハイレベル政治フォーラム（HLPF, High-Level Political Forum on Sustainable Development）」を設置することを決定した。それは「持続可能な開発委員会」の発展的解消を目的とするものであった（第84パラグラフ－第86パラグラフ）[1]。

そのうえで同文書は、「持続可能な開発目標」(SDGs, Sustainable Development Goals) と題して次のように強調した（第245パラグラフ－251パラグラフ）。——(1) ミレニアム開発目標は、国連による包括的な開発ビジョンおよび開発枠組みの一翼を担うものとして、①特定分野の重点的追求、②開発途上国による優先的開発目標の策定、③共通の目標に向けた諸ステークホルダーおよび諸資源の動員において有効な手段（useful tool）となっている。したがってわれわれはこれからも断固たる決意でミレニアム開発目標の完全かつ時宜にかなった実現にコミットする。(2) われわれが志向する「持続可能な開発目標」は、2015年以後の国連開発アジェンダと整合的であり、それに統合されるものでなければならない。それはミレニアム開発目標の実現を阻害するものとなってはならない。(3)「持続可能な開発目標」は、それぞれの国家の実情に配慮し、個々の国家の政策や優先順位を尊重したうえで、次のような特徴を具備するものでなければならない。——①行動志向、②簡潔かつ理解が容易、③限定的な目標数、④野心的、⑤グローバルかつ普遍的。(4) われわれは、「持続可能な開発目標に関するオープン・ワーキング・グループ」(OWG, Open Working Group on SDGs) を設置し、「持続可能な開発目標」に関する〈包摂的で透明な政府間交渉プロセス (inclusive and transparent intergovernmental process)〉を立ち上げることに合意する。なお、①オープン・ワーキング・グループ（委員総数30名）の構成（内訳）に関しては、地理的バランスの確保を図る。②オープン・ワーキング・グループは、第68会期・国連総会に「持続可能な開発目標」に関する報告書を提出する——ものとする。(5)「持続

可能な開発目標」に関する「政府間交渉プロセス」は、〈post-2015 development agenda〉を検討するプロセスと整合的なものでなければならない。

さらに同文書は、「持続可能な開発」を促進するためにはさまざまな「資源」を発掘／開拓し、その有効活用を図ることが不可欠であるとの認識に基づき、新たに国連総会のもとに「政府間プロセス」(intergovernmental process) を立ち上げることに合意した。その具体的な内容は次の通りである。──(1) 30 名から構成される「政府間委員会」(intergovernmental committee) を発足させる。委員の構成（内訳）に関しては地理的バランスの確保を図る。(2)「政府間委員会」は、〈持続可能な開発資金戦略〉に関する報告書を 2014 年までに完成し、国連総会での検討に委ねる。

2013 年 4 月 19 日、世界銀行総務会 (Board of Governors) は、"End Extreme Poverty and Promote Shared Prosperity" と題するミッション・ステートメント (Mission Statement) を採択した。それは世界銀行グループの基本的目標を次のように謳うものであった。──(1) 今日、世界全体で 10 億以上の人々が困窮のもとに生活している。このような状況は、道義的に到底受け入れることができない。さらに悪いことには、多くの国では、豊かさが増すにつれて、不平等や社会的排除が強まっている。このような状況のもとにおいて、〈貧困から自由な〉世界の構築という世界銀行グループの目標は以前にもまして重要になっている。(2) 世界銀行グループは、次のような野心的だが実現可能な目標 (ambitious but achievable goals) を追求する。──①一世代のうちに世界から極度の貧困を根絶させる (end extreme poverty within a generation)。②すべての人々の急速かつ持続可能な生活水準の向上という観点から、すでに豊かさを享受している人々だけでなく、社会の最底辺に位置している人々の福祉を増大させ、それによって豊かさの共有 (shared prosperity) を促進する。(3) 極度の貧困の撲滅とは、具体的

には① 2030 年までに、② 1 日：1.25 ドル以下での生活を強いられている人々の割合を世界総人口の 3 パーセント以下に削減しようとするものである。(4) 豊かさの共有とは、(国全体での経済成長率の向上ではなく)、各国において最底辺の 40 パーセントに属する人々の所得を増大させることである。(5)〈極度の貧困の撲滅と豊かさの共有〉という 2 つの目標を達成するためには、環境、社会、財政における持続可能性の確保が不可欠である。(6)〈極度の貧困の撲滅と豊かさの共有〉という 2 つの目標を達成するためには、①社会を構成する全階層の人々の経済的、社会的、政治的参加を促進し、②福祉の非経済的側面——教育、保健衛生、栄養、基礎的インフラストラクチャーへのアクセス——の進展を図ることが不可欠である。(7) 本ミッション・ステートメントに掲げられる 2 つの目標は、単に世界銀行グループが志向する目標にとどまらない。それは、世界銀行に加盟する 188 カ国に期待される目標でもある。(8) 本ミッション・ステートメントに掲げられる 2 つの目標は、世界銀行グループが"Solutions Bank"を志向して変貌を遂げるうえでの指針となるものである。(9) 本ミッション・ステートメントに掲げられる 2 つの目標は、ミレニアム開発目標と連動し、それと軌を一にするものである。それは世界銀行グループのミレニアム開発目標に対する揺るぎのない全面的支援、ひいては〈Post-2015 Agenda〉の策定に向けた断固たる支援を具現するものである。(10) 本ミッション・ステートメントに掲げられる 2 つの目標が各国政府に刺激を与え、〈global development community〉における協力関係の加速化を推進する触媒となることが期待される。

2013 年 9 月 24 日、John W. Ashe 第 68 会期・国連総会議長は「持続可能な開発に関するハイレベル政治会合」(HLPF) を召集した[2]。それは「リオ＋20」での合意に基づき、持続可能な開発の推進（加速化）に向けて、国連総会のもとに 4 年に 1 回開催される首脳レベル会合の正式な開催（第 1 回会合）として位置づけられるものであった（なお閣僚レベルでの会合は、国連経済社

会理事会のもとに毎年 1 回開催されるものとされた）。

　第 68 会期・国連総会における一般討論演説の開始に合せて開催されたこの HLPF は Jim Yong Kim 世界銀行総裁や Christine Lagarde／IMF 専務理事……等も出席して幸先のいいスタートを切った。それは "Building the future we want : from Rio + 20 to the post-2015 development agenda" という統一テーマのもとに 3 つの分化会（leaders' dialogues）―― "High-level political forum : from vision to action" "Global partnerships for development to create jobs and improve sustainable lifestyles" "Mapping the way forward for eradicating poverty and achieving sustainable development" ――から構成されるものであり、会合の内容は John W. Ashe 総会議長の責任において *Summary of the first meeting of the high-level political forum on sustainable development : Note by the President of the General Assembly* として、次のように要約された〔A/68/588〕。

I　From vision to action

（1）貧困からの脱却、普遍的な人間開発の実現、将来にわたり健全な地球環境の維持――われわれの世代においてこれら 3 つの目標を達成することは可能である。そもそもこれらの諸目標は相互補完的な関係にあり、対立するものではない。

（2）貧困の撲滅という闘いにおいて、持続可能な開発は中核的な課題と位置づけられなければならない。

（3）HLPF の設置は、確固たる強力な〈post-2015 development agenda〉の実現に向けた大きな前進である。HLPF は、国際社会が持続可能な開発に向けて一丸となって協力関係を推進する際の拠り所（home）となるであろう。

（4）「持続可能な開発委員会」（CSD）の 20 年間におよぶ経験から得られた教訓は、HLPF の活動の基礎／出発点となる。HLPF はそれをさらに発展させようとするものである。

（5）HLPF は、持続可能な開発の守護者（guardian）として、国連総会のもとで世界の指導者に対して、持続可能な開発の実現に向けた包括的な行

動準則（platform）を提示するものである。

II Global partnerships for development to create jobs and improve sustainable life styles

（1）今日われわれが直面している喫緊の課題は、人間としての尊厳を維持しつつ働くことのできる雇用機会の喪失、いつ終わるとも知れない貧困と不平等、気候変動、水・エネルギー・食糧問題である。

（2）われわれが直面している諸課題は大きな壁として立ちはだかっており（daunting）、政府といえども、ましてや社会が単独でそれに立ち向かうことは不可能である。

（3）持続可能な開発と貧困の撲滅という文脈において、〈Green Economy〉を推進することは可能である。それは十分な経済的存立基盤に支えられるものである。

III Mapping the way forward

（1）〈post-2015 development agenda〉は将来を見据えた野心的なものでなければならない。それはまた〈partnership for development〉の再編成および強化を伴うものでなければならない（go hand-in-hand）。

（2）HLPF は〈Strategic and visionary〉な〈post-2015 development agenda〉の構築に向けて重要な役割を担う。

（3）2016年以降、HLPF は〈post-2015 development agenda〉の実施状況のレビューおよびモニタリング作業をおこなうものとする。

（4）IMF 専務理事および世界銀行グループ総裁の HLPF への個人としての参加（personal involvement）を歓迎する。それは、長期的には HLPF の成功を確実にするものであり、また〈post-2015 development agenda〉の準備に政治的な弾み（political momentum）を付与するものでもある。

　2013年10月9日――。"The Post-2015 Development Agenda: Setting the Stage" という統一テーマのもとに国連総会を舞台として集中的に開催された一連の会議はこの日、ひとつの区切りを迎えた。そこでその成果を総括する決

議案 "Outcome document of the special event to follow up efforts made towards achieving the Millennium Development Goals"（全26パラグラフ）がJohn W. Ashe 第68会期・国連総会議長より、次のような趣旨説明のもとに提出された。——（1）われわれの前途には、①2015年までのミレニアム開発目標の達成、および②「2015年以後の開発アジェンダ」〈post-2015 development agenda〉の策定という〈Twin Challenges〉が待ち構えている。(2) 本会期において積み重ねられている諸作業は、第69会期・国連総会に向けて収束するものである。すなわちそれは同会期の開始（2014年9月）と同時に開始予定の交渉に向けた準備作業の一環として位置づけられる。(3) いまわれわれはすでに「2015年以後の開発アジェンダ」の策定に向けた「政府間（交渉）過程」（intergovernmental process）を開始するまでに至っているといえよう。

この John W. Ashe 総会議長による趣旨説明を踏まえて、同決議案は波乱もなくコンセンサスで採択された。それは〈Global partnership for development〉の重要性を改めて確認したうえで、〈Post-2015 development agenda〉の策定に向けた基本戦略を次のように謳うものであった。——（1）われわれは、ミレニアム開発目標の実現に向けた努力と並行して、「強力な2015年以後の開発アジェンダ」（strong post-2015 development agenda）の策定（craft）を図る決意である。それは、①ミレニアム開発目標を基礎とし、②その未解決の問題を解消し、③新たな挑戦に応える（respond to new challenges）ものとなろう。(2) われわれは「リオ+20」(2012年) の成果文書に基づいて目下進行中の交渉過程、とりわけ「持続可能な開発目標に関するオープン・ワーキング・グループ」および「持続可能な開発のための資金に関する政府間専門家委員会」（ICESDF, Intergovernmental Committee of Experts on Sustainable Development Financing）の動向に注視／考慮する（acknowledge with appreciation）。われわれは2014年9月までに、これら一連の作業が網羅的でバランスよく、迅速に完了することを強く求める。

こうして2013年秋にひとつのピークを迎えた〈post-2015 development agenda〉の策定作業は、2015年秋という究極のゴール——戦略的なピーク——を目指し、2014年をそのための橋頭堡——戦術的なピーク——と位置づ

けて周到な準備作業（Twin Peaks 戦略）を開始していったのである。それは、以下のように「ミレニアム開発目標」（MDGs）と「持続可能な開発目標」（SDGs）とが微妙に交錯する過程であった（汽水状況）。それは、ミレニアム開発目標の策定過程における OECD/DAC「国際開発目標」と「国連ミレニアム宣言」との微妙な緊張関係を彷彿させるものでもあった。

第1節　ホーム・ストレッチ：
2014 年

2014 年 6 月 11 日、第 69 会期・国連総会議長に選出された Sam K. Kutesa ウガンダ外相は受諾演説において、"Delivering on and Implementing a Transformative Post-2015 Development Agenda" を第 69 会期・国連総会の統一テーマとすることを提案した〔GA/11520〕。併せて彼は、次の 7 つのテーマを総会における優先的アジェンダとしたい旨を表明した。——（1）2015 年以後の開発アジェンダ（the post-2015 development agenda）の策定、（2）気候変動に対する闘い、（3）ジェンダーの平等の推進および女性のエンパワーメント、（4）国連と地域組織との協力関係の強化、（5）紛争の平和的解決と平和構築、（6）国連総会の再活性化および安全保障理事会の改革、（7）UN Alliance of Civilization。

とりわけ〈post-2015 development agenda〉に関して、彼はその重要性を次のように強調した。——（1）本 68 会期においてはこれまで多くの政府間協議がおこなわれており、それらは〈post-2015 development agenda〉に関する交渉の進展に寄与するものとなろう。（2）〈post-2015 development agenda〉の策定に際して、われわれは持続可能な開発目標（sustainable development goals）がミレニアム開発目標に依拠し、かつその成果に基づき構築されるものとなるようにすべきである。（3）〈post-2015 development agenda〉策定の一環として、われわれは〈資金・技術開発・能力構築〉という観点からその実施（implementation）をより確実なものへと担保する諸措置を講ずる必要がある。（4）私は "Delivering on and Implementing a Transformative Post-2015

Development Agenda"を次期（第69会期）国連総会の統一テーマをとするよう提案する。その目的は、合意に到達することはいうまでもなく、合意事項を確実かつ実効的に実施できるような保証措置を確保することにある。

　このSam K. Kutesaウガンダ外相の受諾演説に呼応する形でBan Ki-moon国連事務総長は、次のようなスピーチをおこなった〔GA/11520〕。――（1）次期国連総会は、これまで積み重ねてきたもろもろの動きが一点に収束する、まさに正念場の時機である。（2）ミレニアム開発目標の実現／加速に向けたわれわれの努力は最終局面（home stretch）に突入することとなろう。

　さらにJohn W. Ashe第68会期・国連総会議長もSam K. Kutesa次期・国連総会議長に対して次のような激励演説をおこなった〔GA/11520〕。――（1）閣下が議長を務める第69会期・国連総会には〈post-2015 Development Agenda〉の完成という長く困難な道のりが待ち構えている。（2）次期総会議長としての閣下に期待されていることは、①〈inclusive and people-centered〉であり、かつ②今日の人々および将来の世代に対して大転換をもたらす「成果」の実現である。それは文字通り困難な課題（mammoth task）に対する挑戦に他ならない。（3）われわれは残された3カ月間の任期中に、引き続き新しいアジェンダの策定に向けた「お膳立て／準備作業」（setting the stage）をおこなうつもりである。

　2014年8月1日、国連総会のもとに設置された「持続可能な開発目標に関するオープン・ワーキング・グループ」の共同議長は、第68会期・国連総会議長に対してReport of the Open Working Group of the General Assembly on Sustainable Development Goalsを提出した〔A/68/970〕。それは、「持続可能な開発目標」（SDGs）の〈post-2015 development agenda〉への統合（一体化）に向けた「タタキ台」、より直接的には第68会期および第69会期・国連総会における検討に付すための「プロポーザル」（草案）を提出するものであった。その骨子は、以下の通りである。

　まず報告書の作成／提出が「リオ＋20」（2012年）の成果文書The future we wantのマンデイトに基づくものであり、それはあしかけ17カ月間／総計

13回にのぼる会議（第1回会議：2013年3月–第13回会議：2014年7月）の成果である旨が確認された。

　ついで報告書の中核を構成する"Proposal of the Open Working Group on sustainable development goals"の基本的位置づけに関して、(1)「プロポーザル」は「持続可能な開発目標」を策定（conceptualization）する際の基礎となるものである。(2)「持続可能な開発目標」は、〈2015年以後の国連開発アジェンダ〉と整合的であり、それに統合されるべきものである——という2点が改めて確認された。そのうえで「持続可能な開発目標」の基本的特徴として以下の諸点が強調された。——「持続可能な開発目標」は、①〈goals〉、〈targets〉、〈indicators〉の3要素から構成される。②〈action-oriented, global in nature and universally applicable〉である。③それぞれの国家が直面しているさまざまな現実、保持する能力、発展段階に配慮し、個々の国家の政策や優先目標を尊重する。④ミレニアム開発目標の実現、および新たな課題への挑戦を試みる。⑤ひとつの総体として不可分なグローバル開発目標として位置づけられる。⑥〈targets〉を野心的な〈*global* targets〉として設定する。ただし各国政府は、それをベース（基準）としながらも、それぞれの置かれている状況を加味したうえで、独自の〈*national* targets〉を設定／追求するものとする。⑦〈goals〉と〈targets〉を、経済／社会／環境の諸次元を一体的な総体として位置づけ、相互に関連したものとして設定する。

　以上の前提を踏まえたうえで、「プロポーザル」では「持続可能な開発」に向けて17の〈goals〉と169の〈targets〉が提示された。その骨子は、以下の通りである。

　Goal 1.　世界中からすべての貧困を撲滅／一掃する／7 targets。
　Goal 2.　飢餓の撲滅、食糧安全保障の達成および栄養状態の改善、持続可能な農業の推進／8 targets。
　Goal 3.　すべての年齢層の人々が例外なく健康的な生活を送ることができるようにし、福祉の増進を図る／13 targets。
　Goal 4.　すべての人々があまねく〈包摂的で平等に〉質の高い教育を受けることができるようにし、また生涯学習の機会が提供されるようにす

る／10 targets。
- Goal 5. ジェンダーの平等を実現し、すべての女性と女児のエンパワーメントを図る／9 targets。
- Goal 6. すべての人々が安全で衛生的な水を持続的に利用できるように管理する／8 targets。
- Goal 7. すべての人々が安価（適切なコスト）で、信頼性が高く、持続的で安定し、そして近代的なエネルギーを活用（アクセス）できるようにする／5 targets。
- Goal 8. 持続的、包摂的かつ持続可能な経済成長を促進し、すべての人々に完全かつ生産的な雇用、および人間としての尊厳を満たすことのできる労働を提供する／12 targets。
- Goal 9. 強靭で復元力のあるインフラストラクチャーの構築、包摂的で持続可能な工業化の推進およびイノベーションの促進／8 targets。
- Goal 10. 国家内部および国家間における不平等の削減／10 targets。
- Goal 11. 都市および人々の居住空間を包摂的で、安全かつ強靭で安定しており、持続可能なものとする／10 targets。
- Goal 12. 持続可能な消費および生産様式の確保／11 targets。
- Goal 13. 気候変動およびその悪影響に対処するための緊急措置／5 targets（国連気候変動枠組み条約締約国会議が、気候変動に対するグローバルな対応を協議する主たる政府間フォーラムであることを認識しつつ）。
- Goal 14. 持続可能な開発のための海洋／海洋資源の保全および持続的な利用／10 targets。
- Goal 15. 地球エコ・システムの保護、復元、および持続的な利用の促進／持続的な森林管理、砂漠化の防止／土壌劣化の防止と復元／生物多様性の確保／12 targets。
- Goal 16. 持続可能な開発に向けた平和で包摂的な社会の推進／すべての人々に対する司法へのアクセスの保証／あらゆるレベルにおける実効的で、説明責任をはたし、かつ包摂的な制度の構築／12 targets。

Goal 17. 持続可能なグローバル・パートナーシップを実現するための諸方策の強化、およびその再活性化／19 targets。

2014年7月7日、国連は *The Millennium Development Goals Report 2014* を公表し、冒頭の〈序文〉において Ban Ki-Moon 事務総長は次のように指摘した。——（1）加盟国政府、国際社会、市民社会、民間セクターが一丸となって協力した結果、〈人間の尊厳、平等と衡平、絶対的貧困からの自由〉というミレニアム開発目標に対する世界中の人々の希望と機会が増大した。（2）更なる前進に向けて多くの課題が残されている。われわれには、深刻な格差や不均衡の是正に向けて大胆かつ焦点を絞り込んだ行動が求められている。（3）国連加盟国は持続可能な開発目標（SDGs）の策定に向けて全力で協議をおこなっているが、それは〈*universal* post-2015 development agenda〉の中核となるものである。（4）ミレニアム開発目標の達成は、われわれが2015年以後、開発を推し進める際の重要な基盤となる。

2014年8月8日、「持続可能な開発のための資金に関する政府間専門家委員会」（ICESDF）は *Report of the Intergovernmental Committee of Experts on Sustainable Development Financing* を採択した（同報告書は、8月19日付けで国連総会に提出された）〔A/69/315〕。それはあしかけ12カ月間／総計5回にのぼる会議（第1回会議：2013年8月－第5回会議：2014年8月）の成果であり、その骨子は以下の通りである。——（1）本報告書は、広範な〈post-2015 development agenda〉策定の一環として国連総会において検討される。（2）本報告書は、2015年7月（13日-16日）にアジス・アベバ（エチオピア）で開催される第3回国連・開発資金国際会議、および2015年9月にニューヨークで開催される〈post-2015 development agenda〉に関するサミット（首脳会議）に向けた一連の政府間協議の基礎となるものである。（3）持続可能な開発を実現するためには巨額な資金が必要とされるが、毎年世界全体で22兆ドルの資金を節約すれば十分に資金需要を満たすことができる。問題は、大部分の資金が本当に必要とされている国に振り向けられていないことである。し

たがって資金の流れ（配分）を少し変えるだけで大きな成果をあげることができよう。(4) 開発資金に対するさまざまなニーズに対して、より適切に応えるためには、以下の基本原則が重要である。──①持続可能な開発資金戦略の策定における、開発途上国のオーナーシップ確保。②パブリック・セクターおよびODAの重視（中心的役割の付与）。③すべての資金源の包括的かつ効率的な活用。④持続可能な開発を基軸とする開発資金戦略の策定および実施。(5) 具体的な政策手段の選択においては、国内政治およびそれぞれの国家が抱える特殊な状況に配慮すべきである。(6) 〈Global Partnership for Sustainable Development〉の再活性化を図るべきである。具体的には、〈グローバルな経済的ガバナンス、貿易、投資、国際金融システム、課税、債務、地域協力、開発協力〉の諸分野におけるパートナーシップの強化を推進すべきである。(7) 本報告書は、同じく「リオ＋20」の成果文書 The future we want のマンデイトに基づいて設置された「持続可能な開発目標に関するオープン・ワーキング・グループ」（OWG）の報告書とともに〈post-2015 development agenda〉の策定に向けた〈intergovernmental negotiations〉の基礎となるものである（知的インプット）。

2014年9月11日-12日、ニューヨークの国連本部でHigh-Level Stocktaking Event on the post-2015 Development Agendaが開催された（国連加盟国と国連オブザーバーは首脳レベルでの招聘とされた）。同会議は、第68会期・国連総会議長により招集されるもので、(1) 第69会期・国連総会において本格的に開始される〈post-2015 development agenda〉交渉に向けて、(2) 第68会期・国連総会における〈post-2015 development processes〉を総括し、(3) 2014年末までに提出予定の国連事務総長報告書（Synthesis Report of the Secretary-General）および第69会期・国連総会における議論に資することを目的とし、(4) 最終的には〈post-2015 development agenda〉の作成に繋げようとするものであった。なお2日間（当初は9月8日-9日に開催の予定であった）にわたる会議の成果は、「議長総括」（President's Summary）として取り纏められた。それは、国連事務総長および第69会期・国連総会議長に提

出され、併せて国連加盟国およびその他のステークホルダーによる閲覧に供されるものとされた。

　こうして 2014 年 9 月 11 日、High-Level Stocktaking Event on the post-2015 Development Agenda：Contributions to the Secretary-General's Synthesis Report が、John W. Ashe 第 68 会期・国連総会議長による、次のようなオープニング・ステートメントにより開会した。——（1）本会議は、2014 年末までに作成するよう求められている Secretary-General's Synthesis Report に対するインプット、とりわけ第 69 会期・国連総会における〈post-2015 Development Agenda〉に関する交渉に向けた「足掛かり」（launching pad）となることを目的とするものである。（2）われわれは、真に〈participatory, inclusive, people-centered post-2015 Development Agenda〉の策定に向けて発想を〈bold and pragmatic〉なものへと転換することを求められている。われわれが追求すべきは、グローバルな開発を再編成し、将来の世代に資するような〈transformative agenda〉の策定である。（3）2012 年の「リオ＋20」成果文書は、グローバルな開発の再編成／再定義に向けた道を切り開くものであった。（4）多くの期待が寄せられている〈post-2015 Development Agenda〉は、貧困に終止符を打つというわれわれの〈collective commitment〉を具現するものであり、持続可能な開発をすべての国家、社会、経済にとって遵守すべき「規範」（norm）へと発展させるものでなければならない。（5）本会期（第 68 会期・国連総会）における議論／検討を通じて、次のような教訓が得られた。——①〈人間中心で、包摂性・平等・衡平を基礎とする（people-centred and based on inclusiveness, equality and equity）〉新しい開発パラダイムが誕生しつつある。②持続可能な開発の実現とは、社会に大きな転換をもたらすことに他ならない。③新しい開発パラダイムは、経済活動および持続可能な開発を推進するためには法の支配が不可欠であるという認識に基づくものでなければならない。④われわれは新しいパラダイムの構築を通じてジェンダーの平等や女性のエンパワーメントという崇高なコミットメントを完全に達成しなければならない。（6）〈post-2015 Development Agenda〉は単なる理念にとどまってはならない。それは焦点を絞り込み、具体的な行動を志向するものでなければな

第XI章　「リオ＋20」から *The Road to Dignity by 2030* へ

らない。(7)「持続可能な開発目標に関するオープン・ワーキング・グループ」の「プロポーザル」は、真に〈transformative agenda〉を策定するうえでの基礎となろう。(8)「旧いモノ」（"the old"）から脱却しない限り「新しいモノ」（"the new"）は生まれない。この点に関しては、次の諸点が重要である。──①われわれは〈holistic, integrated approach〉を採用すべきである。②〈post-2015 Development Process〉に対する支援を勝ちとるためには「参加」（participation）の促進が重要である。③新しい開発パラダイムを定着させるためには制度とガバナンスが重要である。④新しい政策の策定においては〈Global Partnership for Development〉の推進が重要である。この点に関しては、HLPFのはたす役割が重要である。⑤新しい開発パラダイムの策定においては、より強力な説明能力を有する枠組みの構築が重要である。(9) 持続可能な開発金融を実現するためには一元的かつ包括的なアプローチが不可欠であり、そのためにはさまざまな〈post-2015 processes〉の一体性／整合性の強化が重要である。(10) 環境にやさしくクリーンなテクノロジーを推進するためには、スキームの開発および開発途上国におけるニーズの把握（マッピング）が重要である。

　ついで Ban Ki-moon 国連事務総長が次のような演説をおこなった。──(1) われわれは、来年末までにミレニアム開発目標を達成すべく最後の追い込み作業（final push）に着手しなければならない。(2) われわれは、ミレニアム開発目標の遺産を基礎として新しい開発アジェンダに合意し、それを始動させなければならない。(3) 国連加盟国は、これまでの約束に基づき来年末までに気候変動に関する合意を形成しなければならない。(4) 来年は〈post-2015 Development Agenda〉の策定というハードな交渉／駆け引き／議論に忙殺されるきわめて厳しい年になろう。とはいえそれはわれわれが歴史に名を残す絶好の機会でもある。(5)「リオ＋20」の会議において、各国は主体的に行動して（in the driver's seat）、新しいアジェンダの策定を図る旨の決意を表明した。(6)「持続可能な開発目標に関するオープン・ワーキング・グループ」は、強力なリーダーシップのもとに、真のオーナーシップを発揮して、新しい開発アジェンダの策定作業に従事している。(7) Synthesis Report の作成に際して

は、さまざまな意見に耳を傾ける決意である。(8)〈transformative post-2015 UN development agenda〉の策定にあたり、われわれに求められていることは、さまざまな期待をひとつに収束／纏めることである。

　翌9月12日、John W. Ashe 総会議長のオープニング・ステートメントに対応する形で第68会期・国連総会副議長が次のようなクロージング・ステートメントを発出して、2日間にわたる High-Level Stocktaking Event は幕を閉じた。——(1) すべての参加者により、〈visionary, transformative, ambitious, achievable and monitorable〉な〈post-2015 Development Agenda〉策定の死活的重要性が確認された。(2) Secretary-General's Synthesis Report は、①〈post-2015 Development Agenda〉の策定に向けた交渉の〈launching pad〉となるものであり、②それは「リオ＋20」に基づく（起源とする）さまざまな交渉過程を反映するものでなければならない。(3)「持続可能な開発目標に関するオープン・ワーキング・グループ」が提示した「プロポーザル」に対しては、さまざまな意見が表明された。すなわち一方で、「プロポーザル」は学会、ビジネス・サークル、市民社会等、あらゆるステークホルダーによる精力的な努力の成果であり、最大限尊重されなければならないとする立場が存在した。他方で、①「プロポーザル」で提示された Goals／Targets はよりいっそうの精緻化に向けて絞り込まれるべきである、あるいは②〈法の支配、平和的な社会の促進、人権、正義の実現、ジェンダー〉等の問題に対して、より大きな関心が向けられるべきであるとの見解も表明された。(4)「プロポーザル」で提示された多数の、かつそれぞれ独立したゴール〈stand-alone goals〉を実施することは至難の業であろうとの意見が表明された。その一方で、参加者の多くからは、「プロポーザル」ではそれぞれのゴールの実現に向けた実施手段が提示されており、十分に実現可能である（promising avenue）との評価も下された。(5) すべての参加者は、〈post-2015 Development Agenda〉および「持続可能な開発目標」を成功させるためには、実効的な実施手段（effective means of implementation）の確保がきわめて重要であるという点において意見の一致をみた。(6) 民間資本が「持続可能な開発」に向けてはたしうる役割に関しては、さまざまな意見が述べられ、議論が分かれた。(7) 南－南協力が南－北

協力を補完する独自の活動次元である旨を確認すべきとの強硬な主張も存在した。(8) 国連環境特別総会、国連総会、国連経済社会理事会のもとでの HLPF の開催等、国連の新しい制度的枠組みの重要性を指摘する意見も存在した。

ともあれ会議終了から 3 日後の 2014 年 9 月 15 日、John W. Ashe 第 68 会期・国連総会議長は High-Level Stocktaking Event on the post-2015 Development Agenda: Contributions to the Secretary-General's Synthesis Report での議論の要約（Summary of the key messages）を予定通り国連事務総長、第 69 会期・国連総会議長、そして国連加盟国……等の諸ステークホルダーに提出した。それは、国連総会副議長がおこなったクロージング・ステートメントを改めて確認したうえで、さらに第 68 会期・国連総会におけるさまざまな議論（various post-2015 development-related processes）を通じて得られた知見を〈Key messages〉として、以下のように提示するものであった。

1　*Report of the Open Working Group of the General Assembly on Sustainable Development Goals* は、〈貧困、不平等、ジェンダー、エネルギー、水資源、インフラストラクチャー、気候変動等〉、ミレニアム開発目標を超えるきわめて包括的な内容から構成されており、国連総会は、同報告書を、「持続可能な開発目標」を〈post-2015 Development Agenda〉へと統合させる際の基礎的文書として位置づける旨を決定した。ただし同報告書に対する反応として、修正を求める意見や反対意見も表明されたという事実を付言しておく。

2　〈平和と安全保障〉の問題は、開発というレンズ／枠組み（development lens）を通して議論されるべき課題であり、開発が〈平和と安全保障〉というレンズ／枠組みを通して議論されてはならないという主張も存在した。

3　貧困の根絶が〈post-2015 Development Agenda〉の中心的課題となるべきである、という点に関しては全般的な合意が形成された。

4　〈post-2015 Development Agenda〉の策定に向けた交渉は〈zero-sum game〉という観点からおこなわれてはならないという意見が表明された。また交渉の次なる重要な課題は、いかにして実効的な実施を担保す

るかであるという意見も存在した。
5 *Report of the Open Working Group of the General Assembly on Sustainable Development Goals* の「プロポーザル」において提示された 17 の〈Goals〉と 169 の〈Targets〉は、あまりにも煩雑かつ非現実的であるとの懸念が表明され、〈実施、モニタリング、レビュー〉を容易なものとするためには、より簡潔で実行しやすいものへと再編成すべきであるとの意見も表明された

　2014 年 9 月 16 日、第 69 会期・国連総会の開幕にあたり、Sam K. Kutesa 総会議長は次のような開会演説をおこなった。──（1）〈post-2015 development agenda〉の策定に向けた「基盤整備」（setting the stage）をおこなった John W. Ashe 前総会議長に対して謝意を表したい。（2）第 69 会期・国連総会は、通常の業務に加えて〈post-2015 development agenda〉交渉に忙殺されることとなろう。（3）われわれは、〈post-2015 development agenda〉の策定に加えて、それを実現するための適切な手段の確保という責任を負っている。（4）本会期における一般討論のテーマを "Delivering on and implementing a Transformative Post-2015 Development Agenda" としたのは、とりわけ実施（implementation）重視の立場に基づくものである。

　2014 年 9 月 24 日、一般討論演説の開始に際して Sam K. Kutesa 総会議長は、次のような開会演説をおこなった。──（1）本会期およびそれに続く年は、きわめて重要な時期となろう。われわれは、ミレニアム開発目標の達成年を迎え、さらに〈post-2015 development agenda〉の策定および採択をおこなうことになろう。（2）われわれがここに参集したのは、〈経済的・社会的・環境的〉に持続可能な開発の達成に向けた道筋を確定するためである。（3）ミレニアム開発目標の達成期限まで余すところ 470 日弱といういまこそ、われわれはその進展に向けて、よりいっそう努力を加速しなければならない。

第2節　*The Road to Dignity by 2030*

2014年12月4日、Ban Ki-moon 国連事務総長は Synthesis Report on the Post-2015 Agenda の公刊に際して、193 の国連加盟国に対して次のような（非公式）ブリーフィングをおこなった。

1　報告書のタイトルは *The Road to Dignity by 2030: Ending Poverty, Transforming All Lives and Protecting the Planet* である。

2　2012年の「リオ＋20」以降、われわれは〈post-2015 development agenda〉の策定に向けて長い道のりを歩んできた。それはいまだかつてないほどの広範かつ包摂的な協議に基づくものであり、それらを集約したのが本報告書である。

3　これから〈Post-2015 Sustainable Development Agenda〉の策定に向けて最終的な交渉がおこなわれる運びである。

4　新しいアジェンダは、〈人権と人間の尊厳〉を主導原理とする〈ナラティビ〉（narrative）でなければならない。それはまた資金等、さまざまな実施手段に裏づけられるものでなければならない。

5　本報告書は、以下の6つの "Essential Elements" を基軸としている。それらは行動の指針となる〈conceptual guidance〉である。――(1) 尊厳（dignity）：貧困を根絶させ、不平等に対する闘いをおこなう。(2) 人間（people）：健康的な生活と知識の確保、および女性と子供に対する差別の解消。(3) 繁栄（prosperity）：強靭かつ包摂的で、ダイナミックな経済の発展。(4) われわれの惑星（our planet）：現在および将来の世代において、そしてまたすべての社会において健全なエコ・システムの確保。(5) 正義（justice）：安全かつ平和な社会の促進、および強力な制度の構築。(6) パートナーシップ（partnership）：持続可能な開発に向けたグローバルな連帯の推進。

6　本報告書の価値を推し測る「リトマス試験」（litmus test）の役割を担うのは、実施を担保する健全な財政基盤の有無である。

それでは「持続可能な開発」に向けた青写真（blueprint）とも位置づけられる *The Road to Dignity by 2030: Ending Poverty, Transforming All Lives and Protecting the Planet* の具体的な内容はどのようなものであろうか。

　全6部／161パラグラフから構成される同報告書は、タイトルに示されるように2030年までに人間の尊厳を達成すべく、今後15年間にわたるロードマップ（行程表）を提示するものであり、より具体的には、（1）人間と地球を中心に据え、（2）人権に基礎づけられる新たなグローバル・アジェンダの策定に向けた交渉の指針となるものである。それはまた、国際社会において約束を実現する——実行に移す——ために不可欠な〈culture of shared responsibility〉の醸成を訴えるものである。その骨子は、以下に要約される通りである。

Ⅰ　A universal call to action to transform our world beyond 2015
　1　われわれはミレニアム開発目標を達成し、それをバネとしてわれわれの志向する未来——貧困から自由で人権、平等、持続可能性を基礎とする未来——の実現を図らなければならない。
　2　「リオ＋20」から僅か2年という短期間のうちに、われわれは〈Post-2015 process〉に向けた基礎を構築することに成功した。
　3　今後予定されている次の3つのハイレベル会合は、われわれを持続可能な開発という新たな時代へと導きうるものである。——（1）2015年7月：第3回開発資金国際会議（アジス・アベバ）。（2）2015年9月：持続可能な開発に関する国連特別サミット。（3）2015年12月：国連気候変動枠組条約第21回締約国会議／COP21（パリ）。

Ⅱ　A synthesis
　1　〈Post-2015 Agenda〉をめぐる議論の根本は、これまでの20年間に積み重ねられてきた開発協力の経験に根ざしている。
　2　目下進行中の〈Post-2015 Agenda〉をめぐる議論は、直接的には「リオ＋20」の成果文書 *The future we want* を原点としている。
　3　〈Post-2015 Agenda〉をめぐる議論は、それぞれの開発途上国が抱

える個別事情の重要性、およびミレニアム開発目標という視点からの更なる前進の重要性を強調するものである。
  4 2013年に設置されたHLPFは、視点を〈Post-2015 agenda〉へと移行させ、開発アジェンダ実施状況の〈レビューとモニタリング〉において重要な役割を担おうとするものである。
  5 われわれは今後もミレニアム開発目標の達成に向けて邁進しなければならない。ただしその際、ミレニアム開発目標において見落とされてきた持続可能な開発の諸側面――貧困の多次元性、若年層に対する尊厳ある労働の確保、すべての人々を対象とする社会的保護と労働権等――により大きな関心を向けるべきである。
Ⅲ　Framing the new agenda
  1 *Report of the Open Working Group of the General Assembly on Sustainable Development Goals* を高く評価し、歓迎する。
  2 〈Post-2015 Sustainable Development Agenda〉をめぐる政府間交渉は *Report of the Open Working Group of the General Assembly on Sustainable Development Goals* を基礎としておこなわれるべきである。ただし同報告書の「プロポーザル」において設定された17の〈Goals〉に関しては、それらを維持しつつも、焦点を絞り込んだ、より簡潔なものへと再編成する可能性も考慮されよう。
  3 新しい開発枠組みは、国連の3大目標――平和と安全保障、開発、人権――を一体化する絶好の機会となる。
Ⅳ　Mobilizing the means to implement our agenda
  1 持続可能な開発アジェンダは、さまざまなアプローチ／アジェンダの統合（一体化）を通じて策定されるが、同様にその実現のためにはさまざまな手段の統合（一体化）が不可欠である。
  2 持続可能な開発を実現するためには、さまざまな開発資金、技術、能力開発のための投資が不可欠であり、かつそれらを整合的なものへと一体化することが必要である。
Ⅴ　Delivering our agenda: a shared responsibility

1 われわれは、普遍的な規範、グローバル・コミットメント、共通の
ルールや論拠、共同行動、進歩に向けた共通の尺度に基礎づけられ
る〈culture of shared responsibility〉を醸成しなければならない。

2 われわれが志向する説明責任（accountability）という新しいパラ
ダイムは、コンディショナリティ（北から南に対してであれ、南か
ら北に対してであれ）とは無縁である。それはすべての行動主体
が、人々に対して負うものであり、これこそが人間中心で地球全体
を視野に入れる開発に他ならない。

Ⅵ Conclusion: together in a universal compact

1 今日の世界は未曽有の挑戦に直面しており、不作為はもちろんのこ
と、これまで通りのやり方も通用しない。2015年は、文字通りグ
ローバルな行動の年である。

2 われわれは〈transformation〉を目指さなければならない。われわ
れは、経済、環境、社会の変革を志向すべきである。すべての国連
加盟国は、ナショナル・インタレストに資するものとして、国際的
解決への道を最優先課題とすべきである。

3 われわれは一丸となって政治的意思を結集し、国家および多国間シ
ステムの強化に必要とされる諸資源を動員すべきである。

第XII章　「2015　ヨーロッパ開発年」に向けて：
疾走する Normative Power EU

　ニューヨークの国連本部（グローバル・アゴラ）を舞台とする〈post-2015 development agenda〉の策定作業が、「リオ＋20」という新たな原動力をブースターとして2つのピーク（2013年秋および2014年秋）を無事踏破し、「国連事務総長／統合報告書」（Synthesis Report）へと収束していったまさにその時期、それとパラレルにブリュッセルのEU（リージョナル・アゴラ）においても〈post-2015 development agenda〉を射程に入れた動きが精力的に積み重ねられていった。それは具体的には、「2015　ヨーロッパ開発年」（European Year for Development 2015）に向けた政治キャンペーンの集中的な展開という形をとるものであった。

第1節　「ヨーロッパ開発デー」からの発展

　そもそも「2015　ヨーロッパ開発年」という発想自体は、唐突に誕生したものではなかった。それはEU閣僚理事会の決定に基づき、2006年から毎年開催されてきた「ヨーロッパ開発デー」（European Development Days）を原型とし、それを発展させるものであった。

　貧困の撲滅に対するEUの断固たる決意を域内・域外にアピールし、開発協力に関する情報の共有、新たな開発パラダイムの構築、より緊密なネットワーキングの推進……等を主要目的とする一連のイベントの開催──。このような「ヨーロッパ開発デー」は、2015年秋を目標として、〈post-2015 development agenda〉の策定過程に対する積極的なコミットメント──リーダーシップの行使──を標榜するEUにとっては絶好の受け皿であった。それは「ヨーロッパ開発デー」の軌跡の概観を目的として、2014年に欧州委員会が公刊した *European Development Days 2006–2013* のサブ・タイトルが "Eight years of policy debates from the European Consensus to the post-2015 agenda" となっている事実に示される通りである。こうして EU は、〈post-2015 development agenda〉の策定を見据えて、「2015　ヨーロッパ開発年」に向けた準備作業を推し進めていったのである。その軌跡は、以下の通りである。

2012 年 5 月 23 日、EU は "The European Union mid-term priorities at the United Nations（2012-2015）" を公表した。それは国連が最優先課題とする 3 大目標——平和と安全保障、持続可能な開発、人権——に対する EU（欧州委員会および EU 加盟国）のコミットメントを、年次ベースではなく中期的な視点から明らかにするものであり、とりわけ持続可能な開発に関しては次のように謳われた。——（1）われわれは、〈経済・社会・環境〉という 3 つの次元における持続可能な開発の実現にいままで通り全面的にコミットする決意である。(2) われわれは *European Consensus on Development* において示されているように、持続可能な開発という全体的な文脈において開発途上国の貧困撲滅に向けた努力を支援する。(3) われわれは、新興援助供与国（emerging partners）、市民社会、民間セクター、地域組織との間に広範なパートナーシップを推進・強化する。(4) 2012 年 7 月に開催される「リオ＋20」の成功およびその実効的なフォローアップはきわめて重要である。

2014 年 2 月 19 日、UNDP ブリュッセル事務所は *UNDP-EU Partnership Report: Towards a Life of Dignity for All – 10 years of UNDP-EU Strategic Partnership* を公刊した。それは 2004 年に UNDP と EU（欧州委員会）との間に締結された〈Strategic Partnership Agreement〉の 10 周年を記念して特別に刊行されたものであり、2006 年に創刊された年次報告書（*Annual Report on UN-EU Partnership*、いわゆる "Improving Lives" シリーズ）がグローバル・パートナーシップという観点から国連システムと欧州委員会との協力関係を包括的に概観したのに対して、同報告書では対象を UNDP に特化して、それと欧

州委員会との協力関係（2004年-2013年）を実証的に総括するものであった。それはいうまでもなく、貧困の撲滅ひいてはミレニアム開発目標の達成に向けた〈UNDP-EU パートナーシップ〉の意義をアピールするものであった。

　2014年6月23日、EU 閣僚理事会は第69会期・国連総会に臨む EU（欧州委員会および EU 加盟国）の基本的な立場を確認した（"EU Priorities for the UN General Assembly 69th General Assembly"）。それは2012年に策定した中期目標に基づき、国連外交における EU の優先課題を次のように謳うものであった。――（1）「リオ＋20」の成果のフォローアップおよび実施を重点目標とする。（2）2013年9月のミレニアム開発目標に関する一連のイベントの成果のフォローアップを図る。（3）単一かつ包括的な〈post-2015 development framework〉の構築に向けて、欧州委員会と EU 加盟国は共同歩調をとる。（4）ミレニアム開発目標を〈post-2015 agenda〉の基礎を構成するものと位置づけ、その2015年までの達成に全力を尽くす。（5）国連経済社会理事会の改革と新設された HLPF との連携等、持続可能な開発に向けた国連機構（UN architecture）の制度面でのフォローアップを図る。（6）国連事務総長／ハイレベル・パネル報告書 *A New Global Partnership*（2013年5月）、国連事務総長報告書 *A Life of dignity for all*（2013年7月）、および国連事務総長／統合報告書／Synthesis Report（2014年末に公刊予定）に留意する。

　2014年8月、欧州委員会は *Annual Report 2014 on the European Union's development and external assistance policies and their implementation in 2013* を公刊し、〈post-2015 framework〉に関する2013年の活動を次のように総括した。――（1）EU は〈post-2015 development agenda〉をめぐる国際的協議に積極的に参加した。（2）EU は "A Decent Life for All By 2030 : Building Consensus For a New Development Agenda" というスローガンのもとに "2013 European Development Days" を開催し、さまざまなステークホルダーを糾合して活発な

議論を展開した。(3) 開発協力に関連するさまざまな国連の動き——国連総会、国連経済社会理事会、国連事務総長イニシアティブ……等——に EU は積極的に (actively) 参加・コミットした (その具体例として、開発に直接関係する 50 以上の国連総会決議の採択に EU が貢献した旨が強調された)。

第 2 節　ユンカー委員会の挑戦

　2014 年 9 月 29 日、開発協力を所管する欧州委員会委員に指名された Neven Mimica 欧州委員会委員 (当時は消費者問題担当欧州委員会委員／クロアチア出身) は、欧州議会における公聴会において、次のような所信表明演説をおこなった[3]。——(1) 開発政策は EU 対外関係の中核を構成するものであり、その主たる目的は貧困の削減、長期的にはその撲滅である。(2)「相互利益に基づくパートナーシップ」(partnership based on mutual interests) ——これこそが EU 開発政策の志向するところである。(3) EU は開発政策——ODA や貿易等——において輝かしい実績を保持しており、効果的な援助の実施や〈Policy Coherence for Development〉においても主導的な役割をはたしている。(4) 正式に欧州委員会委員に任命された時には、私は、EU が持続可能な開発のチャンピオンとして世界において主導的な役割をはたすべく努力する決意である。(5) EU にとって〈ambitious post-2015 framework〉の構築は、〈post-Cotonou framework〉の構築における最優先課題 (first priority) である。(6)〈post-2015 framework〉は、〈inclusive sustainability〉を通じて貧困の削減を支援するものでなければならない。(7) 新しい枠組みは、〈社会・経済・環境〉という開発の 3 次元を正面から取り上げ、3 次元間に最適なバランスを確保するものでなければならない。それはまた、平和と安全保障と同様に、人権／平等／民主的諸価値／法の支配の完全な尊重と一体化されるものでなければならない。(8) 新しい枠組みは、豊かな国か貧しい国かを問わず、すべての国に適用される〈single, universal and comprehensive〉な枠組みの構築を志向する壮大な挑戦である。(9) EU にとって新しい枠組みは、〈開発途

上国がみずからの責任のもとにオーナーシップに基づき持続可能で包摂的な社会の構築を図ることを支援する〉という新しい開発政策の再編成（redesign）に向けた絶好の機会となる。(10)〈post-2015 process〉の中心的な課題は、開発金融および実施手段の確保であろう。(11) 私は加盟国に対してミレニアム開発目標のもとで公約したコミットメント（ODA の対 GNP 比：0.7 パーセント目標等）を新しい枠組みのもとでも達成するよう促したい。(12) EU の目標は、①すべての人々に包摂的で持続可能な未来の確保に向けて、②グローバルな連帯と責任に基づき、③〈ambitious and truly transformative agenda〉の構築を主導することである。

2014 年 11 月 1 日、新しい欧州委員会の発足にあたり Jean-Claude Juncker 欧州委員会委員長は、開発協力（International Cooperation and Development）を所管する Neven Mimica 委員に対して次のような Mission Letter を送付した。——(1) 新たに発足する欧州委員会は、各委員が所管する活動領域に囚われることなく、狭隘な「サイロ・メンタリティー」(silo mentalities) を克服し、一致団結して活動しなければならない。(2) EU は国際協力の分野において輝かしい成果を積み重ねている。貴下に期待されていることは、新しい開発ニーズに応え、ミレニアム開発目標に対するコミットメントを遂行し、持続可能な開発という観点から貧困の撲滅を図ることである。(3) 2015 年は、「ヨーロッパ開発年」である。それはまた、ミレニアム開発目標に代わるアジェンダを策定するための交渉の年でもある。欧州委員会は、国連のもとで進められる交渉において主導的な役割をはたすべきである。(4) 貴下に期待されていることは、〈post-2015 United Nations Millennium Development Goal agenda〉の交渉に向けて、欧州委員会および EU としての基本的立場を構築することである。

2014 年 11 月に作成された *International cooperation and development: Fighting poverty in a changing world*（The European Union Explained）では、〈われわれは、2030 年までに絶対的貧困を地球上から根絶するた

めに必要な技術的、財政的、物質的資源を確保しており、もはや言い訳は通用しない〉としたうえで、〈post-2015 development agenda〉に関して次のように強調した。――(1) EU は引き続き〈ambitious post-2015 framework〉の構築に向けてコミットする決意であり、EU の基本的な考え方がさまざまな協議の「場」において反映されるように努める。(2) 2015 年はミレニアム開発目標の最終的な達成年であり、かつ次世代の開発枠組みの策定に向けて重要な国際的決定がおこなわれるきわめて重要な年でもある。(3) EU 諸組織および EU 加盟国がさまざまなステークホルダーを糾合して開発協力に関する〈critical thinking and involvement〉を推進し、世論の喚起を図る。――これが、"Our world, our dignity, our future" をモットーとする「2015 ヨーロッパ開発年」制定の目的である。

2014 年 12 月 16 日、EU 閣僚理事会は、貧困の削減および持続可能な開発に向けた新しい国際的枠組みに関して "transformative post-2015 agenda" と題して次のような決議を採択した。――(1) 今日世界が直面している重要な課題に対処するためには "truly transformative manner" によるアプローチが必要である。その意味では、〈post-2015 agenda〉は "transformative" でなければならない。(2) 〈post-2015 development agenda〉が、「リオ＋20」を包括的にフォローアップし、"transformative" なものとなるためには〈貧困、不平等、気候変動、環境劣化〉の構造的原因に取り組むものでなければならない。(3) EU 閣僚理事会は、国連事務総長が 12 月 4 日に公表した Synthesis Report を歓迎する。それは 2015 年 9 月に予定されている〈post-2015 development agenda〉に関するサミットに向けた政府間交渉の進展に大きく貢献するものである。(4) われわれは、第 3 回開発資金国際会議の開催（2015 年 7 月）を歓迎する。(5) われわれは、国連気候変動枠組条約交渉の重要性を強調し、2015 年 12 月にパリで開催される会議においてすべての当事者を対象として野心的かつ法的拘束力をもつ合意が成立することを期待している。(6) 〈post-2015 development agenda〉は、持続可能な開発を構成する 3 つの次元（経済

／社会／環境）をバランスよく統合するものでなければならない。(7)〈post-2015 development agenda〉は、包括的（global in coverage）かつ普遍的（universally applicable）なものでなければならない。ただしそれは、各国の特殊性（発展段階、国を取りまく環境要因、国の能力等）に配慮し、かつそれぞれの国の政策や優先目標を尊重するものでなければならない。(8)〈post-2015 development agenda〉は、オーナーシップ、およびアジェンダの効果的な実施に不可欠な〈明確性と簡潔性〉を具現するものでなければならない。(9) 国連事務総長／Synthesis Report は、これからの15年間／およびそれ以降を視野に入れて、人権に基づき、〈貧困の撲滅、新たな生活様式への移行、地球環境の保全〉を達成しようとする "universal transformative agenda" である。(10) EU（欧州委員会および EU 加盟国）は「持続可能な開発目標に関するオープン・ワーキング・グループ」の「プロポーザル」を歓迎する。(11) EU（欧州委員会および EU 加盟国）は、〈post-2015 development agenda〉の実現に向けて全力を尽くす決意である。ただし他の行動主体（new and emerging actors を含む）も応分の負担（fair share）をしなければならない。(12) "truly transformative post-2015 agenda" を実現するうえで最も重要なのは、各国家レベルにおいてアジェンダを実効的に実施することである。(13)〈post-2015 development agenda〉を達成するためには、現在進行中の国連開発システムの改革——本部および現地における——が重要である。(14) EU（欧州委員会および EU 加盟国）は、単一かつ包括的な〈post-2015 agenda〉の構築に向けて積極的かつ建設的にコミットする決意である。そのために欧州委員会と EU 加盟国は、EU としての統一的な立場を確立して、きたるべき政府間交渉に臨む決意である。

第XIII章　OECD の挑戦：
2014 年

　2013 年 7 月 4 日、OECD は *Beyond the Millennium Development Goals: Towards an OECD contribution to the post-2015 agenda* と題するペーパーを発出した。それは、直接的には〈post-2015 agenda〉を統一テーマとして 2013 年 9 月に開催される国連総会に焦点を当てるものであった。ただしいうまでもなくそれは、サブ・タイトルに示されるように 2015 年に目標年を迎えるミレニアム開発目標に続く「グローバルな開発目標」の策定に向けて OECD が中期的／戦略的な観点から政策「インプット」を試みるものであった。すなわち同ペーパーは "OECD and Post-2015 Reflections" と題するシリーズの嚆矢を飾るものとして、〈post-2015 agenda〉に対する OECD の基本点立場を表明するものであり、以後この総論に基づき一連の各論的ペーパーが順次発出されていったのである。それはミレニアム開発目標の「生みの親」を自認する OECD/DAC が、〈post-MDGs〉の策定に向けて主導権を確保しようとする政治的な試みに他ならなかった。

　このような OECD による挑戦――闘争宣言――としての *Beyond the Millennium Development Goals*――。その主要メッセージは、以下に要約される通りである。

〈New times, new goals?〉
1　OECD はミレニアム開発目標の策定にきわめて大きな役割をはたしてきた。
2　ミレニアム開発目標の達成年まで残すところ 2 年――。OECD はその実現に向けて更なる努力を積み重ねている。
3　ミレニアム開発目標により生み出された政治的モメンタムを維持すべく、国連は 2015 年以後の〈後継枠組み〉（successor framework）の策定に向けた交渉過程をリードしている。それは新たなグローバル・チャレンジに

対応すべく、ミレニアム開発目標の弱点を是正し、「リオ＋20」の成果を反映するものとなろう。

4 〈post-2015 goals framework〉は、次のような新しい現実（チャレンジ）に直面している。——(1) 新興国（emerging countries）の台頭。(2) 新しい資金源／新しい行動主体の出現。(3) 相互依存の拡大と深化。(4) 低所得国／脆弱国（fragile states）への絶対的貧困の集中。(5) 不平等の増大。(6) 開発を定量的に把握する尺度（モノサシ）の多様化。(7) 個々の国家の独自性／特殊性（ニーズ）を反映するきめ細かなアプローチの必要性の高まり。(8) インプットに加えて、明確なアウトプット（成果）を求める要求の増大。

➢ 国際環境の変化——新たなグローバル・チャレンジの出現——によってミレニアム開発目標の存在意義が毀損されることはない。そもそもミレニアム宣言およびミレニアム開発目標は、国際社会の総意に基づき、国際社会全体を開発に向けて強力に牽引するものである。

➢ OECD は、〈new, ambitious, concise and result-oriented framework〉の策定が必要であると認識している。この点に関して各国政府は、①ミレニアム開発目標を基礎とし、そのうえに新たな開発枠組みを構築すべきか（持続可能な開発目標等を含む）、それとも②これまでの蓄積を消去して、ゼロからのスタートを図るかの二者択一を迫られている。

〈The OECD's ideas on the post-2015 agenda〉

1 OECD は、全世界の人々がより良い生活を送ることができるように、〈evidence-based policies〉の推進に腐心している。

2 OECD が新しい開発枠組みにおいて追求しようとしているのは次の3つの要件を具備するものである。——(1) Global：新興国の台頭により〈北対南〉という二分法はもはや時代遅れである。新しい開発枠組みは、①グローバルな視点から、開発途上国のみならず、すべての国家を対象とし、②すべての国家による責任の共有——必ずしも同等な責任を意味するものではないが——を前提とするものでなければならない。(2) Holistic：新しい開発枠組みは、現行のミレニアム開発目標が追求する貧

困の根絶および人間開発という目標に加えて、持続可能な開発目標をひとつの包括的かつ整合的な総体へと一元化するものでなければならない。（3）Measurable and meaningful：新しい開発目標において設定される目標は、信頼のできる統計データに裏づけられ、その進捗状況を定量的に把握することが可能なものでなければならない。
3 　新しい開発目標の実施にあたりOECDが想定しているのは次の2つのレベルからのアプローチである。──（1）レベル1：普遍的な適用範囲をもつごく限定された目標の設定。（2）レベル2：個々の国家の具体的な状況に即応する目標の設定。

〈Fleshing out the proposal: 11 ideas for moving forward〉

1 　OECDは新しい開発枠組みの策定に向けた第一次案（素案）として、11項目から構成される具体的な政策提言をおこなう。
2 　それは、次のような（1）目標＝4項目、および（2）手段＝7項目から構成されるものである。──（1）目標：①貧困を"well-being"として再定義し、開発の中心課題とする。②教育の質を重視し、中等教育に対するアクセスの改善を図る。③ジェンダーの平等および女性のエンパワーメント強化を図る。④持続可能な環境の確保を開発目標へと統合／一体化する。（2）手段：①開発途上国の統計データ作成・処理能力の強化。②有効に機能する制度の構築および説明責任の強化。③平和構築および国家建設の推進。④諸政策間における整合性の確保。⑤知識の共有および政策対話／相互学習の推進。⑥実効的な開発協力のためのグローバル・パートナーシップの推進。⑦開発資金の定量的把握（測定）およびモニタリング。

　2014年9月22日、Ban Ki-moon国連事務総長により設置され（2012年7月31日）、2013年5月30日に *A New Global Partnership: Eradicating Poverty and Transform Economies through Sustainable Development* と題する報告書を事務総長に提出したハイレベル・パネル（High –Level Panel of Eminent Persons on the Post-2015 Development Agenda）の有志（18名）は"One Year On: An open letter from former members of the UN Secretary-General's

High-Level Panel of Eminent Persons on the Post-2015 Agenda" と題する公開書簡を公表した。それは、（1）ミレニアム宣言およびミレニアム開発目標を基礎として〈inclusive, sustainable development〉を実現するための新しい開発アジェンダの合意に向けたサミット（首脳会議）の開催まで余すところ1年。（2）貧困の撲滅、持続可能な世界の実現、人権、世界共通の諸課題への対応能力の確保……等、残された課題は大きい。（3）ハイレベル・パネル報告書の公表から1年——その間に、①「持続可能な開発目標に関するオープン・ワーキング・グループ」による「持続可能な開発」に向けた「プロポーザル」の策定や②「持続可能な開発のための資金に関する政府間専門家委員会」による報告書の作成等、大きな成果がみられた。（4）とはいえミレニアム開発目標が実体を伴わない空疎なレトリックとの誇りから免れるためには多くの課題が残されている——という強い危機意識に促されて、以下の7項目の実施を強く訴えるものであった。

1 各国首脳は2015年9月を待たずに、ニューヨークではなく、それぞれの国内において新しい開発アジェンダに関する議論を積極的に推進すべきである。

2 各国首脳（先進工業国および開発途上国）に求められているのは、〈spirit of collaboration〉に基づく新しいグローバル・パートナーシップを構築することの重要性をより明確にすることである。

3 重要なのは目標の設定ではなく、それを実現するための行動であり、その「内実化」（localization）である。すなわち〈post-2015 development agenda〉は、単に各国政府のアジェンダにとどまるものではなく、それぞれの社会全体のアジェンダ（whole of society agenda）として受け入れられるものでなければならない。

4 さまざまなステークホルダーによるモニタリング、および透明性確保に向けた説明メカニズムの構築が重要である。とりわけ地域レベルにおけるピア・レビューは、グローバル・レベルにおけるモニタリングを補完しうるものである。

5 〈post-2015 development agenda〉における重要な柱として、すべて

のステークホルダーは、信頼にたる、時宜にかなった、容易に入手可能なデータの作成を図るべきである。
6　持続可能な開発に向けて、民間セクターを積極的に活用することが重要である。
7　2015年に向けてさまざまな次元における動きが一挙に加速・収束することが予想される。したがって交渉に関わる各国政府は、常に諸過程間の整合性の確保を心掛けなければならない。

　2014年10月11日、IMF／世界銀行合同開発委員会は、次のようなコミュニケを採択した。――国連主導によるポスト2015開発アジェンダ（UN-led post-2015 Development Agenda）は、より包摂的かつ持続可能な開発モデルを構築するうえでまたとない好機である。われわれは、世界銀行グループとIMFに対して、ポスト2015開発目標の合意に向けた国際的努力を支援するよう促す。われわれは、2015年7月にアジス・アベバで開催される第3回開発資金国際会議が特別な重要性を有するものと認識する。われわれはまた、新しい開発アジェンダを成功裏に推し進めるうえで、IDA第17次増資がミレニアム開発目標の進展の加速化において、そしてまた世界銀行グループにとって、きわめて重要な役割をはたすものと期待する。

　2014年12月15日-16日、OECD/DACはHigh Level Meetingを開催した。"Historic modernisation of official development assistance"と銘打ったプレスリリースによれば、会議のポイントは次の通りであった。――(1) 会議では、開発協力を下支えする統計システムの近代化に関して歴史的な合意に達した。それは開発金融の強化・改善に貢献するものとなろう。それはまた民間資本のよりいっそうの動員／活用をもたらすであろう。(2) 会議の歴史的意義に関してOECD/DAC議長は次のように強調した。――一連のODAの近代化は、世界が〈post-2015〉ひいては持続可能な開発目標の策定に向けて準備を積み重ねている、まさに絶妙なタイミングで実現された。貧困を根絶し、これまで積み重ねられてきた輝かしい開発の諸成果を今後も持続させるためには、いまま

で以上に貧しい国々に対する開発援助および譲許的援助を強化し、併せて開発に向けた民間資金の更なる活用が必要である。

　ともあれ 12 月 16 日に採択された最終コミュニケにおいては、以下の諸点が強調された。──(1) アラブ首長国連邦が、OECD 非加盟国のなかで最初の DAC "Participant" に迎えられた。(2) IMF、世界銀行、UNDP、米州開発銀行、非 DAC/OECD 加盟国（チリ、エストニア、ハンガリー、イスラエル、メキシコ、トルコ）が会議に参加した。(3) 世界から貧困を根絶しようという課題は未完成であり、開発のためのグローバル・パートナーシップの再構築が不可欠である。(4) 2015 年に開催が予定されている 3 つの会議──①第 3 回／開発資金に関する国際会議、②ポスト 2015 開発アジェンダ採択のための国連サミット、③第 21 回／気候変動に関する国連枠組協定締約国会議──は、〈post-2015 agenda〉の策定に向けてビジョンを鮮明にし、実施手段を明確にするうえできわめて重要である。(5) われわれは、野心的な〈post-2015 agenda〉の策定に向けた国連主導によるプロセスを積極的に支援し、その実施に向けてグローバル・パートナーシップの再編成を推し進める決意である。

第 V 部

新たなメガ・プロミスに向けて：
仙台、アジス・アベバ、ニューヨーク、そしてパリ

第XIV章　〈ポスト 2015〉政治過程の最終段階

　2015 年 1 月 8 日、Ban Ki-moon 国連事務総長は、国連総会〈非公式〉会合において、次のような年頭の所感を明らかにした。それは、〈2015 can and must be the time for global action〉という危機意識／使命感に基づき、国連加盟 193 カ国に対して、以下のように〈ポスト 2015〉政治過程の収束を訴えるものであった[1]。――(1) 2014 年は停滞の年であった。とはいえ、次の 2 点においては大きな進展がみられた。第 1 は、画期的な新開発アジェンダの策定に向けた基盤整備がおこなわれた点である。第 2 は、気候変動のリスク軽減に向けた「リマ行動宣言」(Lima Call for Climate Action) の採択、および気候変動問題に対する EU、アメリカ、中国の積極的な対応である。(2) 2015 年は、国連の中心課題であり、相互に関連している〈開発・平和・人権〉の分野において大きな飛躍が期待される年である。(3) 開発の分野に関しては、2015 年は、一連のミレニアム開発目標に関わる作業を集大成し、新たな開発枠組みを策定する重大な転機の年とならなければならない。(4) 新たな開発アジェンダは、普遍的であり、かつ人々およびそれを育む地球を中心課題とするものである。(5) 新たな開発アジェンダは、〈包摂的な社会、堅固な諸制度、豊かさの共有〉を目的とするものである。(6) 新たな開発アジェンダは、グローバル・パートナーシップに支えられるものでなければならない。(7) 私が昨年 12 月に公表した *The Road to Dignity by 2030* と題する『事務総長／統合報告書』は、新たな開発アジェンダの策定に対する貢献を目的とするものである。それは各加盟国から寄せられた意見を世界の人々に伝え、各国レベルでの実現をより確実なものにしようとするものである。(8) 新しい開発アジェンダの成功は、気候変動問題の解決と不可分である。(9) 2015 年には、新しい開発アジェンダの策定に向けて次のような会議が予定されている (development roadmap)。――3 月：世界防災会議（仙台）、7 月：開発資金会議（アジス・

アベバ)、9月:持続可能な開発に関する国連サミット(ニューヨーク)、12月:気候変動会議(パリ)。(10)国連が主催するこれら一連の国際会議は、相互に関連しながら持続可能な開発という共通の目標を追求するものであり、われわれは一連の会議を通じて、貧困の解消や不平等の縮小に意欲的に取り組むとともに、気候変動問題に対してもより積極的に対処しなければならない。

それでは、こうした「2015年をグローバルな行動の年に」という国連事務総長の決意は、具体的にはどのような行動へと反映されていったのであろうか。2013年以降、着実に積み重ねられてきた〈ポスト2015〉開発アジェンダの策定作業は、2015年という最終段階においてどのように結実していったのであろうか。その軌跡は、以下のようにきわめて密度の濃い、しかし微妙な緊張感に支配されるものであった。

> 2014年12月29日、国連総会は"Organization of the United Nations summit for the adoption of the post-2015 development agenda"と題する決議を採択した(A/RES/69/244)。同決議は、(1)国連発足70周年を記念する第70会期・国連総会開始冒頭の9月25日–27日に、(2)〈2015 summit〉(high-level plenary meeting of the General Assembly)を開催して、(3)〈post-2015 development agenda〉を採択することを謳うものであり、付属文書においてはサミットの具体的な構成、すなわちサミットにおける全体会合(plenary meetings)や6部門にわたる〈interactive dialogues〉の骨子が規定された。それはまた、9月のサミットに向けて、次のような基本原理に基づき議論を収束させようという決意を確認するものであった。——(1)〈post-2015 development agenda〉の検討・策定に際しては、国連システムおよび当該国連諸会議／国連諸過程からのインプットを有効に活用する。(2)ブレトン・ウッズ機構、地域開発銀行、国連地域委員会、議会、学会、NGO、市民社会、民間セクター……等の積極的な参加を推進する。(3)あらゆるステークホルダーをサミットに参加させることにより、〈inclusive and people-centred post-2015 development agenda〉の構築を図る。(4)

〈post-2015 development agenda〉の策定に向けて並行して繰り広げられるさまざまな政府間交渉過程（intergovernmental negotiations process）との有機的連携を図り、シナジー効果の確保を図る。

第 1 節　「ポスト 2015 政府間交渉」：
　　　　　フェイズ I

　2015 年 1 月 16 日、国連総会は、第 69 会期・国連総会議長より提出された"Modalities for the process of intergovernmental negotiations on the post-2015 development agenda"と題する決定を正式に採択した（A/69/L.46）。そもそも同決定は、2014 年 11 月から精力的に試みられてきた非公式協議（informal plenary meeting on "the organization and modalities for the intergovernmental negotiations and remaining issues related to the Summit for the adoption of the post-2015 development agenda"）が 12 月 17 日に〈非公式〉ながらも合意にこぎつけたのを受けて、12 月 29 日に採択された "Organization of the United Nations summit for the adoption of the post-2015 development agenda" 決議と対をなす形で採択される予定であった。それはいうまでもなく、2015 年 1 月からの〈intergovernmental negotiations on the post-2015 development agenda〉の開始を念頭に置くものであった。

　ところがこのシナリオは破綻し、同決定の採択は 2015 年 1 月 16 日まで先送りされる結果となった。その背景には、採択の直前に同決定の基本枠組み——政府間交渉の方式、範囲、タイミング——に関して各国間に不協和音が再燃したからである（2014 年 11 月 4 日-10 日、交渉の共同議長〈Co-Facilitators〉は、各国に意見聴取をおこない、その結果を "Food for thought paper" として取り纏め、改めてそれを各国にフィードバックして合意の形成を試みていた）[2]。具体的には、(1) 各個別テーマを取り上げる順番（phasing）、(2)『オープン・ワーキング・グループ報告書』（『OWG 報告書』）の位置づけ、(3) 第 3 回開発資金国際会議（7 月）および気候変動会議（12 月）の位置づけ、(4) モニタリングおよびレビューのための枠組み、(5) 実施手段（MOI,

Means of Implementation）および新しいグローバル・パートナーシップの定義、(6) テーマ別交渉セッションの開催回数（頻度）および開催間隔（roadmap/timeline）……等に関して各国間の認識の不一致が露呈し、決定の年内における正式採択を放棄せざるをえなくなったのである。

ともあれこのような経緯から、予定されていた第1回交渉セッション開始直前の2015年1月16日にかろうじて"Modalities for the process of intergovernmental negotiations on the post-2015 development agenda"が採択され、「ポスト2015政府間交渉」が開始の運びとなったのである。同決定の骨子は、次の通りである。

（1）2015年9月のサミットにおいて採択される成果文書は、①宣言、②持続可能なゴールとターゲット、③実施手段および持続可能な開発に向けたグローバル・パートナーシップ、④フォローアップおよびレビューを主たる構成要素とする。

（2）持続可能な開発目標を〈post-2015 development agenda〉へと統合するに際しては、「オープン・ワーキング・グループ」（OWG）の政策提言に主として依拠する。ただしそれ以外の政策インプットも考慮の対象とする。

（3）〈一貫性の促進、シナジー効果の確保、無駄の最小化〉に向けて、〈post-2015 development agenda〉と第3回開発資金国際会議の準備過程との間に、ひいてはその他の当該国連政府間交渉過程との間に、実効的な調整を推し進める。

（4）5月に予定されている政府間交渉までに、サミット成果文書の第一稿（素案）を各国に提示する。

（5）政府間交渉の〈provisional indicative road map〉は、以下の通りとする。——①第1会期／19-21 January 2015 (3 days): stocktaking; ②第2会期／17-20 February 2015 (4 days): declaration; ③第3会期／23-27 March 2015 (5 days): sustainable development goals and targets; ④第4会期／20-24 April 2015 (5 days): means of implementation and global partnership for sustainable development; ⑤第5会期／18-22 May 2015

(5 days): follow-up and review; ⑥第 6 会期／22-25 June 2015（4 days）: intergovernmental negotiations on the outcome document; ⑦第 7 会期／20-24 July 2015 and 27-31 July 2015（10 days）: intergovernmental negotiations on the outcome document.
（6）成果文書は、コンセンサスにより採択されなければならない。
（7）サミットにおいて開催される〈interactive dialogues〉の共通テーマは、"Transforming the world: realizing the post-2015 development agenda" とする。
（8）本決定において定められる交渉の基本枠組みは、柔軟なものであり、必要に応じて再検討されるものとする。

2015 年 1 月 19 日-21 日、ニューヨークで「ポスト 2015 政府間交渉」（Post-2015 Intergovernmental Negotiations）の第 1 回会期（First Session）が開催された[3]。それは、（1）〈Post-2015 Development Agenda〉の策定に向けて、（2）検討すべき諸課題の確認を目的として開催されるものであり、（3）最終日（1 月 21 日）の議長総括（"Informal Summary" of Stocktaking meeting of Intergovernmental Negotiations on the Post-2015 Development Agenda）において、以下の諸点が謳われた。
（1）本会合（stocktaking meetings）は、交渉に向けて幸先のよいスタートを切った。
（2）本会合における国連総会議長の演説は、われわれに、①ミレニアム開発目標の達成まで残すところ 250 日弱であり、②その実現に向けて最後の詰めの努力を集中することが求められていることを痛感させるものであった。
（3）国連事務総長は、2015 年が一大転機となる重要な年であることを示した。すなわち、2015 年には〈ポスト 2015／開発資金／気候変動〉に関する一連の会議が予定されており、それは世界のすべての国々／人々をより豊かな、そしてまた持続可能な未来へと導くものである。
（4）本会合において国連経済社会理事会議長は、〈Post-2015 Development

Agenda〉の実施状況のモニタリングにおいて「ハイレベル政治フォーラム」(HLPF) および経済社会理事会が重要な役割を担うことを強調し、グローバル・パートナーシップ再編成の必要性を訴えた。

（5）「オープン・ワーキング・グループ」(OWG) による政策提言（報告書）の重要性に関しては、すべての加盟国が合意している。それは、持続可能な開発目標 (SDGs) と〈Post-2015 Development Agenda〉の諸目標を一元化／統合するうえで重要な基盤となるものであるが、その政治的基盤は微妙なバランスの上に成り立っている。

（6）加盟国の多くは、OWG の政策提言が〈open, transparent, and inclusive〉な政府間交渉過程に基づくものであり、その正当性は十分に担保されている旨を強調した。その意味では、OWG の議論を蒸し返すことに賛成する加盟国は存在しない。

（7）「ハイレベル政治フォーラム」(HLPF) が採択すべき「宣言」(Declaration) に関しては、以下の諸点においてほぼ意見の一致をみた。——①「宣言」は、ミレニアム宣言、「リオ+20」成果文書、『OWG 報告書』、国連事務総長／統合報告書……等に基づいて作成されるべきである。②「宣言」は、持続可能な開発が具現する一体性を反映し、〈人々と地球〉に焦点を当てるものでなければならない。③「宣言」は、以下の中核的価値・原理を再確認するものでなければならない。——普遍性、相互説明、責任の共有、「共通だが差異のある責任」、持続性、人間の平等と尊厳、人権の尊重……等。④「宣言」は、アジェンダの普遍性を強調するものでなければならない。ただしそれは同時に、アジェンダを実施するうえでの多様なアプローチの必要性、および特別な状況に置かれている国家の特別なニーズに対する配慮を謳うものでなければならない。⑤「宣言」は、〈comprehensive in its scope〉、しかし〈concise, inspirational and visionary in its terms〉なものでなければならない。

（8）持続可能な開発目標を達成するためには、〈実施手段およびグローバル・パートナーシップ〉の大幅な改革が不可欠である。

（9）〈Post-2015 Development Agenda〉を達成するためには、〈open, transparent and inclusive follow up and review framework〉が重要である。
（10）〈post-2015 development agenda〉が正当性を保持するためには、多様なステークホルダーをレビュー・プロセスに参加させることが不可欠である。
（11）〈post-2015 commitments〉のレビューは、〈universal, voluntary and non-selective〉でなければならない。それは、既存のレビュー・メカニズムおよびレビュー・プロセスに立脚するものでなければならない。

　2015年2月17日-20日、ニューヨークで「ポスト2015政府間交渉」の第2回会期が開催された。同会期は、1月に開催された〈Stocktaking session〉に続く〈Declaration session〉と位置づけられるものであり、あらかじめ共同議長より提出されたたたき台——Elements Paper for Declaration および Discussion Document for Declaration——に基づき、9月に開催されるサミットで採択予定の『成果文書』の重要な構成要素となる「宣言」が討議された。
　なお〈Elements Paper〉は、1月の〈Stocktaking session〉において表明された意見を取り纏めたものであり、その概要は以下の通りである。

0　宣言の基本的特徴：宣言は、〈concise, visionary, ambitious, actionable, communicable and simple〉なものでなければならない。そのタイトルは、〈compelling and simple〉であり、これまで採択された重要な文書に依拠するものでなければならない。

1　A collective vision of the road to 2030：2030年に向けて次のような内容のビジョンが求められよう。——（1）直面する課題：貧困、気候変動、自然環境の劣化、国家内部および国家間の不平等、脆弱性と排除、制度の破綻（機能不全）、経済／社会／環境問題（平和で公正な社会の崩壊を含む）。（2）望ましい未来：貧困の根絶およびすべての人々による福祉の共有。それは、確固たる経済基盤、社会発展、豊かな環境に支えられるものでなければならない。

2　What we must do to get there：課題を克服し、望ましい未来を実現するた

めには次のような基本戦略が求められよう。──（1）〈ambitious and transformative〉なアジェンダの策定。(2) 国家による〈オーナーシップとリーダーシップ〉に基づくゴール／ターゲットの設定。(3) 普遍的に適用されるゴール／ターゲットの設定、(4)「誰一人として置き去りにしない」(leave no one behind)、そしてまた開発の3次元（経済／社会／環境）を調和のとれた形で一体化したゴール／ターゲットの設定。(5) 国連事務総長／統合報告書において提示された6つの基本的価値（尊厳、人々、繁栄、地球、正義、パートナーシップ）を組み込んだ新たな枠組みの構築。(6) ミレニアム開発目標を基礎とするゴール／ターゲットの設定。(7)〈貧困・不平等・非持続的な開発〉をもたらす構造的要因に対する大胆な挑戦。(8) 特別な状況に置かれている国家のニーズに応えうる枠組みの構築。(9) 国家を取り巻く多様な環境に配慮し、個々の国家の置かれている立場や政策の優先順位を尊重する枠組みの構築。

3　How we will do this：基本戦略を達成するためには、次のような政策手段が求められよう。──（1）多様な実施手段の動員／活用。(2) グローバル・パートナーシップの再活性化──①開発を可能とする環境の構築（さまざまなレベルにおけるグッド・ガバナンスや法の支配の実現等）。②さまざまなステークホルダー（ビジネス・セクター、市民社会、研究者、議員、地方公共団体、国際組織等）間における多様なパートナーシップの創生・育成。③ 2030年までに〈post-2015 development agenda〉を達成するうえで必要とされるニーズの充足（国連の強化を通じて）。

4　Follow-Up and Review：あらゆるレベルにおいて、フォローアップおよびレビューのための強固かつ透明な枠組みを構築する。

5　Our commitment：グローバルな連帯に基づき、以下の基本原理をともに追求することを誓約する。──（1）国連憲章および国際法の遵守。(2) 共通の価値──自由、平等、連帯、寛容、すべての人権の尊重（ジェンダーの平等を含む）、発展の権利、国家主権および自決の権利の尊重──の重要性の再確認。(3)「環境と開発」に関するリオ宣言の諸原理（「共通だが差異のある責任」原則を含む）の尊重。(4) ミレニアム開発目標の達

成および〈post-2015 development agenda〉の推進。

また〈Discussion Document〉では、まず冒頭で、(1)「宣言」を、3ページ以内にとどめてインパクトのあるものとする。(2)「宣言」のタイトルとして、"TRANSFORMING OUR WORLD – A CALL FOR GLOBAL ACTION"を提案する旨が確認された。そのうえで、それぞれのパラグラフにおいて謳うべき理念——追求すべき価値や使用するべきキーワード——が 15 パラグラフにわたり例示された。その骨子は、次の通りである。

第1パラグラフ：9月に開催されるサミット成果文書の歴史的意義の確認（historic agreement）。それは〈bold and ambitious vision〉を具現するものであり、一世代の間に貧困と飢餓に終止符を打ち、地球の永続的な保全、持続可能な経済成長と繁栄を確保しようとするものである。

第2パラグラフ：15年前に合意されたミレニアム開発目標の〈成果＋限界〉の確認。ミレニアム開発目標の進捗状況には不均衡（バラツキ）が存在している。また目標によっては十分な成果をあげるまでに至っていない。更なる努力の継続を通じて、ミレニアム開発目標の完成を図ることが必要である（complete unfinished business of MDGs）。

第3パラグラフ：持続可能な開発という観点からみた場合、今日われわれが直面している主要な課題は、〈貧困と排除、失業、気候変動、紛争と人道的危機等〉である。それらは相互に関連しており、それらを一体化する包括的な解決策が求められている。

第4パラグラフ：新しいアジェンダを遂行するうえで重要なのは、国連が追求する基本的価値——自由、平等、連帯、寛容、すべての人権の尊重、自然の保全および責任の分担等——との整合性である。

第5パラグラフ：平和で包摂的な社会の構築、ガバナンスおよび制度の強化、法の支配促進の重要性の確認。

第6パラグラフ：新しいアジェンダは、国際社会が一丸となって（collective path）、15年後の2030年までに持続可能な開発を達成し、〈just, equitable, tolerant and inclusive world〉の実現を図ろうという野心的なビジョンである。それは、貧困、不平等、環境破壊をもたらす構造的要因（structural causes）に対処／挑戦するものである。

第7パラグラフ：すべての経済的・社会的集団からあまねく貧困を撲滅することこそが今日の世界が直面する課題に他ならない（No one will be left behind : this is our solemn pledge）。

第8パラグラフ：特別な状況に置かれている国々——開発途上国、最貧開発途上国、小島嶼国、アフリカ諸国、紛争に苛まれている国等——の特別なニーズに応えることが必要である。

第9パラグラフ：新しいアジェンダは、すべての国々に対して一律／普遍的に適用されるものでなければならない（universal agenda, applicable to all countries）。ただしそれは同時に、個々の国家の特殊性（能力や発展段階等）に配慮し、国家のオーナーシップを重視するものでなければならない。

第10パラグラフ：新しいアジェンダの中核を構成するのは、気候変動および環境劣化に対する挑戦である。それは可能な限り広範な国際協力を必要とするものである。

第11パラグラフ：新しいアジェンダの基礎となるのは、持続可能な開発目標（SDGs）である。また新しいアジェンダの成果を評価する際に基準となるのは、国連事務総長／統合報告書において提示された6つの基本的価値である。

第12パラグラフ：新しいアジェンダの実施を担保するためには〈ambitious and effective global partnership〉の構築が不可欠である。それは、政府、市民社会、民間セクター、国連システムによる積極的なコミットメントを必要とするものである。

第13パラグラフ：新しいアジェンダの進捗状況のフォローアップおよびレビューを目的として、強固かつ透明な枠組み（robust and transparent framework）を構築することが重要である。

第14パラグラフ：新しいアジェンダは、国連憲章の目標および基本原理を主導原理とするものである。それはまた世界人権宣言およびその他の人権規定（発展の権利を含む）に基礎づけられるものでなければならない。

第15パラグラフ：新しいアジェンダは、世界中のごく一般的かつ普通の人々

のニーズに応えようとするものである。それを実現するためには、各国政府、議会、民間セクター、市民社会等による積極的なコミットメントが不可欠である（final call）。

ともあれ〈Elements Paper〉と〈Discussion Paper〉を共通の土俵として4日間にわたり〈Declaration session〉が開催された。会議終了後に作成された"Informal Summary"（3月9日付け）によれば、会議では「宣言」の基本的な位置づけ（総論／第1パラグラフ）、および各パラグラフ（各論／第2パラグラフ–第15パラグラフ）において言及すべきテーマ・課題に関して、参加者からさまざまな意見表明／フィードバックがなされた（ポジティブ／ネガティブ）。いうまでもなくそれらは強弱／濃淡において微妙に異なるものであったが、その概要は次の通りである。

全般的なコメント：
- 宣言は、すべての人々を対象とし、〈focused, ambitious, action-oriented, inspiring and visionary〉なものでなければならないという点において、広範な意見の一致をみた。
- 宣言のタイトルは〈specific and concrete, visionary and catchy〉で、かつ〈universality and sustainability〉を表現／具現するものでなければならないという意見が表明された。なお具体的なタイトル案として提示されたのは以下の通りである。——"The Future We Want" "No One Left Behind" "Transforming Our World" "Engaging Globally and Locally" "Move Together in Global Action for Development" "Declaration of the Post-2015 Development Agenda"
- 宣言においては、新しいアジェンダの独自性〈universal applicability, transformative nature, focus on partnerships and the balanced integration of the three dimensions of sustainable development〉を強調すべきとの意見が表明された。また次のような意見も表明された。——（1）宣言は、文化やエスニシティの違いに囚われることなく、すべての人々、とりわけ若年層に受け入れられ、理解されるものでなければならない。（2）宣言全

体を貫くキーワードとして、"shared" "common" "all" という言葉が積極的に使用されるべきである。(3) 宣言では、「共通だが差異のある責任」という原則の妥当性が謳われるべきである。(4) 宣言では、最貧困層／最脆弱層（poorest and most vulnerable）に対する（手厚い）支援が新しいアジェンダの特徴である旨を強調すべきである。

➢ 参加者の多くは、(1) 宣言において〈貧困を撲滅し、誰一人として置き去りにしない世界を構築することが、新しいアジェンダの目的である〉旨を明確に謳うべきだとの立場から、(2) 宣言を〈eradicate poverty, leave no one behind, and protect the environment〉を志向する国際社会の〈common pledge〉と位置づけることを主張した。

➢ 「持続可能な開発目標に関するオープン・ワーキング・グループ」報告書（*Report of the Open Working Group of the General Assembly on Sustainable Development Goals*）を基礎として新しいアジェンダの策定を図るべきだとする意見が強く表明された。それは断固として『OWG報告書』の再検討を拒否するものであった。

➢ 参加者の多くは、宣言において、〈人権、平和的かつ包摂的な社会、法の支配、ガバナンス、連帯、責任の共有と相互説明責任〉という諸問題に直接言及することに賛成した。また、持続可能な開発を構成する3つの次元間のバランス確保の重要性に関しても意見の一致をみた。宣言に、国連の3大目標（開発／平和と安全保障／人権）を反映させる／組み込むことを求める意見も表明された。

➢ 〈特別な状況に置かれている国のニーズ〉に配慮する旨を新しいアジェンダにおいて謳うことに関しては、広範な合意がみられた。

➢ 宣言は〈short and concise〉なものでなければならないという点に関しては大方の意見が一致した。ただし宣言の具体的な長さ（分量）に関しては、2ページ／15パラグラフ以内にとどめるべきとする立場から、6ページ、さらには国連ミレニアム宣言相当という主張に至るまで大きなバラツキがみられた。また注釈（footnote）を活用して宣言の長さを抑えるという工夫の妥当性も指摘された。

- 宣言の全体的な構成（構造）に関しては、われわれが〈望み／合意する〉世界像を構成要素として宣言を作成する方法が提案された。また〈who, what, why and how〉という問いかけを軸として宣言の作成を図るべきとする意見も表明された。

第1パラグラフ：
- 〈post-2015 development agenda〉は〈universal and transformative〉であり、共通の価値や原則に基づくものである旨を強調すべきとの意見が表明された。
- 新しいアジェンダが、ミレニアム開発目標に立脚するものである旨を強調し、併せて「リオ+20」成果文書にも言及すべきとの意見が表明された。
- 新しいアジェンダは〈people-centred〉という考え方に基づくものである旨を確認すべきとの意見が表明された。
- 貧困の撲滅と持続可能な開発とが本来的に結びついている（intrinsically linked）旨を強調すべきとの意見が表明された。
- 経済成長の必要性についても明確に言及すべきとの意見が表明された。また経済成長は、包摂的かつ自然と調和する形で達成されなければならない旨を強調すべきとの意見も表明された。
- 〈4つのP〉（the four Ps）、すなわち〈people, prosperity, partnership and planet〉について言及すべきとの意見が表明された。

第2パラグラフ：
- 〈post-2015 agenda〉は、ミレニアム開発目標の教訓——成功および失敗の経験——に基づいて構築されるものである旨を強調すべきとの意見が表明された。
- ミレニアム開発目標（MDGs）から持続可能な開発目標（SDGs）への発展／移行の過程を明らかにすべきとの意見が表明された。また、ミレニアム開発目標においてとりあげられていない課題、あるいはミレニアム開発目標の達成状況を不均衡なものとした要因——開発のためのグローバル・パートナーシップの推進や技術移転における問題点／不備等——にメスを入れるべきとの意見が表明された。

➤ 「オープン・ワーキング・グループ」（OWG）の概念枠組みおよび政策提言が持続可能な開発目標の基礎となる旨を強調すべきとの意見が表明された。

第3パラグラフ：
➤ 新しいアジェンダの究極の目的は、貧困の撲滅である旨を強調すべきとの意見が表明された。
➤ 新しいアジェンダが追求する課題をすべて網羅的に列挙すべきとの意見が表明された。
➤ 持続可能な開発の経済的次元は次の3要素、すなわち〈inclusive and sustainable industrialization〉、〈infrastructure〉、〈sustainable agriculture〉を軸として追求されるべきである旨を強調すべきとの意見が表明された。
➤ 持続可能な消費および生産を追求する旨を確認すべきとの意見が表明された。
➤ 〈well-managed mobility of people and goods〉の重要性に言及すべきとの意見が表明された。

第4パラグラフ：
➤ 〈責任の共有〉（shared responsibility）という考え方に賛成する意見が表明される一方で、「共通だが差異のある責任」という考え方に矛盾するとして、それに反対する意見も表明された。
➤ 志向すべき諸価値として、人権の完全な実現に加えて、民主的ガバナンス、法の支配、差別の撤廃と包摂を謳うべきとする意見が表明された。また、国民に対する国家の第一義的責任に加えて、主権の尊重、領土保全、および自決の権利を謳うべきとの意見も表明された。
➤ 〈national ownership〉および国家がそれぞれ独自に構築する政策枠組みを尊重すべきとの意見が表明された。また個々の国家が志向すべき優先課題は、国家の価値、遺産、歴史に基づき、それらを主導原理として追求されるべきとの意見が表明された。
➤ 持続可能な開発に対して文化のはたす役割に言及し、新たに〈global citizenship〉という概念を導入すべきとする意見が表明された。

第5パラグラフ：
- 宣言においては、新しいアジェンダが追求するすべてのゴールがバランス良く言及されるべきとの意見が表明された。
- 平和の問題に言及する以上、現在外国の支配下に置かれている地域の問題に言及することが不可欠であるとの意見が表明された。
- 人々に投資し、〈経済・社会・環境〉の3次元を横断的に支える強靱性の構築を図ることが必要である旨を謳うべきとの意見が表明された。

第6パラグラフ：
- すべての人々に便益をもたらし、かつ開発途上国のニーズを反映するような〈global cooperation〉の実現に向けたビジョンを提示すべきとの意見が表明された。
- 持続可能な開発を構成する3つの次元の相互関連性、および貧困の撲滅と持続可能な開発の相互関連性を強調すべきという点に関しては、広範な意見の一致をみた。
- 経済成長は経済の〈強靱性、包摂性、持続性、自然との調和〉を伴うものでなければならない旨を強調すべきとの意見が表明された。

第7パラグラフ：
- 貧困の撲滅こそが世界が直面する最大の課題であるという点に関しては、広範な意見の一致をみた。
- 〈誰一人として置き去りにしない〉持続可能な開発──その進捗状況を確認するためには、高度に洗練され、国際的に比較可能なデータの存在が不可欠であるとの立場から、開発途上国のデータ作成能力の支援が必要であるとの意見が表明された。
- WTO開発アジェンダの妥結、および国際組織の改革に関して言及すべきとの意見が表明された。

第8パラグラフ：
- 〈特別な状況に置かれている国〉に対する強力なコミットメントの必要性に関しては、広範な合意がえられた。それとの関連で、〈紛争の影響を受けている国〉（conflict affected countries）も特別な状況に置かれている国

に含めるべきとの意見が表明された。

第9パラグラフ：
- 新しいアジェンダにおいては、普遍性が重要な特徴である旨を強調すべきとする意見が表明された。
- 新しいアジェンダの普遍性と「共通だが差異のある責任」という考え方は矛盾しない旨を謳うべきとする意見が表明された。

第10パラグラフ：
- 新しいアジェンダにおいては、気候変動の問題が中核的な課題となるという点においては、広範な意見の一致をみた。
- 気候変動や環境劣化の問題に限定せず、天然資源の持続可能な管理や砂漠化の進行に関しても言及すべきとの意見が表明された。

第11パラグラフ：
- 〈持続可能な開発目標およびターゲット〉が〈post-2015 development agenda〉の中核を構成するという点に関しては、広範な意見の一致をみた。
- 国連事務総長／統合報告書において提示された6つの中核的価値が持続可能な開発目標をグループ分け（分類）し、理解容易なものとするうえで有効であるとの意見が表明された。またこれら6つの価値に代えて、〈people, prosperity, planet and partnership〉を中核的な価値として位置づけるべきとの意見も表明された。
- 持続可能な開発目標を〈ひとつの総体〉(in their entirety) として提示することの重要性を強調する意見が表明された。

第12パラグラフ：
- 新しいアジェンダを実施するうえで、〈ambitious and effective global partnership〉が不可欠であるという点に関しては、広範な意見の一致をみた。
- 〈global partnership〉の意味内容を厳密に定義する必要があるとの意見が表明された。
- 〈global partnership〉は、(1) ミレニアム開発目標／第8目標に基礎づけられ、(2) 南－北協力を軸としながら、(3) それを補完する〈南－南協

- 力、三角協力（北－南－南）、ひいては民間セクターとの協力〉により支えられるものでなければならないとの意見が表明された。
- ➢ 参加者の多くは、〈国際－地域－ローカル〉レベルでの協力関係の推進を主張した。
- ➢ あらゆる行動主体を動員し、さまざまなソースから資源を調達すべきとの意見が表明された。
- ➢ 公的資金と民間資金との相互補完性を強調する意見が表明された。
- ➢ 〈donor-recipient dichotomy〉モデルから〈universal agenda and shared responsibility〉モデルへのパラダイム・シフトを図るべきとの意見が表明された。
- ➢ 債務問題、多角的貿易交渉、WTOへの加盟等の諸課題の重要性を主張する意見も表明された。
- ➢ アジス・アベバで開催される開発資金国際会議の準備と〈post-2015 development agenda〉の策定過程との相互補完性を確保することの重要性を強調する意見が表明された。
- ➢ アジス・アベバ会議の成果を9月に予定されているサミットの中核に位置づけるべきとの意見が表明された。他方、両者を独立した過程として切り離して考えるべきとの意見も表明された。
- ➢ 〈post-2015 development agenda〉の実施に国連がいままで以上に大きな役割をはたすべきとする意見が表明された。
- ➢ 〈post-2015 development agenda〉の実施に「ハイレベル政治フォーラム」（HLPF）が責任をもって当たるべきとの意見が表明された。

第13パラグラフ：
- ➢ あらゆるレベルにおいて、〈post-2015 development agenda〉の進捗状況のフォローアップおよびレビューをおこなうためには、〈強固かつ透明な枠組み〉（robust and transparent framework）の構築が不可欠であるとの意見が表明された。
- ➢ 各国が自発的に進捗状況のレビューをおこなうメカニズム構築の必要性を主張する意見が表明された。

➢ 新しいアジェンダの進捗状況のフォローアップおよびレビューにおけるグローバルな枠組みとして「ハイレベル政治フォーラム」（HLPF）の重要性を強調する意見が表明された。

第14パラグラフ：

➢ 宣言の冒頭で、国連憲章の目的および基本原則に言及すべきとの意見が表明された。
➢ 人権と法の支配の重要性は否定しないが、それらは〈post-2015 agenda〉の"cornerstone"として位置づけられるべき課題ではないとの意見が表明された。
➢ 『OWG報告書』において提示された持続可能な開発目標は、新しいアジェンダの核心を構成するものとして、その価値が堅持されるべきとの意見が表明された。

第15パラグラフ：

➢ 〈multi-stakeholder partnerships〉という観点から、すべてのステークホルダーに対する"final call to action"をおこなうべきとの意見が表明された。
➢ ブレトン・ウッズ機構やWTO等に対して呼びかけをおこなうべきとの意見が表明された。

第2節　第3回国連防災世界会議：
仙台イニシアティブ

2015年3月14日-18日、仙台で第3回国連防災世界会議（Third UN World Conference on Disaster Risk Reduction）が開催された。会議には、185の国連加盟国（25カ国から国家元首／政府首脳／副大統領が、84カ国からは閣僚〔級〕が参加した。また49の政府間国際組織、188のNGOも参加した）が参加し、会議参加者は総勢6,500人以上に達した（日本で開催される史上最大級の国連会議となり、参加国数では過去最大であった）[4]。

3月14日、会議初日のオープニング・セレモニーにおいて、Ban Ki-moon国連事務総長は、会議の歴史的意義を次のように強調した。――（1）われわ

れは、本年末までのミレニアム開発目標の達成に向けて更なる努力を加速している。(2) われわれは目下、〈ポスト 2015〉開発アジェンダの策定途上にある。それは、本年 12 月までに気候変動に関する有意義かつ普遍的な合意の形成を図ろうとする営みと連動しており、これら一連の動きは、世界を変革しようとするきわめて歴史的な挑戦である（historic push for transformative change in our world）。(3) 防災（災害リスクの削減）は、持続可能な開発と気候変動の防止に向けた動きを進展させるのに寄与する。(4) 本会議において、野心的な成果が生み出されれば、われわれは新たな持続可能な開発アジェンダ、普遍的で有意義な気候変動に関する合意、更には計画を行動へと発展させるために必要な資金の調達へと至る道を歩むことになろう。(5) 本会議の成功は、アジス・アベバでの開発資金会議（7 月）、ニューヨークでの持続可能な開発に関する特別首脳会議（9 月）、そしてパリでの気候変動に関する首脳会議（12 月）の成功に向けて大きな弾みをつけるものとなろう。

ついで会議のホスト国／日本を代表して安倍晋三首相が次のような演説をおこなった。――（1）東日本大震災の際に最もつらい立場に置かれたのは、女性や子供、高齢者や障がい者の方々でした。このような方々に配慮し、同時に、これらの方々にも積極的に参画していただきながら防災に取り組んでいく――このような「人間の安全保障」の考え方にたった防災へのアプローチを大事にしていきます。(2) 防災は、先進国、途上国を問わず、最重要課題です。災害の被害者の 9 割が集中する途上国にとっては、持続可能な開発や気候変動への適応という観点からも大きな課題です。ポスト 2015 開発アジェンダや気候変動の新しい枠組み作りにおいても、「防災」を最重要課題に位置づけていくこと、つまり世界における「防災の主流化」が必要です。

さらに 12 月に予定されている COP21（Twenty-First Session of the Conference of Parties to the United Nations Framework Convention on Climate change）のホスト国を代表してフランスの Laurent Fabius 首相が次のようなスピーチをおこなった。――（1）防災（災害リスクの削減）と気候変動に対する闘いは、不可分の関係にある。(2) 今日では、自然災害の 70 パーセント以上が、気候変動に関係していると推定されており、その傾向は今後も増大す

るものと予想される。(3) 今日 70 カ国以上の国々が、極端な気象状況（台風、洪水、砂嵐、大雪等）に対してきわめて脆弱な立場に置かれているとされているが、そうした国々は最貧開発途上国である。われわれはそのような国々に対して重点的に支援の手を差し延べなければならない。

　これら一連のセレモニー（通過儀礼）を経て、「総会セッション」、「ハイレベル・マルチステークホルダー・パートナーシップ対話」、「閣僚級ラウンド・テーブル」、「パブリック・フォーラム」等が精力的に開催され、最終日の 18 日深夜には、防災に対する各国の政治的コミットメントを示した「仙台宣言」（Sendai Declaration）、および「兵庫行動枠組み」の後継となる新しい国際的指針である「仙台防災枠組み 2015-2030」（Sendai Framework for Disaster Risk Reduction 2015-2030）を採択して第 3 回国連世界防災会議は閉会した。

　まず「仙台宣言」（全 4 パラグラフ）においては、次のように防災に対する各国の決意が披瀝された。
（1）世界の多くの地域において増大する災害の影響とその複雑な問題を認識し、世界中で災害により失われる生命および財産を減らすべく、我々は防災のための努力を強化する決意をここに宣言する。
（2）われわれは、「兵庫行動枠組み　2005-2015」の役割を高く評価し、その経験に基づき「仙台防災枠組み　2015-2030」を採択する。
（3）新枠組みの実現は、我々および将来の世代のために世界を災害のリスクからより安全なものにしようとするわれわれの不断の努力にかかっている。
（4）われわれは、グローバルな開発アジェンダの中で防災を推し進める日本のコミットメント（commitment to advancing disaster risk reduction in the global development agenda）に対して感謝する。

　ついで「仙台防災枠組み　2015-2030」（全 50 パラグラフ）においては、〈post 2015 framework for disaster risk reduction〉と〈ポスト 2015 開発アジェンダ〉との関連が、次のように再確認された。
（1）会議において各国は、〈持続可能な開発および貧困の撲滅〉を達成するうえで、以前にもまして〈災害リスクの削減および災害に対する強靭性

の構築〉が強く求められているとの認識を繰り返し表明した。
（２）「兵庫行動枠組み」は、災害リスクの削減に向けた重要な指針となっており、ミレニアム開発目標の達成に寄与している。
（３）「兵庫行動枠組み」の採択から 10 年を経過した今日、依然として災害は持続可能な開発を蝕んでいる。
（４）〈ポスト 2015 開発アジェンダ〉、〈開発資金〉、〈気候変動〉、〈防災〉に関する一連の政府間交渉（intergovernmental negotiations）は、これら諸政策間の整合性の強化を国際社会に迫るまたとない好機となろう。これら諸交渉過程を連携／連動させることにより、〈強靭性の構築および貧困の撲滅〉というグローバルな目標の達成が可能となろう。

第 3 節　「ポスト 2015 政府間交渉」： フェイズⅡ

　2015 年 3 月 23 日-27 日、ニューヨークで「ポスト 2015 政府間交渉」の第 3 回会期が開催された。同会期は、〈Sustainable Development Goals and Targets〉をテーマとして、ほぼ 1 週間にわたり繰り広げられ、4 月に開催予定の第 4 回会期を第 3 回開発資金国際会議「準備過程」（Ffd 3 Process）との合同会合とすることに合意して閉会した。とはいえこの第 3 回会期においては、交渉は進展せず、むしろ以下のような不協和音が顕在化した。
（１）2015 年 1 月（第 1 回会期）と 2 月（第 2 回会期）の会合は、①総論レベルにおけるブレーン・ストーミングを通じて、②基本的イシュー（課題）を洗い直し、③それに基づき 4 月以降の会合に向けた〈ベースライン／チェック・リスト〉を作成しようとするものであった。それは基本的に "why?"〈なぜ新たな開発アジェンダの策定が必要なのか？〉という根本的な問いかけに対する「正解」（絶対的な答え）を模索する作業であり、「神々の争い」はさておき、それほど議論が紛糾することはなかった。というのもそこでは、ホンネを糊塗した規範的な議論〈タテマエ論〉が支配的であり、またそもそも議論が拡散すること自体、議論の

深化のひとつの現象形態ともみなされたからである。これとは対照的に、第3回会期は議論を〈ポスト2015開発アジェンダ〉の策定を目的とする各論レベルへと深化／発展させるものであった。それは、①"what?"〈新しい開発アジェンダの具体的な内容をどのように規定すべきか？〉という高度に経験的／実践的な問いかけに対する「回答」（現実的な答え）を求める作業であり、②合意の形成（議論の収束）に向けて、さまざまな制約条件のもとでいかに自国に有利な政治的妥協を勝ちとるかという〈Arts of Diplomacy〉が強く求められるものであった。その結果、1月および2月の会合においては後景に退いていた〈ホンネ〉が前面に押し出され、先進工業国と開発途上国との間の（利害）認識の乖離が露呈／顕在化したのである。

（2）〈先進工業国 vs. 開発途上国〉という対立の基本構図が最も先鋭化したのが、『OWG 報告書』の位置づけをめぐる見解の相違であった。すなわち開発途上国は、①『OWG 報告書』を修正になじまない、完結済みのものと位置づけ、②それを〈新しい開発アジェンダ〉にひとつのパッケージ（総体）として組み込むことを強く主張した。そもそも『OWG 報告書』に関して再検討／再交渉などは断固として拒否する、というのが開発途上国の基本的なスタンスであった。これに対して先進工業国は、①『OWG 報告書』に盛り込まれた〈Goals and Targets〉をより整合的かつ完全なものとするためには技術的な検証が不可欠であり、②それを完結した不磨の大典と位置づけることには反対するとの立場から、③その修正ひいては再交渉の必要性を強く訴えたのである。

（3）〈Sustainable Development Goals and Targets〉を下支え（内実化）するための〈Indicators〉という、本来的に技術的な問題も〈先進工業国 vs. 開発途上国〉という文脈で議論され、大きな争点となった。というのも国連統計委員会（UN Statistical Commission）が 2016 年 3 月までに〈Indicators〉を完成させることを提案したのに対して、開発途上国は、①〈Goals／Targets／Indicators〉は不即不離の三位一体の関係にあり、②明確な〈Indicators〉による裏づけのない〈Goals and

Targets〉の採択は無意味であるとの立場から、③〈Indicators〉の 9 月までの早期選定を強硬に主張したのである。開発途上国は、〈Indicators〉の問題は、単なる技術的な問題にとどまらないとの立場から、先進工業国が〈Indicators〉の部分的な修正を口実にして、〈新しい開発アジェンダ〉の〈Goals and Targets〉そのものを修正（操作）することを強く懸念したのである。

第 4 節　*From Billions to Trillions*

　2015 年 4 月 2 日、アフリカ開発銀行／アジア開発銀行／欧州復興開発銀行／欧州投資銀行／全米開発銀行／IMF／世界銀行——〈多国間開発銀行＋IMF〉——は、4 月 18 日に開催予定の IMF／世界銀行合同開発委員会に向けて *From Billions to Trillions : Transforming Development Finance-Post-2015 Financing for Development : Multilateral Development Finance* と題する共同報告書（討議ノート）を公表した。それは直接的には 2015 年 7 月にアジス・アベバで開催予定の第 3 回開発資金国際会議の討議資料として作成されるものであったが、最終的には、2015 年 9 月：ニューヨークで開催される持続可能な開発に関する国連特別サミット、10 月：リマで開催される IMF／世界銀行合同年次総会、12 月：パリで開催される国連気候変動枠組条約第 21 回締約国会議／COP21 を視野に入れて、それらに対する政策的／知的インプットを目的とするものであった。その骨子は、次の通りである。
（1）持続可能な開発を達成するためには、"Billions" 規模の ODA に加えて、あらゆる形態による資金調達——それは "Trillions" 規模に達するものと想定されるが——を検討しなければならない。
（2）持続可能な開発目標を実現するためには最低でも 1,350 億ドル規模の ODA が必要とされるが、それ以外にも 1 兆ドル規模にのぼる諸資金（寄付金、移民による送金、対外直接投資……等を含む）の調達が求められる。
（3）持続可能な開発を実現するうえで最も重要なのは国家レベルにおける公

的資金の活用であるが、同時に民間セクターにおける資金の活用も大きな潜在的可能性を秘めているという事実を見落としてはならない。
（4）"From Billions to Trillions" というキャッチフレーズは、このような〈ODA＋あらゆる形態の資金の活用〉を謳うものであるが、それはこれまでの〈mindsets, approaches and accountability〉を根本的に改め（パラダイムの転換）、開発途上国の実情にあった変革の重要性を訴えるものでもある。

2015年4月18日、IMF／世界銀行合同開発委員会はコミュニケを採択して、次のような見解を表明した。
（1）2015年というこの重要な年に、国際社会は次の15年間を対象とする開発ビジョンとアジェンダの構築を図っている。
（2）われわれは、持続可能な開発目標（SDGs）を含む〈ポスト2015開発アジェンダ〉の策定に向けたファイナンスの枠組みを決定する重要なステップのひとつとして、7月にアジス・アベバで開催される第3回国連／開発資金国際会議に期待する。
（3）われわれは、世界銀行グループ、IMF、アフリカ開発銀行、アジア開発銀行、欧州復興開発銀行、欧州投資銀行、米州開発銀行による、このアジェンダに関する緊密な協力を評価する。
（4）われわれは、国連事務総長および多国間開発銀行（MDBs）総裁の、開発委員会への特別参加を歓迎する。
（5）われわれは、開発を可能とし、世界銀行グループの目標とSDGsの双方の進捗状況をモニターするために、①技術的に堅固なターゲットを確立し、②それをもとに各国のデータ作成能力の強化を図る。
（6）極度の貧困の撲滅および繁栄の共有の促進という世界銀行グループの目標は、社会、経済および環境の持続可能性という広範な文脈において設定されており、SDGsと完全に合致している。
（7）SDGsを達成するためには、ミレニアム開発目標（MDGs）の経験からの教訓に基づき、とりわけ最貧開発途上国のためのODAのより効果的

で触媒的な活用、国内資源動員の強化、健全な公的財政管理、違法な資金への対応、民間金融や投資の促進、グローバルな課題に対する協調的な行動を含め、すべての潜在的な資金源を組み合わせる革新的なビジョンが求められる。

（8）われわれは、世界銀行グループとIMFが、引き続き各国政府、国連、多国間組織、2国間当該組織、市民社会、民間セクター、新たな開発組織との間に、それぞれの権限の範囲内でパートナーシップの構築に取り組むことを期待する。

（9）SDGsを達成するためには、各国が気候変動および自然災害の課題と結果に対処することが求められる。われわれは、貧困の撲滅という任務にエネルギーを振り向けつつ、低炭素開発と防災を主流化するという世界銀行グループのコミットメントを評価する。

（10）われわれは、世界銀行グループに対して、パリで開催される気候変動枠組条約締約国会議の成功に寄与するための努力と資金面での貢献を期待する。

（11）われわれは、世界銀行グループに対して、中所得国が持続可能な方法で極度の貧困を撲滅し繁栄を共有できるよう、その支援に向けた関与を強化することを促す。

第5節　「ポスト2015政府間交渉」：
フェイズⅢ

2015年4月21日‐24日、ニューヨークで「ポスト2015政府間交渉」の第4回会期が開催された。同会期は、〈Means of Implementation and Global Partnership for Sustainable Development〉をテーマとして催されるものであり、第3回会期（2015年3月23日‐27日）における合意に基づき、〈Joint Post-2015 and Financing for Development session〉という形で開催された。その理由は、(1)第4回会期の主要議題のひとつである「実施」（implementation）を担保するためには〈諸資源〉の確保が不可欠である。(2)その意味で

は 7 月に開催予定の第 3 回開発資金国際会議（Third International Conference on Financing for Development）の準備作業と連動させて、2 つの「準備過程」を〈complementary and synergistic〉なものとして積極的に活用することはきわめて合理的かつ有効であると考えられたからである。すなわち、一方に新しいアジェンダを模索する〈Post-2015 Intergovernmental Negotiation Process〉、他方にブレトン・ウッズ機構と協力して新たな〈諸資源〉の開拓を模索する〈FfD 3 Process〉――これら 2 つの潮流を合流／連動させることは、目的〈what〉と手段〈how〉の一体化を意味したからである。

またそもそも、2015 年 7 月 13 日-16 日にエチオピアのアジス・アベバで第 3 回開発資金国際会議を開催することを決定した国連総会決議 "Modalities for the third International Conference on Financing for Development"（A/RES/68/279, 2014 年 6 月 30 日採択）自体、第 3 回開発資金国際会議の準備過程と 2015 年 9 月に開催される〈post-2015 development agenda〉の採択に向けた準備過程との効果的な調整の必要性を強調するものであった（第 6 パラグラフ）。それに加えて、パラレルに展開されるこれら 2 つの動きを一体化させる必要性に関しては 2014 年 12 月 29 日に採択された国連総会決議 "Organization of the United Nations summit for the adoption of the post-2015 development agenda"、および 2015 年 1 月 16 日に採択された国連総会決定 "Modalities for the process of intergovernmental negotiations on the post-2015 development agenda" においてもすでに再確認されていたのである。

ともあれ 4 日間にわたり開催された〈Joint session〉における議論の骨子は、次の通りである。

（1）すべての参加国は、〈Post-2015 Intergovernmental Negotiation Process〉と〈FfD 3 Process〉とは密接に関連しており、両者間の「関係」を調整し、一体化することが必要であるという点に関しては意見の一致をみた。ただし「関係」の解釈／あり方に関しては、意見の不一致がみられた。先進工業国の多くは、〈FfD 3〉の成果文書を、〈post-2015 development agenda〉の MOI（実施手段）に相当するものと位置づけ、〈post-2015 development agenda〉にそれを全面的に組み入れることを主張し

た。これに対して、開発途上国の多くは、両交渉過程を独立したものと位置づけ、あらかじめ（予断をもって）両者間の関係を規定することには反対する立場をとった。
（２）幾つかのキーワード――global partnership, universality, shared responsibility, differentiation, means of implementation, monitoring and reviewing, technology facilitation mechanism……等――に関しては、必ずしも厳密な定義（概念規定）がおこなわれず、認識の不一致がみられた。
（３）世界銀行（多国間開発銀行）とIMFが2015年4月に公表した共同報告書――*From Billions to Trillions: MDB Contributions to Financing for Development*――に象徴されるように、国際社会が貧困の撲滅と持続可能な開発を達成するためには、数十億ドル規模（"billions"）のODAに加えて、天文学的な規模（"trillions"）の資金調達（公的資金／民間資金、国家レベル／国際レベル……等）が不可欠であるという厳然たる事実に関しては参加国に異論はなかった。

第6節　事務総長報告書：
"Managing the transition"

2015年4月24日、Ban Ki-moon国連事務総長は、*Managing the transition from the Millennium Development Goals to the sustainable development goals: what it will take* と題する事務総長報告書を公表した〔E/2015/68〕。同報告書は、2015年7月9日-10日、①ミレニアム開発目標の進捗状況のレビューを目的として、②国連経済社会理事会／High-level Segmentの一環として開催されるAnnual Ministerial Review（会合）に対する、③政策インプットとして作成されるものであり、④タイトルに示されるように〈MDGsからSDGsへのスムーズな移行〉に向けた政策提言であった。全146パラグラフから構成される同報告書の骨子は、以下の通りである。

まず冒頭の〈序文〉において、以下の諸点が強調された。

（1）2015年9月の国連総会／サミットにおける〈ポスト2015開発アジェンダ〉の採択は、グローバルな開発パラダイムの転換を象徴する歴史的な転機となろう。

（2）新しいアジェンダは、すべての国々を対象とするものであり、地球環境の保全および世界のすべての人々に対する貢献を目指すものである（leaving no one behind）。

（3）〈MDGs から SDGs へのスムーズな移行〉を実現するためには、実施を確実に担保する／裏づける明確なビジョンが不可欠である。またあらゆるレベルにおいて、かつすべてのステークホルダー間に、実施に向けた入念な準備態勢を構築することが不可欠である。

（4）開発を取り巻く国際環境は、ミレニアム開発目標が採択された2000年当時とグローバリゼーションと相互依存が支配する2015年以降とでは大きく様変わりしているであろう。

（5）貧困の撲滅と持続可能な開発を実現するためには、あらゆるレベルにおいて抜本的な大転換を推し進めることが不可欠である。すなわち、諸政策間の統合および整合性の強化、制度改革、多様なステークホルダー間における実効的なパートナーシップの強化、実施状況のフォローアップおよびレビューの推進……等が不可欠である。

　そして報告書最後の政策提言（第128パラグラフ－第146パラグラフ）においては、経済社会理事会が追求すべき政策課題として、以下の諸点が強調された。

➢ **Pursuing policy integration for a unified development agenda：**

（1）各国がそれぞれ独自に追求する開発戦略／政策／計画が、〈ポスト2015開発アジェンダ〉と適切かつ整合的に連動するようレビューを促す。

（2）各国に対して、あらゆるレベルにおいて、政策統合および協力関係の深化を図るよう促す。

（3）地域組織に対して、国連地域委員会の支援のもとに、〈ポスト2015開発アジェンダ〉の実施および進捗状況のモニタリングをおこなうよう促す。

（4）国連経済社会理事会は、貧困の撲滅および持続可能な開発の達成に向けて、政策統合および諸政策間の整合性確保を図るべきである。

（5）国連は、普遍的な〈ポスト2015開発アジェンダ〉を適用するに際して、多様な開発ニーズの充足に向けて、個々の国家の特殊性に配慮したきめの細かいアプローチを心掛けなければならない。

> Institutional requirements for the transition from the Millennium Development Goals to the sustainable development goals :

（1）〈MDGsからSDGsへのスムーズな移行〉を推し進めるためには、ダイナミックかつ柔軟な制度的枠組みが必要である。それらは、〈country-specific and time-specific, and suit local circumstances〉なものでなければならない。

（2）各国レベルにおける制度改革は、〈例外なくすべての人々に恩恵をもたらす〉という設計思想に基づくものでなければならない。

（3）野心的な〈post-2015 development agenda〉を実現するためには、国連を中核とする不断の多国間協力過程の推進が不可欠である。それは、諸政策間における整合性の確保、新たな政策課題に対する柔軟な対応、フォローアップおよびレビューを伴うものでなければならない。

> Revitalized global partnership for sustainable development :

（1）持続可能な開発を達成するためにはグローバル・パートナーシップの再活性化が不可欠である。それは、あらゆるステークホルダーを巻き込み、断固たる政治的意思および行動に裏づけられるものでなければならない。

（2）さまざまなステークホルダー間の対話は、これまで通り「持続可能な開発に関するハイレベル政治フォーラム」（HLPF）や国連経済社会理事会等を通じて継続されるべきである。

（3）〈MDGsからSDGsへのスムーズな移行〉を推し進めるうえで、地域組織や準地域組織を含む〈南－南協力〉や〈三角協力〉（triangular cooperation）の積極的な活用が図られるべきである。ただしそれは、あく

までも国連等の国際組織を中心とする広範なグローバル・パートナーシップを補完するものであり、それにとって代わるものではない。

> **Follow-up and review：**
> 国連は、データ／情報／分析結果の提供を通じて、加盟国のフォローアップ作業やレビュー作業が適切かつ妥当なものとなるように支援しなければならない。

第7節 「ポスト2015政府間交渉」：
フェイズⅣ

2015年5月18日–22日、ニューヨークで「ポスト2015政府間交渉」の第5回会期が開催された。同会期は、〈Follow-Up and Review〉をテーマとして開催されるもので、「ポスト2015政府間交渉」も残すところ3回という節目の時期にあたり、6月1日前後を目処として共同議長作成による成果文書のたたき台（"zero draft"）の配布が予定されている旨が明らかにされた。また成果文書は、これまで国連において合意された文書で用いられてきた陳腐な言葉や表現のリサイクル（使い回し）ではなく、世界の人々の琴線に触れるものでなければならないという点においても意見の一致をみた。さらに次の6つのテーマが、9月に開催されるサミット〈Interactive Dialogues〉において議論される旨も合意された。──（1）貧困および飢餓の撲滅、（2）不平等に対する闘い、女性および女児のエンパワーメント、誰一人として置き去りにしない（ための方策）、（3）持続可能な経済成長の推進、持続可能な消費と生産への移行および促進、（4）地球の保護および気候変動に対する挑戦、（5）持続可能な開発を達成するための効果的で、説明能力を保持し、包摂的な制度の構築、（6）グローバル・パートナーシップの再活性化。

とはいえ第5回会期の主要テーマである〈Follow-Up and Review〉に関しては、〈先進工業国 vs. 開発途上国〉という対立の構図が再現された。

すなわち、（1）先進工業国が〈Follow-Up and Review〉という表現を〈monitoring, accountability and review〉という表現に置き換えることを主張

したのに対して、開発途上国は、とりわけ〈accountability〉という表現は〈conditionality〉に繋がりかねないとして反対した。開発途上国は、そもそも〈Follow-Up and Review〉という表現は、2015年1月16日の国連総会決定において確定済みであり、それを〈accountability and monitoring〉という表現に置き換える余地は存在しないとの立場を貫いた。(2) グローバル・レベルにおける〈新しい開発アジェンダ〉の〈Follow-Up and Review〉の任にあたるものとして「ハイレベル政治フォーラム」(HLPF) を活用すべきという点に関しては、大方の意見が一致した。ただし開発途上国がHLPFを頂点とする高度に〈集権的かつ垂直的〉な協力枠組みの構築を主張したのに対して、先進工業国はそれを非現実的な考えとして斥け、HLPFを中心に位置づけたうえで、WTOやOECD等、既存の国際組織を積極的に活用する緩やかな〈水平的〉協力のネットワークを構築すべきと主張した。(3)〈post-2015 processes〉における〈Follow-up and Review〉と〈FfD 3 processes〉における〈Follow-up and Review〉を一体的におこなうべきか、それともそれぞれ独立したプロセスとしておこなうべきかに関しても意見が分かれた。すなわち、先進工業国が一元的な枠組みの構築を主張したのに対して、開発途上国は、それぞれ独自の〈Follow-Up and Review〉メカニズムを構築することを主張して意見が対立した。

　　　※　※　※　※　※　※　※　※　※　※　※　※　※　※　※　※

"zero draft"――2015年6月1日

　2015年6月2日、「ポスト2015政府間交渉」の共同議長は、第5回会期での公約に基づき、国連加盟国に"zero draft"を配布した（ちなみに文書自体は6月1日付けであり、それに添付された第69会期・国連総会議長Sam K. Kutesa名の書簡〈6月2日付け〉により、国連加盟国への配布が承認される形となっている）。それは、6月22日-25日に開催予定の「ポスト2015政府間交渉」の第6回会期に向けた準備作業の促進を目的とするものである。

　"Transforming our World by 2030 – a New Agenda for Global Action"と題するこの"zero draft"は、本文が (1) an opening Declaration, (2) the Sustainable Development Goals and targets, (3) Means of Implementation and the Global Partnership, (4) Follow-up and Review の４部構成（＋３つの付属文書）となっており、その概要は、以下の通りである。

序文：

　序文はきわめて簡潔であり、本アジェンダが〈people, planet and prosperity〉のための行動計画であり、より大きな自由の中での普遍的な平和（universal peace in larger freedom）の強化を追求するものである旨が謳われた。それは、すべての国家による〈collaborative partnership〉を通じて達成されるべきものであり、誰一人して置き去りにされてはならない（no one will be left behind）との固い決意が表明された。

　そのうえで新しいアジェンダが追求すべき９つの目標が次のように列挙された。――（１）貧困と飢餓の撲滅、（２）すべての人々に対する教育、保健、基礎的サービスの確実な提供、（３）ジェンダーにおける平等の確保、およびすべての女性と女児のエンパワーメント、（４）国家内部および国家間における不平等に対する闘い、（５）すべての人々を対象とする抱摂的な経済成長、豊かさの共有および持続可能なライフスタイルの促進、（６）安全かつ抱摂的な都市および人間環境の促進、（７）地球の保護、環境変動に対する闘い、天然資源の持続的な活用および海洋の保護、（８）ガバナンスの強化、および平和的で、安全で、公正で、包摂的な社会の促進、（９）持続可能な開発のためのグローバル・パートナーシップの再活性化。

宣言：

　つづく新しいアジェンダ冒頭の「宣言」に相当する部分においては、44パラグラフにわたりミレニアム開発目標に代わる新アジェンダの基本理念が、次のような構成で披瀝された。――（１）*Our commitment and shared principles,* （２）*Our world today,* （３）*Our vision,* （４）*The new agenda,* （５）*Implementation,* （６）*Follow-up and review,* （７）*A call for action to change our world.*

Ⅰ Sustainable Development Goals and targets

　ここでは、次のように〈Sustainable Development Goals and targets〉（SDGt）の意義が確認された。──（1）SDGt は、『OWG 報告書』の提言に基づき、包摂的な政府間交渉において合意されたものである。（2）SDGt は、不可分の総体を構成しており、本来的にグローバルなものであり、すべての国家に適用されるべきものである。とはいえ〈targets〉は、それぞれの国家の特殊性に配慮して規定されなければならない。（3）〈goals and targets〉に関しては、統一的な指標に基づいて〈Follow-up and review〉がおこなわれる。なお国連経済社会理事会および国連統計委員会の指導のもとに、2016 年 3 月までに統一的な指標が確定されるものとする。

Ⅱ Means of Implementation and the Global Partnership

　ここでは、次のように〈Means of Implementation and the Global Partnership〉の重要性が確認された。──（1）第 3 回開発資金国際会議（FfD 3）の成果を歓迎する。（2）経済的および社会的開発に第一義的な責任を有するのはそれぞれの国家である。ただしそれを可能とするような国際経済環境を通じた国家に対する支援が不可欠である。（3）アフリカの開発支援を強力に推進する。また紛争およびその後遺症に苛まれている国家に対する支援の必要性を確認する。（4）民間資金の死活的な重要性を確認する。（5）開発のエンジンである貿易の促進を支援する。（5）『OWG 報告書』において合意された〈Means of Implementation〉の重要性を確認する。

Ⅲ Follow-up and Review

　ここでは、つぎのように〈Follow-up and Review〉の重要性が確認された。──（1）国家／地域／グローバルなレベルにおいて〈Follow-up and Review〉をおこなうことが本アジェンダの実効的な実施、ひいては国民に対する説明責任の行使に寄与するものとなる。（2）各国は自発的に〈Review〉をおこなうものとする。（3）「ハイレベル政治フォーラム」（HLPF）は、グローバル・レベルにおける〈Review〉において中心的な役割を担うものとする。

第 8 節　「ポスト 2015 政府間交渉」：
フェイズ V

　2015 年 6 月 22 日 - 25 日、ニューヨークで「ポスト 2015 政府間交渉」の第 6 回会期が開催された。同会期は、2 月に開催された第 2 回会期以降、精力的に積み重ねられてきたテーマ別政府間交渉の成果（合意）を踏まえて、9 月のサミットにおいて採択予定の「成果文書」の作成に向けて最終的な詰めの作業をおこなうものであり、文字通り "Intergovernmental Negotiations on the Outcome Document" の嚆矢と位置づけられるものであった。それは具体的には、ほぼ 3 週間前に配布された "zero draft" に対するフィードバック、ひいてはそれに基づく、「政府間交渉」の「民主的な運営」を心掛けるものであった。

　ともあれ 4 日間にわたり開催された第 6 回会期では、"zero draft" を土俵（アリーナ）として、〈先進工業国 vs. 開発途上国〉という対立の構図が繰り返された。その概要は、次の通りである。——（1）「共通だが差異のある責任」（CBDR, Common but Differentiated Responsibilities）という基本原則に関して、開発途上国はサミット「成果文書」において明示的に言及することを求めた。これに対して先進工業国は、持続可能な開発に関連する諸原則のなかから、CBDR のみを特別扱いして取り上げることには反対するとの立場をとった。そもそも CBDR は、環境問題のみに限定されるべき原則であり、開発問題に対する包括的なアプローチを志向する新アジェンダにおいて取り上げるべきではないとする主張も存在した。（2）「誰一人として置き去りにしない」という理念に関連して、アラブ諸国を中心とする開発途上国は、同理念がパレスチナ……等、〈外国の占領下に置かれている国や人々〉をも含む（例外としない）旨を明示的に謳うべきだと主張した。これに対して先進工業国（イスラエルを含む）は、開発問題の〈政治化〉に反対する立場から、自明の事柄に敢えて言及する必要はないと主張した。（3）『OWG 報告書』の位置づけに関して開発途上国は、同報告書の採択に際して表明された〈留保〉（reservations）

もサミット「成果文書」に含まれるべきとの立場をとった。同様に開発途上国は、"zero draft" においては『OWG 報告書』に関する言及が本文ではなく、付属文書（Annex 3: Introduction of the Open Working Group Proposal for Sustainable Development／全 18 パラグラフ）にとどまっている事に異議を唱え、それを是認する先進工業国と対立した。(4) "zero draft" においては、169 の Targets のうち 21 の Targets の〈技術的な修正〉（"technical tweaking"）が提起された（Annex 1: Proposed Target revisions）。しかしこの提案に対して開発途上国のなかには、技術的とはいえ、修正を認めることは、ひとつの総体（パッケージ）として設定された〈Sustainable Development Goals and targets〉の一体性を毀損しかねないとして反対する国も存在した。(5) 2015 年 7 月に採択される予定の〈FfD 3〉成果文書に関して、先進工業国は、それを新しいアジェンダにおける MOI（実施手段）として組み入れることを主張した。これに対して開発途上国は、新しいアジェンダにおいて独自の MOI を策定し、あくまでもその補完要素として〈FfD 3〉成果文書を活用することを主張した。そもそも、〈Follow-up and review〉に関して、開発途上国と先進工業国の意見は合意には至らなかった。

　このように「民主的な」政府間交渉を標榜する「ポスト 2015 政府間交渉」の第 6 回会期においても、〈先進工業国 vs. 開発途上国〉という対立の構図が後景に退く事はなかった。とはいえそれは一切の妥協を排する〈zero-sum game〉的な関係ではなかった。対話を重視するという共同議長の運営方針とも相俟って、政府間交渉を支配したのは、〈win-win 解〉の模索という建設的な雰囲気であった。第 6 回会期最終日の 6 月 25 日、共同議長は、改めて 2 週間以内に "final zero draft" を作成／配布することを約束したのである。いうまでもなくそれは、7 月 20 日に開始予定の「ポスト 2015 政府間交渉」の第 7 回会期、ひいては第 8 回会期に向けて、各国に対して検討／妥協のための十分な時間的余裕を与えようとする配慮であった。

380　第Ⅴ部　新たなメガ・プロミスに向けて

第9節　第3回「ハイレベル政治フォーラム」(HLPF)

　2015年6月26日、すなわち「ポスト2015政府間交渉」の第6回会期が閉会した翌日、第3回「持続可能な開発に関するハイレベル政治フォーラム」(HLPF) が開会した。同会合は、国連経済社会理事会の主催により開催される第2回会合であり、"Strengthening integration, implementation and review – the HLPF after 2015" をテーマとして、2期／8日間にわたり7月8日まで開催された。すなわち、まず第1期会合が5日間 (6月26日-7月2日) 開催され (週末の2日間は閉会)、ついで第2期会合 (Ministerial Segment) が3日間 (7月6日-8日) 開催された。

　この第3回HLPF会合の主要目的は、テーマに示されるように9月に開催されるサミットで採択される〈ポスト2015開発アジェンダ〉において、その実施 (implementation) 状況の〈follow-up and reviewing〉に中心的な役割を担うことが予定されているHLPFが、その存在をアピールするものであり、第2期 (後半) の〈閣僚レベル会合〉では、次のような宣言が採択された。——(1) これまでのミレニアム開発目標の成果を歓迎し、また目下進行中の第3回開発資金国際会議 (FfD 3) および〈Intergovernmental Negotiations on the post-2015 development agenda〉の準備過程を歓迎する。(2) HLPFは、ミレニアム開発目標の達成に向けた経験を基礎として〈strong, universal, ambitious, inclusive and people-centered post-2015 development agenda〉の策定にコミットする。またHLPFは、ミレニアム開発目標の完全な実現に向けた努力を引き続き継続し、新たな挑戦に立ち向かう決意である。(3) HLPFは、経済社会理事会議長に対して、HLPFの〈FfD 3〉および〈Intergovernmental Negotiations on the post-2015 development agenda〉に対する貢献という観点から、本第3回会合における議論を要約する報告書の提出を求める。

　　　　※　※　※　※　※　※　※　※　※　※　※　※　※　※

第XIV章　〈ポスト2015〉政治過程の最終段階　381

『ミレニアム開発目標報告2015』——最終報告書

　2015年7月6日、『ミレニアム開発目標報告2015』（*The Millennium Development Goals Report 2015*）が公刊された。それは政治的効果を狙って、第3回「持続可能な開発に関するハイレベル政治フォーラム」（HLPF）の第2期会合（Ministerial Segment）の開始に合わせて公表されるものであり、国連広報センターのプレスリリース（2015年07月07日付け）は、「ミレニアム開発目標（MDGs）に関する最終報告、7月6日に発表〜今後の持続可能な開発目標へのバネ〜」と題して、同報告書公刊の意義を次のように報じている。

　　Ban Ki-moon 国連事務総長は、2015年7月6日、『ミレニアム開発目標（MDGs）報告2015』を発表し、「極度の貧困をあと一世代でこの世からなくせるところまで来た」と成果を強調しました。そのうえで、「MDGsは歴史上最も成功した貧困撲滅運動になった。これからの持続可能な開発目標への踏み切り台になるだろう」と期待を示しました。新世紀のはじめに世界中から首脳たちが国連に集結し、貧困削減のための幅広いビジョンを定めました。それらは8つのミレニアム開発目標（MDGs）として発表されました。このビジョンは過去15年間、世界のための中心的な開発の枠組みとして用いられ、現在MDGsはその達成期限に近づいています。世界と各地域で実施されている貧困対策の進捗状況は、28を超える国連・国際組織が集計した最も包括的なデータを基に毎年、モニター・分析されてきました。最終報告書が発表される今年、国連は現状を把握し今後の更なる進展のために、すべての進捗状況と課題となる点を確認します。次の15年を前に、MDGsの主要な改善点を反映した新たなグローバルな目標が9月にニューヨークで開催される「持続可能な開発サミット」において採択される予定です。

　いうまでもなくこのような認識は、Ban Ki-moon 国連事務総長が2015年／最終報告書の〈まえがき〉において述べた次のような指摘に端的に示されている。——（1）人々、および人々の基本的なニーズを前面に押し出すことによ

り、ミレニアム開発目標は先進工業国および開発途上国の意思決定を大きく変えるものとなった。(2) ミレニアム開発目標は顕著な成果をあげてきた。とはいえ依然として不平等は厳存しており、進捗状況も均等ではないという事実を痛感せざるをえない。(3) これまでの経験に照らした場合、今後なすべき課題は明らかである。とはいえ更なる進展を図るためには、断固たる強固な政治的意思、および集団的かつ長期的な努力を傾注することが求められている。(4) われわれは、根本原因にメスを入れ、持続可能な開発を構成する3つの次元──経済的／社会的／環境的次元──の更なる統合を図らねばならない。(5) 目下策定途上にある〈ポスト2015開発アジェンダ〉──それは一連の持続可能な開発目標を含むものであるが──はこれまでの経験から得られた教訓をもとに、〈より豊かで、持続可能で、平等な世界〉を実現しようとするものである。(6) ミレニアム開発目標の経験に基づき、今後15年間を見据えた場合、貧困に終止符を打ち、誰一人として置き去りにしない、そしてすべての人々が尊厳を持って生きていけるような世界を創り出すためには、われわれが責任を共有して事にあたることが不可欠であることは自明である。

　それでは、『ミレニアム開発目標報告2015』は、具体的にどのように最終的な総括をおこなったのであろうか。その骨子は、以下に要約される通りである。

Ⅰ　MDGs達成に向けた進捗状況の最終評価
（1）MDGsアジェンダは、歴史的に、最も成功した貧困撲滅のための取り組みであった。
（2）MDGsアジェンダは、野心的な開発枠組みとして、2000年以降多くの開発途上国において数々の成功を収めてきた。
（3）MDGsアジェンダの成功は、世界規模での取り組みが上手く機能していることを証明している。誰一人として置き去りにしないという新しい開発アジェンダを実現するためには、これまでMDGsアジェンダが構築した基盤が不可欠である。

ゴール1．極度の貧困と飢餓の撲滅：貧困率が半分以下に減少した。

ゴール2．普遍的な初等教育の達成：2000年以降、小学校に通う児童の就学率が顕著に向上した。
ゴール3．ジェンダーの平等の推進と女性の地位の向上：開発途上地域における初等、中等、高等教育での男女格差が解消された。
ゴール4．幼児死亡率の引き下げ：予防可能な疾病による幼児死亡率が顕著に低下した。
ゴール5．妊産婦の健康状態の改善：妊産婦の健康状態が着実に改善された。
ゴール6．HIV/エイズ、マラリア、その他の疾病の蔓延防止：HIV感染者が世界の多くの地域で減少した。マラリアと結核の蔓延が防止され、さらには逆転／減少した。
ゴール7．環境の持続可能性の確保：安全な飲料水とオゾン層保護に関する目標が達成された。
ゴール8．開発のためのグローバル・パートナーシップの構築：ODA、携帯電話加入者数、インターネットの普及が進展した。

Ⅱ 誰一人として置き去りにしない（Leaving no one behind）という観点から見た場合の残された課題
（1）男女間の不平等が続いている。
（2）最貧困層と最富裕層、都市部と農村部の格差が存在している。
（3）依然として気候変動と環境悪化が進行している。
（4）紛争が人間開発に対する最大の脅威となっている。
（5）依然として数百万の人々が、基礎的サービスへのアクセスを阻まれ、貧困と飢餓のなかで暮らしている。

Ⅲ MDGsから〈ポスト2015開発アジェンダ〉への移行のために必要な政策手段
（1）データ作成能力を強化し、良質なデータを活用することにより政策形成やモニタリングをおこなうことの必要性が以前にもまして強く求められている。
（2）新しい開発アジェンダに必要なデータを整備するためには、断固たる政治的コミットメントと財源の確保が必要である。

※　※　※　※　※　※　※　※　※　※　※　※

国連経済社会理事会議長報告――第3回 HLPF の要約

2015年7月13日、Martin Sajdik 国連経済社会理事会議長は、第3回 HLPF／Ministerial Segment で採択された閣僚宣言に基づき、"President's Summaries of the High-level segment of the 2015 session of the Economic and Social Council and High-level political forum on sustainable development convened under the auspices of the Council" を公表した〔E／2015／L.19-E／HLPF／2015／L.2〕[5]。

同報告書は、2部から構成されており、第1部：Summary of the high-level political forum on sustainable development - "Strengthening integration, implementation and review: the HLPF after 2015" の骨子は、次の通りである。

HLPF は、〈post-2015 development agenda〉の実施を担保するための最善の方策を協議し、実施の促進およびレビューに関する独自の方策として、以下の通り合意した。

General messages：(1) HLPF は、〈post-2015 development agenda〉で謳われたビジョンを実践するうえで重要な役割を担うものとなろう。(2) HLPF は、国際社会が持続可能な開発に向けて共同行動をとるうえで "early warning system" としての役割をはたすことができよう。

Implementation：(1)〈post-2015 development agenda〉を実施するためには国家による強力なオーナーシップが必要である。(2) "leaving no one behind" というのが HLPF が最も重視する理念である。(3) HLPF は、持続可能な開発を実施する過程で各国が蓄積した経験／知見を共有するフォーラムとならねばならない。

Follow-up and review, science and data：(1) 新しいアジェンダが成功するためには、実効的な〈follow-up and review〉のメカニズムが必要である。ただしそのための指針は、押し付けがましいものであってはならない。(2) レビューはあくまでも自発的かつ国家主導によりおこなわれなければなら

ない。(3)〈follow-up and review〉は多様なレベル（国家／地域／グローバル）でおこなわれなければならない。

Means of implementation：(1) 野心的なアジェンダを実現するためには、野心的な実施手段が求められる。(2) 野心的な実施手段の鍵となるのは、グローバル・パートナーシップの強化である。

Integration：持続可能な開発目標を達成するためには、さまざまな目標を個別に追求しようとする"silo"的なアプローチを打破して、包括的な政策追求を通じてシナジー効果の実現を図るものでなければならない。

つづく第2部：Summary of the Annual Ministerial Review of ECOSOC – "managing the transition from the MDGs to the sustainable development goals: what it will take" は、〈Ministerial Segment〉の一環として、7月9日-10日の2日間にわたり開催された Annual Ministerial Review（AMR）／会合の要約である。それは直接的には、2015年4月24日、Ban Ki-moon 国連事務総長が公表した事務総長報告書（*Managing the transition from the Millennium Development Goals to the sustainable development goals: what it will take*）に基づき、ミレニアム開発目標達成状況のレビューをするものである。

そもそも同会合は、〈2005年世界サミット〉において経済社会理事会のもとでの設置が決定されたものであり、2007年以降、回を重ね、本2015年会合をもって使命を終えるものとされていた。同最終会合における議論の骨子は、次の通りである。

MDG Review：本最終会合の開催と同じタイミングで公刊された『ミレニアム開発目標報告2015』（最終号）は、歴史上最も成功した反貧困戦略としてのミレニアム開発目標の歴史的意義を如実に物語っている。

Transition from MDGs to SDGs：経済社会理事会は、あらゆるレベルにおいて政策統合を推進するうえで中心的な役割を担っている。

Sate of the global economy and trade：成長の原動力、そしてまた持続可能な開発目的に対する貢献という観点から、国際貿易の拡大が重視されなければならない。

Building institutions and capacities：ミレニアム開発目標から持続

可能な開発目標への移行を成功させるためには、さまざまな組織間の障壁を軽減し、分野横断的な調整に向けたインセンティブを確認することが必要であろう。

※　※　※　※　※　※　※　※　※　※　※　※　※

"revised/final zero draft"——2015年7月8日

　2015年7月8日、「ポスト2015政府間交渉」の共同議長により作成された"Transforming our World: The 2030 Agenda for Global Action"と題する"*revised* zero draft"が"*final* zero draft"として配布された（同文書には"Final draft of the outcome document for the UN Summit to adopt the Post-2015 Development Agenda"というサブ・タイトルがついている）。なお同文書には第69会期・国連総会議長 Sam K. Kutesa の書簡が添付されており、そこではこの"final draft"をもとに各国が7月20-31日に開催予定の"final negotiation session"に積極的に参加することが要請された。同様に、同文書に添付された共同議長名の書簡では、次のように"revised/final zero draft"の意義が強調された。——(1) 本最終草案は、6月22日-25日に開催された第6回会期において加盟国および諸ステークホルダーから寄せられたフィードバック（意見）に基づき、それに応える目的で作成されるものである。(2) "zero draft"の Annex 1: Proposed Target revisions において提起された〈技術的な修正〉に関しては、若干の修正を施したうえで、19 Targets を最終文書に盛り込むこととする。(3) 第3回開発資金国際会議（FfD 3）に関連する記述は、あくまでも準備段階において作成された草案に基づくものであり、最終的には、会議の結果を踏まえたうえでの修正が必要となろう。なお第3回開発資金国際会議の「成果文書」（Addis Ababa Action Agenda）は、Annex 2として盛り込むこととする。(4) われわれは、7月20日-31日に開催される最終交渉において実り豊かな意見交換がおこなわれ、最終文書が確定されることを希望している。

第10節　アジス・アベバ開発資金国際会議：
2015年7月

　2015年7月13日-16日、アジス・アベバ（エチオピア）で第3回開発資金国際会議（Third International Conference on Financing for Development, FfD 3）が開催された。同会議は、開発途上国の開発資金確保とその効果的な活用のための課題や方策について首脳・閣僚レベルで議論するために国連が開催するもので、第1回会議（2002年・モンテレー）、第2回会議（2008年・ドーハ）に続くものである。とりわけ本会議には、約210の国家・国際組織等が参加し、9月の国連サミットで採択される予定の〈ポスト2015開発アジェンダ〉、さらには12月にパリで開催される国連気候変動枠組条約第21回締約国会議／COP21を見据えた資金戦略について議論がおこなわれた[6]。

　ちなみに国連広報センターは、「第3回開発資金国際会議　アジス・アベバで開催（7月13日～16日）～極度の貧困を2030年までになくすために～」と題するプレスリリース（2015年07月11日付け）において、同会議の歴史的意義を次のように詳細に確認している。――この会議では、人々中心の持続可能な開発に向けた資金調達のための新たに強化されたグローバル・パートナーシップを発足させるために世界中から首脳らが集結します。適切な資金提供と政策をもってすれば、私たちは極度の貧困を2030年までに撲滅する、という願いをはたすことができるのです。この会議では、環境を保護しつつ経済の繁栄、健康、教育、雇用機会を促進するために、持続可能な開発のためのすべての財源を確保し、リソースが最も必要とされている場所へと行きわたるようにします。……2015年の決定事項は、世界を貧困撲滅、繁栄と地球保護の促進へと導くことになるでしょう。開発資金国際会議は、人々の生活を改善するための手段を結集することを目的とします。より大きな協力とパートナーシップを通じて、関連諸国は国内外、官民のあらゆる財源をどのように動員できるかについて話し合います。そして、それらの財源が持続可能な開発に充てられることを確保します。財源は存在します。しかし、私たちが望む未来を実現する

には、現在の政策、資金調達および投資の傾向を変えることが求められています。

ともあれ会議最終日の7月16日、会議の「成果文書」が採択された（決議では、併せて第69会期・国連総会において「成果文書」を再確認（endorse）することを謳っている）。それが「アジス・アベバ行動目標」（Addis Ababa Action Agenda, AAAA）〔A/CONF.227/L.1〕である。その骨子は、以下の通りである。

（1）われわれの目標は、貧困と飢餓の撲滅、および包摂的な経済成長の促進、環境の保護、社会的包摂の促進を通じて3つの次元から構成される持続可能な開発を達成することである。

（2）われわれは、平和で包摂的な社会を目指し、〈いかなる国も、いかなる人も置き去りにされることのない（no country or person is left behind）〉グローバルな経済システムの達成に向けて前進する決意である。

（3）2015年9月、国連は〈ambitious and transformative post-2015 development agenda〉の採択に向けてサミットを開催する運びであるが、それは同じように〈ambitious and credible〉な実施手段（means of implementation）に裏づけられるものでなければならない。

（4）われわれが本会議に参集したのは、〈holistic and forward-looking〉な枠組みを構築し、アジェンダの実現に向けた具体的な行動にコミットするためである。

（5）われわれが追求する課題は、次の通りである。——①モンテレー・コンセンサスおよびドーハ宣言においてなされたコミットメントのフォローアップおよび実施状況の評価。②持続可能な開発のための資金的枠組みの強化、および普遍的な〈ポスト2015開発アジェンダ〉を実施するための手段の強化。③開発資金に関するフォローアップ過程を再活性化／強化して、コミットメントの実施、ひいてはレビューが〈適切かつ包摂的に、時宜を得て透明な形で〉おこなわれるようにする。

（6）開発に第一義的な責任を有するのは開発途上国自身である。ただし開発途上国による開発努力は、それを可能とする国際環境によって支援され

なければならない。すなわち、整合的かつ相互に補強しあう関係にある貿易・通貨・金融システム、ひいては強固なグローバル経済ガバナンスに支えられるものでなければならない。
（7）持続可能な開発目標を含む〈ポスト2015開発アジェンダ〉は、持続可能な開発に向けた、より強固なグローバル・パートナーシップに支えられるものでなければならない。それは、本行動目標が提起する具体的な政策と行動に裏づけられるものである。
（8）〈FfD〉過程と〈ポスト2015開発アジェンダ〉の実施手段（MOI）は密接に関連しており、9月の国連サミットでの採択が予定されている〈ポスト2015開発アジェンダ〉のフォローアップおよびレビュー過程において統合／一体化されるべきである。
（9）2019年までにフォローアップ会合開催の必要性を検討する。

2015年7月27日、国連総会は、"Addis Ababa Action Agenda of the Third International Conference on Financing for Development（Addis Ababa Action Agenda）"を採択した〔A/RES/69/313〕。それは、〈FfD 3〉で採択された〈AAAA〉を公式に再確認（endorse）するものであった。

第11節 「ポスト2015政府間交渉」： フェイズⅥ

2015年7月20日-8月2日、ニューヨークで「ポスト2015政府間交渉」の第7回会期および第8回会期が開催された。当初、同会期は7月20日-24日、および27日-31日の2期10日間にわたり開かれ、"Outcome Document"の作成に向けた"Intergovernmental Negotiations"は7月末には終了というシナリオが作成されていた。しかしながら〈先進工業国 vs. 開発途上国〉という対立の基本構図を克服して、南-北間に合意の架け橋を構築することは必ずしも容易ではなかった。その結果、頻繁な非公式会合の開催、ひいては会期の2日間延長を余儀なくされた。こうして実質的にはほぼ2週間にわたり切れ目な

く交渉がおこなわれることとなり、交渉が妥結したのは8月2日（日曜日）の夕刻であった。

　いうまでもなく交渉の基礎となったのは、2015年7月8日に配布された"final zero draft"であり、前半の第7回会期会合においては各セクション毎に、そのレビュー（テキスト・クリティーク）作業がおこなわれた。また後半の第8回会期会合においては、包括的な〈win-win解〉の構築（発見）を目指して、精力的に合意形成に向けた努力が積み重ねられていった。共同議長は、〈開発と環境〉の一元化、CBDR原則、占領下に置かれている人々〈people(s) under occupation〉の定義、特別な状況下に置かれている国々の範囲、開発資金の調達方法、follow-up and review、気候変動……等、交渉当初より政治的にきわめてセンシティブなイシューとして、容易に妥協点／落としどころを見出しえなかった課題に対しても柔軟に対応した。具体的には、"final revised draft"の更なる"revised version"を積極的に提示することにより、信頼関係の醸成に成功し、交渉に参加したさまざまなステークホルダー間に強力なオーナーシップを共有させることに成功したのである。それは、ミレニアム開発目標が一握りの国連専門家の手により作成されたものとして、とりわけ開発途上国に強力なオーナーシップを醸成／定着させることに失敗したという厳しい現実に対する強い反省に基づくものであった。

　2015年8月12日、第69会期・国連総会議長Sam K. Kutesaは、すべての国連加盟国およびパーマネント・オブザーバーに対して次のような書簡を送付した。——（1）本日私は、〈post-2015 development agenda〉の採択を目的として開催される国連サミットの「成果文書」（案）としてコンセンサスで合意された（agreed by consensus）文書を送付する。(2) 私は、9月初めに第69会期・国連総会全体会合を召集し、同会合において、①この「成果文書」（案）を第70会期・国連総会に送付し、②サミットにおける検討・採択を求める決議案を提出するつもりである（この2段階方式による採択は、第8回会期において合意された）。

　なおこの書簡には、「ポスト2015政府間交渉」の共同議長から第69会期・国連総会議長Sam K. Kutesa宛に送付された書簡（8月11日付け）が添付さ

れており、その内容は次のようなものであった。──（1）2015年8月2日（日曜日）、加盟国はコンセンサスにより、〈post-2015 development agenda〉を採択するために開催される国連サミットの「成果文書案」（draft outcome document）に合意した。(2) "TRANSFORMING OUR WORLD：THE AGENDA FOR SUSTAINABLE DEVELOPMENT" と題する「成果文書案」の構成は、本書簡に添付される通りである（Preamble＋Declaration〈パラグラフ1‐53〉＋Sustainable Development Goals and targets〈パラグラフ54‐59〉＋Means of Implementation and the Global Partnership〈パラグラフ60‐71〉＋Follow-up and review〈パラグラフ72‐91〉）。

第12節　2015年9月1日：
国連総会

　2015年9月1日、国連総会は、"Draft outcome document of the United Nations summit for the adoption of the post-2015 development agenda" と題する決議案を投票に付すことなく採択した〔A/RES/69/315〕。それは、（1）「ポスト2015政府間交渉」が妥結し、"Transforming our world: the 2030 Agenda for Sustainable Development" と題する「成果文書」が2015年8月2日に開催された第69会期・国連総会／非公式全体会合においてコンセンサスで採択されたことを歓迎する。(2) 同「成果文書」を第70会期・国連総会に送付し、2015年9月25日‐27日に開催される国連サミットでの採択を図る旨を謳うものであった。

　もとよりこのような手続きが、予定調和に基づく通過儀礼という色彩を強く保持することは否めなかった。とはいえ9月下旬の国連サミットを目前に控えて、午前10時に開始されたこの全体会合は、次のように各国がそれなりの政治的メッセージを発する最後の機会でもあった[7]。

　まず決議の採択に先立ち、第69会期・国連総会議長および国連事務総長が、以下のようなオープニング・スピーチをおこなった。

　Sam K. Kutesa 総会議長は、次のように新しい開発アジェンダの歴史的意義

を強調した。——（1）「ポスト2015政府間交渉」の妥結（2015年8月2日）は、ほぼ2年間におよぶ精力的で包摂的な（intensive, inclusive）準備と交渉の賜物であった。（2）9月にニューヨークで予定されている"Transforming Our World：The 2030 Agenda for Sustainable Development"の採択は歴史的な快挙（historic achievement）となる。それは、多国間主義の勝利に他ならない。（3）新しいアジェンダは、〈ambitious, inclusive and transformative〉なものである。それは、誰一人として置き去りにしないことを目指している（It seeks to leave no one behind）。（4）持続可能な開発目標（SDGs）は、すべての国に適用されるべきものであるが、それは同時に、それぞれの国家の特殊性に配慮するものでもある。すなわち、異なる発展段階、あるいは最貧開発途上国、内陸国、小島嶼国、アフリカ諸国の置かれている特別な状況を考慮するものでもある。（5）新しいアジェンダが採択された後の課題は、その誠実な実施であろう。（6）「アジス・アベバ行動目標」（AAAA）の採択により、新しいアジェンダは、その実施を担保する包括的な枠組を保持するに至った。（7）われわれは引き続き、ミレニアム開発目標の残された課題（未完の部分）を持続可能な開発という全体的な文脈において追求しなければならない。

　同様にBan Ki-moon事務総長も、新しい開発アジェンダの歴史的意義を次のように強調した。——（1）本日、われわれは新しい時代に向かって進み始めた。（2）国連総会は、加盟国すべてが参加する、歴史的に前例のない国際的検討、協議、交渉をおこなった。それはすべてのステークホルダーを参加させる（巻き込む）、これまでとは異質な、新しい政策形成の枠組みの構築を意味した。（3）国連は、共通の利益のために個別利害の相違／対立を克服し、3年間におよぶ交渉を経て、本年8月、世界を変革しようとする大胆なビジョンに合意した。（4）「アジェンダ2030」は崇高な理念を志向するものである。それは、人々を開発の中心に位置づけるものである。（5）「アジェンダ2030」は、パラダイムの転換を具現するものである。それは、ミレニアム開発目標の実現を未完のままで終わらせることなく完成させ、更には新たな志のもとに、難問に対して果敢な挑戦を試みるものである。（6）「アジェンダ2030」は、移民や紛争／排除、女性に対する暴力、人道的危機に至るまでの、今日の世界が直面

する複雑な問題の根本原因に対処しようとするものである。それは、誰一人として置き去りにしないという理念のもとに、脆弱層や周縁化された人々（集団）に対して優先的に対処しようとするものである。(7) 2015 年は、世界を持続可能な道筋へと導く分水嶺となる年である。(8) アジス・アベバ行動目標、ひいては 12 月に開催される気候変動パリ会議は、「2030 アジェンダ」を推進するうえで重要な要素となる。(9) 国連サミットにおいては、新しいアジェンダの再確認（承認）にとどまらず、その時宜にかなった実施に向けた強力な政治的コミットメントの再確認が期待される。

このような格調高い外交的言辞（美辞麗句）を踏まえて、決議案は、若干の技術的修正を加えたうえで採択された。ついで全体会合は、各国による補足説明（Explanation of Vote）へと移行した。こうして 30 カ国余の国連加盟国（＋パーマネント・オブザーバー）は 10 分間の持ち時間を利用して、さまざまな思惑を秘めながら、あるときは自国の見解として、あるときは所属する国家集団の全体的な見解として、こもごも意見表明をおこなった。それはまず異口同音に、「ポスト 2015 政府間交渉」の共同議長による民主的な議事運営を賞賛したうえで、「共通だが差異のある責任」原則[8]、「成果文書」の法的強制力／規範形成力、「成果文書」と宗教／社会規範との整合性、基軸概念の意味内容……等に関して留保をおこなうものであった。その概要は、以下の通りである。

南アフリカは、「77 カ国グループ＋中国」を代表して、次のように述べた。——(1) 本「成果文書」は完璧とはいえないものの、政治的バランスを確保している。(2)「ポスト 2015 政府間交渉」の共同議長が、オープンかつ透明な交渉運営をおこなったことに心からの謝意を表明する。

ジャマイカは、カリブ共同体（14 カ国）を代表して、「77 カ国グループ＋中国」および「小島嶼国連合」の見解に賛意を表明したうえで、次のように述べた。——(1) 本「成果文書」は、〈no one is left behind〉というわれわれの強い主張を反映している。(2) 本「成果文書」は、採択されたばかりのアジス・アベバ行動目標（AAAA）、および COP21 パリ会議（12 月）の成果とともに、人類を希望の未来へと導くうえで重要なステップとなる。(3) カリブ共同

体は、強固で、体系的で、効果的なフォローアップおよびレビュー・プロセスの推進にコミットする決意である。

　パラグアイは、「内陸開発途上国連合」（32カ国）を代表して、次のように述べた。──（1）われわれ内陸国は、本「成果文書」を全面的に支持する。(2) 各国の特殊性に配慮し、とりわけ脆弱な立場に置かれている国に対して特別の注意を向けるという本「成果文書」の基本的スタンスを評価する。(3)「ポスト2015政府間交渉」は、包摂的かつ透明な形でおこなわれており、とりわけ共同議長の交渉運営に謝意を表明したい。

　トンガは、「太平洋小島嶼国」（12カ国）を代表して、「小島嶼国連合」および「77カ国グループ＋中国」の見解に賛意を表明したうえで、次のように述べた。──（1）〈transparent, open, fair, balanced and inclusive〉な交渉運営を主導した共同議長に対して心からの賛意を表明したい。(2) 本「成果文書」は、われわれ小島嶼国、ひいては太平洋諸国の特別なニーズに配慮するものであり、それを全面的に支持する。(3) 本「成果文書」は、気候変動に対するわれわれの強い懸念を反映しており、われわれはそれを全面的に支持するとともに、きたるべきCOP21パリ会議において法的に拘束力を持つ成果文書が採択されるよう、国際社会が今後も高い目標に向けて結束することを切望する。

　カタールは、湾岸協力会議（6カ国）を代表して、次のように述べた。──(1) Goal 5に関して、われわれは"early marriage""child marriage"という用語の使用に対して留保を表明する。(2) Goal 6に関して、移民労働者に関する決定は、主権の行使に他ならない旨を確認する。(3) "reproductive health"に関しては、われわれは"sharia law"に反するものとして、そのすべてに留保する。(4) 女性の遺産相続に関しては、既にわれわれはそれを法的に保護しており、その更なる法的整備を試みている。(5) 女性の権利に関しては、われわれは国際的に認められた人権の尊重を実行している。(6) "gender""families"という概念に関しては、われわれは独自の認識を保持している。(7) これらの留保に関しては、既にわれわれは「持続可能な開発目標に関するオープン・ワーキング・グループ」の会合において見解を明らかにしている。

　モルディブは、「小島嶼国連合」を代表して、「77カ国グループ＋中国」の

見解に賛意を表明したうえで、次のように述べた。——（1）われわれは、〈no one is left behind〉というすばらしい世界の構築に全面的に賛成である。（2）新しいアジェンダを実施するうえで、「持続可能な開発に関するハイレベル政治フォーラム」が重要な役割をはたすことができると確信する。

インドネシアは、12カ国（ボリビア、ブラジル、コロンビア、コスタリカ、エクアドル、インド、ジャマイカ、メキシコ、ニカラグア、ペルー、フィリピン、インドネシア）を代表して、"generic resources"に関する規定（Targets 2.5 and 15.6）は、食糧安全保障や生物多様性の確保に重要な意味をもっており、「持続可能な開発目標に関するオープン・ワーキング・グループ」における共通理解から後退してはならないと強調した。

ベネズエラは、「77カ国グループ＋中国」の見解に賛意を表明したうえで、〈序文〉における持続可能な開発に関する言及が、西欧的／一元的世界観に支配されており、〈世界観、モデル、戦略、政策〉の多様性という視点が欠落しているとして留保する旨を表明した。同様に〈modern energy〉に関する規定に関してもベネズエラの国家主権に抵触するとして留保するとの立場を明らかにした。

カザフスタンは、第3回開発資金国際会議（FfD 3）の成功、ひいては〈ポスト2015開発アジェンダ〉に関する国連サミットの成功は、COP21パリ会議を成功へと導くものとして、その歴史的意義を〈once-in-a-generation opportunity〉という表現で強調した。

日本は、次のように述べた。——（1）日本は、「ポスト2015政府間交渉」の共同議長および「持続可能な開発目標に関するオープン・ワーキング・グループ」の共同議長の強力なリーダーシップに賞賛の意を表明する。（2）本「成果文書」は、日本にとって完全に満足できるものとはいえない。とはいえ、これまで日本が再三にわたりその重要性を強調してきた「人間中心主義」（people-centredness）や自然災害に対する備えの重要性等が重視されていることには満足している。また本「成果文書」が本年3月、仙台で開催された第3回国連世界防災会議の成果と矛盾していないことに満足している。

コロンビアは、本「成果文書」の採択を〈historic event〉として賞賛した

うえで、今後の課題として新開発アジェンダ実施の重要性を強調した。

韓国は、次のように指摘した。――（1）「2030アジェンダ」を実現するためには、〈business-as-usual〉アプローチからの脱却、ひいては〈mindset〉の変更が必要である。(2) 韓国は、国連経済社会理事会議長国として、フォローアップ・メカニズムの構築に全力を尽くす決意である。(3) 韓国は、(朝鮮戦争後の）ユニークな発展の経験を各国と共有するつもりである。

インドは、「77カ国グループ＋中国」、およびインドネシアの見解に賛意を表明したうえで、次のように述べた。――（1）われわれは、本「成果文書」に満足している。(2) 新しいアジェンダが〈universal〉なものであることには同意する。ただし、〈universality〉と〈uniformity〉とが混同されてはならない。その意味では、「共通だが差異のある責任」という原則が、持続可能な開発における国際協力の主導原則とされることが重要である。

セネガルは、アフリカ諸国グループを代表して、「77カ国グループ＋中国」の見解に賛意を表明したうえで、次のように述べた。――（1）アフリカ諸国グループは、〈no human being, no people, no group of people or peoples will be left behind〉という基本的価値観に基づき、新アジェンダを支持し、その実現に向けた努力を惜しまない。(2) アフリカ諸国グループは、以下の諸点に関しては留保する。――①新アジェンダは、それぞれの国家が定める法、開発の優先順位、文化的およびエスニックな価値、宗教、普遍的に認められる人権……等と合致する形で解釈されるべきである。②〈性、家族、ジェンダー、"reproductive health"……等〉に関しては、あくまでも個々の国家の法規範に基づき解釈されなければならない。③新アジェンダが、世界の人々の価値観を"universalize"（画一化）するものとなってはならない。④新アジェンダの実施に際してアフリカ諸国グループは、あくまでも個別国内状況に鑑み、普遍的な人権との厳格な整合性の確保を念頭に置いて、〈ethical, cultural and religious values〉を最大限に尊重する方向で、その推進を図る決意である。

イランは、次のように述べた。――（1）持続可能な開発アジェダは、〈universal and historic〉な文書である。(2) あらゆるレベルにおいてアジェンダの実施を図るうえで、国家のオーナーシップおよびリーダーシップと並んで、

「共通だが差異のある責任」という原則が、アジェンダの基礎を構成するものとして合意されたことは画期的である。(3) 本「成果文書」の文言は、いかなる意味においても、イランの法規範、開発における優先目標、イランの文化的／社会的／宗教的背景に反するものであってはならない。この点はとりわけ、〈性、家族、ジェンダー、"reproductive health"……等〉に関して厳格に適用されなければならない。

メキシコは、次のように述べた。――(1)「2030 アジェンダ」は、われわれすべてのものである。わが国は、その策定過程が〈open and inclusive〉であったことに満足している。(2)「2030 アジェンダ」は、国際社会が旧いパラダイムから訣別する歴史的な決定である。(3) 今後 15 年間、われわれは法の支配のもとに〈持続可能かつ包摂的な開発〉の実現に向けて全力を尽くす決意である。(4) 過去 30 年以上にわたりメキシコは、移民労働者の人権保護の重要性を訴えてきたが、移民の法的地位にかかわらず、移民およびその家族の人権を保護することこそが移民問題解決の要諦である旨を改めて強調したい。

ブラジルは、「77 カ国グループ＋中国」の見解に賛意を表明したうえで、次のように述べた。――(1) 本「成果文書」は、国連の歴史においてもっとも透明かつ包摂的な交渉過程を経て策定されたものである。(2)「ポスト 2015 政府間交渉」を取り纏めた共同議長の手腕は傑出している。(3) 本「成果文書」の〈序文〉は、「2030 アジェンダ」の基本理念を強力なメッセージとして適切に伝えるものである。〈序文〉および"Ps"に関する規定は、持続可能な開発の再解釈や再定義を目的とするものではない。また「持続可能な開発目標に関するオープン・ワーキング・グループ」の成果文書の修正を意図するものでもない。(4) 人権に関する規定は、必ずしも十分かつ野心的なものとはいえないが、〈people-centred〉なアジェンダの採用という点においては評価に値しよう。(5) われわれは、すべての加盟国が〈leaving no one behind〉という原則を実体化することを要請する。(6)「共通だが差異のある責任」という原則の重要性を確認したうえで、"universality"という理念の重要性を謳ったことは画期的である。(7) 持続可能な開発のためのグローバル・パートナーシップの再活性化は、〈democratic, inclusive and participatory〉でなければならない。

それは、〈openness, transparency and accountability〉を基本原理として、すべてのステークホルダーを包摂するものでなければならない。(8) われわれは、フォローアップおよびレビューにおいて「持続可能な開発に関するハイレベル政治フォーラム」が中心的な役割を担いうるものと確信している。

エクアドルは、「ポスト2015政府間交渉」の共同議長の運営手腕に敬意を表したうえで、一連の「成果文書」にはエクアドル憲法に抵触する規定（とくに再生医療や妊産婦の権利等に関して）が存在しており、それらに関しては留保すると述べた。

中国は、次のように述べた。──(1)〈ポスト2015開発アジェンダ〉は、歴史的にきわめて重要である。(2)〈ポスト2015開発アジェンダ〉は、「共通だが差異のある責任」という原則を、国際開発協力における重要な基本原則として再確認している。(3) われわれは、国連サミットにおける本アジェンダの採択を通じて、国際社会が、①開発問題に焦点を当て、②新しい開発アプローチを通じてグローバルな開発を推進し、③〈win-win〉協力の精神に基づき、包括的でバランスのとれた国際開発協力のための枠組みを構築し、④開発のためのグローバル・パートナーシップの改善、⑤開発途上国を支援する環境の整備をおこなうことを期待している。

ペルーは、次のように述べた。──(1) ペルーは、本アジェンダにおいて〈social inclusion〉が規定されたことを歓迎する。(2) ペルーは、食糧安全保障および〈generic resources〉に関するインドネシアの主張に同意する。

ハンガリーは、次のように述べた。──(1) 本「成果文書」は、〈people- and planet-centred future〉の構築に向けた好機である。(2) 開発は言葉ではなく、行動によって裏づけられなければならない。(3) 開発はパートナーシップである。それは国連を中心として、すべてのステークホルダーを巻き込む、真の意味でのグローバル・パートナーシップに基づくものでなければならない。(4) 開発は、〈of the people, by the people and for the people〉を主導原理とする〈人間開発〉を意味するものでなければならない。(5) 人々が、〈drivers and recipients of development〉となるべきである。(6) われわれは、開発に関する抽象的な理念を、人々の真の意思および利害認識とリンクさせなけれ

ばならない。

　エジプトは、次のように述べた。――（1）われわれは当初より、「ポスト2015政府間交渉」に積極的にコミットしてきた。その理由は、われわれの生活を転換させ、地球の持続可能性を確保するためには、〈貧困の撲滅、不平等の解消、持続可能な経済発展の達成、人権の尊重（発展の権利を含む）、女性／女児のエンパワーメント〉が不可欠であると確信したからである。われわれは、「共通だが差異のある責任」という原則に基づき、このようにグローバルかつ集合的な挑戦を試みることが決して色褪せることはないと確信している。（2）われわれは、本アジェンダを支持するものであるが、そのうえで以下の諸点に関しては留保したい。――①「2030アジェンダ」の諸規定は、国際的に認められた人権規定を前提として、個々の国家の法規範および開発における優先課題に則り、〈cultural and ethical values and religious background〉に合致する形で実施されなければならない。②フォローアップおよびレビューは、それぞれの国家の特殊性を考慮して実施されるべきである。③"sexual and reproductive health-care services"に関連する"information and education"に関しては、エジプトの法規範や社会規範（両親の承諾を前提とする等）に則って認められるべきである。④本アジェンダが〈leaving no one behind〉を謳いながらも、イスラエルに占領されたアラブ地域（パレスチナ等）等の〈foreign occupation and colonial domination〉の解消について言及していないのは遺憾である。⑤エジプトは、フォローアップおよびレビューは、あくまでもそれぞれの国家の主導のもとに自発的におこなわれるべきものと認識する。

　スーダンは、アフリカ諸国グループおよび「77カ国グループ＋中国」の見解に賛意を表明したうえで、人権に関する諸規定に関しては留保する旨を表明した。

　アイスランドは、とりわけ〈gender equality and human rights〉に関して強い関心をもって交渉にコミットしてきた旨を強調し、本「成果文書」のプラス面と同時にその限界（女性の権利……等）に遺憾の意を表明した。

　チャドは、「77カ国グループ＋中国」、アフリカ諸国グループ、「内陸開発途上国連合」の見解に賛意を表明したうえで、"sexual and reproductive health and reproductive rights"および家族や教育に関する規定に関しては、留保する旨を表明した。

　ロシアは、次のように述べた。──（1）本「成果文書」は、持続可能な開発目標の3つの次元をバランスよく取り上げている。とはいえそこには限界（ドラッグ問題の欠落等）も指摘される。（2）個々の国家のリーダーシップを厳格に遵守し、政策形成における自由の確保および他国に対する強制／押し付けの排除が重要である。（3）本「成果文書」の諸規定のうち、ロシアがその遵守を義務付けられる（拘束される）のは、ロシアが当事国として合意した事項のみに限定される。

　アルゼンチンは、「77カ国グループ＋中国」の見解に賛意を表明したうえで、次のように述べた。──（1）本「成果文書」は、普遍的に適用されるべきものであり、きわめて野心的なものである。（2）今後待ち構えている困難な課題は、いかにしてこの将来ビジョンを実現するかである。

　トルコは、本「成果文書」における国連海洋法条約に関連する部分は、同条約の非締約国であるトルコの法的・政治的立場にいかなる変更をもたらすものではない旨を強調した。

　アメリカは、次のように述べた。──（1）9月に予定されている国連サミットに先立って「2030アジェンダ」に関して合意が成立したことは、多国間主義（multilateralism）に対する信認の証である。（2）アメリカは、「持続可能な開発に関する2030アジェンダ」および「アジス・アベバ開発目標」（AAAA）を全面的に支持し、その実施にコミットする。（3）アメリカは、以下の諸点に関しては留保する。──①本アジェンダの諸規定は、国際法上、既に確立されている権利義務関係になんらの影響を及ぼすものではない。②貿易問題はあくまでWTO（世界貿易機関）の所管事項である。同様に、国際金融の問題は、あくまでIMFおよび世界銀行の所管事項である。③「発展の権利」に関しては、アメリカは強い懸念を抱いている。この問題は、周知のように積年の課題であり、いまだ合意が形成されるまでには至っていない。④「共通だが差異のある責任」という原則は、あくまでも環境問題のみに限定されるべきである。同原則を本アジェンダのすべてに拡大適用すべきではない。

⑤知的財産権に関しては、アメリカは断固としてその保護を主張する。⑥本アジェンダにおいて用いられる特別な概念——effectiveness of developing country representation, equitable, foreign occupation, inequality, gender equality and the empowerment of women and girls, good governance and rule of law……等——の意味内容（定義）に関しては、アメリカは独自の認識を保持している。

　イスラエルは、次のように述べた。——（1）本アジェンダは、完全に実施されれば世界を飢餓、疾病および貧困から解放するものとなりうる。（2）われわれは、「政治的な言葉」（politicized languages）の使用に対しては、非生産的なものとしてそれに反対する。イスラエルとパレスチナの問題は、当事者間の直接交渉によって解決されるべきである。

　アルメニアは、次のように述べた。——（1）われわれは、内陸国の特別なニーズに関する言及を歓迎する。（2）野心的な本行動計画の策定は、多国間主義（multilateralism）にとって重要な試金石となる。

　アゼルバイジャンは、次のように述べた。——（1）〈ポスト2015開発アジェンダ〉は、3年間にわたる精力的な交渉の産物であり、国際社会が複雑な課題を追求するに際しての〈clear road map〉である。（2）われわれは、このアジェンダを〈from paper to real-life action〉へと転換／発展させることが必要である。

　ノルウェーは、次のように述べた。——（1）「2030アジェンダ」は完全なものとはいえない。とはいえそれは、われわれに対して地球を守り、すべての人権を尊重し、ジェンダーの平等を確保しつつ、今後15年間に貧困を撲滅するためのビジョンとツールを提示するものである。（2）交渉の過程で見られた〈spirit of compromise〉は、これからのフォローアップ・プロセスの推進に希望を与えるものである。

　パナマは、「77カ国グループ＋中国」の見解に賛意を表明したうえで、次のように述べた。——（1）「2030アジェンダ」は、われわれが混迷の時代から抜け出すためのパラダイム・シフトをもたらすものである。（2）本アジェダの策定により、われわれは、自己利益に基づく決定ではなく、〈ethical decisions〉を下すに至った。

　以上の国連加盟国による留保声明（Explanation of Vote）に引き続き、国連総会のパーマネント・オブザーバーがスピーチをおこなった。まずEUが9月の国連サミットにおける本「成果文書」の採択および時宜にかなった実施を謳い、さらにそれを契機として12月に予定されているCOP21パリ会議が成功するものと確信している旨を強調した。それに続き、ヴァチカンが次のようなスピーチをおこなった。それはカトリックの総本山としてのヴァチカンの基本理念を敢えて強調／再確認するものであった。──（1）本アジェンダは、人間（human person）を開発の中心的な主体と位置づけており、それはきわめて正当なことである。(2)〈no one will be left behind〉という本アジェンダの基本理念は、本アジェンダを貫く基本的価値観として、〈受胎から死〉に至るまでの人間の権利の保護に寄与するものと確信している。(3) 本アジェンダにおいて用いられている幾つかの概念については、以下のように留保する。──① "sexual and reproductive health" "reproductive rights" は "holistic concept of health" として用いられるものであり、中絶等を容認するものとは認識しない。② "family planning" に関連する概念──"contraception" "sexual and reproductive health" "reproductive rights" 等──に関するヴァチカンの基本的な立場は、周知の通りであり、何らの変更もない。(3) "gender" に関するヴァチカンの基本的な立場は、"biological sexual identity" を大前提とするものである。(4) "educational information on sexuality" に関しても、ヴァチカンの基本的な立場は、両親の第一義的な責任を前提とするものであり、その意味では社会における "natural and fundamental group unit" としての "family" の重要性を重視するものである。

　午後1時20分──午前10時に開始された全体会合は幕を閉じた。

第XV章　持続可能な開発のための2030アジェンダ

　2015年9月15日、すなわち9月の第3火曜日の午後、国連総会は大きな節目の時を迎えた。Sam K. Kutesa（ウガンダ）議長のもとで"Delivering on and implementing a transformative post-2015 development agenda"を基本テーマとして開催された第69会期・国連総会は閉幕し、Mogens Lykketoft（デンマーク）議長のもと、"New Commitment to Action"（Support Member States to implement the ambitious and transformative 2030 Agenda）を基本テーマとする第70会期・国連総会が開幕したのである。

　2015年6月15日の総会議長指名受諾演説において、"My first priority will be to ensure that the summit is an occasion for world leaders to join hands to achieve the new goals in a new commitment to action, which is the theme that I have chosen for the seventieth session. That commitment – and the new global partnership that goes with it – will be at the core of driving the work of the United Nations until 2030"と、9月に予定されている国連サミットでの〈post-2015 development agenda〉の採択に並々ならぬ決意を表明していたMogens Lykketoft第70会期・国連総会議長は、9月15日のオープニング・スピーチにおいて改めてその決意を次のように披瀝した。──（1）〈Post-2015 negotiations〉を9月のサミット開催以前の早い段階で、交渉妥結へと導いたSam K. Kutesa前総会議長に感謝の意を伝えるとともに、彼の構築した確固たる基盤の上に更なる努力を積み重ねる決意である。（2）Ban Ki-moon国連事務総長が、真に野心的な〈2030 Agenda〉の策定に重要な役割をはたしたことを確認するとともに、今後も緊密な協力関係を推進することを切望する。（3）世界の指導者は、今後、10日を待たずして〈持続可能な開発に関する2030アジェンダ〉を採択する運びである。それは、国連発足70周年を飾る本年にふさわしい、〈画期的で、革命的かつ普遍的な合意〉（seminal, revolutionary universal agreement）である。(4)〈2030 アジェンダ〉の調印により、各国政府は、みずからの意思により自発的に〈dignity, security, prosperity and human rights〉の実現に向けて行動を起こすことになる。(5) 第 70 会期・総会議長としての私に課せられた使命は、各国政府がおこなった約束を速やかに実行へと発展させることである。(6) サミットは単なる始まりに過ぎない。サミットおよびそれに続く一般討論演説の終了後ほどなくして、世界の指導者はパリで開催される COP21 に参加する予定であるが、同会合において気候変動に関する野心的かつ普遍的な合意を達成することは絶対的な至上命題（absolute must）である。それは世界が持続可能な開発に向けて必要とされる政策を展開しうるか否かを見極めるための試金石となるものである。(7) 持続可能な開発を実現するためには、平和と安全、そして人権の尊重が不可欠であろう。

　　2015 年 8 月 6 日に配布された Information note for delegations "Arrangements for the United Nations summit for the adoption of the post-2015 development agenda and the general debate of the seventieth session of the General Assembly : United Nations Headquarters, 25 September to 6 October"〔A/INF/70/4〕では、サミットおよびそれに続く一般討論演説（general debate）のスケジュールの詳細が次のように定められた。――(1) 通常、一般討論演説は新しい会期が召集される火曜日に開始されるが、本会期に限り、9 月 28 日（月曜日）から 10 月 6 日（火曜日）におこなわれるものとする。(2) 総会は、〈post-2015 development agenda〉の採択に向けて、9 月 25 日（金曜日）－27 日（日曜日）にサミットを開催する。(3) 9 月 25 日（金曜日）の午前中に Pope Francis のスピーチを拝聴するための全体会合を開催する。(4) 第 69 会期・国連総会議長国（ウガンダ）の国家元首と第 70 会期・国連総会議長国（デンマーク）の国家元首あるいは政府首脳が、共同でサミットの議長を務める（この点に関しては、2014 年 12 月 29 日の国連総会決議において、サミットの重要性に鑑み、共同議長方式〔jointly preside over the summit〕を採用することが既に決定されている）。(5) サミット開催の 3 日間にわたり、"Transforming the world : realizing the post-2015 development agenda" という統一テーマのもとに 1 日：2 回、合計 6 回の〈interactive dialogues〉を開催する。それぞれのテーマは次の通りである。——① Ending poverty and hunger ; ② Tackling inequalities, empowering women and girls and leaving no one behind ; ③ Fostering sustainable economic growth, transformation and promoting sustainable consumption and production ; ④ Protecting our planet and combatting climate change ; ⑤ Building effective, accountable and inclusive institution to achieve sustainable development ; ⑥ Delivering on a revitalized Global Partnership. (6) 一般討論演説は、"The United Nations at 70 : the road ahead for peace, security and human rights" という統一テーマのもとにおこなわれる。

第 1 節　世界サミット：
2015 年 9 月 25 日-27 日

　2015 年 9 月 25 日、午前 8 時 30 分、Pope Francis がスピーチをおこない、次のように訴えた。——(1) 本日開催される世界サミットでの *2030 Agenda for Sustainable Development* の採択は、われわれに大きな希望の光を与えるものである。(2) 私は、*Paris Conference on Climate Change* も〈fundamental and effective agreements〉をもたらすものと確信している。(3) 開発のための新しいアジェンダは、すべての人々が、物質的および精神的な基礎的資源を実効的／実践的、かつ迅速に獲得することを可能とするであろう。(4) 国連発足以来 70 年間の経験、とりわけ第 3〈千年期〉の最初の 15 年間の経験は、①国際的な規範が、正当性を具現するものとして信認／受容され、かつ誠実に履行／適用される場合にはきわめて有意義なものであり、②国際的な規範が、利害・打算に基づくご都合主義的なものとみなされた場合には、実効性を有しえないものとなることを如実に示している。

ついで午前 11 時、デンマークの Lars Lokke Rasmussen 首相が共同議長の立場からサミット（high-level plenary meeting of the General Assembly）の開始を宣言し、次のように述べた[9]。──(1) ミレニアム開発目標は、目標を設定し、その実現に向けて共同で行動することの意義をわれわれに示すものであった。とはいえ課題も残されており、われわれは、単に新しい野心的なビジョンだけでなく、新たに具体的かつ現実的な目標および達成期限に向かってコミットする決意である。(2) 新しいアジェンダは、2030 年の世界のあるべき姿を提示するものであり、第 70 会期・国連総会の議長国を務めるデンマークは、言葉を実践へと発展させるべく、新アジェンダの実施を主導する決意である。

　つづいて、同じく共同議長を務めるウガンダの Yoweri Kaguta Museveni 大統領が次のように述べた。──(1) 新アジェンダは、ミレニアム開発目標の完成、ひいてはその更なる前進を目指すものである。(2) これまでの経験から、持続的にミレニアム開発目標の達成を図るためには、社会経済的転換（socioeconomic transformation）の推進が不可欠であることが明確となった。(3) 持続可能な開発目標（SDGs）は、普遍的に適用されるべき課題であるが、われわれは同時にそれぞれの国家の置かれている特別な状況にも配慮しなければならない。(4) 気候変動に対する果敢な挑戦は、新アジェンダにおける優先課題であり、パリで開催される気候変動に関する会議においても、われわれは更なる努力を傾注して、野心的で法的拘束力をもつ合意を形成しなければならない。(5) 新アジェンダは、〈開発、平和、安全および人権〉の相互関連性を強調するものである。(6) 新アジェンダの採択後、次なる重要な課題は、その誠実な実施である。その意味では、SDGs を個々の開発計画（地域レベルおよび国家レベルにおける）と統合すること、適切な金融資源（資金等）の調達、技術開発と技術移転、能力構築を図ることが重要であろう。(7) 〈2030 アジェンダ〉の実現に向けて、われわれはアジス・アベバ行動目標（AAAA）の完全な実施を図らなければならない。(8) 新アジェンダは、グローバルな繁栄をもたらすものとなろう。それは、これまでのアジェンダのように、一部の人々に豊かさをもたらしながらも、他方でそれ以外の人々に余計な追加負担を強制

し、悲惨な低開発状況をもたらすようなものではない。

　以上、2人の共同議長によるオープニング・スピーチを受けて、Ban Ki-moon 国連事務総長が、次のようにレトリックに満ちたスピーチをおこなった。──(1) 新アジェンダは、より良い世界に向けた〈universal, integrated and transformative vision〉である。それは〈leave no one behind〉を志向するものである。(2)〈アジェンダ2030〉の真価が問われるのは、その実施である。そのためには、ハイレベルでの政治的コミットメントが必要である。(3) もはや〈みずからの殻に閉じこもって、考え、行動する時代ではない（We can no longer afford to think and work in silos）〉。

　さらに Amnesty International（事務総長）によるスピーチ。──これら4人によるオープニング・スピーチというセレモニー（儀式）を経て、議長は"Transforming our world : the 2030 Agenda for Sustainable Development" と題する決議案の採択を求めた。いうまでもなくそれは事前に作成されたシナリオに則り、投票に付すことなくコンセンサスで採択された〔A/RES/70/1〕。こうして3日間にわたる国連サミットは、最大のイベントを無事終了し、軸足を〈interactive dialogues〉へとシフトさせていったのである。

　ちなみに "United Nations Summit on Sustainable Development 2015 - Informal summary"（25-27 September 2015, United Nations Headquarters, New York）によれば、国連サミットの全体像は以下の通りである（サミットには9,000人余が参加し、161カ国からは国家元首および政府首脳が出席した）。

I　概観

- 各国首脳は、〈2030アジェンダ〉を歓迎し、その〈transformative, universal and inclusive nature〉を強調した。さらに〈2030アジェンダ〉は、(1)〈leaving no one behind〉をモットーとして、(2) すべての国家やステークホルダーに等しく適用されるものであり、(3)〈平和、安全、人権、グッド・ガバナンス〉を相互に関連するひとつの総体として位置づけるものである旨が強調された。

> 参加者の多くは、〈2030アジェンダ〉の評価は、何が約束されたかではなく、何が実行されたかによると強調した。

Ⅱ 主要メッセージ

> 持続可能な開発目標（SDGs）は、ミレニアム開発目標（MDGs）よりも包括的かつ複合的なものであり、MDGs達成に向けた動きを継続・加速しうるものと評価された。

> 〈national ownership〉に基づく実施の重要性が強調され、みずからの殻に閉じこもる〈silo approach〉を打破することの必要性が強調された。

> 持続可能な開発の推進に向けて、国際組織（地域組織を含む）を強化することが求められた。

> 本サミットにおいて構築されたモメンタムを梃子（契機）として、各国がそれぞれの状況に合致した形で〈2030アジェンダ〉を取り込む／内在化すべき旨が強調された。

> 先進工業国は、〈2030アジェンダ〉が開発協力の次元にとどまるものではなく、開発途上国の国内政策の改革をも視野に入れるものである旨を強調した。

> 〈2030アジェンダ〉は、相互に密接に関連した諸課題の追求を図る包括的なものであり、その実現には不平等の削減が不可欠である。また貧困という多次元的な現象に対処するためには、雇用創出効果を有するバランスのとれた持続可能な経済成長が不可欠であり、それは環境の劣化を伴うものであってはならない——旨が強調された。

> 人々が〈2030アジェンダ〉の中心に位置づけられるべきであり、〈no one must be left behind〉と強調された。

> 参加者の多くは、難民問題解決の必要性を強調した。それは、移民および強制された移住をもたらす根本原因に対する取り組みを求めるものであった。

> 気候変動の問題に対処することなしには、〈2030アジェンダ〉、ひいてはその他のSDGsの実現は不可能であるとの見解が表明された。

> 〈2030アジェンダ〉の実施ひいては成功は、パリで開催されるCOP21会

議の成功にかかっているとの認識が表明された。そのうえで参加者の多くは、政治的意思を再活性化させて、法的拘束力を有する、そしてまた環境の悪化傾向を逆転させうる包括的かつ野心的な合意の形成を図るべきだと主張した。

➢ SDGsを実施するためには、〈revitalized, strong and inclusive global partnership〉が不可欠であるという点においては、広範な合意が成立した。
➢ 参加者の多くは、改めて実施手段強化の重要性に注意を喚起した。
➢ 参加者の多くは、アジス・アベバ行動目標が、持続可能な開発を達成するうえで必要とされる強固な資金基盤を構成するものであると、その重要性を強調し、SDGsを実現するためにはその完全な実施が不可欠であると主張した。
➢ 新しいアジェンダの実現において、貿易のはたす役割を強調する参加者も存在した。
➢ 参加者の多くは、新しいアジェンダの実施に際しては、それぞれの国家の実情、能力、発展レベルを考慮しなければならないとの立場から、「共通だが差異のある責任」という原則の重要性を強調した。
➢ 開発途上国の多くは、〈2030アジェンダ〉の実施に際して必要とされる諸資源の調達に第一義的責任を有するのは、開発途上国自身であるとの立場をとり、同アジェンダを国家開発計画／戦略／優先順位に組み込むことを主張した。
➢ 南－北協力を補完するものとして、南－南協力および三角協力の重要性が強調された。
➢ SDGsの大部分は、国および地方レベルにおいて実施されるべきものであるとの指摘がなされた。
➢ 〈2030アジェンダ〉を成功させるためには、確固たるフォローアップおよびレビューのためのメカニズムを構築し、達成期限内にコミットメントを実行させることが不可欠である旨が強調された。
➢ 参加者の多くは、SDGsの進捗状況を評価し、問題点を確認するうえで国連のはたしうる役割を強調した。またこの点に関連して、「持続可能な開

発に関するハイレベル政治フォーラム」(HLPF) の重要性が強調された。

Ⅲ　Interactive Dialogues

各テーマに関して、以下のような主張が展開された。

（1）Ending poverty and hunger
- 貧困と飢餓を撲滅し、誰一人として置き去りにしないためには、不平等および構造的な制約条件にメスを入れることが不可欠である。
- 貧困と飢餓の削減を推し進めるためには、経済成長が必要である。とはいえそれだけでは十分ではない。
- 世界の意思決定過程に開発途上国の参加を推進することが必要である。
- 周縁化され排除された集団を意思決定過程に参加させることが必要である。
- 平和で公正な社会の存在は、持続可能な開発に必要な前提条件である。
- 国際レベルおよび国内レベルにおいて開発のためのグローバル・パートナーシップを強化することが必要である。

（2）Tackling inequalities, empowering women and girls and leaving no one behind
- 〈2030アジェンダ〉は、国家〈内部〉および国家〈間〉における不平等の削減なくして、より公正で、安定し、平和に満ちた世界を構築することは不可能であるという現実に対して、強い警鐘を鳴らすものである。
- 不平等に立ち向かうためには、国の政策や法律を変えるだけでなく、地域社会レベルにおける能力強化が必要である。
- 今日世界が直面している人道的危機、とりわけ移民や難民の置かれている困難な状況は、最も脆弱な立場に置かれている人々のニーズの充足を最優先課題とすることの重要性を如実に示している。

（3）Fostering sustainable economic growth, transformation and promoting sustainable consumption and production
- 貧困を削減するためには、不平等の構造的原因を解消し、司法へのアクセスが保証され、人権が尊重されるようにすることが最優先の課題である。
- 地域レベルおよび国際レベルにおいて貿易を促進することが持続可能な開

発にとって死活的な重要性をもっている。
➢ 経済成長によって環境の悪化がもたらされてはならない。それは将来の世代のために、気候変動を抑制するものでなければならない。
（4）Protecting our planet and combatting climate change
➢ 持続可能な開発を達成するためには、気候変動と貧困撲滅を高いレベルで両立させることが肝要である。
➢ 気温上昇を 1.5～2.0℃ 以内に抑えるためには、COP21 において野心的かつ法的拘束力をもつ合意を形成することが必要であるという点に関しては一般的な合意が成立しているように思われる。
（5）Building effective, accountable and inclusive institution to achieve sustainable development
➢ 〈2030 アジェンダ〉を本当の意味での人々のアジェダとするためには、いままで以上に市民を巻き込み、コミットさせることが肝要である。
➢ パートナーシップの構築を通じて〈silo〉を打破することが必要である。
（6）A strengthened global partnership for realizing the post-2015 development agenda
➢ グローバルな目標は、各国の国内政策として内在化されなければならない（global goals have to be localized）。
➢ ローカルな行動主体の能力が強化されるべきである。

第 2 節　〈2030 アジェンダ〉

　それでは、"Transforming our world : the 2030 Agenda for Sustainable Development"（『われわれの世界を変革する：持続可能な開発のための 2030 アジェンダ』）は、どのようなメガ・プロミスであろうか。

　それは、Ⅰ．序文（Preamble）、Ⅱ．宣言（Declaration）、Ⅲ．持続可能な開発目標およびターゲット（Sustainable Development Goals and targets）、Ⅳ．実施手段およびグローバル・パートナーシップ（Means of implementation and the Global Partnership）、Ⅴ．フォローアップおよびレビュー

(Follow-up and review) の5部構成（全90パラグラフ）となっており、その概要は、以下の通りである。

Ⅰ　序文

序文では、〈2030アジェンダ〉の基本理念が次のように謳われた。

- 本アジェンダは、人間、地球および繁栄のための行動計画である。それはまた、より大きな自由のなかで普遍的な平和の強化を追求するものである。
- われわれは、絶対的貧困を含む、あらゆる形態および次元における貧困の撲滅こそが世界が直面する最大の課題であり、持続可能な開発を実現するうえで不可欠な必要条件であると認識する。
- われわれは、〈2030アジェンダ〉の追求という共同の旅路に向けて動き始めるに際して、誰一人として置き去りにしないことを誓う。
- 本日、われわれが発表する17の持続可能な開発のための目標（SDGs）と169のターゲットは、この新しい普遍的なアジェンダがいかに大規模かつ野心的なものであるかを示している。これらの目標とターゲットは、ミレニアム開発目標を基礎とし、それを全うすべく残された課題の追求を図るものである。

- 人間（People）：われわれは、あらゆる形態および次元における貧困と飢餓に終止符を打つ決意である。
- 地球（Planet）：われわれは、現在および将来の世代のニーズに応えるべく、地球を破壊から守ることを決意する。
- 繁栄（Prosperity）：われわれは、すべての人々が豊かで充実した生活を送ることができるように、そしてまた経済的、社会的、技術的な進歩が自然との調和のもとに推進されるようにすることを決意する。
- 平和（Peace）：われわれは、恐怖と暴力から解放された、平和で、公正かつ包摂的な社会の構築を決意する。
- パートナーシップ（Partnership）：われわれは、より強固な地球規模での

連帯の精神に基づき、最も貧しく最も脆弱な人々のニーズに特に焦点を当てて、すべての国、すべてのステークホルダー、すべての人々の参加のもとに、持続可能なグローバル・パートナーシップを再活性化して、〈2030アジェンダ〉の実施に必要とされるあらゆる手段を動員する決意である。

Ⅱ 宣言

　宣言では、序文において披瀝された基本理念を再確認／深化させる形で〈new global Sustainable Development Goals〉に対する各国首脳の政治的決意が、次のように謳われた。

- われわれは、本目標とターゲットがすべての国、すべての人々、そして社会のすべての部分（all segments of society）で実現されることを希求する。
- 本アジェンダは、すべての国により受け入れられ、すべての国に適用されるものである。すなわち、本アジェンダは、普遍的な目標／ターゲットとして、先進工業国と開発途上国とを問わず、世界のすべての国を対象とするものである。

- われわれのビジョン：われわれが思い描くのは、すべての国、すべての人々が持続的で、包摂的で、持続可能な経済成長と働きがいのある人間らしい仕事を享受できるような世界である。
- われわれが共有する原則とコミットメント：(1) 新しいアジェンダは、国際法の完全な遵守を含む、国連憲章の目的と原則に導かれるものである。(2) われわれは、「環境と開発に関するリオ宣言」のすべて、とりわけその第7原則「共通だが差異のある責任」を再確認する。
- 今日の世界：(1) われわれは、すべてのミレニアム開発目標の完全な実現にコミットする。(2) 新しい開発目標は、ミレニアム開発目標をはるかに凌駕するものである。
- 新しいアジェンダ：(1) われわれは、すべての国に、そしてまた世界のすべての地域に巨大な便益をもたらすべく、協力してグローバルな開発およ

び〈win-win〉協力を追求する決意である。(2) われわれは、すべての国が自国の富、天然資源、経済活動に対して恒久主権を保持し、かつそれを自由に行使することができる旨を確認する。(3) 新しいアジェンダは、国際法のもとに認められる国家の権利および義務に合致する形で行使されるものとする。(4) 新しいアジェンダは、2016年1月1日に発効し、以後15年間にわたり、われわれの決定を導く指針となる。(5) われわれは、包摂的な成長および持続可能な開発に対する移民の積極的な貢献を確認する。われわれは、移民に対してその地位（難民か避難民か）を問わず、人権の完全な尊重、人道的な取り扱いを含む安全で、秩序だった、正規の移住に向けて国際的に協力することを確認する。(6) われわれは、気候変動枠組条約が、気候変動に対するグローバルな対応を協議するうえでの最も重要な国際的／政府間フォーラムであることを確認する。(7) われわれは、植民地支配下に置かれている、および外国の占領下に置かれている人々の自決の権利の完全な実現に向けて、それを阻害している障壁の除去に向けて国際法に合致する形で更なる効果的な手段と行動をとることを求める。

- 実施手段：(1) われわれは、グローバル・パートナーシップを再活性化することにより、新しいアジェンダの完全な実施を図る決意である。(2) 本アジェンダの実施は、アジス・アベバ行動目標（AAAA）に盛り込まれた具体的な政策および行動に支えられるものである。(3) われわれは、それぞれの国家が自国の経済的・社会的発展に第一義的な責任を保持するものと認識する。(4) われわれは、国際経済に関する意思決定、規範形成、およびグローバルな経済ガバナンスにおける開発途上国（中所得国を含む）の参加の拡大・強化を図る決意である。

- フォローアップおよびレビュー：向こう15年間にわたり本アジェンダの目標／ターゲットの進捗状況のフォローアップおよびレビューにおいて（国家／地域／グローバル・レベルにおいて）、第一義的な責任を有するのは各国の政府である。(2)「ハイレベル政治フォーラム」(HLPF) は、グローバル・レベルにおけるフォローアップおよびレビューの運営に中心的

な役割を担うものとする。
- 世界の変革に向けた行動の呼びかけ：(1) 本日、われわれは、歴史的にきわめて重要な決定を下している。(2) われわれは、貧困に終止符を打つ最初の世代となりうる。同様にわれわれは、地球を救う機会をもつ最後の世代となるかもしれない。(3) 本アジェンダは、人々の、人々による、人々のためのアジェンダである（agenda of the people, by the people and for the people）。

Ⅲ 持続可能な目標およびターゲット

本章では、まず総論として、持続可能な目標およびターゲットが、「持続可能な開発目標に関するオープン・ワーキング・グループ」の提案に基づき、包摂的な政府間交渉を経て合意されたものである旨が確認された。そのうえで、以下の特徴が確認された。
- ターゲットは、グローバルな目標を指針としながら、それぞれの国の置かれた個別状況を踏まえたうえで、各国政府がそれぞれ独自に〈ナショナル・ターゲット〉として定めるものである。
- 各国政府は、〈ナショナル・ターゲット〉を国家計画プロセス、政策、戦略に組み込み、反映させるものとする。
- われわれは、最も脆弱な国家、中所得国、紛争に苛まれている国家が特別な困難に直面していることを認識している。
- われわれは、ターゲットの幾つかに関しては、そもそもベースライン・データの入手が不可能であり、データ作成に向けた支援が必要であることを認識している。
- われわれは、本アジェンダと並行しておこなわれる、開発に向けたさまざまプロセスおよび決定を支援し、それを阻害しないようにする。
- われわれは、持続可能な開発目標への道筋は単一ではなく、個々の国家の置かれている状況や開発における優先順位を反映して、さまざまなアプローチ、ビジョン、モデル、ツールが存在しうることを認識している。

そのうえで、各論として〈17 の目標およびそれを裏付ける 169 のターゲット〉が、以下のように列挙された。

Gola 1. End poverty in all its forms everywhere／あらゆる場所で、あるゆる形態の貧困に終止符を打つ〈7 ターゲット〉

Goal 2. End hunger, achieve food security and improved nutrition and promote sustainable agriculture／飢餓に終止符を打ち、食糧の安定確保と栄養状態の改善を達成するとともに、持続可能な農業を推進する〈8 ターゲット〉

Goal 3. Ensure healthy lives and promote well-being for all at all ages／あらゆる年令のすべての人々の健康的な生活を確保し、福祉を推進する〈13 ターゲット〉

Goal 4. Ensure inclusive and equitable quality education and promote lifelong learning opportunities for all／すべての人々に包摂的かつ公平で質の高い教育を提供し、生涯学習の機会を促進する〈10 ターゲット〉

Goal 5. Achieve gender equality and empower all women and girls／ジェンダーの平等を達成し、すべての女性と女児のエンパワーメントを図る〈9 ターゲット〉

Goal 6. Ensure availability and sustainable management of water and sanitation for all／すべての人々に水と衛生へのアクセスと持続可能な管理を確保する〈8 ターゲット〉

Goal 7. Ensure access to affordable, reliable, sustainable and modern energy for all／すべての人々に手ごろで信頼でき、持続可能かつ近代的なエネルギーへのアクセスを確保する〈5 ターゲット〉

Goal 8. Promote sustained, inclusive and sustainable economic growth, full and productive employment and decent work for all／すべての人々のための持続的、包摂的かつ持続可能な経済成長、生産的な完全雇用およびディーセント・ワーク（働きがいのある人間らしい雇用）を推進する〈12 ターゲット〉

Goal 9. Build resilient infrastructure, promote inclusive and sustainable industrialization and foster innovation／レジリエント（強靱）なインフラを整備し、包摂的で持続可能な工業化を推進するとともに、イノベーションの推進を図る〈8 ターゲット〉

Goal 10. Reduce inequality within and among countries／国家内部および国家間の不平等を是正する〈10 ターゲット〉

Goal 11. Make cities and human settlements inclusive, safe, resilient and sustainable／都市と人間の居住地を包摂的、安全、レジリエント（強靱）かつ持続可能なものとする〈10 ターゲット〉

Goal 12. Ensure sustainable consumption and production patterns／持続可能な消費と生産のパターンを確保する〈11 ターゲット〉

Goal 13. Take urgent action to combat climate change and its impacts／気候変動およびその影響を軽減するための緊急措置を講じる〈5 ターゲット〉

Goal 14. Conserve and sustainably use the ocean, seas and marine resources for sustainable development／持続可能な開発のために海洋・海洋資源を保全し、それらを持続可能な形で利用する〈10 ターゲット〉

Goal 15. Protect, restore and promote sustainable use of territorial ecosystems, sustainably manage forests, combat desertification, and halt and reverse land degradation and halt biodiversity loss／陸上生態系の保護、回復および持続可能な利用の推進、森林の持続可能な管理、砂漠化への対処、土地の劣化の阻止および逆転、ならびに生物多様性の損失の阻止を図る〈12 ターゲット〉

Goal 16. Promote peaceful and inclusive societies for sustainable development, provide access to justice for all and build effective, accountable and inclusive institutions at all levels／持続可能な開発のための平和で包摂的な社会を推進し、すべての人々に司法へのアクセスを提供するとともに、あらゆるレベルにおいて効果的で説明責任のある包摂的な制度を構築する〈12 ターゲット〉

Goal 17. Strengthen the means of implementation and revitalize the Global

Partnership for Sustainable Development／持続可能な開発のための実施手段を強化し、グローバル・パートナーシップを活性化する〈19ターゲット〉

Ⅳ 実施手段とグローバル・パートナーシップ

本章では、グローバル・パートナーシップを軸とする新しいアジェンダの誠実な実施が、次のように謳われた。

- ➤ われわれは、本アジェンダの完全な実施に向けて強くコミットする決意である。この野心的な目標／ターゲットを達成するためには、グローバル・パートナーシップの強化、再活性化および目標／ターゲットに見合った野心的な手段が不可欠である。
- ➤ 本アジェンダは、アジス・アベバ行動目標（AAAA）で規定された具体的な政策と行動に支えられるものである。
- ➤ われわれは、(1) 自国の経済的、社会的発展に第一義的な責任を有するのは当該国家（開発途上国）自身である。(2) 国家の政策および開発戦略がきわめて重要な役割をはたすものである——旨を再度強調したい（the role of national policies and development strategies cannot be overemphasized）。
- ➤ われわれは、当該国際的ルールやコミットメントとの整合性確保という大前提のもとに、貧困の撲滅および持続可能な開発に向けた開発途上国の政策判断／選択を尊重する。同時に、開発に向けた各国の努力は、それを可能とする国際経済環境——首尾一貫し、互恵的な世界貿易、通貨・金融システム、およびグローバルな経済ガバナンス——により支援されるものでなければならない。
- ➤ われわれは、中所得国も、依然として持続可能な開発を達成するうえで深刻な困難に直面していることを認識している。
- ➤ 国際貿易は、包摂的な経済成長や貧困削減の牽引車であり、持続可能な開発の推進に貢献するものである。われわれは、すべてのWTO加盟国に対してドーハ開発アジェンダ交渉の迅速な妥結に向けて更なる努力の傾注を

求める。
- 持続可能な債務レベルを維持することは、債務国（借り入れ国）の責任である。とはいえ債権国（貸し出し国）にも、一国の債務持続性を損なわない形で貸し出しをおこなう責任があると認識する。
- 持続可能な開発を支援する目的で、アジス・アベバ行動目標（AAAA）において設置が合意された技術移転促進メカニズム（Technology Facilitation Mechanism）を発足させる。
- われわれは、本アジェンダ（実施手段を含む）および持続可能な開発目標とターゲットが、〈universal, indivisible and interlinked〉な関係にあることを再度確認する。

V　フォローアップおよびレビュー

　本章では、本アジェンダの実施を担保するための、そしてまたすべての人々に利益をもたらす――no one is left behind――ための保障措置として、次のようにフォローアップおよびレビュー（FUR）を推進する旨が謳われた。
- フォローアップおよびレビューは、〈自主的、国家主導、包摂的で透明、人間中心、既存の枠組みの活用、実証ベース〉を基本原則とする。
- グローバル・レベルでの指標は、2016年3月の国連統計委員会で合意され、国連経済社会理事会および国連総会で採択されるものとする。
- 国家の主導により、国および地方レベルにおいて新アジェンダの進捗状況を定期的かつ包摂的にレビューするよう促す。
- グローバル・レベルにおける定期的なレビューは、国連経済社会理事会のもとで、「持続可能な開発に関するハイレベル政治フォーラム」（HLPF）がおこなう。

第3節　フォローアップ

　2015年9月29日、すなわちサミット終了から2日後、第70会期・国連総会議長 Mogens Lykketoft は、"From MDGs to SDGs : A Way Forward" と題

する「ハイレベル・イベント」（主催：バングラデシュ政府／国連代表部）において次のような演説をおこなった。──(1) 3年間におよぶ包摂的で慎重な熟議／交渉の結果、われわれはついに人々の生活および地球環境をよりよいものとするための新たな、そして普遍的な枠組みを構築するまでに至った。(2) 新しいアジェンダは、ミレニアム開発目標よりも包括的かつ野心的なものである。そもそも貧困に終止符を打ち、われわれの地球を守るためには、〈単なる前進ではなく質的転換が不可欠である〉(not just require progress, it requires transformation)。(3) 今後われわれは、新しいアジェンダの実施およびMDGsからSDGsへの移行に焦点を絞らなければならない。(4) SDGsへの移行をスムーズに進行させるためには、次の3点が重要である。──①新しい目標が、すべての人々から理解され、みずからの課題として認識され、実施されなければならない（early mobilization）。②〈leave no one behind〉という観点から、われわれは最も脆弱で困難な状況に置かれている国々／人々に重点的に対処しなければならない（continued focus）。③新しいアジェンダで謳われた文言を実体化するために、開放性、透明性、広範な取り組み、確固たる説明責任の確保が必要である（better accountability）。とりわけ「ハイレベル政治フォーラム」（HLPF）を強化してグローバル・レベルにおける実効的なレビューを図ることが必要である。

　　2015年9月、OECDは *Development Co-operation Report 2015: Making Partnerships Effective Coalitions for Action* を公刊した。まず〈序文〉において、Angel Gurria／OECD事務総長が次のように指摘した。──(1) 2030年までに新たなかつ野心的な持続可能な開発目標（SDGs）を達成するためには、多くの困難を克服しなければならない。この真に普遍的な目標を成功させるためには、すべての国家、指導者、人々のコミットメントが不可欠である。(2) われわれは、この普遍的で、包摂的で、持続的な開発を達成すべく、要求水準／期待値を上げ、それを支える国際システムの能力を強化しなければならない。それは実効的なグローバル・ガバナンス・システムの強化に他ならない。(3) OECDは、

これまで通り、そうしたグローバル・ガバナンス・システムの改善を主導する決意である。

ついで DAC 議長が次のような〈檄〉を飛ばした。――（1）近年における世界の発展は、歴史上、類をみないものである。とはいえわれわれの前途には大きな課題が待ち構えている。（2）10 億以上の人々が、依然として 1 日：1.25 ドル以下での生活を余儀なくされるという極度な貧困状態に置かれている。世界はいま 2030 年までに極度の貧困を撲滅し、新たな持続可能な開発目標の実施という歴史的使命に着手している。（3）地球にとって、そしてまた貧困に喘いでいる人々にとって、もはや時間的な余裕は存在しない。われわれに求められているのは、「行動に向けた実効的な連携」（Effective Coalitions for Action）であり、それを支える「政治的意思」（political will）の動員／確保である。（4）「実効的な連携」を可能とするのは、次の 4 要素である。――①強力なリーダーシップ、②国家主導かつ国家の個別事情を反映した開発戦略、③適切な政策対応、④成果志向型開発戦略。

このような政治的言辞を踏まえて、報告書では実務的な観点から、以下の諸点が強調された。――（1）相互依存／グローバリゼーションの進展により、伝統的に国際協力の大前提とされてきた国家主権という考え方は、以前にもまして疑問視されつつあり、国際社会を構成する諸行動主体間の "co-ordinated action" の緊急性／必要性がますます高まっている。（2）国連は、2030 年までの実現を志向する 17 の "ambitious, universal and far-reaching Sustainable Development Goals" の策定を主導してきたが、それらを達成するためには、①適切な "mutual accountability" メカニズムに基礎づけられるグローバル・ガバナンス・システムを構築し、②その枠組みのなかで国際協力の改善・推進を図ることが不可欠である。（3）持続可能な開発を達成するためには "partnerships" が不可欠であるという点に関しては大方の意見の一致がみられる。とはいえ、"partnerships" の意味内容（アプローチ、構造、目的）に関しては意見の不一致が顕著であり、その一般化はきわめて困難

である。(4) そもそも持続可能な開発目標は、一方においてその普遍性および一般的な適用性 (universal in nature and applicable to all countries) を謳いながらも、他方で多様性 (諸国家の個別事情、ニーズ、能力、政策、優先順位等) の尊重を基本原理とするものでもある。したがって、"partnerships" はあくまでも個々の国家の独自性／優先目標を基礎とするものでなければならない。(5) "partnerships" を有効に機能させるためには、次の3原則が重要である。──① Accountable Action, ② Co-ordinated and Effective Action, ③ Experience-based Action。(6) "Effective Partnerships" は、持続可能な開発目標の達成に向けて、〈主権と補完性〉、〈包摂性と多様性〉、〈整合性と特殊性〉との間にバランスを確保することが必要であり、そのためには次の10要素が重要である。──① Secure high-level leadership, ② Ensure partnerships are country-led and context-specific, ③ Avoid duplication of effort and fragmentation, ④ Make governance inclusive and transparent, ⑤ Apply the right type of partnership model for the challenge, ⑥ Agree on principles, targets, implementation plans and enforcement mechanisms, ⑦ Clarify roles and responsibilities, ⑧ Maintain a clear focus on results, ⑨ Measure and monitor progress towards goals and targets, ⑩ Mobilise the required financial resources and use them effectively.

2015年10月2日、世界銀行は2014年7月1日-2015年6月30日までの世界銀行グループの活動をまとめた *World Bank Annual Report 2015* を公刊し、世界銀行を構成する国際復興開発銀行（IBRD）と国際開発協会（IDA）の2組織が、2030年までに極度の貧困の撲滅、繁栄の共有の促進、そして持続可能な開発アジェンダの支援のために、各国とどのように連携しているかを重点的に取り上げた。その骨子は、次の通りである。

まず報告書の冒頭で、Dr. Jim Yong Kim／世界銀行グループ総裁（理事

会議長）が、次のように述べた。──（1）2015 年度は世界の開発にとって極めて重要な年でした。国際社会がこの 1 年に下した数々の決定は、2030 年までに極度の貧困を撲滅するという目標を達成できるか否かを長期的に左右する事になるでしょう。（2）「成長、投資、保証」という戦略は、大きな効果を生むことが実証されています。強力で持続可能かつ包摂的な経済成長を促進し、保健や教育の分野を中心に人間に投資するとともに、極度の貧困に陥る人がないようにソーシャル・セーフティネットを構築し、自然災害や感染症の大流行に対する対応策を策定していかなければなりません。（3）世界銀行グループ、他の国際開発金融機関、新たな開発パートナーが力を結集し、信念を持ちながら協調していく事が求められます。力を合わせる事により、包摂的で持続可能な成長、そして貧困層や脆弱層にとっての機会を促進する事ができます。われわれが極度の貧困に終止符を打つ世代となる事は、可能なのです。
ついで理事会が、次のようなメッセージを寄せた。──（1）理事会の中心的な使命は、世界銀行が貧困の撲滅と繁栄の共有という目的を持続可能な形で達成できるように支援する事です。（2）そのために 2015 年度は、気候変動やエボラ出血熱大流行への対策、ならびにポスト 2015 開発アジェンダと持続可能な開発目標（SDGs）、グローバル・インフラストラクチャー・ファシリティ（GIF）の設立、地球環境ファシリティ（GEF）の増資などに、国連や G20 といったパートナーと協力して臨みました。
そのうえで本文においては、「極度の貧困の撲滅と繁栄の共有の促進に向けて」（Working to End Extreme Poverty and Promote Shared Prosperity）と題して、次のような指摘がなされた。──（1）世界銀行グループのすべての活動は、極度の貧困の撲滅（極度の貧困状態にある人々の割合を 2030 年までに世界人口の 3 パーセントにまで引き下げる）、および繁栄の共有の促進（途上国における下位 40 パーセントの人々の所得を引き上げる）という 2 つの目標を持続可能な形で実現するためにおこなわれています。（2）着実でたゆまない進歩を実現させるた

めには、この2つの目標を同時並行で目指さなければなりません。(3) 極度の貧困を15年間で撲滅するためには、持続的かつ包摂的な成長の促進に加えて、より多くのより良い仕事や質の高い教育、充実した保健医療、近代的なインフラストラクチャー、万人のための平等な機会に対して投資をおこない、更には最も脆弱な人々が経済的ショックや自然災害に直面しても耐えられるように効果的な社会保障や労働の制度を確立することが重要です。(4) 世界の最貧困層に持続可能な成長と包摂的な機会をもたらし繁栄を共有することにより、われわれの世代のうちに貧困を根絶するという歴史的機会を実現できるのです。そのために、国際的な取組みが続けられています。世界銀行グループはこれからも、この取組みのパートナーとして力を注いでいきます。さらに「困難な開発課題への対応」(Addressing the Toughest Development Challenges) と題して、次のように謳われた。——(1) 極度の貧困の撲滅と繁栄の共有の促進を持続可能な形で進めるうえで、どの国にも当てはまる唯一の青写真というものは存在しません。最も恵まれない人々に手を差し延べるための戦略は、それぞれの国の状況に合わせ、最新のデータや分析から得られる確実な証拠と国民のニーズに基づいて策定しなければなりません。(2) 世界銀行グループは、加盟国との連携のもと、様々な方法でこうした課題に取り組んでいます。例えば、コミュニティの状況を一変させるようなプロジェクトへの支援、最貧困層や最脆弱層に働きかけるために必要となる重要なデータや実例の収集と分析、すべての国民に恩恵をもたらす包摂的かつ効果的な政策づくりの支援などです。

2015年10月10日、リマ (ペルー) で開催されたIMF／世界銀行合同開発委員会は、次のようなコミュニケを採択した。——(1) 持続可能な開発目標 (SDGs) は、今後15年間にわたる開発に向けた新たな道筋を指し示すものである。(2) 2015年4月の (春季) 合同開発委員会において、*Billions to Trillions* 報告書をもとにおこなわれた議論に基づき、〈持続可能な開発に関する2030アジェンダ〉の実現に向けて世界銀行グループがはたすべき重要な役

割を確認する。(3)〈2030 アジェンダ〉を達成するためには、〈各国政府、国連、IMF、多国間開発銀行、WTO、民間セクター、市民社会〉相互間の緊密な協力・連携が求められる。(4) 包摂的成長、雇用、インフラストラクチャー、人間開発、保健システムを重視することが重要であり、とりわけ世界銀行グループは脆弱国／紛争国に対するコミットメントを強化すべきである。(5)〈2030 アジェンダ〉に対する IMF の支援を歓迎する。(6) ミレニアム開発目標の進捗状況に関する IMF と世界銀行の共同報告書——*Global Monitoring Report*——は有意義であり、それは持続可能な開発目標（SDGs）の進捗状況に関しても同様な役割をはたすものと確信する。(6) 持続可能な開発目標に関わる政策形成およびそのモニタリングと実施においてデータの質および対象範囲の改善・強化を図ることが重要である。

第 4 節　COP21：
パリ

　2015 年 11 月 30 日-12 月 13 日、パリで国連気候変動枠組条約第 21 回締約国会議／COP21 が開催された。会議は、閣僚レベルでの会議を当初の予定より 1 日延長して閉会したが、それは「京都議定書」に代わる 2020 年以後の地球温暖化対策の新たな法的枠組みとしてのパリ協定（Paris Agreement）の採択という成果をもたらすものであった。すなわち、閉会間際の土壇場でかろうじて会議は "ADOPTION OF THE PARIS AGREEMENT" と題する議長提案を COP21 の決定として採択した[10]。それにより、同決定の付属文書（Annex）であるパリ協定が正式に採択されたのである。その骨子は、次の通りである。

　まず COP21 による決定の〈前文〉では、(1) 国連総会による "Transforming our world : the 2030 Agenda for Sustainable Development" 決議の採択（とりわけ Goal 13）、第 3 回開発資金国際会議におけるアジス・アベバ行動目標（AAAA）の採択、および仙台防災枠組みの採択を歓迎する。(2) 気候変動は、人類ひいては地球に対する緊急かつ取り返しのつかない深刻な脅威となりうるものであり、人類全体にとって共通の関心事である。(3)〈enhanced pre-2020 ambition〉は〈enhanced post-2020 ambition〉に向けた確固たる基盤となりうる——旨を謳ったうえで、冒頭の第1パラグラフにおいて、気候変動枠組条約に基づき「パリ協定」を採択することを謳ったのである。

ついでCOP21決定の付属文書である「パリ協定」の〈前文〉において、次のような基本認識が確認された。——（1）この協定は、①衡平の原則、および②「共通だが差異のある責任」原則および能力主義原則に基づいて実施される。（2）気候変動という深刻な脅威に対して、可能な限りあらゆる科学的な知見を駆使して効果的かつ前進的に立ち向かう。（3）開発途上国、とりわけ気候変動の影響を強く受ける脆弱国の特別なニーズおよび状況に配慮する。（4）最貧開発途上国の特別なニーズおよび状況に配慮する。（5）〈気候変動の問題〉と〈持続可能な開発および貧困の撲滅の問題〉とを、本来的に密接に関連したひとつの総体として位置づける。

こうして、（1）世界共通の長期目標として、平均気温の上昇を産業革命以前に比べて2℃より低く保つとともに、1.5℃に抑える努力をする。（2）すべての国が削減目標を5年ごとに提出・更新する。（3）先進工業国が資金提供を継続するだけでなく、開発途上国も自主的に資金提供をおこなう。（4）すべての国が、共通かつ柔軟な方法でパリ協定の実施状況を報告し、レビューを受ける。（5）5年毎に世界全体のパリ協定実施状況を確認する——旨が合意されたのである。

第ⅩⅥ章　「2015　ヨーロッパ開発年」の軌跡：
リガからルクセンブルクへ

　2015年1月、*Eurobarometer*は*The European Year for Development — Citizens' Views on Development, Cooperation and Aid*と題する特別報告書を公表した〔*Special Eurobarometer* 421〕。それは、(1) EU加盟28カ国／2万8,000人強を対象として、(2)「2015　ヨーロッパ開発年」を念頭に置いて、2014年9月時点におけるEU市民の開発協力に関する世論／意識調査をおこなうものであった。まず報告書冒頭の〈序文〉では、EU開発協力の基本理念が次のように確認された。——(1) EUは、2015年を"European Year for Development"と定めた。(2)「2015　ヨーロッパ開発年」は、'Our world, our dignity, our future'をモットーとして、EUの域外活動に初めて焦点を当てるものであり、それはグローバルな行動主体としてのEUのはたすべき役割に注意を喚起し、とりわけEU市民との間に広範かつ活発な議論を展開しようとするものである。(3) EUはこれまで長年にわたり、国際協力を牽引してきた。それは、資金援助にとどまらず、開発協力に関する議論を喚起・発展させるものでもあった。(4) EUは、目下進行中の持続可能な開発に関する議論に緊密にコミットしてきた。(5) 2015年は、グローバル・レベルにおける開発論議にとって重大な転換点となる年である。すなわち2015年は、ミレニアム開発目標が達成期限を迎える年であり、また〈開発・環境・気候変動〉に関して新たに重大な決定が下される年でもある。世界は9月に開催される国連総会において、貧困を撲滅し、持続可能な開発を達成するための新しい将来枠組みに関して合意する運びである。

　そのうえで特別報告書では世論／意識調査の結果が、次のように要約された。——(1) EU市民の12％は、2015年が「ヨーロッパ開発年」で

あることを認識していた。(2) EU 市民の 39％は、保健衛生の問題が、開発途上国の将来にとって最も重要かつ喫緊の課題であると回答した。また 65％の人々は、開発途上国の人々が人間としての尊厳を維持して生活するうえで最も重要なのは、必要な医療サービスへのアクセスであると回答した。(3) EU 市民の大多数 (85％) は、開発途上国の人々を支援することの重要性を認識していた。また多くの EU 市民 (64％) は、開発途上国における貧困の解消が EU にとって重要な優先課題とされるべきとの立場を表明した。ただしそれが各 EU 加盟国においても優先的な政策課題とされるべきか否かについては意見が分かれた。(4) EU 市民の大多数 (69％) は、開発途上国の貧困に対する挑戦は、EU にプラスの効果をもたらすと認識しており、78％の人々はそれが EU の利益に合致していると回答した。また 74％の人々は、それがより平和で平等な世界の構築に寄与するとの認識を示した。(5) EU を取り巻く慢性的な経済困難にもかかわらず、EU 市民のほとんどは、国際的公約の履行に向けて援助を増大すべき (52％)、あるいは国際的公約以上の援助をおこなうべき (15％) との認識を示した。(6) EU 市民の 46％は、自国の援助がどの国を対象としておこなわれているかまったく知らないと回答したが、EU の援助に関しても、EU 市民の 55％は同様に回答した。

第 1 節　リガ・イニシアティブ

2015 年 1 月 9 日、Jean-Claude Juncker 欧州委員会委員長は、2015 年前期 (1 月-6 月) に EU 閣僚理事会議長国を務めるラトビアの首都リガで、「2015 ヨーロッパ開発年」の開始を公式に宣言した。彼は、〈ポスト 2015 開発目標〉の策定について、"This is no small order. This will not happen by itself." と〈檄〉を飛ばし、次のように強調した。——(1) いまからわずか 25 年前、ラトビアは共産主義の暗い影から抜け出し、新たな国家建設に着手した。そして今日ラトビアは、他の EU 諸国とともに自由市場、単一通貨ユーロ、すべての

第XII章　「2015　ヨーロッパ開発年」の軌跡　429

人々が自由と平等な機会を享受することのできる連合（EU）の成果を謳歌するまでに至っている。(2) ラトビアの経験は、適切な条件さえ満たされれば、迅速かつ成功裏に経済改革を実現することが可能であるという事実を示している。それは多くの人々の生活を根本的に変革するものである。(3) 私はここリガにおいて第1回「ヨーロッパ開発年」の開始を公式に宣言する。(4) 私が委員長を務める欧州委員会の最優先課題のひとつは、グローバルな行動主体としてのヨーロッパの強化である。(5) 2015年は特別な年であり、「2015　ヨーロッパ開発年」の制定／開催はきわめて時宜にかなうものである。というのも、2015年はミレニアム開発目標の達成年であり、それは年末には新たな開発目標（ポスト2015開発アジェンダ）にとって代わられる運びであるからである。その一環として、7月にはアジス・アベバで第3回開発資金国際会議が、9月にはニューヨークで〈post-2015 Summit〉が、さらに年末にはパリで気候変動に関する会議が開催される予定である。(6) 国連ミレニアム開発目標は、今日までの15年間にわたりEU開発政策を主導してきており、EUおよびEU加盟国は、世界で最も重要なドナーとしての役割を担ってきた。その意味において、EUはミレニアム開発目標の成果を誇りに思っている。とはいえ基本的人権の確保という点においては多くの課題も残されており、EUは引き続き開発努力を持続させなければならない。(7)〈ポスト2015開発アジェンダ〉は是が非でも成功させなければならない。貧困の撲滅と持続可能な開発の実現は、今日われわれが直面している最も喫緊の課題である。(8) 持続可能な開発目標／ターゲットは、すべての国に適用されるものであり、〈universality〉が基本原則である。(9) EUは既に域内および域外において持続可能な開発に向けた努力を積み重ねてきているが、更なる前進を目指す決意である。EUは、他の諸国もEUに倣って行動し、応分の役割分担をおこなうことを期待している。

第2節　"A New Global Partnership"

2015年2月5日、欧州委員会は"A Global Partnership for Poverty Eradication and Sustainable Development after 2015"と題するコミュニケーションを発出した〔COM（2015）44 final, 5.2.2015〕。それは、〈post-2015 Development Agenda〉を効果的に推進するためには新たなグローバル・パートナーシップの構築が不可欠であるとの確信に基づき、EU が想定する新しいグローバル・パートナーシップの骨子を明らかにするものであった（具体的な行動については、同コミュニケーションの付属文書において詳述された）。すなわちそれは、(1) 新たなグローバル・パートナーシップという理念に対する EU および EU 加盟国の基本的な立場を明らかにしたうえで、(2)「持続可能な開発目標」の〈実施手段〉をめぐるグローバルな議論に EU が積極的にコミットする決意であることを強調し、(3) 政府間交渉に臨む EU 共通の立場を明らかにするものであった。その概要は、次の通りである。

Ⅰ　Introduction

➢ EU はこれまで国連を舞台として繰り広げられてきた〈post-2015 Development Agenda〉の策定過程に、一貫して重要かつ建設的な役割をはたしてきた。それは、ミレニアム開発目標および持続可能な開発に関する国連会議——「リオ＋20」——を基礎とし、それを統合／集大成するものでなければならない。

➢ 〈post-2015 Development Agenda〉を推進するためには、貧困の撲滅と持続可能な開発を目的とする新しいグローバル・パートナーシップの構築が不可欠である。

Ⅱ　Overarching Principles of the Global Partnership

➢ グローバル・パートナーシップ推進の鍵を握るのは、最高度の政治レベルにおいて支持される〈national ownership and leadership〉の存在である。

➢ あらゆる発展段階に位置する国がすべて例外なくグローバル・パートナーシップの推進にコミットし、責任をはたすことが必要である。

➢ グローバル・パートナーシップは、〈人権、グッド・ガバナンス、法の支配、民主的制度の支持、包摂性、無差別、ジェンダーの平等〉に基礎づけられるものでなければならない。

➢ グローバル・パートナーシップは、〈測定可能で、具体的かつ持続的な〉

結果／成果に焦点を当て、その実現を目指すものでなければならない。またすべてのステークホルダー間に透明性を確保し、情報の共有を図ることが肝要である。

Ⅲ Key Components of the Global Partnership – Means of Implementation

➢ あるゆるレベルにおいて、〈post-2015 development agenda〉の推進を可能とする政策「環境」（policy *environment*）を構築することが必要である。

➢ 「能力」開発（*capacity* development）を推進して、すべての行動主体（partners）に〈post-2015 development agenda〉を追求しうるだけの「主体的」な力量や技量を獲得させることが必要である。

➢ 〈post-2015 development agenda〉実施の主体となる各国政府が保持する公的「資源」（public *resources*）を効率的に動員／調達し、効果的に活用できるようにすることが必要である。

➢ 〈post-2015 development agenda〉を追求するうえで、国際的な環境要因を構成する「国際的」な公的資金（*international* public finance）を効率的に動員／調達し、その効果的な活用を図ることが必要である。

➢ 〈post-2015 development agenda〉を追求するうえで死活的に重要である貿易の促進を推し進めることが必要である。

➢ 〈科学、技術およびイノベーション〉は、〈transformative change〉の原動力（drivers）となるものであり、その推進が必要である。

➢ 国内社会および国際社会において民間セクター（private sector）を積極的に動員／活用することが必要である。

➢ 〈post-2015 development agenda〉の追求においては、移民（migration）のはたす役割を評価し、その積極的な活用を図ることが必要である。

Ⅳ Key Components of the Global Partnership – Monitoring, Accountability and Review

➢ 〈post-2015 development agenda〉の成功は、各国がともに協力して、コミットメントを誠実に履行することにかかっている。したがって実施状況のモニタリングとレビューが重要である。

➢ 新しいアジェンダは、人々（市民社会や民間セクターを含む）と政府との

間に結ばれる契約 (contract) を構成するものとなるべきである。
- ➤ 「持続可能な開発に関する国連ハイレベル政治フォーラム」(HLPF) は、モニタリングやレビューにおいて中心的な役割を担うべき存在である。
- ➤ 実効的なモニタリング、レビュー、そして説明責任を確保するためには、信頼のできるデータや意味のある指標の存在が不可欠である。

V　The Way Forward
- ➤ EU および EU 加盟国は、EU が〈ひとつの声として発言する〉(speak with one voice) ことをめざして、これからの〈ポスト 2015 政府間交渉〉において EU としての共通の立場をより詳細に記した文書を適宜発出するつもりである。
- ➤ EU は、2015 年に繰り広げられる政府間交渉において建設的な役割をはたし、本当の意味での〈transformative agenda〉の採択に貢献する決意である。欧州委員会は、EU 域内において、また対外行動を通じて新しいアジェンダの完全履行に向けて期待される役割をはたす決意である。

　2015 年 5 月 26 日、EU 閣僚理事会は、"A New Global Partnership for Poverty Eradication and Sustainable Development after 2015" と題する議長総括を採択した。それは基本的には、2015 年 2 月 5 日に発出された同じタイトルの欧州委員会コミュニケーションを追認／再確認するものであり、その骨子は次の通りである。

I　Introduction
- ➤ 〈Post-2015 Agenda〉は、貧困の撲滅と持続可能な開発という相互に関連する課題を解決するためのまたとない機会であり、この好機を逃すことなく十二分に活用しようというのが EU および EU 加盟国の基本的認識である。
- ➤ EU が唱導する〈New Global Partnership〉は、国際社会における協力関係のあり方を変革 (transform) し、強化しようとするものである。
- ➤ 「誰一人として置き去りにしない」(leaving no one behind) ことをモットーとする野心的な〈Post-2015 Agenda〉の実現は目前に迫っている。

➤ 第3回開発資金国際会議（アジス・アベバ）、〈Post-2015 Agenda〉に関する国連サミット（ニューヨーク）、それに国連気候変動枠組条約第21回締約国会議（パリ）は、貧困の撲滅と持続可能な開発を同時に追求することにより創出されるシナジー効果およびメリットを強化、顕在化させようとするものである。

Ⅱ Guiding Principles for a New Global Partnership
➤ 新しいグローバル・パートナーシップの主導原理として、〈universality, shared responsibility, mutual accountability, consideration of respective capabilities, multi-stakeholder approach〉の重要性を再確認する。
➤ 新しいグローバル・パートナーシップは、ミレニアム開発目標の第8ゴール〈開発のためのグローバル・パートナーシップの推進〉を基礎とするものであるが、新しいアジェンダが新しいパラダイムへと移行したことから、更にそれを超えるものとならなければならない。
➤ EUおよびEU加盟国は、国際的および国内的措置を通じて、新しいアジェンダの実現に向けて全力を尽くす覚悟である。われわれは、新たに援助をおこなう行動主体（new and emerging actors）が公平な負担という観点から新しいアジェンダの実現に貢献することを期待する。
➤ 実施手段（MOI, Means of Implementation）は、〈Post-2015 Agenda〉の重要な構成要素であり、包括的に考慮されなければならない。

Ⅲ Key components of the global partnership
➤ EUおよびEU加盟国は、新しいグローバル・パートナーシップという全体的な文脈において、包括的な実施手段の策定を試みるものであるが、その過程で重視するのが以下の諸要素（施策）である。――（1）あらゆるレベルにおいて、新しいアジェンダの実施を促進する政策環境を構築する。（2）各国が保持する新しいアジェンダの実施能力（当事者能力）を開発する。（3）各国が保持する公的資金を動員し、その効果的な活用を図る。（4）国際的な公的資金を動員し、その効果的な活用を図る。（5）国内社会および国際社会において民間セクターを動員する。（6）貿易と投資を促進する。（7）〈科学、技術およびイノベーション〉を促進する。（8）移

民の能力を活用する。

Ⅳ　Monitoring, accountability and review
➤ EU および EU 加盟国は、〈Post-2015 Agenda〉の中核を構成するものとして、包括的で堅固な〈monitoring, accountability and review framework〉を構築し、それを機能させることにコミットする。

Ⅴ　The way forward
➤ EU および EU 加盟国は、一元的で包括的な〈Post-2015 Agenda〉の構築に向けて、目下進行中の政府間交渉がうまく収束し、合意にこぎつけるように積極的かつ建設的な役割をはたす決意である。

第3節　European Union @ United Nations

　2015年6月22日、EU 閣僚理事会は、"EU priorities at the United Nations and the Seventieth United Nations General Assembly (September 2015 – September 2016)" を採択した。それは第70会期・国連総会に臨む EU としての基本的な立場を表明するものであり、新しい開発アジェンダに関しては、〈Post 2015〉と題して次のように謳われた。——（1）2015年は、ミレニアム開発目標およびリオ・ビジョンに基づき、本当の意味で一元化された持続可能な開発に関するグローバル・アジェンダを構築する重要な年である。（2）新しいアジェンダは、新興国をも含む、すべての国（先進工業国および開発途上国）により実施されなければならない。（3）EU はこれまで〈transformative new framework〉の構築に積極的にコミットしてきた。（4）新アジェンダ策定後の重要な課題は、堅固な〈monitoring, accountability and review framework〉の構築と実施であり、国連、とりわけ「持続可能な開発に関するハイレベル政治フォーラム」（HLPF）のはたす役割が重要である。（5）2016年3月を目処に、開発の進捗状況を測定するためのグローバルな指標の選定作業をおこなっている国連統計委員会を支持する。（6）移民の問題は、新しいアジェンダに大きな影響を及ぼすものであり、その包括的な管理が求められる。

　ついで〈Climate Change〉と題して、気候変動の問題が次のように指摘さ

れた。──（1）われわれは、気候変動に関して、すべての国を対象とする〈公正で、野心的で、法的拘束力を有する〉合意の形成を志向する。(2) 気候変動の影響は、環境破壊にとどまらない。それは、開発や人権を阻害し、貧困を増大させ、人々の生活を脅かすものとなる。

2015年9月27日、ニューヨークで開催された持続可能な開発に関する国連サミットにおいて、Frans Timmermans／欧州委員会第一副委員長（First Vice-President of the European Commission）は、"A World to Transform"と題して、次のように演説した。──（1）ミレニアム開発目標は、成果をもたらした。それは、われわれが無関心に対して協力して立ち向かうことを支援した。(2) 欧州委員会は、ミレニアム開発目標が社会的進歩とより公正な未来の実現という国連の目標に合致するものと確信して、その実現を支援してきた。(3) 幾つかの国においては、ミレニアム開発目標は達成されるまでには至らず、それはすべての国に対する脅威となっている。また持続可能でない開発は、全世界を脅かすものとなっている。われわれは、このような脅威に対して連帯して立ち向かおうとするものであり、EUにはそのための準備ができている。(4)〈2030 Agenda〉がより普遍的で、かつすべての国を対象とするものであるのは、このような事情による。(5) 持続可能な開発目標は、われわれの開発政策を形作るものであり、EU域外政策および域内政策を貫くものである。(6) 持続可能な開発目標は、ガバナンスを問うものであり、包摂性を問うものでもある。それは、〈silos〉の打破を目指すものである。(7)〈2030 Agenda〉は、われわれに対して世界を変革するための方法を指し示すものである。

第4節　ルクセンブルク声明：
　　　　「2015　ヨーロッパ開発年」の遺産

2015年12月9日、欧州議会／EU閣僚理事会／欧州委員会は、ルクセンブルクで"Legacy of the European Year for Development 2015"と題する共同声明を採択した。それは、リガでスタートした「2015　ヨーロッパ開発年」の終

了——一連の行事の終了——を公式に宣言するものであり、国連において新たに採択された〈2030 Agenda〉と「2015 ヨーロッパ開発年」の遺産とを次のように結びつけるものであった。——(1) EU および EU 加盟国は、持続可能な開発に関する〈2030 Agenda〉の実施に着手しているが、その過程で、「2015 ヨーロッパ開発年」の経験から得られた教訓を最大限に活用する決意である。もちろん、今後も開発協力の拡充と開発に関する世論の喚起を継続することはいうまでもない。(2) 〈2030 Agenda〉の成功は、開発共同体の枠を超えた、あらゆるステークホルダーを包摂するグローバル・パートナーシップの構築にかかっている。

2016 年 2 月、*Eurobarometer* は、*The European Year for Development — Citizens' views on development, cooperation and aid* と題する特別報告書を公表した〔Special Eurobarometer 441〕。それは、(1) EU 加盟 28 カ国／2 万 8,000 人弱を対象として、(2) 2015 年 11 月-12 月時点における EU 市民の開発協力に関する世論／意識調査をおこなうものであった。いうまでもなくそれは、「2015 ヨーロッパ開発年」を念頭に置くものであり、また 2015 年のヨーロッパを吹き荒れた「移民・難民危機」の EU 開発協力に対する影響を視野に入れるものでもあった。まず報告書冒頭の〈序文〉において、EU 開発協力の意義が次のように確認された。——(1) 2015 年は、ヨーロッパおよび世界の開発協力にとって画期的な年であった。EU は、2015 年を「ヨーロッパ開発年」と定め、EU 開発協力に対する EU 市民の関心の向上を図ったが、それは EU の対外関係および世界における EU の役割に焦点を当てる初めての試みであった。(2) EU および EU 加盟国は世界最大の援助供与主体（ドナー）であり、その総計は 582 億ユーロに達している（2014 年実績）。(3) EU 開発協力政策は、EU が重視する中核的な諸価値の重要性を世界にアピールすることに寄与している。(4) EU は、近年合意された「持続可能な開発に関する 2030 アジェンダ」等、開発に関するグローバルな合意の形成に大きな役割をはたしている。(5) 2015 年は「移民・難民危機」が先鋭化した年であり、それを契機として開発協力ひいては開発途上国の窮状に対する世界の関心が高まった年で

もある。それは EU 開発協力のあり方に影響を及ぼすものとなった。

　そのうえで特別報告書では、世論／意識調査の結果が、次のように要約された。——（1）EU 市民の大多数（89％）は、開発途上国の人々を支援することの重要性を認識している（2014 年実績よりも 4 ポイント増加）。（2）EU 市民の 80％は、開発途上国の貧困に対する挑戦は EU 自身の利益に合致するものであると認識している。——① 76％の人々は、開発途上国支援がより平和で平等な世界の構築に寄与すると認識している。② 74％の人々は、開発途上国の貧困に対する挑戦は EU にとって道義的な責務であると認識している。（3）EU 市民の 73％は、開発協力が非正規移民（irregular migration）問題の解決に寄与すると認識している。（4）EU 市民の 52％は、EU が開発途上国に対する援助強化という公約を履行すべきと認識している。また EU 市民の 16％は、EU が公約以上の援助をおこなうべきと主張している。（5）EU 市民の 18％は、移民・難民問題こそが開発途上国が直面している最も喫緊の課題のひとつであると認識している。（6）EU 市民の 41％は、平和と安全の問題が開発途上国の直面する最も喫緊の課題であると認識している。他方、保健衛生および教育の問題の重要性を指摘したのは、それぞれ 34％である。（7）EU 市民の 36％は、少なくとも持続可能な開発という言葉を聞いたことがあると答えた。ただしその意味内容を理解しているのは 10％である。（8）EU 市民の 18％は、2015 年が「ヨーロッパ開発年」であることを認識していた。

　欧州委員会による"EYD2015 at a Glance"によれば「2015　ヨーロッパ開発年」の概要／実績は次の通りであった。——（1）目的：① EU 市民に対して、グローバルな行動主体としての EU が加盟国とともに開発協力の分野においてこれまで達成してきた成果、および今後追求しようとする課題を伝える（啓蒙する）。② EU 市民および開発協力に関わる諸ステークホルダーに対して、政策の形成および実施過程等に直接コミットし、批判的かつ能動的に関わるよう働きかける（鼓舞する）。③ EU 市民と開発途上国の人々との間に、〈sense of responsibility, solidarity and opportunity〉を醸成するとともに、EU 開発協力のもたらす利益に対する認識を深め、向上させる。（2）実績：①国別

ワーク・プログラム＝25、開発教育・啓蒙プロジェクト＝23、市民社会との連携プロジェクト＝17。②イベント総数＝3,828件、参加人数＝192万3,240人。③メディアでの掲載論文数＝3,914件。④キャンペーンの月間テーマ＝1月：Europe in the World, 2月：Education, 3月：Women and Girls, 4月：Health, 5月：Peace and Security, 6月：Sustainable Green Growth, Decent Jobs, Businesses, 7月：Children and Youth, 8月：Humanitarian Aid, 9月：Demography and Migration, 10月：Food Security, 11月：Sustainable Development and Climate Action, 12月：Human Rights and Governance

　ブリュッセルは、強力なオーナーシップを発揮して、ニューヨークに強力なエールを送ったのである。

あとがき

　本書が出版にこぎつけたのは国際書院／石井彰社長のおかげです。国際書院の持続可能な発展をひたすら願う次第です。またそれを後押ししたのが、成城大学／社会イノベーション学部学術図書出版助成であり、特別研究助成です。心から感謝します。

　本書の作成にあたり、成城キャンパス内に多数存在するパワー・スポットには本当にお世話になりました。事務スタッフの方々の現場に厚かましく踏み込んでいった、マイペースで傍若無人な私に対して、常に微笑みでもって対応してくださったスタッフの方々には本当に癒されました。

　成城大学が誇るトレーニング・センターにも本当にお世話になりました。運動神経が絶対的に不足しており、向上心が欠如している私に対して、トレセンのインストラクター／スタッフの皆さんは辛抱強く対応してくださいました。感謝！感謝！以外の言葉は思い浮かびません。

　いうまでもなく最も身近かつ最強のパワー・スポットである、〈Y＆Y〉には〈ありがとう〉の一言です。

　以上、お世話になった皆様に対する感謝の言葉をもって、あとがきに代えさせていただきます。

　　2017年1月

　　　　　　　　　　　　　　　　　　　　　　　　　　　　　　大隈　宏

注：

　一次資料＜公的組織による、公開情報＞自身に思いを語らせ、著者は黒衣に徹する——これが本書の基本的スタンス／手法です。幸いにして本書が依拠する一次資料は、すべてインターネットを通じて入手することができました。公的組織（準公的組織を含む）のウェブサイトの拡充にはいまさらながら眼を見張る思いです。さらに検索エンジンの進化／発展もきわめて顕著です。それは公式ウェブサイトをも凌駕するだけの効率的な検索機能を備えています。このような理由から、本書では、＜注＞（一次資料の出所等に関する情報を含む）は極力最小限にとどめ、簡略化を図りました。とはいえ、本書に対する第三者による「検証」／「追試」を担保するためには一次資料に対するアクセスが保証されていなければなりません。そこで本書では、第三者によるアクセスを可能とする／手掛りとなる複数の＜キーワード＞を敢えて本文中に盛り込みました。「読み易さ」という観点からみた場合、それはリーダー・フレンドリーといえるかどうか？そもそも本書は、資料的価値はさておき、「研究書」としてどれだけの説得力を保持しているか？読者のご判断に委ねる次第です。

第Ⅰ部　　序論
1　UNDP, *Human Development Report 2003*, Ch. 1.
2　UNDP, *Human Development Report 2010*, p. 17.
3　UNDG は、1997 年に Kofi Annan 事務総長により国連改革の一環として設置された。それは、開発途上国における国連諸組織の開発協力活動の効果的な推進を目的とするものであり、32 の国連諸組織およびオブザーバーから構成されている。なお会議の議長を務めるのは UNDP 総裁である。
4　pp. 17-18.
5　本書が依拠する一次資料は、基本的に英語で書かれたものであり、修辞学

／Rhetoric というタイトルからも窺われるように、本書では＜ナマの声／肉声＞を重視／尊重する手法を採用している。したがって、重要と思われる＜キーワード＞に関しては日本語に加えて、意識的に「原文」による表記も採用した。なお日本語による翻訳がある場合も、それらを参考にしつつも、最終的には著者の責任において日本語に置き換えた。ただし、日本語による「定訳」が存在する場合には、可能な限りそれを尊重した。

6 大矢根聡編（2013年）、編者による＜序章＞を参照。

7 Cf. Manners, I.（2002）,（2006）; 臼井陽一郎編（2015年）。

8 欧州委員会（Commission of the European Community）は、1961年9月に発足したDAC（Development Assistance Committee）のオリジナル・メンバーである。

9 国連開発政策の全体像／歴史的推移に関しては、Stokke, O.（2009）が詳細な分析を試みている。

10 United Nations, General Assembly, *Official Records,* A/68/PV.32.

11 大隈宏（2014年）を参照。

第Ⅱ部　新しいナラティブの誕生

1 外務省訳（2000年）、『誰もが幸せに暮らせる世界をめざして――国際開発目標に向けた歩み』。

2 Fukuda-Parr, S. et al.（2009）, p. 15.

3 内田孟男（2010年）、p. ii.

4 同上、p. ii.

5 同上、p. iii.

6 歴史的推移に関しては、Maxwell, S.（2005）を参照。

7 Cf. Browne, S.（2011）, pp. 40-63.

8 ブトロス・ブトロス＝ガーリ／国際連合広報センター訳、（1995年）、『平和への課題　1995年』第2版（続編と関連の国連文書を増補）、国際連合広報センター、p. 86。

9 ブトロス・ブトロス＝ガーリ／国際連合広報センター訳、（1995年）、『開発への課題』（関連の国連文書を増補）、国際連合広報センター。

10 歴史的背景等の詳細は、Hulme, D.（2009b）を参照。
11 歴代の UNDP 総裁（Administrator）に関しては、次を参照。Murphy, C.（2006）; Browne, S.（2011）.
12 2014 年 1 月 20 日アクセス。
13 "Special Section on Observance of the 50th Anniversary of the United Nations", *Yearbook of the United Nations 1995,* pp. 139-171.
14 Ibid., pp. 853-854.
15 複雑な政治過程の詳細に関しては、以下を参照。Annan, K. et al.（2012）, Ch. 6; Fukuda-Parr, S. et al.（2009）; Hulme, D.（2007）; Hulme, D. et al.（2010）.
16 Tony Blair 首相は、回顧録において次のように記述している。――5月3日、国際開発省を新設した。国際支援の分野を外務省から分離したのである。外務省には不評だった。予算の最大部分に対する支配を失ったからだ。時が経つにつれて、外務省の不満ももっともだと感じるようになった。本省の国務大臣になったのはクレア・ショートだった。彼女のリーダーシップのもと、国際開発省は開発政策でグローバルな道を切り開き、ここで働きたいという人が列をなした。これは政府内の非政府組織（NGO）のようなもので、そのことがしばしば大きな問題を引き起こした。だが、すべてを考えてみると、この組織にはそれなりの価値があり、発展途上国に対するイギリスの影響力を拡大させたように私は思う。・・・クレアには、真のリーダーシップがあったと思う。・・・われわれは、イギリスの支援の実績と彼女の果たした役割を誇りに思うべきである〔トニー・ブレア／石塚雅彦訳（2011 年）、上巻、p. 82。
17 Cf. Hulme, D.（2009a）, pp. 21-25.
18 Cf. Annan, K. et al.（2012）, pp. 222-223; Fukuda-Parr, S. et al.（2009）, pp. 13-15.
19 Cf. Stokke, O.（2009）, pp. 353-354.
20 会議の詳細に関しては、Hulme, D.（2009a）, pp. 37-40, を参照。
21 United Nations, *Report of the International Conference on Financing for*

444　注

Development, Monterrey, Mexico, 18-22 March 2002.
22　United Nations, *Report of the World Summit on Sustainable Development,* Johannesburg, South Africa, 26 August – 4 September 2002.
23　Chair's Summary, Prime Minister Tony Blair, Gleneagles, July 8, 2005 (final press conference).
24　"The 2005 World Summit of the United Nations General Assembly", *Yearbook of the United Nations 2005,* pp. 47-48.
25　"Secretary-General's concluding remarks to the High-level Event on the Millennium Development Goals", 25 September 2008.

第Ⅲ部　ニューヨーク（UN）からブリュッセル（EU）へ
1　EU 公式ウェブサイト上のこのサイトから、< European Union @United Nations >に関連する一次資料を効率的に閲覧することが可能である。
2　Cf. Hulme, D. (2015), pp. 258-259.
3　HTSPE, *Report on the consultation on the Green Paper on "EU Development Policy in support of inclusive growth and sustainable development – Increasing the impact of EU development policy",* project No. 2010/252309-Version 1.
4　IBF International Consulting Report, Final Report prepared by Alexei Jones, November 2012.

第Ⅳ部　< Beyond 2015 >
1　「持続可能な開発委員会」は、1992 年 6 月に開催された国連環境開発会議（リオ・サミット）において< High-level political body >として設置された。その任務は、リオ合意の進捗状況のモニタリングおよびフォローアップである。
2　2013 年 7 月 9 日、国連総会は"Format and organizational aspects of the High-level political forum on sustainable development"と題する決議を採択した〔A/RES/67/290〕。同決議は、「リオ+20」において設置が合意された HLPF の具体的な活動を規定するものである。
3　Hearing by the European Parliament Introductory Statement of

注　445

Commissioner-Designate Neven Mimica, International Cooperation and Development, 29 September 2014.

第Ⅴ部　新たなメガ・プロミスに向けて

1　Secretary-General Ban Ki-moon, "Remarks to informal meeting of the General Assembly on the Year Ahead", UN News Centre, 8 January 2015; United Nations Press Release, "UN Chief urges world leaders to seize historic opportunity to make strides on sustainable development : 2015 will be year of global transformation", 8 January 2015.

2　ケニアとアイルランドの国連大使が共同議長を務めた。

3　以下、一連の「ポスト2015政府間交渉」関連の記述は、主として次のウェブサイトに依拠している。International Institute for Sustainable Development（IISD）, *Earth Negotiations Bulletin*—Reporting service for Environment and Development Negotiations; International Institute for Sustainable Development（IISD）, *Sustainable Development—Policy & Practice:* Tracking the Implementation of the Intergovernmental Sustainable Development Agenda; United Nations, Department of Economic and Social Affairs, *Sustainable Knowledge Platform—SD in Action Newsletter*; United Nations, Department of Economic and Social Affairs, *High-Level Political Forum on Sustainable Development—United Nations Central Platform for the Follow-up and Review of the 2030 Agenda for Sustainable Development.*

4　Cf. UNISDR, *Proceedings: Third UN World Conference on Disaster Risk Reduction,* 2015；外務省ウェブサイト「防災　第3回国連防災会議」、2015年3月30日アクセス。

5　同報告書に添付された書簡において、経済社会理事会議長は、同報告書が第3回開発資金国際会議および「ポスト2015政府間交渉」における議論に貢献する旨を謳った。

6　外務省ウェブサイト「国連外交：第3回開発資金国際会議」、2015年7月17日アクセス。

7 以下の記述は、United Nations, General Assembly, *Official Records,* 〔A/69/PV.101〕に拠る。

8 1995年6月14日、国連環境開発会議は、「環境と開発に関するリオ宣言」を採択し、第7原則「共通だが差異のある責任」として次のように謳った。──各国は、地球の生態系の健全性及び完全性を保全、保護及び修復するため地球的規模のパートナーシップの精神に則り協力しなければならない。地球環境の悪化へのそれぞれの寄与という観点から、各国は、共通のしかし差異のある責任を有する。先進諸国は、彼らの社会が地球環境にかけている圧力及び彼らの支配している技術及び財源の観点から、持続可能な開発の国際的な追求において有している義務を認識する。ちなみに第6原則「途上国の特別な状況」では次のように謳われた。──開発途上国、特に最貧国及び環境の影響を受けやすい国の特別な状況及び必要性に対して、特別の優先度が与えられなければならない。また、環境と開発の分野における国際的な行動は、すべての国の利益と必要性に向けられるべきである。

9 以下の記述は、United Nations, General Assembly, *Official Records,* 〔A/70/PV.4〕に拠る。

10 United Nations Framework Convention on Climate Change adopts the Paris Agreement〔FCCC/CP/2015/L.9/Rev.1〕; 外務省ウェブサイト「気候変動─パリ協定の概要（仮訳）」、2015年12月28日アクセス。

[付属資料]

I United Nations/MDGs Gap Task Force Report
---*Delivering on the Global Partnership for Achieving the Millennium Development Goals/2008 Report*
---*Strengthening the Global Partnership for Development in a Time of Crisis/2009 Report*
---*The Global Partnership for Development at a Critical Juncture/ 2010 Report*
---*The Global Partnership for Development: Time to Deliver/2011 Report*
---*The Global Partnership for Development: Making Rhetoric a Reality/2012 Report*
---*The Global Partnership for Development: The Challenge We Face/2013 Report*
---*The Global Partnership for Development: The State of the Global Partnership for Development/2014 Report*
---*The Global Partnership for Development: Taking Stock of the Global Partnership for Development/2015 Report*

II United Nations/UN System Task Team on the Post-2015 UN Development Agenda Report
---Nayyar, D. (2012), *The MDGs after 2015: Some reflections on the possibilities,* April 2012.
---van der Hoeven, R. (2012), *MDGs post 2015: Beacons in turbulent times or false lights?* June 2012.
---*Realizing the Future We Want for All:* Report to the Secretary-General, June 2012.
---OHCHR, OHRLLS, UNDESA, UNEP, UNFPA (2013), *Global governance and*

governance of the global commons in the global partnership for development beyond 2015, January 2013.
--- IFAD, IOM, ITU, OHCHR, OHRLLS, UNCTAD, UNDESA, UNEP, UNFCCC, UNFPA, UNIDO, WTO (2013), *Analysis and overview of new actors and formats for the global partnership for development post 2015,* January 2013.
--- OHCHR, OHRLLS, IFAD, IOM, UNCTAD, UNDESA, UNDP, UNEP, UNESCO, UNFCCC, UNFPA (2013), *Financing for sustainable development in the global partnership beyond 2015,* January 2013.
--- UNCTAD (2013), *Trade and development and the global partnership beyond 2015,* January 2013.
--- IOM, OHCHR, OHRLLS, UNCTAD, UNEP, UNIDO, WTO (2013), *Trade in the global partnership for development beyond 2015,* January 2013.
--- *A renewed global partnership for development,* March 2013.

Ⅲ UNDP/*Human Development Report*
--- *Human Development Report 1990: Concept and Measurement of Human Development*
--- *Human Development Report 1991: Financing Human Development*
--- *Human Development Report 1992: Global Dimensions of Human Development*
--- *Human Development Report 1993: People's Participation*
--- *Human Development Report 1994: New Dimensions of Human Security*
--- *Human Development Report 1995: Gender and Human Development*
--- *Human Development Report 1996: Economic Growth and Human Development*
--- *Human Development Report 1997: Human Development to Eradicate Poverty*
--- *Human Development Report 1998: Consumption for Human Development*
--- *Human Development Report 1999: Globalization with a Human Face*
--- *Human Development Report 2000: Human Rights and Human Development*

---*Human Development Report 2001: Making New Technologies Work for Human Development*
---*Human Development Report 2002: Deepening Democracy in a Fragmented World*
---*Human Development Report 2003: Millennium Development Goals - A Compact among Nations to End Human Poverty*
---*Human Development Report 2004: Cultural Liberty in Today's Diverse World*
---*Human Development Report 2005: International Cooperation at a Crossroads - Aid, Trade and Security in an Unequal World*
---*Human Development Report 2006: Beyond Scarcity - Power, Poverty and the Global Water Crisis*
---*Human Development Report 2007/2008: Fighting Climate Change - Human Solidarity in a Divided World*
---*Human Development Report 2009: Overcoming Barriers - Human Mobility and Development*
---*Human Development Report 2010: The Real Wealth of Nations - Pathways to Human Development*（20th Anniversary Edition）
---*Human Development Report 2011: Sustainability and Equity - A Better Future for All*
---*Human Development Report 2013: The Rise of the South - Human Progress in a Diverse World*
---*Human Development Report 2014: Sustaining Human Progress - Reducing Vulnerabilities and Building Resilience*
---*Human Development Report 2015: Work for Human Development*

Ⅳ　World Bank/*World Development Report*
---*World Development Report 1978: Prospects for Growth and Alleviation of Poverty*

---World Development Report 1979: Structural Change and Development Policy
---World Development Report 1980: Poverty and Human Development
---World Development Report 1981: National and International adjustment
---World Development Report 1982: Agriculture and Economic Development
---World Development Report 1983: Management in Development
---World Development Report 1984: Population Change and Development
---World Development Report 1985: International Capital and Economic Development
---World Development Report 1986: Trade and Pricing Policies in World Agriculture
---World Development Report 1987: Industrialization and Foreign Trade
---World Development Report 1988: Public Finance in Development
---World Development Report 1989: Financial Systems and Development
---World Development Report 1990: Poverty
---World Development Report 1991: The Challenge of Development
---World Development Report 1992: Development and the Environment
---World Development Report 1993: Investing in Health
---World Development Report 1994: Infrastructure for Development
---World Development Report 1995: Workers in an Integrating World
---World Development Report 1996: From Plan to Market
---World Development Report 1997: The State in a Changing World
---World Development Report 1998-1999: Knowledge for Development
---World Development Report 1999-2000: Entering the 21st Century
---World Development Report 2000-2001: Attacking Poverty
---World Development Report 2002: Building Institutions for Markets
---World Development Report 2003: Sustainable Development in a Dynamic World
---World Development Report 2004: Making Services Work for Poor People
---World Development Report 2005: A Better Investment Climate for Everyone

---World Development Report 2006: Equity and Development
---World Development Report 2007: Development and the Next Generation
---World Development Report 2008: Agriculture for Development
---World Development Report 2009: Reshaping Economic Geography
---World Development Report 2010: Development and Climate Change
---World Development Report 2011: Conflict, Security, and Development
---World Development Report 2012: Gender Equality and Development
---World Development Report 2013: Jobs
---World Development Report 2014: Risk and Opportunity
---World Development Report 2015: Mind, Society and Behavior
---World Development Report 2016: Digital Dividends

V　World Bank and IMF/*Global Monitoring Report*
---*Global Monitoring Report 2004: policies and actions for achieving the MDGs and related outcomes*
---*Global Monitoring Report 2005 – Millennium Development Goals: From Consensus to Momentum*
---*Global Monitoring Report 2006: Strengthening Mutual Accountability – Aid, Trade and Governance*
---*Global Monitoring Report 2007: Confronting the Challenges of Gender Equality and Fragile States*
---*Global Monitoring Report 2008: MDGs and the Environment – Agenda for Inclusive and Sustainable Development*
---*Global Monitoring Report 2009: A Development Emergency*
---*Global Monitoring Report 2010: The MDGs after the Crisis*
---*Global Monitoring Report 2011: Improving the Odds of Achieving the MDGs*
---*Global Monitoring Report 2012: Food, Nutrition, and the Millennium Development Goals*
---*Global Monitoring Report 2013: Rural-Urban Dynamics and the Millennium*

Development Goals

---*Global Monitoring Report 2014/2015: Ending Poverty and Sharing Prosperity*

Ⅵ　OECD/DAC /OECD and Post-2015 Reflections

---Overview − *Beyond the Millennium Development Goals: Towards an OECD contribution to the post-2015 agenda,* July 2013.

---Element 1 − *Keeping the multiple dimension of Poverty at the heart of development*

---Element 2 − *The OECD's contribution on education to the post-2015 framework: PISA for development*

---Element 3 − *Gender equality and women's rights in the post-2015 agenda: A foundation for sustainable development*

---Element 4, Paper 1 − *Global and local environmental sustainability, development and growth*

---Element 4, Paper 2 − *Enabling Investment in Sustainable Energy Infrastructure*

---Element 5 − *Strengthening National Statistical Systems to Monitor Global Goals*

---Element 6 − *Building effective institutions and accountability mechanisms*

---Element 7 − *Developing and promoting peacebuilding and statebuilding goals*

---Element 8 − *Ensuring policy coherence for development*

---Element 9 − *Policy dialogue, knowledge sharing and engaging in mutual learning*

---Element 10 − *Effective development co-operation: an important enabler in a post-2015 global development framework*

---Element 11, Paper 1 − *Measuring and Monitoring External Development Finance*

---Element 11, Paper 2 − *Strengthening Tax Systems to Mobilise Domestic*

Resources in the Post-2015 Development Agenda
---Element 11, Paper 3 – *Investment for Sustainable Development*
....

UK Government, DFID (Department for International Development), *Eliminating World Poverty: A Challenge for the 21st Century* (*White Paper on International Development*), Cm 3789, November 1997.

UK Government, DFID (Department for International Development), *Eliminating World Poverty: Building our Common Future*, Cm 7656, July 2009.

Ministry of Foreign Affairs of Denmark (DANIDA), *Inclusive and sustainable development: challenges, opportunities, policies and partnerships*, September 2012.
....

ecdpm (European Centre for Development Policy Management) [刊行順]

DPS Study Report (2005), *Assessment of the EC Development Policy* (*Final Report*), ECDPM, 18 February 2005.

"The Post-Lisbon Landscape: Development at a Crossroads", *Briefing Note*, no. 18 – November 2010.

"European Commission Green Paper on Inclusive Growth and Sustainable Development: Preliminary Reflections for the Secretariat of the African, Caribbean and Pacific Group of States", 17 December 2010.

"The Post-Lisbon Landscape: Development at a Crossroads", *ECDPM Report*, January 2011.

"Increasing the impact of EU development policy: What the European Commission needs to prioritise now – ECDPM contribution to the public consultation on the Green Paper 'EU development policy in support of inclusive growth and sustainable development. Increasing the impact of EU development policy", January 2011.

Keijzer, N. "Offense is the best defense? The EU's past and future engagement in promoting effective development cooperation: ideas for Busan", *Briefing Note,* No. 30 - May 2011.

Rudischhuser, K. (2013), "Towards an overarching Post-2015 Framework and a Decent Life for All by 2010", ECDPM, *GREAT Insights,* Vol. 2, Issue 3, April 2013.

....

odi (Overseas Development Institute) [刊行順]

Maxwell, S. (2005), "The Washington Consensus is dead！Long live the meta-narrative！" *Working Paper* 243, January 2005.

Roberts, J. (2005), "The Millennium project: A sound Strategy for Reaching the MDGs?" *ODI Opinions* 37, February 2005.

Gavas, M. (2009a), "The Evolution of EU Development Cooperation: Taking the Change Agenda Forward", *Conference Paper,* 20/04/09.

Gavas, M. (2009b), "The Future of EU Development Cooperation: Report of an e-discussion by the EU Change-Makers Group", September 2009 to December 2009.

Evans, A. (2010), "Aid effectiveness post-2010 – a think piece on ways forward", June 2010.

"ODI's Response to the EC Green Paper on the Future of EU Budget Support to Third Countries", January 2011.

"ODI Submission to the European Commission's Green Paper on '*EU Development Policy in Support of Inclusive and Sustainable Growth*'", 17 January 2011.

Melamed, C. et al. (2011a), "After 2015: progress and challenges for development", *Background Note,* March 2011.

Melamed, C. (2011a), "The Millennium Development Goals after 2015: no goals yet, please", *ODI Opinions* 156, September 2011.

Melamed, C. et al. (2011b), "A Post-2015 Global Development Agreement: why, what, who?" October 2011.

Melamed, C. (2011b), "Creating consensus: political opportunities and barriers for a post-2015 agreement on development", November 2011.

Melamed, C. et al. (2011c), *A Post-2015 Global Development Agreement: why, what, who?* ODI/UNDP, October 2011.

Melamed, C. (2012), *After 2015: Contexts, politics and processes for a post-2015 global agreement on development,* ODI, 4 January 2012.

Bergh, G. et al. (2012), *Inclusive growth and a post-2015 framework,* ODI, May 2012.

Maxwell, S. (2013), "Pitching on the post-2015 goals: A Decent Life for All", *EDCSP Opinion* 23, February 2013.

Samman, E. ed. (2013), "Eradicating global poverty: a noble goal, but how do we measure it?" *Working Paper,* June 2013.

Bergh, G. et al. (2013), "The post-2015 agenda: Analysis of current proposals in specific areas", June 2013.

Doczi, J. et al. (2013), "The post-2015 delivery of universal and sustainable access to infrastructure services", *Working Paper,* June 2013.

Denney, L. (2013), "Consulting the evidence: How conflict and violence can best be included in the post-2015 development agenda", July 2013.

Faure, R. et al. (2013), *EU development cooperation. Where have we got to? What's next?* Report on a conference for EU Change-makers held at ODI, London, on 24 & 25 June 2013.

....

Fues, T. et al. eds. (2010), *G20 and Global Development: How can the new summit architecture promote pro-poor growth and sustainability?* German Development Institute.

Gavas, M. et al. (2010), "Consolidation or Cooperation : The Future of EU Development Cooperation", *Discussion Paper* 6/2010, German Development Institute.

....

Glenn, J. et al. (2001), *Analysis of United Nations Millennium Summit Speeches*, AEPI-IFP-0401A, Army Environmental Policy Institute, April 2001.

....

主要参考文献

Alonso, J. A. et al. eds. (2013), *Alternative Development Strategies for the Post-2015 Era*, Bloomsbury.

Alonso, J. A. et al. (2013), "Overview", in Alonso, J. A. et al. eds. (2013).

Alonso, J. A. et al. eds. (2015), *Global Governance and Rules for the Post-2015 Era: Addressing Emerging Issues in the Global Environment*, Bloomsbury.

ALOP (2011), *The EU's development policy is moving away from an approach based on human rights and people: Initial contribution of ALOP to the debate on the EU's development cooperation policy*, January 2011.

Annan, K. et al. (2012), *Interventions: A Life in War and Peace*, Penguin Books.

Anstee, M. J. (2012), "Millennium Development Goals: milestones on a long road", in Wilkinson, R. et al. eds. (2012).

Avant, D. D. et al. (2010), *Who Governs the Globe?* Columbia University Press.

Blanchfield, L. et al. (2010), "The Millennium Development Goals: The September 2010 U.N. High-level Meeting", *Congressional Research Service*, 7-5700, December 2010.

Brantner, F. (2010), "The EU through the eyes of the United Nations: the quest for unity", in Lucarelli, S. et al. eds. (2010).

Browne, S. (2011), *The UN Development Programme and System*, Routledge.

Browne, S. et al. eds. (2014), *Post-2015 UN Development: Making change happen?* Routledge.

Browne, S. et al. "Introduction: The UN we want for the world we want", in Browne, S. et al. eds. (2014).

Browne, S. et al. (2014), "Conclusion: Post 2015, can change happen?" in Browne, S. et al. eds. (2014).

Carbone, M. (2007), *The European Union and International Development: The politics of foreign aid*, Routledge.

Carbone, M. ed. (2009), *Policy Coherence and EU Development Policy*, Routledge.

Clapp, J. et al. eds. (2010), *Global Governance, Poverty and Inequality*, Routledge.

Clarke, M. et al. eds. (2013), *Millennium Development Goals:Looking Beyond 2015*, Routledge.

Coleman, W. et al. (2013), *Fifty Key Thinkers on Globalization*, Routledge.

Dodds, F. et al. (2014), *From Rio + 20 to a New Development Agenda: Building a bridge to a sustainable future*, Routledge.

Emmerij, L. et al. (2001), *Ahead of the Curve? UN Ideas and Global Challenges*, Indiana University Press.

Farrell, M. (2012), "The EU and UN Development Cooperation: Effective multilateralism for Global Development", in Ganzle, S. et al. eds. (2012).

Fejerskov, A. M. et al. (2013), "Practice Makes Perfect? The European Union's Engagement in Negotiations on a Post-2015 Framework for Development", *DIIS Report*, 2013:04.

Finnemore, M. et al. (1998), "International Norm dynamics and Political Change", *International Organization*, Vol. 52, No. 4.

Fischer, A. M. (2010), "Towards Genuine Universalism within Contemporary Development Policy", *IDS Bulletin*, Vol. 41, No. 1.

Fukuda-Parr, S. (2007), "Rethinking the Policy Objectives of Development Aid: From Economic Growth to Conflict Prevention", *UNU-WIDER*, Research Paper No. 2007/32, June 2007.

Fukuda-Parr, S. (2008), "Are the MDGs Priority in Development Strategies and Programmes? Only Few Are ! *International Poverty Centre (UNDP)*, Working Paper, No. 48, October 2008.

Fukuda-Parr, S. et al. (2009), "International Norm Dynamics and 'the End of Poverty : Understanding the Millennium Development Goals (MDGs)",

BWPI Working Paper 96, June 2009.

Fukuda-Parr, S. (2010), "Reducing inequality – The Missing MDG: A Content Review of PRSPs and Bilateral Donor Policy Statement", *IDS Bulletin,* Vol. 41, No. 1.

Fukuda-Parr, S. et al. (2010), "How should MDG Implementation be Measured: Faster Progress or Meeting Targets?" *International Policy Centre for Inclusive Growth (UNDP), Working Paper,* No. 63, May 2010.

Fukuda-Parr, S. et al. (2011), "International Norm dynamics and the 'End of Poverty': Understanding the Millennium Development Goals", *Global Governance,* Vol. 17.

Fukuda-Parr, S. (2012a), "Should global goal setting continue, and how, in the post-2015 era?" *DESA Working Paper,* No. 117, ST/ESA/2012/DWP/117, July 2012.

Fukuda-Parr, S. (2012b), "Recapturing the narrative of international development", in Wilkinson, R. et al. eds. (2012).

Fukuda-Parr, S. (2013a), "Statement by Sakiko Fukuda-Parr", United Nations General Assembly, Open Working Group on the Sustainable Development Goals, 2nd Session, 17 April 2013.

Fukuda-Parr, S. (2013b), "Global Development Goal Setting as a Policy Tool for Global Governance", *International Policy Centre for Inclusive Growth (UNDP), Working Paper,* No. 108, April 2013.

Fukuda-Parr, S. (2013c), "Should Global Goal Setting Continue, and How in the Post-2015 Era?" in Alonso, J. A. et al. eds. (2013).

Fukuda-Parr, S. et al. (2015) "Human Rights, Economic Governance, and International Cooperative Action", in Alonso, J. et al. eds. (2015).

Fukuda-Parr, S. et al. eds. (2015), *The MDGs, Capabilities and Human Rights: The Power of Numbers to Shape Agendas,* Routledge.

Ganzle, S. et al. eds. (2012), *The European Union and Global Development: An 'Enlightened Superpower' in the Making?* palgrave.

Gore, C. (2010), "The MDG Paradigm, Productive Capacities and the Future of Poverty Reduction", *IDS Bulletin*, Vol. 41, No. 1.

Grimm, S. et al. (2005), "A New European development policy statement", *EDC2010*, September 2005.

Grimm, S. et al. (2008), "European Development Co-operation to 2020 : The issues", *EDC2020, Working Paper,* No. 1, June 2008.

Grimm, S. (2008), "European Development Co-operation to 2020 : The EU as an answer to global challenges?" *EDC2020, Briefing Paper,* No. 1, August 2008.

Grimm, S. et al. (2009), "European Development Cooperation to 2020 : Challenges by New Actors in International Development", *EDC2020, Working Paper,* No. 4, May 2009.

Gutner, T. (2010), "When 'doing good' does not: the IMF and the Millennium Development Goals", in Avant, D. D. et al. eds. (2010).

Hall, R. B. (2014), "Constructivism" in Weiss, T. et al. eds. (2014).

Harman, S. (2012), "Women the MDGs: too little, too late, too gendered", in Wilkinson, R. et al. eds. (2012).

Hoebink, P. ed. (2010), *European Development Cooperation: In Between the Local and the Global,* Amsterdam University Press.

Holland, M. (2009), "The EU and the Global Development Agenda", in Carbone, M. ed. (2009).

Holland, M. et al. (2012), *Development Policy of the European Union,* palgrave.

Hulme, D. (2007), "The Making of the Millennium Development Goals : Human Development Meets Results-based management in an Imperfect World", *BWPI Working Paper,* 16, December 2007.

Hulme, D. (2009a), "The Millennium Development Goals (MDGs): A short History of the World's Biggest Promise", *BWPI Working Paper* 100, September 2009.

Hulme, D. (2009b), "Reproductive Health and the Millennium Development Goals: Politics, Ethics, Evidence and an 'Unholy Alliance", *BWPI Working*

Paper 105, October 2009.

Hulme, D. (2010), *Global Poverty: How global governance is failing the poor*, Routledge.

Hulme, D. et al. (2010), "The Political Economy of the MDGs : Retrospect and Prospect for the World's Biggest Promise", *BWPI Working Paper* 110, January 2010

Hulme, D. (2010a), "Lessons from the Making of the MDGs: Human Development Meets Results-based Management in an Unfair World", *IDS Bulletin*, Vol. 41, No. 1.

Hulme, D. (2010b), "Governing global poverty? Global ambivalence and the Millennium Development Goals", in Clapp, J. et al. eds. (2010).

Hulme, D. et al. (2012), "Introduction: moving from MDGs to GDGs: development imperatives beyond 2015", in Wilkinson, R. et al. eds. (2012).

Hulme, D. (2013), "Poverty and development thinking: synthesis or uneasy compromise?" *BWPI Working Paper* 180, January 2013.

Hulme, D. et al. (2014), "The UN and the post-2015 Development Agenda", in Browne, S. et al. eds. (2014).

Hulme, D. (2015), *Global Poverty: Global governance and poor people in the post-2015 era* (Second edition), Routledge.

Humphrey, J. (2010), "European Development Cooperation in a Changing World: Rising Powers and Global Challenges after the Financial Crisis", *EDC2020, Working Paper,* No. 8, November 2010.

Humphrey, J. (2011), "European Development Cooperation to 2020 : Rising Powers and New Global Challenges", *EDC2020, Policy Brief,* No. 6, January 2011.

IDS (2010), "Global Poverty Reduction to 2015 and Beyond: What has been the Impact of the MDGs and what are the Options for a Post-2015 Global Framework", *IDS Working Paper* 348, October 2010.

IDS (2013), "Promoting Inclusive Social Protection in the Post-2015 Framework", *IDS Policy Briefing,* Issue 39, July 2013.

Ishikawa, S. (2005), "Supporting Growth and Poverty Reduction : Toward Mutual Learning from the British Model in Africa and the Japanese Model in East Asia", *JBIC Discussion Paper* No. 8, March 2005.

Jahan, S. (2010), "The MDGs Beyond 2015", *IDS Bulletin,* Vol. 41, No. 1.

Jolly, R. et al. (2004), *UN Contribution to Development Thinking and Practice,* Indiana University Press.

Jolly, R. et al. (2005),*The Power of UN Ideas: Lessons from the First 60 Years - A Summary of the Books and Findings from the United Nations Intellectual History Project,* United Nations Intellectual History Project.

Jolly, R. et al. (2009), *UN Ideas that Changed the World,* Indiana University Press.

Jolly, R. (2010), "The MDGs in Historical Perspective", *IDS Bulletin,* Vol. 41, No. 1.

Jones, A. (2010), *Globalization: Key Thinkers,* polity.

Jones, N. et al. (2010), "Progressing Gender Equality Post-2015: Harnessing the Multiplier Effects of Existing Achievements", *IDS Bulletin,* Vol. 41, No. 1.

Jørgensen, K. E. et al. eds. (2013), *Routledge Handbook on the European Union and International Institutions: performance, policy, power,* Routledge.

Langford, M. (2010), "A Poverty of Rights: Six Ways to Fix the MDGs", *IDS Bulletin,* Vol. 41, No. 1.

Lightfoot, S. et al. (2002), "The Role of the EU at the World summit on Sustainable Development", *EU Working Papers* 2/2002.

Lucarelli, S. et al. eds. (2010), *External Perceptions of the European Union as a Global Actor,* Routledge.

MacFarlane, S. N. et al. (2006), *Human Security and the UN: A Critical History,* Indiana University press.

Malloch-Brown, M. (2010), "Preface", *IDS Bulletin,* Vol. 41, No. 1.

Manners, I. (2002), "Normative Power Europe: A Contradiction in Terms?"

Journal of Common Market Studies, Vol. 40, No. 2.

Manners, I. (2006), "Normative power Europe reconsidered : beyond the crossroads", *Journal of European Public Policy,* Vol. 13, No. 2.

Manning, R. (2010), "The Impact and Design of the MDGs: Some Reflections", *IDS Bulletin,* Vol. 41, No. 1.

Marshall, K. (2008), *World Bank: From reconstruction to development to equity,* Routledge.

Marshall, K. (2012), "MDGs meet religion: past, present, and future", in Wilkinson, R. et al. eds. (2012).

McGregor, A. et al. (2010), "Beyond Business as Usual: What Might 3-D Wellbeing Contribute to MDG Momentum?" *IDS Bulletin,* Vol. 41, No. 1.

Mekonen, Y. (2010), "A '2015' Agenda for Africa: Development from a Human Perspective", *IDS Bulletin,* Vol. 41, No. 1.

Mold, A. ed. (2007), *EU Development Policy in a Changing World: Challenges for the 21st Century,* Amsterdam University Press.

Murphy, C. (2006), *The United Nations Development Programme: A Better Way?,* Cambridge University Press.

Murphy, C. (2012), "Lessons to be learned from the challenges to achieving the MDGs in Africa", in Wilkinson, R. et al. eds. (2012).

Murphy, C. (2014), "Evolution of the UN development system", in Browne, S. et al. eds. (2014).

Nhema, A. (2010), "An MDG - plus Agenda for Africa", *IDS Bulletin,* Vol. 41, No. 1.

Oestreich, J. ed. (2012), *International Organizations as Self-Directed Actors: A framework for analysis,* Routledge.

Randall, G. ed., (2013), *Globalization and Its Critics,* palgrave.

Rasch, M. B. (2008), *The European Union at the United Nations,* Martinus NIJHOFF.

Robinson, M. (2010), "The MDG – Human Rights Nexus to 2015 and Beyond",

IDS Bulletin, Vol. 41, No. 1.

Sachs, J. (2015), *The Age of Sustainable Development,* Columbia University Press.

Scott, J. (2010), "South-South trade and North-South politics : Emerging powers and the reconfiguration of global governance", *BWPI Working Paper* 131, October 2010.

Skogmo, B. (2014), "UN roles and principles governing multilateral assistance", in Browne, S. et al. eds. (2014).

Solheim, E. (2010), "Climate, Conflict and Capital: Critical Issues for the MDGs and Beyond 2015", *IDS Bulletin,* Vol. 41, No. 1.

Stokke, O. (1995), *Aid and Political Conditionality,* Frank Cass.

Stokke, O. (2009), *The UN and Development: From Aid to Cooperation,* Indiana University Press.

Sumner, A. et al. eds., (2010), "The MDGs and Beyond", *IDS Bulletin,* Vol. 41, No. 1.

Sumner, A. et al. (2010), "Introduction – The MDGs and Beyond : Pro-poor Policy in a Changing World", *IDS Bulletin,* Vol. 41, No. 1.

Thakur, R. (2012), "From the Millennium to Global Development Goals", in Wilkinson, R. et al. eds. (2012).

Therien, J-P, (2002), "Multilateral Institutions and the Poverty Debate: Towards a Global Third Way?" *International Journal,* Vol. 57, No. 2.

Townsend, I. (2010), "Millennium Development Goals (MDGs) & the September 2010 UN review summit", SN/EP/3323, House of Commons Library, June 2010.

Tribe, M. et al. (2010), "Proceedings of the DFID-DSA-EADI-ActionAid Policy Forum", *IDS Bulletin,* Vol. 41, No. 1.

Urban, F. (2010), "The MDGs and Beyond: Can Low Carbon Development be Pro-poor?", *IDS Bulletin,* Vol. 41, No. 1.

Vandemoortele, J. (2009), "The MDG Conundrum: Meeting the Targets without Missing the Point", *Development Policy Review,* Vol. 27, No. 4.

Vandemoortele, J. et al. (2010), "Taking the MDGs Beyond 2015 : Hasten Slowly", *IDS Bulletin,* Vol. 41, No. 1.

Weiss, T. G. et al. (2010), *Global Governance and the UN,* Indiana University Press.

Weiss, T. G. (2012a), *What's Wrong with the United Nations and How to Fix it,* polity.

Weiss, T. G. (2012b), "ECOSOC and the MDGs : what can be done?" in Wilkinson, R. et al. eds. (2012).

Weiss, T. G. (2013), *Global Governance: Why? What? Whither?* polity.

Weiss, T. G. et al. (2014), *The United Nations and Changing World Politics* (Seventh Edition), Westview Press.

Weiss, T. G. et al. eds. (2014), *International Organization and Global Governance,* Routledge.

Wickstead, M. A. (2010), "Holding on to the MDGs (For Now)", *IDS Bulletin,* Vol. 41, No. 1.

Wilkinson, R. et al. eds. (2012), *The Millennium Development Goals and Beyond: Global development after 2015,* Routledge.

Wilkinson, R. et al. eds. (2013), *Trade, Poverty, Development: Getting beyond the WTO's Doha deadlock,* Routledge.

Wouters, J. et al. eds. (2006), *The United Nations and the European Union: An Ever Stronger Partnership,* T. M. C. Asser Press.

Young, M. R. (2010), "The G20 as a Development Opportunity for the European Union", *EDC2020,* No. 6, November 2010.

Yudhoyono, S. B. et al. (2014), "One Year On: An open letter from former members of the UN Secretary-General's High-Level Panel of Eminent Persons on the Post-2015 Agenda", 22 September 2014.

足立文彦（2006年）、『人間開発報告書を読む』、古今書院。

臼井陽一郎編（2015年）、『EUの規範政治：グローバルヨーロッパの理想と現実』、ナカニシヤ出版。

内田孟男・川原彰編著（2004年）、『グローバル・ガバナンスの理論と政策』、中央大学出版部。

内田孟男編著（2010年）、『地球社会の変容とガバナンス』、中央大学出版部。

内田孟男編著（2013年）、『国際機構論』、ミネルヴァ書房。

大隈宏（2012年）、「EU External Representation の基本構図」、『社会イノベーション研究』、第8巻第1号。

大隈宏（2012年）、「EUとミレニアム開発目標——グローバル・パートナーシップの模索」、『成城大学経済研究所研究報告』、No. 56。

大隈宏（2014年）、「スーパー・オブザーバーへの軌跡 – EU vis-à-vis UN – 」、『社会イノベーション研究』、第9巻第1号。

大隈宏（2016年）、「グローカリゼーションの一断面——MDGs（ミレニアム開発目標）制度化の政治過程」、上杉富之編『社会接触のグローカル研究』、成城大学グローカル研究センター。

大平剛（2008年）、『国連開発援助の変容と国際政治』、有信堂。

大平剛（2013年）、「国連システムと開発」、内田孟男編著（2013年）、所収。

大矢根聡編（2013年）、『コンストラクティヴィズムの国際関係論』、有斐閣。

斎藤文彦（2005年）、『国際開発論 – ミレニアム開発目標による貧困削減』、日本評論社。

東野篤子（2015年）、「コンストラクティヴィズムのヨーロッパ統合研究」、臼井陽一郎編、所収。

星野智編著（2014年）、『グローバル化と現代世界』、中央大学出版部。

山本吉宣（2008年）、『国際レジームとガバナンス』、有斐閣。

グローバル・ガバナンス委員会報告書／京都フォーラム監訳（1995年）、『地球リーダーシップ』、NHK出版。

イアン・クラーク／滝田賢治訳（2010年）、『グローバリゼーションと国際関係理論』、中央大学出版部。

トニー・ブレア／石塚雅彦訳（2011 年）、『ブレア回顧録』（上下）、日本経済新聞社。
コフィ・アナン他／白戸純訳（2016 年）、『介入のとき』（上下）、岩波書店。

和文索引

あ

アジス・アベバ行動目標　388, 392
安倍晋三首相　363
新たな世界的状況の中での開発パートナーシップ　101, 102, 103, 106, 164
イギリス国際開発庁　135
移行経済諸国　63, 72, 98, 100, 129
失われた10年　63, 69, 75, 76
内田孟男　73
援助効果の向上に関するパリ宣言　209
オーナーシップとパートナーシップ　184
国連事務総長／統合報告書 Synthesis Report　331, 345

か

環境と開発に関するリオ宣言　413
共通だが差異のある責任　45, 49, 356, 378, 396, 397, 398, 399, 400, 409, 413, 426
グローカリゼーション　22, 57
グローカル・システム　23
グローバリゼーション　72, 73, 74, 76, 98, 112, 114, 142, 145, 151, 154
グローバル・ガバナンス　63, 64, 74, 76
欠乏からの自由　203, 204
構造調整政策　75, 88, 89, 93, 111, 122, 126, 135
国際開発目標　160, 163, 164, 168, 185
国連ミレニアム・サミット　123, 124, 127, 138, 148
国連ミレニアム・プロジェクト　201

さ

持続可能な開発委員会　307, 311
持続可能な開発に関する世界サミット　196, 241
持続可能な開発に関するハイレベル政治フォーラム　308, 310
持続可能な開発のための資金に関する政府間専門家委員会　313, 318
持続可能な開発目標　308, 314
持続可能な開発目標に関するオープン・ワーキング・グループ　308, 313, 315, 319, 322
持続可能な開発目標に関するオープン・ワーキング・グループ報告書　356
実効的多国間主義　231, 248
社会開発世界サミット　90, 95, 103, 107
社会開発に関するコペンハーゲン宣言　97, 100
仙台宣言　364
仙台防災枠組み　364

た

第一次国連貧困撲滅の10年　100, 109
第3回開発資金国際会議　387
第3回開発資金国際会議「準備過程」　365
第3回国連最貧開発途上国会議　186, 236

第3回国連防災世界会議　362
第3回持続可能な開発に関するハイレベル政治フォーラム　380
第二次国連貧困撲滅の10年　213
第四次国連開発の10年　67, 69
地域連合政策　21
ドーハ宣言　212

な

21世紀に向けて：開発協力を通じた貢献　106, 164, 165, 166, 173
2005年サミット成果文書　207, 209
2015　ヨーロッパ開発年　265, 301, 329, 427
2013年／ハイレベル・パネル報告書　35
人間の安全保障　84, 85, 86, 93, 94, 103, 114, 159, 363
人間の顔をしたグローバリゼーション　113, 114
人間の顔をした調整政策　75

は

ハイレベル・パネル報告書　36
パリ協定　425
反「ワシントン・コンセンサス」　164
釜山フォーラム　278
ブリュッセル・コンセンサス　251
ブリュッセル行動計画　186, 187
ブリュッセル宣言　186
ブレトン・ウッズ機構　55, 63, 79

ま

ミレニアム・キャンペーン　181, 182
ミレニアム・サミット　119, 138, 141, 145, 147, 148, 149
ミレニアム・プロジェクト　205
ミレニアム開発目標に関するEU行動計画　256
ミレニアム開発目標に関する国連総会ハイレベル会合　215
モンテレー会議　191

や

ヨーロッパ開発デー　329
ヨーロッパ開発年　301
ヨハネスブルグ・サミット　197
より大きな自由　204

ら

リオ＋20　310
リスボン条約　253

わ

ワシントン・コンセンサス　58, 61, 75, 79, 123
ワシントン－ニューヨーク・コンセンサス　123

欧文索引

A

A Better World for All 55, 56, 57, 58, 60, 164, 166, 167
A Decent Life for All 293
A Life of dignity for all 33, 331
A New Global Partnership 35, 331, 339
Addis Ababa Action Agenda, AAAA 388
An Agenda for Development 87, 91
An Agenda for Peace 82
Andris Piebalgs 開発協力および人道支援担当／欧州委員会委員 267, 270, 276

B

Ban Ki-moon 国連事務総長 38, 39, 42, 315, 321, 325, 345, 362, 371, 381, 407
Boutros Boutros-Ghali 国連事務総長 82, 87, 95, 124

C

CBDR, Common but Differentiated Responsibilities 378
Civilian Power 22
Clair Short 135, 136
CSD, Commission on Sustainable Development 307, 311

D

DAC/IDGs 167
Declaration of the High-level Dialogue on International Migration and Development 42
Delivering as one 209
Discussion Document for Declaration 351
Discussion Paper 355

E

effective multilateralism 231, 248
Elements Paper for Declaration 351, 355
Ethical Power Europe 22
European Development Days 329
European Year for Development 2015 301, 329
Everything but Arms Initiative 238, 240, 248

F

Ffd 3 Process 365, 370
final zero draft 379, 390
First United Nations Decade for the Eradication of Poverty 107
Food for thought paper 347

G

G8 サミット　206
George W. Bush 大統領　191
global legitimacy　123
Global Monitoring Report　200

H

Helen Clark　215
HLPF, High-Level Political Forum on Sustainable Development　308, 310, 380
Horst Köhler／IMF 専務理事　193

I

ICESDF　318
IDGs　167, 179
IDGs Targets　174
IMF／世界銀行合同開発委員会　81, 101, 103, 104, 196, 341, 367, 368
In larger freedom　203, 204, 246
Intergovernmental Negotiations on the Outcome Document　378
Investing in Development　201, 205

J

James D. Wolfensohn　105, 115, 116, 117, 193
James Gustave Speth　84, 110
Jean-Claude Juncker 欧州委員会委員長　333, 428
Jeffry Sachs　201
John Ruggie　140
Joint Post-2015 and Financing for Development session　369
José Manuel Barroso 欧州委員会委員長　47, 48, 222, 249, 257, 258, 260

K

Keeping the promise　215
Kofi Annan 国連事務総長　54, 112, 118, 124, 125, 127, 137, 138, 139, 150, 158, 165, 167, 192

L

Louis Michel 欧州委員会委員　210, 243, 275

M

Managing the transition　371
Mark Malloch Brown　112, 118, 169, 171, 201
Martha Finnemore and Kathryn Sikkink　18
MDG Gap Task Force　214
MDGs Initiative　279
MDGs 国連首脳会合　216, 217, 265
Message Entrepreneur　20
Mogens Lykketoft 第 70 会期・国連総会議長　403

N

Neven Mimica 欧州委員会委員　332
Normative Power Europe　22

O

OECD/DAC 25, 72, 122
OWG, Open Working Group on SDGs 308, 319, 366, 378

P

Paris Agreement 425
Policy Coherence for Development (PCD) 248, 256
Pope Francis 405
Poul Nielson 欧州委員会委員 233, 239
Poverty Reduction Strategy Papers 170, 202

R

Reform Treaty 253
revised/final zero draft 386
road map 158, 161, 163, 166
Romano Prodi 欧州委員会委員長 221, 237, 240, 241

S

Sakiko Fukuda-Parr 182
Sakiko Fukuda-Parr and David Hulme 16
SDGs, Sustainable Development Goals 308, 314
SDGt 377
Social Safety Nets Approach 75
Social Summit + 5 53, 54, 58, 60, 145, 146
Special Event 25 September: Outcome Document 40
supernorm 20

T

The Agenda for Change 266, 284, 287
The Better World for All 168, 173
The European Consensus on Development 251, 273
The future we want 307, 315, 319
The Road to Dignity by 2030 325, 326, 345
Tony Blair イギリス首相 135, 206, 250
Transforming our world : the 2030 Agenda for Sustainable Development 391, 407, 411

U

Unholy Alliance 179
United Nations System in Brussels 228
Utstein Group 137

V

Vicente Fox メキシコ大統領 191

W

We the Peoples 139, 140, 141, 150, 165, 166
William Clinton アメリカ大統領 150

Z

zero draft 374, 375, 378

[著者略歴]

大隈　宏（OKUMA Hiroshi）
成城大学社会イノベーション学部教授。専門は国際関係論、国際政治経済論、EU 政治論。主な論文として、「スーパー・オブザーバーへの軌跡」（2014 年）、「EU とミレニアム開発目標」（2012 年）、「EU 開発協力政策と PCD アジェンダ」（2011 年）などがある。

ミレニアム・チャレンジの修辞学
UN－MDGs—EU

著者　大隈　宏

2017 年 3 月 20 日初版第 1 刷発行

・発行者――石井　彰　　　　　・発行所

印刷・製本／新協印刷（株）

KOKUSAI SHOIN Co., Ltd.
3-32-5, HONGO, BUNKYO-KU, TOKYO, JAPAN
株式会社 国際書院
〒113-0033 東京都文京区本郷3-32-6-1001
TEL 03-5684-5803　　FAX 03-5684-2610
Eメール：kokusai@aa.bcom.ne.jp
http://www.kokusai-shoin.co.jp

ⓒ 2017 by Hiroshi Okuma
（定価＝本体価格 6,400 円＋税）
ISBN978-4-87791-281-9 C3031　Printed in Japan

本書の内容の一部あるいは全部を無断で複写複製（コピー）することは法律でみとめられた場合を除き、著作者および出版社の権利の侵害となりますので、その場合にはあらかじめ小社あて許諾を求めてください。

廣江健司

国際私法

87791-265-9　C3032　¥2800E　　　A5判　277頁　2,800円

『国際私法』と題する本書は、国際私法を広義に解して、国際民事関係の事案に対する国際私法による処理について、その解釈の方法論の現在の法状態を概観する。本書によってその法的センスを養成することができるであろう。　　　(2014,2)

北脇敏一／山岡永知編訳

対訳アメリカ合衆国憲法(絶版)

906319-27-0　C3032　　　　　四六判　91頁　1,165円

英文と邦文を対照に編集されており、修正された部分は注を施して訳出されている。日米憲法比較のために、日本国憲法とその他の国会法、公職選挙法、内閣法、裁判所法などの関係条項を記し、読者の便宜を図る。　　　(1992.7)

北脇敏一／山岡永知編訳

新版・対訳アメリカ合衆国憲法

87791-112-×　C3032　　　　　A5判　93頁　1,500円

新版では最新の研究成果を取り入れ、より厳密な訳出を試みており、建国時アメリカ合衆国デモクラシーの息吹が伝わってくる。法律英語の練習の用途にも叶い、多くの読者の期待に応えうるものになっている。　　　(2002.9)

鈴木康彦

註釈アメリカ合衆国憲法

87791-103-0　C3032　　　　　A5判　311頁　3,400円

アメリカにおける法文化的背景が立法過程と法解釈に与えた影響を探りながら、判例法の解釈を重視しつつ、判例法に抵触する法律の機能・役割に目を配ったアメリカ合衆国憲法の注釈書。　　　(2000.12)

矢澤昇治訳

カリフォルニア州家族法
―カリフォルニア州民法典抄訳

906319-06-8　C3032　　　　　A5判　389頁　6,796円

人的関係、家族法典、統一親子関係法といった構成をとり、カリフォルニア州民法典の家族関係の部分の翻訳である。文献目録と事項索引・法令索引は貴重な資料である。家族法の改正の背景と変遷を記述した解説も有益である。(1989.8)

矢澤昇治訳

ハワイ州家族法
―ハワイ州制定法典抄訳

906319-22-×　C3032　　　　　A5判　389頁　11,650円

実体法とその実体法を機能させる家庭裁判所などの組織及び諸々の手続に関する規定を訳出した。家庭裁判所、離婚、扶養、養子縁組、離婚と別居、児童の保護という構成をとり、解説では、家族法における変化の全体的素描を行った。　　　(1992.1)

東　和敏

イギリス家族法と子の保護

906319-75-0　C3032　　　　　A5判　285頁　4,660円

イギリスは1989年「児童法」、1991年「児童扶助法」を制定した。家族の自律性が失われたとき、「家族」の機能を補う役割を法が代替することになった。子の福祉を至高の考慮事項とするイギリス児童福祉法の研究書。　　　(1996.12)

東　和敏

イギリス家族法と児童保護法における子の利益原則
―沿革と現代法の構造

87791-188-1　C3032　　　　　A5判　312頁　5,200円

家族法領域および児童保護法領域の接点である「子の利益保護」について、イギリスは1601年から保護すべき子の利益原則についての確立に努め、そこでの法制度の基本原理の構造、さらに現在における法的展開を追究する。　　　(2008.11)

国際政治

武者小路公秀／浦野起央監訳
地域紛争と平和
906319-08-4　C3031　　　　A5判　215頁　3,398円

［紛争と平和の世界的文脈①］サミール・アミン／テオニオ・ドスサントス／タマス・センテス／ラシェードディン・カーン／ウィリアム・M・サザーランド／ヤシュ・タンドン／シルバーミチェレーナ／シルヴェー・ブルカーン。　（1989.12）

武者小路公秀／浦野起央監訳
地域の平和と安全保障の構図
906319-09-2　C3031　　　　A5判　213頁　3,398円

［紛争と平和の世界的文脈②］マイケル・ハメルグリーン／S・K・B・アサンテ／ヘクトール・ファウンデス・レデスマ／坂本義和／オウンディバ・ンオリ／クロビス・ブリガガオ。各々が地域の内側から分析する。　（1989.12）

武者小路公秀／浦野起央監訳
国際危機と地域紛争の焦点
906319-10-6　C3031　　　　A5判　189頁　3,398円

［紛争と平和の世界的文脈③］カミングス／ピーター・D・ジョーンズ／モハメド・アユーブ／イボ・マンダーザ／コルドバ／ビヨルン・ヘットネ。朝鮮半島、太平洋、中東、南部アフリカ、中米における紛争をとり上げる。　（1989.12）

宇野重昭／朱通華編
農村地域の近代化と内発的発展論
――日中「小城鎮」共同研究
906319-21-1　C3036　　　　A5判　532頁　12,134円

各々の地域の人々がその自然的生態系に適合し、それぞれの伝統と文化遺産に基づいて自立的に人類共通の目標に至る経路をつくり出することを主張する。内発的発展論の対象に中国の江蘇省と日本の大分県がとり上げられる。　（1991.6）

三鷹市／ICU社会科学研究所編
市民・自治体は平和のために何ができるか
――ヨハン・ガルトゥング平和を語る
906319-20-3　C1031　　　　四六判　196頁　1,942円

人々が「国」から「街」へ帰ることを提唱する。「自治体」は本来、人々自身が自分達の生活をどうするか決定するところであり、どこか遠いところへ行ってしまった「政治」をもう一度人々の身近なところへ取り戻すことを主張する。　（1991.7）

ロニー・アレキサンダー
大きな夢と小さな島々
――太平洋島嶼国の非核化にみる新しい安全保障観
906319-24-6　C1031　　　　A5判　267頁　3,107円

太平洋地域におけるミニ国家は、大国の大気圏核実験場となってきた。それぞれの民族・文化にとってかけがえのない海・島・空気を守るための「反核ナショナリズム」の運動は「内発的安全保障」論へと方向づけられていくことを論じた。　（1992.9）

武者小路公秀編
新しい世界秩序をもとめて
――アジア・太平洋のゆくえ
906319-31-9　C1031　　　　A5判　245頁　3,107円

民主主義と人権、非覇権的な地域システムの構築、国家と社会運動、少数民族や宗教集団など総合的に議論を展開し、危機に満ちたこの過渡期の世界の実相を明らかにし、アジア・太平洋地域の平和秩序形成のための原理と政策を探る。　（1992.8）

石村　修／小沼堅司／古川純編
いま戦争と平和を考える
906319-32-7　C1031　　　　A5判　257頁　3,107円

歴史、法制度、人間そして現在の日本と世界の現実を見つめ直すことが本書全体のモチーフである。日本国憲法の平和条項の意義を探り、ヨーロッパ、アジアとの比較憲法的、国際法的考察を行い、国際社会での紛争解決策を模索する。　（1993.1）

天児　慧
日本の国際主義
――20世紀史への問い
906319-57-2　C1031　　　　四六判　265頁　2,524円

［国際関係シリーズ⑩］今日に至る日本を国際社会の中で捉え直し、その過程での日本人の国際認識を論ずる。明治維新、1945年の敗戦、80年代後半から90年代初頭の冷戦崩壊の三つの転換期を各々検証し、未来への歴史的見取り図を探る。　（1995.3）

国際政治

中嶋嶺雄／清水　透編

転換期としての現代世界
―地域から何が見えるか

906319-29-7　C1031　　　　　A5判　349頁　3,107円

［東京外国語大学・海外事情研究所叢書①］グローバルな視点と地域からの視点の双方向から現代史に接近する。現代国際社会を、普遍的価値と地域性の視座から捉え、変わりゆく世界を跡づけながら社会科学と歴史学の役割をも論ずる。　　（1993.1）

中嶋嶺雄編

変貌する現代世界を読み解く言葉

906319-67-X　C1036　　　　　A5判　217頁　2,800円

［東京外国語大学・海外事情研究所叢書②］現代世界の変貌の歴史的要因を探究する視座として、言語、民族、風土、文化を捉えた。煉獄としての民族、文化多元主義、風土から心象地理へ、亡命の精神・喪失の言語が語られる。　　（1997.12）

日本国際政治学会編

21世紀の日本、アジア、世界
―日本国際政治学会・米国国際関係学会合同国際会議からの展望

906319-82-3　C3031　　　　　A5判　813頁　4,800円

歴史的転換とは何かについて刺激的な考察がなされ、冷戦終焉以降の新しいパラダイムが提示される。さらに、「文明の衝突」論と「アジアの世紀」論とが重ね合わされて、欧米研究者の「アジア・太平洋」観も示される。　　（1998.5）

清水　透編

グローバル化の時代へ

906319-91-2　C1031　　　　　A5判　255頁　2,800円

［フェリス社会人大学講座①］21世紀を目前にして私たち個々人が国家や地球上の自然や他者とのどのような新たな関係を取り結ぶのか、いわゆる「グローバリゼーション論」を批判的に検討しながら追求した。　　（1999.5）

森本　敏／横田洋三編著

予防外交

906319-68-8　C1031　　　　　A5判　237頁　2,718円

予防外交の究極の目標は世界平和の実現である。戦争や武力紛争が発生する前にその悪化を阻止し、また紛争そのものを防止することが予防外交の本質である。平和の創造・強制・維持・構築の角度から現代国際社会に課題を提起する。　　（1996.8）

NIRA／横田洋三共編

アフリカの国内紛争と予防外交

87791-105-7　C3031　　　　　A5判　543頁　5,800円

東アフリカ、中部アフリカ、西アフリカ、南部アフリカなど各地の国内紛争の国際的・地域的・国内的要因を具体的・事例的に検討し、紛争解決へ向けての予防外交の現状と課題を提起する。　　（2001.3）

NIRA／中牧弘允共編

現代世界と宗教

87791-100-6　C3014　　　　　A5判　295頁　3,400円

グローバル化、情報化の進展、紛争に関わる「宗教」現象といった今日の国際社会において、宗教学を始め、政治学や社会学、文化人類学など様々な領域から新しい世紀の「宗教」を巡る動向のゆくへを探る。　　（2000.9）

中園和仁

香港返還交渉
―民主化をめぐる攻防

906319-85-8　C3031　　　　　A5判　270頁　2,800円

イギリスの植民地統治は終わりを告げ香港は中国に返還された。「香港問題」が形成された歴史的背景をたどり、香港の特殊な地位および返還交渉の舞台裏を検討することによって、香港の「民主化」が持つ意味を探る。　　（1998.7）

堀江浩一郎

南アフリカ
―現代政治史の鳥瞰図

906319-55-6　C1031　　　　　A5判　345頁　3,398円

南アのコミュニティ運動、対外関係などの政治分析を通して、南ア社会の変革と民主化へのダイナミズムを考察する。第三世界の壮大な実験である「市民社会」の建設へ向けての運動は、現代国際社会の課題に示唆するものも大きい。　　（1995.4）

国際政治

米中国交樹立交渉の研究
宇佐美 慈

1979年のアメリカ合衆国の中華人民共和国との国交樹立と中華民国との断絶について、その政策決定と交渉過程とこれに影響を及ぼした内外の様々な要因及び国交樹立後の様々な関連事項の処理について、主として米国の側から分析した。

906319-64-5 C3031 　A5判 601頁 8,252円 　(1996.1)

アイゼンハワー政権の中東政策
泉 淳

中東地域政治の特質を踏まえ米国の政策形成・決定過程さらに米国の冷戦政策を顧み、「アイゼンハワー政権の中東政策」の再評価を試みた本書は現在の中東地域政治、米国の中東政策を理解する上で大きな示唆を与える。

87791-110-3 C3031 　A5判 309頁 4,800円 　(2001.6)

アメリカの政治と社会
鈴木康彦

アメリカ特有の政治、経済、法律、社会制度、国の成り立ち、文化に亘る、内部から見た解説書である。滞米年数30年を越す筆者のアメリカ的思考を加味しながらの記述はアメリカの全体像を知る上で格好の書である。

906319-89-0 C1031 　A5判 233頁 2,800円 　(1999.4)

「ソビエト外交パラダイム」の研究
岩下明裕

本書は、「ソビエト国家」の対外関係をめぐる数々の「説明原理」の変遷を、「国家主権」と「社会主義体制」の概念に焦点を当てて分析し、ソ連外交史あるいは国際関係史の研究を進める上で有用である。

906319-88-2 C3032 　A5判 263頁 3,200円 　(1999.7)

国民国家と国家連邦
—欧州国際統合の将来
宮本光雄

「連邦主義的統合論」及び「政府間主義的統合論」を軸に、第一次世界大戦後に始まる欧州国際統合運動を分析し、21世紀における欧州国民国家とEUの将来が検討され、アジアとの地域間関係も分析される。

87791-113-8 C3031 　A5判 361頁 3,800円 　(2001.7)

CSCE人権レジームの研究
—「ヘルシンキ宣言」は冷戦を終わらせた
宮脇 昇

冷戦期の欧州国際政治史の中でそのターニングポイントとなったCSCE（欧州の安全保障と協力に関する会議）の人権レジームに見られる東西間の対立と協調が織りなす国際関係の研究書である。

87791-118-9 C3031 　A5判 333頁 3,800円 　(2002.2)

人間安全保障論序説
—グローバル・ファシズムに抗して
武者小路公秀

グローバル覇権の構造と行動、人間安全保障と人間安全共同体、文明間の対話による共通の人間安全保障という三つの角度から本書は、「人民の安全保障」へ向けて「もうひとつの世界」への道筋を探る作業の「序説」である。

87791-130-8 C1031 　A5判 303頁 3,400円 　(2003.12)

紛争と人間の安全保障
—新しい平和構築のアプローチを求めて
篠田英朗／上杉勇司

「人間の安全保障」に纏わる、論点が持つ意味と可能性の探究、紛争下での争点の提示、実践上での限界を超える可能性、外交政策における課題などを示しながら、「人間の安全保障」が「現実」の要請であることを明らかにする。

87791-146-4 C3031 　A5判 307頁 3,400円 　(2005.6)

CIS：旧ソ連空間の再構成
田畑伸一郎・末澤恵美編

独立国家共同体CISを、旧ソ連空間に形成されたひとつの纏まりとして捉えようとする本書は、その多様化を見据え、国際関係の観点からも分析する。類例のないこの共同体は今世紀のひとつの行方を示唆している。

87791-132-4 C1031 　A5判 253頁 3,200円 　(2004.3)

国際政治

赤羽恒雄・監修
国境を越える人々
―北東アジアにおける人口移動

87791-160-×　C3031　　　A5判　319頁　6,000円

ロシア極東への中国人移民、日本のロシア人・中国人・コリアンコミュニティ、朝鮮半島とモンゴルにおける移民などを通して北東アジアの人口動態傾向と移民パターンを探り、越境人流が提示する課題を明らかにする。　　(2006.6)

M・シーゲル／J・カミレーリ編
多国間主義と同盟の狭間
―岐路に立つ日本とオーストラリア

87791-162-6　C3031　　　A5判　307頁　4,800円

アジア太平洋地域に属する日本とオーストラリアは超大国アメリカとの同盟関係を基盤に安全保障政策を築いてきた。これまでの同盟政策を批判的に検討し、日豪が地域と世界の平和に貢献できる道を多国間主義に探る。　　(2006.9)

山本吉宣・武田興欣編
アメリカ政治外交のアナトミー

87791-165-0　C1031　　　A5判　339頁　3,400円

冷戦後「唯一の超大国」となったアメリカをわれわれはどう理解すればよいのか。国際システム、二国間関係、国内政治過程に注目し、政治学者、国際法学者、地域研究者が複雑なアメリカの政治外交を解剖する書（アナトミー）。　　(2006.12)

ピーター・H・サンド　信夫隆司／髙村ゆかり訳
地球環境管理の教訓

906319-44-O　C1031　　　四六判　187頁　2,136円

地球環境管理にとってこれまで蓄積されてきた経験と制度上のノウハウを詳細に検討し、地球環境問題を解決するための効果的なルール、国際社会制度を如何に構築するか、どのように世界に普及させ、遵守させるかを論ずる。　　(1994.5)

信夫隆司編
地球環境レジームの形成と発展

87791-092-1　C3031　　　A5判　288頁　3,200円

地球環境問題に国際政治理論がどのような解決の枠組みを提示できるのか。国家間の相克、国際機関、NGOといったアクターを通しての「地球環境レジーム」の形成プロセス、維持・発展過程を追究する。　　(2000.5)

山内　進編
フロンティアのヨーロッパ

87791-177-5　C3031　　　A5判　317頁　3,200円

歴史的意味でのフロンティアを再点検し、北欧、バルト諸国、ウクライナなどとの関係およびトラフィッキングの実態にも光を当て、内と外との「EUのフロンティア」を多岐にわたって考察する。　　(2008.3)

堀内賢志吾
ロシア極東地域の国際協力と地方政府
―中央・地方関係からの分析

87791-179-9　C3031　　　A5判　323頁　5,400円

北東アジアの国際協力に大きな期待が寄せられているロシア。極東地域での対外協力に消極的な姿勢から変化が生まれている背景を、中央・地方関係の制度的側面から分析し、政治学的なアプローチを試みる。　　(2008.3)

上杉勇司・青井千由紀編
国家建設における民軍関係
―破綻国家再建の理論と実践をつなぐ

87791-181-2　C1031　　　A5判　341頁　3,400円

民軍関係の理論的考察をおこない、文民組織からおよび軍事組織からの視点でみた民軍関係の課題を論じ行動指針を整理する。そのうえに立って民軍関係の課題に関する事例研究をおこなう。　　(2008.5)

大賀哲・杉田米行編
国際社会の意義と限界
―理論・思想・歴史

87791-180-5　C1031　　　A5判　359頁　3,600円

「国際社会」を、規範・法・制度あるいは歴史、思想、文化といった分野との関連で広く政治学の文脈で位置づけ、個別の事例検証をおこないつつ「国際社会」概念を整理・体系化し、その意義と限界を追究する。　　(2008.6)

国際政治

貴志俊彦・土屋由香編
文化冷戦の時代
―アメリカとアジア

87791-191-1　C1031　　　　A5判　283頁　2,800円

新たなアジア的連帯を形成するうえで、20世紀半ばの文化冷戦の歴史的考察は避けて通れない。世界規模で進められた米国の広報・宣伝活動のうち、本書では日本、韓国、台湾、フィリピン、ラオスでのその実態を考究する。　　　　　(2009.2)

小尾美千代
日米自動車摩擦の国際政治経済学
―貿易政策アイディアと経済のグローバル化

87791-193-5　C3031　　　　A5判　297頁　5,400円

経済のグローバル化、国際化論をベースに、輸出入・現地生産・資本提携など自動車市場の変化、その調整過程を分析し、これまでの日米自動車摩擦の実態を国際政治経済学の視点から政治・経済領域での相互作用を追跡する。　(2009.3)

黒川修司
現代国際関係論

87791-196-6　C1031　　　　A5判　313頁　2,800円

大学のテキスト。事例研究から入って理論的思考ができるようにし、国際関係政治学の基礎的な概念、理論、歴史的な事実を把握できるようにした。多様なテーマが物語りのように書かれ、親しみやすい書になっている。　　　　　(2009.6)

吉村慎太郎・飯塚央子編
核拡散問題とアジア
―核抑止論を超えて

87791-197-3　C1031　　　　A5判　235頁　2,800円

日本、韓国、北朝鮮、中国、インド、パキスタン、イラン、イスラエル、ロシアなど複雑な事情を抱えたアジアの核拡散状況を見据え、世界規模での核廃絶に向けて取り組みを続け、取り組もうとする方々へ贈る基本書。　　　　　(2009.7)

佐藤幸男・前田幸男編
世界政治を思想する　Ⅰ

87791-203-1　C1031　　　　A5判　293頁　2,800円

「生きる意味」を問い続ける教科書。国際政治理論の超え方、文化的次元での世界政治の読み解き方、歴史的現代における知覚の再編成、平和のあり方を論じ日常の転覆を排除せず「生きること＝思想する」ことを追究する。　(2010.1)

佐藤幸男・前田幸男編
世界政治を思想する　Ⅱ

87791-204-8　C1031　　　　A5判　269頁　2,600円

「生きる意味」を問い続ける教科書。国際政治理論の超え方、文化的次元での世界政治の読み解き方、歴史的現代における知覚の再編成、平和のあり方を論じ日常の転覆を排除せず「生きること＝思想する」ことを追究する。　(2010.1)

永田尚見
流行病の国際的コントロール
―国際衛生会議の研究

87791-202-4　C3031　　　　A5判　303頁　5,600円

人間の安全保障、国際レジーム論・国際組織論、文化触変論の視点から、さまざまなアクターの関与を検討し、国際的予防措置の形成・成立を跡づけ、一世紀に亘る国際衛生会議などの活動が各国に受容されていく過程を追う。　(2010.1)

浜田泰弘
トーマス・マン政治思想研究 [1914-1955]
―『非政治的人間の考察』以降のデモクラシー論の展開』

87791-209-3　C3031　　　　A5判　343頁　5,400円

「政治と文学という問い」に果敢に挑戦した文学者トーマス・マンの政治論は、二度の世界大戦、ロシア革命とドイツ革命、ファシズムそして冷戦を経た20世紀ドイツ精神の自叙伝として21世紀世界に示唆を与える。　(2010.7)

美根慶樹
国連と軍縮

87791-213-0　C1031　　　　A5判　225頁　2,800円

核兵器廃絶、通常兵器削減の課題を解決する途を国連の場で追求することを訴える。通常兵器・特定通常兵器、小型武器などについて需要側・生産側の問題点をリアルに描き出し核兵器・武器存在の残虐性を告発する。　　　　　(2010.9)

国際政治

鈴木　隆
東アジア統合の国際政治経済学
――ASEAN 地域主義から自立的発展モデルへ
87791-212-3　C3031　　　　　A5判　391頁　5,600円

国際システム下における途上国の発展過程、とりわけ ASEAN を中心に国家・地域・国際システムの三つのリンケージ手法を用いて分析し、「覇権と周辺」構造への挑戦でもある東アジア統合の可能性を追う。　　　　　　　　　　　　（2011.2.）

金　永完
中国における「一国二制度」とその法的展開
――香港、マカオ、台湾問題と中国の統合
87791-217-8　C3031　　　　　A5判 000頁　5,600円

北京政府の「「一国二制度」」論について、香港、マカオ問題の解決の道筋をたどりつつ、法的諸問題に軸足を置き、国際法・歴史学・政治学・国際関係学・哲学的な視点から文献・比較分析をおこない解決策を模索する。　　　　　　（2011.3.）

宮本光雄先生
覇権と自立
――世界秩序変動期における欧州とアメリカ
87791-219-2　C3031　　　　　A5判　377頁　5,600円

発展途上諸国の経済発展および発言権の増大という条件のなかで欧州諸国では欧米間の均衡回復が求められており、「均衡と統合」、「法の支配」を柱とした「全人類が公正に遇され」る世界秩序を求める模索が続いている。　　　　　（2011.3）

鈴木規夫
光の政治哲学
――スフラワルディーとモダン
87791-183-6　C3031　　　　　A5判　327頁　5,200円

改革・開放期における市場経済化を契機とする農村地域の社会変動に対応して、基層政権が下位の社会集団、利益集団といかなる関係を再構築しつつあるかを跡づけ、農村地域の統治構造の再編のゆくへを考察する。　　　　　　（2006.3）

鈴木規夫
現代イスラーム現象
87791-189-8　C1031　　　　　A5判　239頁　3,200円

1967 年の第三次中東戦争から米軍によるバグダッド占領までの 40 年に及ぶ「サイクル収束期」の位置づけを含め、20 世紀後半の〈イスラーム現象〉が遺した現代世界における被抑圧者解放への理論的諸課題を探る。　　　　　　　　（2009.3）

森川裕二
東アジア地域形成の新たな政治力学
――リージョナリズムの空間論的分析
87791-227-7　C3031　　　　　A5判　　頁　5,400円

東アジア共同体を遠望することはできるのか。方法論的理論の探求、定量研究、事例研究をとおして地域形成と地域主義がどのような関係をもつのか、地域協力によって積み上げられてきたこの地域の国際関係論を探求する。　　　　（2012.5）

水田愼一
紛争後平和構築と民主主義
87791-229-1　C3031　　　　　A5判　289頁　4,800円

世界各地では絶えず紛争が発生している。紛争後における平和構築・民主主義の実現の道筋を、敵対関係の変化・国際社会の介入などの分析をとおして司法制度・治安制度・政治・選挙制度といった角度から探究する。　　　　　　（2012.5）

上杉勇司・藤重博美・吉崎知典編
平和構築における治安部門改革
87791-231-4　C3031　¥2800E　A5判　225頁　2,800円

内外の安全保障、国内の開発を射程に入れた紛争後国家再生の平和支援活動の工程表を展望した「治安部門改革」における理論と実践の矛盾を率直に語り、鋭い問題提起をおこないつつ平和構築を追求した。　　　　　　　　（2012.8）

野崎孝弘
安全保障の政治学
――表象的次元から見る国際関係
87791-235-2　C3031　　　　　A5判　249頁　5,000円

横領行為や悪用に対抗する意志を持たない「人間の安全保障」。表象分析によって特定の表象や学術的言説が現行の権力関係や支配的な実践系を正当化し、常態化している姿を本書は白日の下にさらす。　　　　　　　　　　（2012.9）